검색광고마케터 자격시험 수험서

검색
광고마케터 1급

7일 / 단기완성

시대에듀

Always with you

사람의 인연은 길에서 우연하게 만나거나 함께 살아가는 것만을 의미하지는 않습니다.
책을 펴내는 출판사와 그 책을 읽는 독자의 만남도 소중한 인연입니다.
시대에듀는 항상 독자의 마음을 헤아리기 위해 노력하고 있습니다.
늘 독자와 함께하겠습니다.

머리말

검색광고마케터 1급은 한국정보통신진흥협회(KAIT)에서 운영하는 민간자격증으로서, 네이버, 카카오 등 국내 검색광고시스템의 분석·전략수집 등 실무내용과 온라인광고대행사 취업 대비 및 AE 실무 능력 향상에 필요한 지식을 검정하여 일정 수준 이상의 기본지식을 갖춘 사람에게 자격을 인증하고, 광고대행사와 기업은 이를 활용하여 마케팅 직무자격조건으로 활용할 수 있는 자격을 말합니다.

검색광고마케터 1급 자격증을 단기에 쉽게 합격하는 방법 3가지!

시험에 나오는 내용만 공부하자!

⋯› 검색광고마케터는 객관식 40문항, 단답형 20문항으로 총 70점 이상이면 합격하는 시험입니다. 만점을 받으면 뿌듯하겠지만 단기간에 합격하는 것이 중요하기 때문에 지나치게 시간과 비용을 투자하는 것은 비효율적입니다. 시대마케팅연구소가 제공하는 학습방법을 활용하여 전략적으로 학습하시기 바랍니다.

문제를 풀어보면서 실전에 대비하자!

⋯› 검색광고마케터는 시험에서 잘 나오는 문제가 정해져 있습니다. 모든 내용을 암기하려고 하기보다 나올만한 문제를 반복해서 많이 풀어보는 것이 중요합니다. 시대마케팅연구소가 제공하는 핵심이론과 각 장마다 제공되는 O·X문제, 출제예상문제를 마음껏 풀어보시기 바랍니다.

단기에 합격하겠다는 굳은 결의를 다지자!

⋯› 검색광고마케터는 비전공자라 하더라도 쉽게 합격을 노릴 수 있는 자격증입니다. 따라서 어차피 따야 한다면 단기에 합격한다는 자세로 공부하셔야 합니다. 시대마케팅연구소가 제공하는 단기 합격 학습플랜으로 계획적으로 학습하시기 바랍니다.

시대에듀 시대마케팅연구소는 검색광고마케터 자격증 취득을 목표로 하는 수험생들의 단기합격에 도움이 되고자 오랜 기간 동안 축적된 합격 노하우를 가지고 철저한 최신 출제 경향 분석을 통해 검색광고마케터 1급 7일 단기완성 문제집을 출간하였습니다.
시대에듀 검색광고마케터 1급 7일 단기완성 문제집으로 자격증 취득을 준비하는 모든 수험생들의 합격과 장래의 무궁한 발전이 있기를 기원합니다.

자격시험 안내

1 검색광고마케터(Search Advertisement Marketer)란?

- 디지털정보화로 초연결사회에 접어들면서 마케팅시장은 일방향적인 불특정 광고방식에서 데이터를 기반으로 효율적인 채널별 특성에 맞춘 온라인 디지털마케팅이 중심이 됨으로서 특화된 필요분야에서 전문적이고 실무적인 지식 및 역량을 평가하는 자격

- 광고대행사 뿐만이 아니라 많은 기업에서도 디지털비즈니스, 마케팅 및 검색광고의 전문인력을 통한 효율적 마케팅 분석, 전략수립 등의 자격을 갖춘 마케팅 직무자격조건으로 활용할 수 있는 자격

2 광고마케터의 필요성

- 온라인 비즈니스 및 마케팅의 기본지식 배양
- 네이버, 카카오 등 국내 검색광고시스템 실무내용 반영
- 온라인광고대행사 취업 대비 및 AE 실무능력 향상

3 시험과목

검정과목	검정방법	문항 수	시험시간	배 점	합격기준
• 온라인 비즈니스 및 디지털 마케팅 • 검색광고 실무 활용 • 검색광고 활용 전략	객관식	40문항	90분	100점	70점 이상 (검정방법별 40% 미만 과락)
	단답식	20문항			

4 응시자격

학력, 연령, 경력 제한 없음

5 응시지역 및 비용

응시료	응시지역	입실완료시간
50,000원	비대면 온라인으로 진행	13:50

6 정기시험 일정

등 급	접수기간	시험일	합격발표일
1급	2월 중순~말	3월 말	4월 중순
	5월 중순~말	6월 말	7월 중순
	8월 중순~말	9월 말	10월 중순
	11월 중순~말	12월 말	26년 1월 중순

※ 상기 시험 일정은 24년 시행일정에 따라 작성되었으며 자세한 시험 일정은 정보통신기술자격검정(https://www.ihd.or.kr)에서 다시 한번 확인하여 주시길 바랍니다. 또한 시험 일정은 주최측의 사정에 따라 변동될 수 있습니다.

7일 완성 학습플래너

STUDY CHECK BOX

목표일	학습 과목		공부한 날	완 료
DAY 1	PART 1	이론 및 문제 풀이	월 일	%
DAY 2	PART 2	1장 이론 및 문제 풀이 2장 이론 및 문제 풀이	월 일	%
DAY 3		3장 이론 및 문제 풀이 4장 이론 및 문제 풀이	월 일	%
DAY 4	PART 3	이론 및 문제 풀이	월 일	%
DAY 5	PART 4	기출동형문제 풀이	월 일	%
DAY 6	PART 5	부록 확인 후 오답노트 작성	월 일	%
DAY 7	최종마무리	오답노트 정리 및 최종마무리	월 일	%

이 책의 구성과 특징

● 시험안내와 합격을 위한 최적의 학습방법 제공

검색광고마케터의 자격시험안내와 합격을 위한 7일 완성 셀프 학습플래너로 자신만의 학습방향을 수립할 수 있습니다.

● 3단계 학습! 핵심이론 + O·X문제 + 출제예상문제

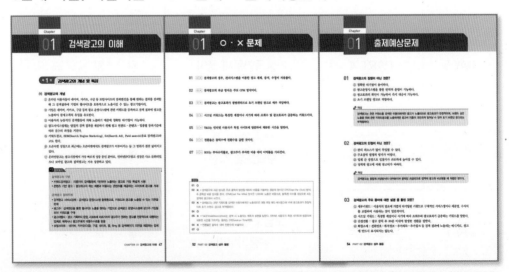

현재까지 출제된 기출문제의 경향에 맞춰서 이론을 요약 정리하였으며, 내용 이해를 돕기 위해 '용어정리'와 '더 알아보기'로 상세하게 정리하였습니다. 각 장별 O·X문제로 복습 후 시험 유형과 유사한 출제예상문제를 통해 실전에 완벽하게 대비할 수 있습니다.

● 기출문제를 통한 내용 다지기! 최신 기출동형문제

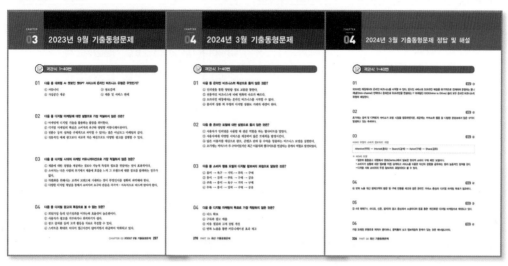

한국정보통신진흥협회에서 시행한 2023, 2024년 시험을 분석하여 앞으로 시험에 나올 유형으로 복원한 기출동형문제 5회분과 상세하고 이해하기 쉬운 해설을 추가하였습니다.

● 부 록

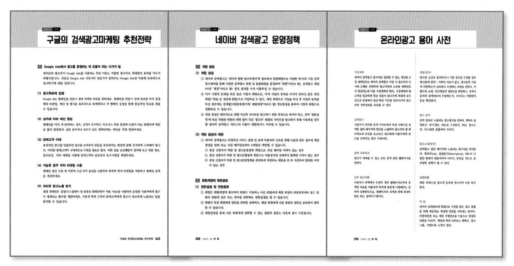

부록으로 구글, 네이버, 카카오 검색광고 추천전략과 등록 및 심사가이드, 온라인광고 용어 사전을 수록하였습니다.

PART 1

온라인 비즈니스 및 디지털 마케팅

○ · ✕ 문제 / 출제예상문제

홀륭한 가정만한 학교가 없고,
덕이 있는 부모만한 스승은 없다.

– 마하트마 간디 –

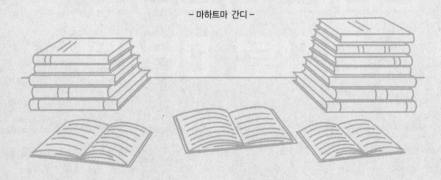

 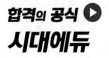

01 온라인 비즈니스

제 1 절 온라인 비즈니스의 의미

(1) 온라인 비즈니스의 개념

인터넷을 이용하여 다양한 형태의 상품과 서비스를 제공, 그와 관련된 모든 거래행위와 가치를 창출할 수 있는 비즈니스 활동을 말하며, 1997년 IBM이 주창한 개념이기도 하다. 온라인 비즈니스는 e-비즈니스라고도 하며, 인터넷을 기업경영에 도입하여 기존 기업의 경영활동 영역을 가상공간으로 이전시킨 것을 말한다. 이를 통해 과거 고객을 향한 일방향적 비즈니스 형태에서 고객과의 양방향적인 비즈니스 형태로 발전하였으며, 더 나아가 고객 중심의 운영형태로 변화하면서 효율을 실현하고 있다.

(2) 온라인 비즈니스의 유형

① 공급자와 수요자에 따른 분류

㉠ BtoC(Business to Consumer, B2C) : 기업과 소비자 간의 전자상거래를 의미하며, 개별 소비자를 대상으로 한 온라인 포털, 검색, 온라인 커머스 등과 같은 서비스를 제공하는 대표적인 온라인 비즈니스 유형이다.

㉡ BtoB(Business to Business, B2B) : 기업 내 또는 기업과 기업 간의 전자상거래를 나타낸다.

㉢ CtoC(Consumer to Consumer, C2C) : 소비자와 소비자 간의 전자상거래로, 인터넷 상에서 소비자끼리 물건을 팔고 사는 것을 의미한다(예 중고나라, 당근 등).

㉣ GtoB(Government to Business, G2B) : 정부와 기업 간의 전자상거래를 의미한다.

㉤ GtoC(Government to Citizen, G2C) : 정부와 시민 간의 전자상거래를 의미한다.

② 제공가치에 따른 분류

㉠ 가격 지향적 모델 : 가격 경쟁력은 모든 비즈니스에서 중요한 전략 중 하나이다. 온라인 커머스를 통한 비즈니스의 경우 저렴한 가격을 내세워 성공한 사례가 많으며, 이 모델을 구축하기 위해서는 적절한 사업 규모와 새로운 유통채널의 구축이 필요하다.

㉡ 편의ㆍ신속성 지향적 모델 : 온라인 비즈니스의 특성상 고객의 편의와 서비스의 신속성이 매우 중요하다. 제품에 대한 접근성이 좋아야 하며, 구입 과정이 복잡하거나 비교 구매가 어려운 상품은 적절한 비즈니스 모델이 아니다.

㉢ 맞춤형 서비스 지향적 모델 : 고객 정보에 대한 데이터 베이스를 구축하여 이를 기반으로 상품과 서비스를 개발하여 고객의 요구를 반영한 일대일 맞춤형 서비스를 제공한다. 이는 고객의 취향이 반영되는 상품과 서비스에 적합한 전략적 모델이다.

③ 거래 상품에 따른 분류
  ㉠ 물리적 상품 거래 : 물리적 상품을 판매하는 온라인 커머스는 고객의 구매 편리성을 높이기 위해 유통망을 원활하게 구축하는 것이 중요하다.
  ㉡ 디지털 상품 거래 : 유통의 제약이 없는 디지털 상품은 경험재이므로 고객의 이용 체험을 유도하는 것이 중요한 비즈니스 전략이다.
④ 판매 방식에 따른 분류
  ㉠ 판매형 : 온라인 쇼핑몰 등을 활용하여 제품이나 서비스를 판매하는 유형이다.
    • 카테고리 킬러(Category Killer)형 : 특정 상품군을 판매(例 무신사 : 패션 상품군 판매, 오늘의집 : 인테리어 상품군 판매)
    • 몰(Mall)형 : 다양한 상품 구성을 갖추어 판매(例 신세계몰)
  ㉡ 중개형 : 온라인상에서 수요자와 공급자를 중개하여 수수료를 수입으로 하는 유형이다.
    • 경매형 : 경매 방식으로 상품을 판매
    • 매칭형 : 최적의 거래 상대방을 탐색해서 연결
  ㉢ 정보제공형 : 정보 검색이나 생산을 통해 고객의 욕구를 충족시키는 것이 목적인 유형이다.
    • 정보검색형 : 방대한 정보 중 고객이 필요한 정보를 선별하여 제공(例 챗GPT 서비스)
    • 정보생산형 : 자체적인 정보의 생산 및 유통
  ㉣ 커뮤니티형 : 인터넷 커뮤니티를 구축하여 고객을 확보하는 유형이다.
    • 포털형 : 고객의 범위나 주제를 포괄적으로 다룸
    • 전문 커뮤니티형 : 고객의 범위나 주제가 한정적이고 전문화되어 있음

제 2 절 온라인 비즈니스 모델의 성공 요인

(1) 고객 관점과 고객 경험
온라인 비즈니스는 디지털 세대 고객의 관점과 경험에 초점을 맞춘 콘텐츠와 서비스를 제공한다.

(2) 차별화된 콘텐츠
차별화된 콘텐츠와 서비스로 고객의 충성도를 획득하여 수익 창출의 토대를 마련한다.

(3) 지속적인 수익 창출력
성공하는 비즈니스 모델은 꾸준하게 수익을 창출할 수 있어야 한다.

(4) 새로운 아이디어와 기술로 빠른 시장 진입
온라인 비즈니스는 과거의 비즈니스 형태에 비해 변화의 속도가 빠르므로, 새로운 아이디어와 기술로 시장을 선점한다. 디지털 시대에는 뛰어난 아이디어만 있으면 특별한 기반이나 조직력 없이도 훌륭한 비즈니스 모델을 구축할 수 있다.

(5) 특허 등록

경쟁이 치열한 온라인 비즈니스 환경에서 특허는 기업의 자산 가치를 구현하여 시장에서 독점적 지위를 선점할 수 있도록 한다.

제 3 절 온라인 비즈니스 시장

(1) 검색엔진

① 검색엔진의 개념

온라인상에 흩어져 있는 제반 정보를 미리 수집하고 이를 체계적으로 저장하여 사용자가 원하는 자료를 쉽게 찾을 수 있도록 하는 소프트웨어나 프로그램을 의미한다.

② 검색엔진의 종류

㉠ 디렉토리 검색 : 주제별 혹은 계층별로 정리한 목록을 사용자에게 제공하는 형태로 1990년대 야후 등에서 사용되었다.

㉡ 주제어 검색 : 크롤러라고 불리는 로봇을 이용하여 새로운 웹 문서나 파일 등 다양한 정보를 주기적으로 수집하여 색인을 통해 사용자에게 제공하는 형태로 구글이 그 예이다.

㉢ 통합 검색 : 모든 유형의 문서와 데이터를 총망라한 검색 결과를 제공하는 형태로 네이버가 그 예이다.

(2) 온라인 포털

① 온라인 포털의 개념

인터넷 사용자가 인터넷을 사용할 때 관문 역할을 하는 웹사이트를 지칭하며, 많은 이용자를 대상으로 트래픽을 발생시켜 수익을 창출하는 비즈니스 모델을 실현한다.

② 온라인 포털의 발전단계

㉠ Search : 검색 및 디렉토리 서비스

초기에는 웹 브라우저가 포털의 역할을 하였는데, 인터넷이 대중화되면서 필요한 정보를 검색하는 것 위주의 검색 서비스가 포털 시장을 점유하였다(예 라이코스, 야후 등).

㉡ Communication : 양방향 소통 기능 서비스

검색 서비스를 통해 확보된 이용자를 토대로 이메일, 메신저, 콘텐츠, 홈페이지 등의 서비스를 제공하는 단계이다.

㉢ Community : 커뮤니티 구축 서비스

온라인 포털이 이용자와 웹사이트를 연결하는 중개자를 넘어 다양한 사용자들 간의 소통을 가능케 하는 커뮤니티 제공자의 역할을 강화하는 단계이다.

② Contents & Commerce : 콘텐츠 제공 및 쇼핑몰 서비스

온라인 포털은 광고를 주요 수익 기반으로 하지만 온라인 커머스, 유료 콘텐츠, 결제 서비스 등의 다양한 수익 모델을 통해 수익원을 다각화하고 있다. 최근에는 커머스와 웹툰 등 다양한 콘텐츠에서 많은 수익이 발생하고 있는 추세이다.

③ 온라인 포털의 특성

인터넷 이용자를 유입할 수 있는 서비스를 제공하여 많은 트래픽이 발생하며, 이용자에게 콘텐츠, 커머스, 이메일, 커뮤니티 등 다양한 서비스를 제공한다.

(3) 디지털 콘텐츠

① 디지털 콘텐츠의 개념

디지털화된 방법으로 제작, 유통, 소비될 수 있는 제품군을 의미하며, 각종 동영상 파일, 이미지 파일, MP3 음악 파일, 멀티미디어 서적 등의 형태로 존재한다. 구입에서 결제, 이용까지 모두 네트워크와 개인용 컴퓨터(PC) 및 모바일 기기로 처리하기 때문에 종래의 통신 판매 범위를 초월한 전자상거래의 독자적인 분야로서 시장 확대가 급속히 이루어지고 있다.

② 디지털 콘텐츠의 유형

디지털 정보, 디지털 게임, 웹툰, 디지털 동영상 등의 디지털 콘텐츠가 온라인 상에서 유통되고 있다.

③ 디지털 콘텐츠 산업의 최신 동향

㉠ 스마트 기기의 확산 : 스마트 기기의 보급으로 디지털 콘텐츠의 저장과 이동이 자유롭게 이루어지고 있다. 기업은 물론 개인이 시간과 장소의 제약 없이 동영상이나 자료들을 보고, 일할 수 있게 되었다.

㉡ 인터넷 방송 플랫폼의 등장 : 인터넷 방송 플랫폼이 등장하면서 기존 지상파 방송 위주의 환경에서 다양한 매체와 채널을 통한 미디어 환경으로 급변하고 있다.

㉢ 콘텐츠 제작 환경의 변화 : 디지털 콘텐츠의 제작에 누구나 참여할 수 있는 오픈 메커니즘으로 변화하고 있다.

㉣ N-스크린 서비스의 등장 : N-스크린 서비스란 하나의 콘텐츠를 다양한 이용환경에 최적화시켜 끊김 없이 제공하는 서비스를 말한다. 클라우드 컴퓨팅 기술의 본격화로 하나의 디지털 콘텐츠를 여러 스마트 기기를 넘나들며 이어서 볼 수 있게 되었다.

㉤ OTT(Over The Top) 서비스 : 인터넷을 통하여 방송 프로그램, 영화 등 미디어 콘텐츠를 제공하는 서비스로 사용자가 원할 때 다양한 콘텐츠를 시청할 수 있다. 구독 서비스를 기반으로 하며 해외의 넷플릭스, 국내의 티빙, 웨이브 등 다양한 사업자가 서비스를 제공하고 있다.

> **용어 해설**
>
> **클라우드 컴퓨팅(Cloud computing)**
> '클라우드'라고 표현되는 인터넷상의 서버에서 데이터 저장, 처리, 콘텐츠 사용 등의 서비스를 한 번에 제공하는 컴퓨팅 기술이다. 구글·다음·네이버 등의 포털에서 구축한 클라우드 컴퓨팅 환경을 통하여 태블릿 PC나 스마트 폰 등 모바일 기기로 손쉽게 각종 서비스를 이용할 수 있게 되었다.

(4) 소셜미디어

① 소셜미디어의 개념

사람들이 생각, 경험, 관점 등을 서로 공유하면서 소통하고 관계망을 넓힐 수 있는 개방화된 온라인 플랫폼을 말한다. 소셜미디어의 성장으로 누구나 콘텐츠의 생산과 유통에 참여할 수 있게 되었다(예 블로그(Blogs), 소셜네트워크(Social Networks), 팟캐스트(Podcasts), 위키스(Wikis), 유튜브(Youtube) 등).

② 소셜미디어의 등장 배경

㉠ 웹 2.0 기반 기술의 발달로 다양한 정보 공유와 네트워크 기능이 확대되었다.

㉡ 정보통신 및 멀티미디어 기술 발전과 융합의 결과로 새로운 사회 문화적 패러다임이 등장하면서 개인화와 네트워크화로 대표되는 개인 미디어가 등장하였다.

> **더 알아보기**
>
> **웹 2.0**
> 개방, 참여, 공유의 정신을 바탕으로 사용자가 직접 정보를 생산하여 양방향으로 소통하는 웹 기술로 게시판, 댓글, 블로그, 지식백과, UCC(User Created Contents) 등의 사례가 있다.
>
> **웹 3.0**
> 논리적인 추론으로 사용자의 패턴을 분석하여 사용자 각각에 맞는 서비스를 제공하는 지능형 웹 기술이다. 애플사의 Siri가 대표적인 예이다.

③ 소셜미디어의 특성

㉠ 공개 : 소셜미디어는 구성원들의 피드백과 참여가 공개되어 있으며 피드백, 코멘트, 정보 공유를 촉진하여 콘텐츠에 접근하기 쉽다.

㉡ 대화 : 전통적인 미디어는 일방적인 정보 전달의 형태였다면, 소셜미디어는 양방향 소통이 가능하다.

㉢ 연결 : 다양한 미디어의 조합이나 링크를 통한 연결을 통해 확장된다.

㉣ 참여 : 다양한 형태의 콘텐츠가 다양한 이용자들의 참여를 통해 생성되고 공유되기 때문에 콘텐츠 생산자와 소비자의 경계가 불분명하다.

㉤ 커뮤니티 : 소셜미디어는 커뮤니티를 구성하는 플랫폼을 제공하여 공통의 관심사에 대한 이야기를 나눌 수 있도록 한다.

> **더 알아보기**
>
> **소셜미디어의 종류**
> • 블로그 : 웹(Web)과 일기(Log)의 합성어. 네티즌이 웹에 기록하는 일지
> • 위키스 : 웹사이트 상에서 콘텐츠를 편집할 수 있는 것으로 문서나 데이터베이스처럼 운용됨
> • 팟캐스트 : 방송(Broadcast)과 아이팟(iPod)의 합성어. 인터넷을 통한 라디오 방송
> • 소셜네트워크 : 개인이 자신만의 온라인 사이트를 만들어 콘텐츠를 공유하고 사람들과 소통하는 온라인상의 공간
> • 콘텐츠 커뮤니티 : 특정한 종류의 콘텐츠를 만들어 공유하는 커뮤니티

(5) 온라인 커머스

① 온라인 커머스의 개념

온라인 상에서 재화와 서비스를 판매하는 비즈니스 모델을 포괄하는 것으로 상품이나 서비스의 구매 편리성과 구매 안정성을 동시에 충족할 수 있다.

② 온라인 커머스 시장의 트렌드

ⓐ 유료 멤버십을 통한 록인(Lock-in) 전략

유료 회원 제도를 통해 이용자를 확보하는 것으로 아마존의 '아마존 프라임'과 쿠팡의 '로켓와우'와 같은 멤버십이 대표적인 사례이다.

ⓑ 옴니 채널(Omni-channel) 전략

온라인 서비스와 오프라인 매장을 유기적으로 연계하여 운영하는 것이다. 아마존에서 운영하는 무인 점포인 아마존 고(Amazon Go)와 온라인 주문과 연계한 월마트 오프라인 픽업 센터가 대표적인 사례이다.

더 알아보기

쇼루밍(Showrooming), 모루밍(Morooming)

쇼루밍(Showrooming)은 소비자가 전시장에서처럼 오프라인 상점에서 제품을 구경하고 구입은 가격이 더 싼 온라인에서 하는 것을 말한다. 스마트폰 가입자 증가 및 모바일 쇼핑몰의 성장에 따라 쇼루밍 고객이 모루밍(Morooming)화 되는 현상도 두드러지고 있다. 모루밍은 모바일(Mobile)과 쇼루밍(Showrooming)이 합쳐진 단어로 매장을 방문하여 제품을 체험한 후 모바일을 활용하여 보다 저렴하게 구매하는 고객이 늘어나면서 생긴 신조어다.

---

③ 국내 온라인 커머스의 유형

온라인 쇼핑에 익숙하지 않은 세대까지 시장에 대량 유입됨에 따라 온라인 커머스 시장이 다각화되고 있다.

구 분	주요 업체
종합쇼핑몰	• 백화점 : 롯데닷컴, 신세계몰, 현대몰, AK몰, 갤러리아 • 대형마트 : 이마트몰, 롯데마트몰, 홈플러스몰 • TV 홈쇼핑 : 공영홈쇼핑, 롯데홈쇼핑, CJ오쇼핑, GS홈쇼핑, NS홈쇼핑, 홈앤쇼핑 등
오픈마켓	옥션, 인터파크, 네이버 스마트 스토어, 11번가, G마켓 등
소셜커머스	티몬, 위메프, 쿠팡 등

용어 해설

오픈마켓

상품을 구매 또는 판매할 수 있는 기회가 개방되어 있는 온라인 전자상거래 플랫폼이다.

소셜커머스

특정 물품을 특정 기간 동안 할인 서비스를 내걸어 판매자가 정한 인원수만큼 구입 희망자가 차면 판매를 하는 공동구매 형식의 판매 플랫폼이다. 소셜 네트워크 서비스를 통해 해당 물품의 판매 사실을 퍼뜨린다는 점이 기존의 공동구매와 구별되는 특징이다.

○·× 문제

01 ○× 온라인 비즈니스란 인터넷을 이용하여 다양한 형태의 상품과 서비스를 제공하는 것과 관련된 모든 거래행위이다.

02 ○× 온라인 비즈니스는 과거 고객과의 양방향적인 비즈니스 형태에서 일방향적인 비즈니스 형태로 발전하고 있다.

03 ○× 온라인 비즈니스의 유형에서 특정 상품군을 판매하는 유형을 카테고리 킬러형이라고 한다.

04 ○× 온라인 비즈니스의 판매 방식에 따른 분류에서 판매형 비즈니스에는 몰(Mall)형과 카테고리 킬러형이 있다.

05 ○× 온라인 비즈니스는 변화의 속도가 느리므로 새로운 아이디어와 기술이 중요하지 않다.

06 ○× 특허 등록은 경쟁이 치열한 온라인 비즈니스 환경에서 기업의 자산 가치를 구현하여 시장에서 독점적 지위를 선점하는 방법 중 하나이다.

정답

01 ○
02 × ▸온라인 비즈니스는 과거 일방향적인 형태에서 고객과의 양방향적인 비즈니스 형태로 발전하고 있다.
03 ○
04 ○
05 × ▸온라인 비즈니스는 변화의 속도가 빠르기 때문에 새로운 아이디어와 기술을 활용하여 선제적으로 시장을 점유하는 것이 성공의 요인이 된다.
06 ○

07 ☐○☐× 검색엔진의 종류 중 디렉토리 검색은 모든 유형의 문서와 데이터를 총망라한 검색 결과를 제공한다.

08 ☐○☐× 유료 콘텐츠가 온라인 포털의 수익의 대부분을 차지하며 광고수익은 미미하다.

09 ☐○☐× 온라인 포털이란 인터넷을 사용할 때 관문 역할을 하는 웹사이트를 지칭하며, 이용자에게 콘텐츠, 커머스, 이메일, 커뮤니티 등 다양한 서비스를 제공한다.

10 ☐○☐× 디지털 콘텐츠 환경은 기존의 소비자가 선택하고 피드백하는 커뮤니케이션에서 지상파 방송 위주의 일방적인 송출로 바뀌었다.

11 ☐○☐× 오프라인 매장과 온라인 서비스를 유기적으로 연계하여 온라인 커머스 사업을 운용하는 전략을 록인(Lock-in) 전략이라고 한다.

정답

07 ✕ ▸ 디렉토리 검색은 주제나 계층별로 정리한 목록을 제공하는 검색엔진이다.
08 ✕ ▸ 온라인 포털의 수익은 유료 콘텐츠보다는 광고수익이 대부분을 차지한다.
09 ○
10 ✕ ▸ 지상파 위주의 방송국의 일방적인 송출에서 소비자가 선택하고 피드백하는 투웨이 커뮤니케이션 환경으로 바뀌었다.
11 ✕ ▸ 오프라인 매장과 온라인 서비스를 연계하여 온라인 커머스 사업을 운용하는 전략은 옴니 채널(Omni-channel) 전략이다.

01 인터넷을 이용하여 다양한 형태의 상품과 서비스를 제공, 그와 관련된 모든 거래행위와 가치를 창출하는 비즈니스에 해당하는 것은?

① 온라인 비즈니스　　　　　　　　② 디지털 광고
③ 소셜네트워크　　　　　　　　　　④ 디지털 콘텐츠

✎ **해설**

온라인 비즈니스란 인터넷을 통한 상품과 서비스 제공 및 그와 관련된 거래행위와 가치 창출 활동을 의미한다. e-비즈니스라고도 하며, 정보통신 기술과 인터넷을 이용한 상거래와 그 상거래를 지원하는 경제 주체들의 활동을 포함하는 개념이다.

02 다음 중 판매 방식에 따른 온라인 비즈니스 유형에 해당되지 않는 것은?

① 중개형　　　　　　　　　　　　　② 판매형
③ 정보제공형　　　　　　　　　　　④ 가격 지향형

✎ **해설**

가격 지향형 모델은 제공가치에 따른 온라인 비즈니스 유형 중 하나이다. 판매 방식에 따른 온라인 비즈니스 유형에는 판매형, 중개형, 정보제공형, 커뮤니티형 등이 있다.

03 다음 중 판매 방식에 따른 온라인 비즈니스 유형에 해당하지 않는 것은?

① 중개형　　　　　　　　　　　　　② 정보제공형
③ 커뮤니티형　　　　　　　　　　　④ 신속성 지향형

✎ **해설**

신속성 지향형 모델은 제공가치에 따른 온라인 비즈니스 유형에 해당한다.

정답 01 ①　02 ④　03 ④

04 다음 중 온라인 비즈니스 모델의 성공 요인에 해당하지 않는 것은?

① 특 허
② 기업 관점
③ 지속적 수익 창출
④ 새로운 기술로 시장 선점

✎ **해설**

기업 관점이 아니라 고객의 눈높이에 맞는 관점을 가지고 긍정적인 고객 경험을 제공하는 것이 성공 요인이라 할 수 있다.

05 다음 중 온라인 비즈니스 모델의 성공 요인이 아닌 것은?

① 판매 경험
② 차별화된 콘텐츠
③ 지속적인 수익창출
④ 새로운 아이디어와 기술

✎ **해설**

온라인 비즈니스 모델의 성공 요인에는 고객 관점과 고객 경험, 차별화된 콘텐츠, 지속적인 수익창출력, 새로운 아이디어와 기술, 특허 등록의 5가지가 있다. 판매 경험은 이에 해당하지 않는다.

06 다음 중 소셜미디어의 특징이 아닌 것은?

① 연 결
② 대 화
③ 비공개
④ 커뮤니티

✎ **해설**

소셜미디어의 특징적 요소로는 공개, 대화, 연결, 참여, 커뮤니티가 있다.

07 온라인 포털의 발전 과정의 순서로 알맞은 것은?

① Communication → Search → Community → Contents and Commerce
② Search → Community → Communication → Contents and Commerce
③ Search → Community → Contents and Commerce → Communication
④ Search → Communication → Community → Contents and Commerce

✏ 해설

온라인 포털은 'Search(검색 및 디렉토리 서비스) → Communication(양방향 소통 기능 서비스) → Community(커뮤니티 구축 서비스) → Contents & Commerce(콘텐츠 제공 및 쇼핑몰 서비스)' 순으로 발달하였다.

08 다음 중 소셜미디어의 유형으로 가장 적절하지 않은 것은?

① 블로그
② 유튜브
③ 소셜네트워크
④ 디지털 콘텐츠

✏ 해설

소셜미디어에는 블로그(Blogs), 소셜네트워크(Social Networks), 팟캐스트(Podcasts), 위키스(Wikis), 유튜브(Youtube) 등이 있다.

09 다음 빈칸 ㉠에 들어갈 말로 알맞은 것은?

(㉠)은/는 하나의 콘텐츠를 다양한 콘텐츠 이용환경에 최적화시켜 끊김 없이 제공하는 서비스를 말한다. 클라우드 컴퓨팅의 본격화로 하나의 디지털 콘텐츠를 여러 스마트 기기를 넘나들며 이어서 볼 수 있는 (㉠)이/가 가능하게 되었다.

① N-스크린 서비스
② 인터넷 방송 플랫폼
③ 스마트 기기의 보급
④ 디지털 콘텐츠

정답 04 ② 05 ① 06 ③ 07 ④ 08 ④ 09 ①

10 소셜미디어의 종류 중 하나로 방송(Broadcast)과 아이팟(iPod)의 합성어이며, 인터넷을 통한 라디오 방송을 의미하는 것은?

① 블로그
② 위키스
③ 팟캐스트
④ 소셜네트워크

11 디지털 콘텐츠 산업 환경의 변화로 볼 수 없는 것은?

① 스마트 기기의 대중화
② N-스크린 서비스의 등장
③ 인터넷 방송 플랫폼의 등장
④ 방송사의 콘텐츠 제작 독점화

✎ **해설**

콘텐츠 제작 환경은 디지털 콘텐츠의 제작에 누구나 참여할 수 있는 오픈 메커니즘으로 변화하고 있다.

12 다음에서 설명하는 온라인 커머스 트렌드 사례는 어떤 전략인가?

유료 회원 제도를 통해 이용자를 확보하는 것으로 아마존의 '아마존 프라임'과 쿠팡의 '로켓 와우'와 같은 멤버십이 대표적인 사례이다.

13 다음에서 설명하는 것은 무엇인지 쓰시오.

> • 온라인상에 흩어져 있는 제반 정보를 미리 수집하고 이를 체계적으로 저장하여 사용자가 원하는 자료를 쉽게 찾을 수 있도록 하는 소프트웨어나 프로그램이다.
> • 인터넷에 존재하는 웹사이트와 파일을 대상으로 정보를 검색하여 자료를 제공한다.

14 다음에서 설명하는 것은 무엇인지 쓰시오.

> 인터넷 사용자가 인터넷을 사용할 때 관문 역할을 하는 웹사이트를 지칭하며, 많은 이용자를 대상으로 트래픽을 발생시켜 수익을 창출하는 비즈니스 모델을 실현하는 것이다.

15 다음에서 설명하는 온라인 커머스의 전략은 무엇인지 쓰시오.

> 온라인 서비스와 오프라인 매장을 유기적으로 연계하여 운영하는 것으로 아마존에서 운영하는 무인 점포인 아마존 고(Amazon Go)와 온라인 주문과 연계한 월마트 오프라인 픽업 센터가 대표적인 사례이다.

16 다음 (   )에 들어갈 알맞은 용어는 무엇인가?

> • (   )은/는 사람들이 생각, 경험, 관점 등을 서로 공유하면서 소통하고 관계망을 넓힐 수 있는 온라인 플랫폼이다.
> • 정보통신 및 멀티미디어 기술 발전과 융합의 결과로 새로운 사회 문화적 패러다임이 등장하면서 개인화와 네트워크화로 대표되는 (   )이/가 나타났다.

정답 　10 ③　11 ④　12 록인(Lock-in) 전략　13 검색엔진　14 온라인 포털　15 옴니 채널(Omni-channel) 전략
16 소셜미디어

02 디지털 마케팅

제1절 디지털 마케팅의 의미

(1) 디지털 마케팅의 개념

온라인상에서 디지털 기술을 활용하여 수익을 얻고자 수행하는 모든 전략적·마케팅 활동을 말한다. 디지털 마케팅에는 인터넷 마케팅, 블로그 마케팅, 소셜미디어 마케팅, 모바일 마케팅, 콘텐츠 마케팅 등이 있다. 온라인 사용 인구와 시간이 지속적으로 늘어남에 따라 디지털 마케팅의 중요성이 더욱 커지고 있다.

(2) 디지털 마케팅의 특징

① 디지털 시대의 소비자는 참여적·능동적이기 때문에 디지털 마케팅의 핵심은 소비자 욕구와 양방향 커뮤니케이션이다.

② TV, 라디오, 신문 등의 전통적인 매체 광고보다는 비교적 적은 예산으로도 다양한 광고를 집행할 수 있다.

③ 노출수, 클릭수, 클릭률, 전환비용 등과 같은 데이터를 통한 성과분석이 용이하다.

> **더 알아보기**
>
> 유인(Pull)형 디지털 마케팅과 강요(Push)형 디지털 마케팅
>
> • 유인(Pull)형 디지털 마케팅 : 이메일, 문자 메시지, 뉴스 피드 등을 통해 소비자가 특정 기업의 제품 광고 전송을 허가하는 것과 소비자가 직접 인터넷을 통해 특정 품목을 자발적으로 검색하는 것의 두 가지 형태로 이루어진다.
> • 강요(Push)형 디지털 마케팅 : 소비자의 동의 없이 웹사이트나 인터넷 뉴스에서 보이는 광고를 내보내는 것이다. 수신자의 동의 없이 문자 메시지나 메일을 보내는 것인 '스팸'도 푸시형 광고의 형태로 볼 수 있다.

(3) 디지털 마케팅의 평가지표

① PAR(Purchase Action Ratio) : 브랜드 인지를 브랜드 구매로 전환시킨 정도를 의미한다.

② BAR(Brand Advocate Ratio) : 브랜드 인지를 브랜드 옹호로 전환시킨 정도를 의미한다.

(1) 현대의 마케팅 패러다임

과거에는 소비자를 수동적으로 인식하여 기업과 소비자 간 의사소통은 기업이 주도한 일방향적 커뮤니케이션이 주된 방식이었다. 현재는 디지털 기술이 발전함에 따라 다양한 매체가 등장하면서 소비자는 소비와 생산을 동시에 하는 주체가 되어 기업과 소비자 간 양방향적인 의사소통이 이루어지게 되었다. 현대의 마케팅 패러다임은 빅데이터 분석 기술을 활용하여 소비자의 욕구를 분석하여 개인 맞춤형 광고를 하고, 노출 위주가 아닌 재미와 감성을 지닌 브랜디드 콘텐츠 위주의 광고 방식이 중심이 된다.

용어 해설

브랜디드 콘텐츠(Branded contents)
- 소비자가 광고를 콘텐츠로 인식하여 자발적으로 정보를 습득하고 공유할 수 있도록 만든 광고를 의미한다. 스토리 중심이며 재미를 추구하는 내용으로 광고하고자 하는 상품을 간접적으로 노출한다. 디지털 시대의 소비자는 인지 후에 감성이 생기는 것이 아니라 감성이 생기고 나서 그 브랜드에 대한 정보 탐색을 하기 때문에 기업은 자신들의 브랜드를 콘텐츠화하는 브랜디드 콘텐츠를 통해 광고 목적을 달성할 수 있다.
- 프로슈머(Prosumer) : 엘빈 토플러가 디지털 시대의 패러다임 변화와 함께 주장한 소비자의 형태로 'producer(생산자)'와 'consumer(소비자)'의 합성어이다. 프로슈머는 온라인 상에서 소비뿐만 아니라 생산자의 역할도 수행하는 능동적 존재라는 의미이다.

---

(2) 디지털 미디어

① 디지털 미디어의 개념

과거 소비자들은 TV, 신문, 라디오 등 일방향적인 미디어를 통해 정보를 습득하였다. 반면 현대의 소비자들은 모바일 미디어의 발전으로 인터넷을 통해 자유롭게 원하는 정보에 접근할 수 있게 되었다. 인터넷에서 제공하는 서비스는 기존 미디어들이 제공하던 모든 서비스를 포괄하기 때문에 토털 미디어라고도 부른다.

② 디지털 미디어의 구분

미국의 컨설팅 회사 '포레스터 리서치(Forrester Research)'가 분류한 기업의 입장에서 본 3가지 디지털 미디어 분류이다.

ⓐ 지불 미디어(Paid media) : 기업이 대가를 지불하고 광고하는 매체이며, 디스플레이 광고, 검색광고, 브랜드 검색광고 등이 있다.

ⓑ 소유 미디어(Owned media) : 기업이 콘텐츠를 통제할 수 있는 커뮤니케이션 채널을 말하며, 그 예로 기업의 홈페이지나 제품 체험관이 있다.

ⓒ 획득 미디어(Earned media) : 소비자가 정보를 생산하여 커뮤니케이션하는 매체로, 입소문, 제품에 대한 소비자의 블로그, 뉴스 기사, SNS 포스트가 대표적인 예이다. SNS, 블로그, 모바일 등을 통해 다량의 브랜드 정보가 고객 사이에 구전되면서 생긴 미디어의 형태이다.

※ 트리플 미디어(Triple Media) : Paid Media, Owned Media, Earned Media 세 미디어를 지칭하는 말로, POE로 불리기도 한다.

(3) 디지털 소비자

① 디지털 소비자의 유형

⊙ 디지털 네이티브(Digital native)

어린 시절부터 고도의 디지털 환경에 둘러싸여 디지털 기기를 자유자재로 사용하는 세대이다. 1980년대의 개인용 컴퓨터의 대중화, 1990년대의 휴대전화와 인터넷의 확산에 따른 디지털 혁명기 한복판에서 성장기를 보낸 세대를 지칭한다.

⊙ 디지털 이민자(Digital immigrant)

후천적으로 디지털 기술에 적응해간 디지털 이전 세대를 의미한다.

> **용어 해설**
>
> 디지털 노마드(Digital nomad)
> 어휘 '디지털(digital)'과 '유목민(nomad)'을 합성한 신조어로, 주로 노트북이나 스마트폰 등을 이용해 공간에 제약을 받지 않고 재택 근무 혹은 이동하며 업무를 보는 사람들을 일컫는다.

② 디지털 소비자의 특성

⊙ 의제 파급(Agenda rippling) : 과거에는 매스미디어를 통해 어떤 의제가 설정되고 확산되었다. 그러나 디지털 사회에서는 네티즌이 올린 글이나 댓글, 퍼나르기에 의해 의제가 설정되고 확산된다.

⊙ 감성적 요인 중시 : 디지털 소비자는 인지 후에 감성이 생기는 것이 아니라 감성이 생긴 후 브랜드에 대한 정보 탐색을 한다. 광고의 역할은 제품에 대한 기능, 편익 전달을 넘어 브랜드에 대한 느낌을 긍정적으로 변화시키는 것이다.

③ 소비자 행동 모델

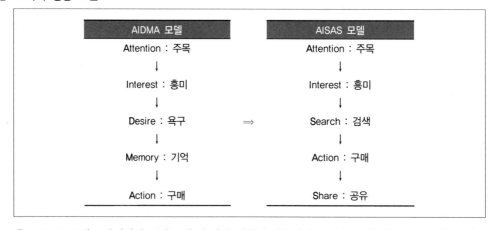

⊙ AIDMA 모델 : 경제학자 로랜드 홀에 의해 제창된 전통적인 소비자 구매 패턴 모델이다. 일방적 커뮤니케이션 중심의 반복적 노출을 통해 브랜드를 인지하고 제품이나 서비스에 주목하여 구매로 이어지는 패턴을 설명한다.

⊙ AISAS 모델 : 일본의 종합광고 대행회사 덴츠(Dentsu)에서 발표한 현대적 소비자 구매 패턴 모델이다. 소비자가 상품에 대한 정보를 직접 검색하고 서비스를 이용한 자신의 경험을 공유하는 등의 능동적인 참여를 한다. 디지털 사회 소비자의 주된 정보 처리 과정이라고 볼 수 있다.

(4) 디지털 마케팅의 장점

① 개인의 경험을 토대로 하기 때문에 신뢰도가 높다.

② 데이터 활용 기술을 통한 타기팅이 가능하다.

③ 전통적 방식의 광고보다 비용이 비교적 저렴하다.

④ 아이디어와 데이터 중심이다.

⑤ 양방향의 커뮤니케이션이 이루어진다.

⑥ 기존 마케팅보다 투자자본수익률(ROI)이 높다.

제 3 절 디지털 마케팅 전략

(1) 마케팅 믹스의 개념

마케팅 믹스란 일정한 환경에서 여러 형태의 마케팅 수단들을 적절하게 조합하여 사용하는 전략을 의미한다. 마케팅 믹스라는 용어는 미국 미시간 주립 대학의 교수인 E. 제롬 맥카시 교수가 1960년 처음 소개하였다.

(2) 마케팅 믹스 4P

① Product(제품) : 기업이 생산하는 제품이나 서비스 외에 디자인, 브랜드, 상징, 보증, 상품 이미지 등을 포함하여 포괄적으로 관리하는 전략이다.

② Price(가격) : 상품의 가치를 객관적이고 수치화된 지표로 나타내는 전략이다.

③ Place(유통) : 상품의 판매를 촉진하기 위해 활용하는 공간의 배치와 고객과의 접촉이 이루어지도록 하는 유통경로의 관리를 포함하는 전략이다.

④ Promotion(촉진) : 마케팅 목표 달성을 위하여 사용하는 광고, 판매활동, PR 등의 수단으로 소비자들의 의사소통을 통해 구매를 유도하는 전략을 말한다.

(3) 마케팅 믹스 4C

① Customer(소비자) : 고객을 중심으로 하는 제품과 서비스를 완성하는 전략이다.

② Cost to customer(소비자 가격) : 고객의 입장에서 적절한 가격을 측정해야 함을 의미한다.

③ Convenience(유통의 편리성) : 고객이 쉽고 편하게 접근할 수 있는 구매 환경을 조성하는 것을 의미한다.

④ Communication(의사소통) : 고객이 원하는 것이 무엇인지 파악하기 위해 각종 네트워크를 활용하는 노력이 필요함을 의미한다.

(4) 마케팅 믹스 4E

① Experience(경험) : 고객이 브랜드에 대한 다양하고 인상적인 경험을 만들어주는 것으로 블로그나 인스타그램 등 소셜미디어를 활용하는 경우가 많다.

② Engagement(참여) : 브랜드에 대한 고객의 개인적 관련성을 만들어주는 것이다.

③ Evangelist(전파자) : 브랜드에 대한 호감과 충성도를 가진 고객을 '브랜드 전도사'로 활용하는 방법으로 고객이 자발적으로 참여할 수 있는 장을 만들어주는 것이다.

④ Enthusiasm(열정) : 브랜드에 대한 마케터의 열정을 활용하는 방법이다.

제 4 절 디지털 마케팅 프로세스

(1) 디지털 마케팅 목표 설정

마케팅 활동을 통해 성취하고자 하는 것을 계량화할 수 있는 수치로 설정한다. 마케팅 목표는 기업의 비전과 일치하여야 하며, 현실적으로 달성 가능한 정도여야 한다.

> **더 알아보기**
>
> 디지털 마케팅 목표
> • 고객 서비스 중심의 디지털 마케팅 : 비용 절감과 고객 경험 개선
> • 리드 확보 중심의 디지털 마케팅 : 리드란 연락 가능한 잠재 고객 정보, 이메일 주소, 전화번호, 소셜미디어 계정 등
> • 콘텐츠 서비스 중심의 디지털 마케팅 : 구독과 광고 매출
> • 온라인 커머스 중심의 디지털 마케팅 : 잠재고객 방문, 구매 전환율

(2) 시장조사

시장 및 환경에 존재하는 기회를 분석한다. 기존의 시장의 문제점이나 상품에 대한 피드백 등을 분석하여 고객의 니즈를 충족시키기 위한 기회를 발견하는 단계이다.

(3) STP

STP란 시장세분화(Segmentation), 표적시장(Targeting), 포지셔닝(Positioning)을 의미한다.

① 시장세분화

기업의 마케팅 전략 구축을 위한 행위로 고객의 니즈, 성격, 라이프 스타일 등에 따라 고객층을 집단으로 나누는 것을 말한다. 이를 나누는 기준은 인구통계학적 기준, 심리적 기준, 행동적 기준 등이 있다. 치열한 경쟁 속에서 경쟁 제품과 차별화하고 고객 니즈를 충족시키기 위해 꼭 필요한 전략이라 할 수 있다.

② 표적시장 선정

세분화된 시장 중에서 고객이 가장 만족할 만한 영역을 표적시장으로 선정한다. 표적시장을 선정할 때에는 시장의 규모, 성장률, 기업의 비전과 보유 자원을 전략적으로 고려해야 한다.

③ 포지셔닝

시장을 세분화하고 표적시장을 선정한 후 경쟁 제품과 다른 차별적 요소를 표적시장 내 목표고객의 머릿속에 인식시키기 위한 활동이다. 디지털 마케팅에서는 소비자의 긍정적인 경험을 향상시키기 위한 포지셔닝이 중요하다.

(4) 마케팅 믹스

마케팅 믹스의 요소들을 적절하게 조합하여 전략을 세운다. 디지털 시대에는 4P에서 4E로 그 요소들의 범위가 확대되는 추세이다.

산업사회	
4P	Product(제품), Price(가격), Place(유통), Promotion(촉진)

⇓

정보사회	
4C	Customer(소비자), Cost to Customer(소비자 가격), Convenience(유통의 편리성), Communication(의사소통)

⇓

감성사회	
4E	Evangelist(전파자), Enthusiasm(열정), Experience(경험), Engagement(참여)

(5) 실 행

마케팅 믹스에서 설정한 요소들을 조합하여 마케팅 활동을 수행하는 단계이다.

(6) 관 리

마케팅 전략의 실행에 따른 시장의 피드백을 수집하고 평가하여 성과를 향상시킬 수 있는 개선방안을 마련하는 디지털 마케팅 프로세스의 최종적인 단계이다.

(1) 구전 마케팅

① 온라인 구전(eWOM : Electronic Word of Mouth)

온라인 상에서 소비자가 경험과 정보를 다른 소비자들과 직접 공유하는 자발적 의사소통 행위를 의미한다. 온라인 구전은 네트워크 분석을 통해 구전의 확산 경로와 의견 선도자를 파악할 수 있으며, 기업의 입장에서 소비자의 의견을 청취하는 채널로 활용할 수 있다. SNS, 블로그, 온라인 게시판을 통해 확산되며, 긍정적, 부정적, 중립적 의견을 분류해서 대응하는 것이 중요하다. 온라인 쇼핑몰에서 구매 후 소비자가 작성하는 사용 후기도 온라인 구전의 한 유형으로 볼 수 있다.

② 바이럴 마케팅(Viral marketing)

소비자에게 마케팅 메시지를 다른 소비자들에게 퍼뜨리도록 하는 마케팅이다. 고객에게 광고주의 제품을 제공하고 체험 후기 등을 콘텐츠 형태로 게재하도록 유도하는 방법을 많이 사용한다. 다수의 팔로워와 유튜버에 대한 신뢰가 구매로 연결되게 하여 구매 상승효과를 기대하는 마케팅 기법이다.

③ 인플루언서 마케팅(Influencer marketing)

최근 기업들이 소셜미디어 혹은 유튜브에서 다른 소비자에게 많은 영향을 미치는 의견선도자(Influencer)를 적극적으로 활용하는 마케팅 기법이다. 인플루언서는 수많은 팔로워들에게 영향을 미칠 수 있고 높은 신뢰도를 가지고 있기 때문에 제품에 대한 의견이나 평가가 소비자들에게 많은 영향을 준다.

④ 버즈 마케팅(Buzz marketing)

'버즈'는 꿀벌이 윙윙대는 소리를 뜻하며, 소비자들이 특정 제품과 서비스에 대해 자발적으로 언급하도록 유도하는 것을 의미한다. 제품 사용 후기 등을 통해 실제 상품을 이용해본 고객들의 입소문을 이용한다.

⑤ 커뮤니티 마케팅(Community marketing)

제품에 관심을 가질 것으로 예상되는 사람들이 모여있는 커뮤니티에 지원을 하거나 직접적으로 광고를 노출하는 마케팅을 말한다. 커뮤니티 모니터링을 통해 제품에 대한 피드백을 확인할 수 있다.

⑥ 코즈 마케팅(Cause marketing)

코즈 마케팅이란 환경 보건이나 빈곤 등과 같은 사회적 책임과 관련한 이슈를 기업의 이익 추구를 위해 활용하는 마케팅 기법이다. 소비자로 하여금 '착한 소비'를 하도록 유도하여 기업의 이익을 동시에 추구한다. 제품을 포장할 때 재활용지를 사용하거나, 제품 판매 수익금의 일부를 기부하는 것 등의 사례가 있다.

(2) 소셜미디어 마케팅

소셜미디어 마케팅이란 소셜미디어 플랫폼과 웹사이트를 활용하여 제품이나 서비스를 광고하는 것이다. 페이스북, 인스타그램, 유튜브, 틱톡 등 사회적 관계망을 이용한 광고로 모바일의 보급률이 증가함에 따라 광고에 대한 반응도 실시간으로 빠르게 나타나고 있다.

02 O · × 문제

01 ☐O☐X☐ 디지털 마케팅은 TV, 라디오, 신문 등의 전통매체 광고보다는 비교적 적은 예산으로도 다양한 광고를 집행할 수 있다.

02 ☐O☐X☐ 디지털 마케팅은 노출수, 클릭수, 클릭률, 전환비용 등과 같은 데이터를 통해 마케팅 성과분석이 용이하다.

03 ☐O☐X☐ 디지털 커뮤니케이션에서 오가는 정보는 주로 경험에 근거한 것으로 신뢰도가 낮은 것이 특징이다.

04 ☐O☐X☐ 획득 미디어(Earned media)란 기업이 콘텐츠를 통제할 수 있는 커뮤니케이션 채널을 말하며, 그 예로 제품 체험관이나 기업의 홈페이지가 있다.

05 ☐O☐X☐ 디지털 사회에서는 매스미디어를 통해 의제가 설정되고 확산된다.

06 ☐O☐X☐ 디지털 소비자는 브랜드에 대한 감성적 요인보다 제품의 기능과 같은 인지적 요인을 더 중요하게 여긴다.

07 ☐O☐X☐ 디지털 마케팅은 기존의 전통적 마케팅에 비해 투자자본수익률이 낮다.

정답

01 O

02 O

03 ✕ ▸ 디지털 커뮤니케이션상의 정보는 사용자들의 경험에 근거한 것으로 신뢰도가 높다.

04 ✕ ▸ 획득 미디어(Earned media)는 소비자가 정보를 생산하여 소통하는 매체를 의미한다.

05 ✕ ▸ 매스미디어를 통해 의제가 설정되고 확산되는 것은 디지털 사회 이전에 대한 설명이다.

06 ✕ ▸ 디지털 소비자는 제품의 기능에 대해 잘 아느냐 하는 인지적 요인보다 해당 브랜드에 대해 어떻게 느끼느냐 하는 감성적인 요인을 중요시한다.

07 ✕ ▸ 디지털 마케팅은 전통적 마케팅보다 투자자본수익률이 높다.

08 ⎕○⎕× 디지털 마케팅은 개인의 경험을 토대로 하기 때문에 신뢰도가 높다.

09 ⎕○⎕× 마케팅 믹스 4P에서 'Promotion'은 고객과의 접촉이 이루어지도록 하는 유통경로를 관리하는 전략이다.

10 ⎕○⎕× 브랜드에 대한 고객의 개인적 관련성을 만들어주는 전략은 마케팅 전략 4E 중 'Engagement(참여)'이다.

11 ⎕○⎕× STP란 시장세분화(Segmentation), 표적시장(Targeting), 참여(Participation)을 의미한다.

12 ⎕○⎕× 포지셔닝이란 세분화된 시장 중에서 고객이 가장 만족할 만한 영역을 표적시장으로 선정하는 과정을 말한다.

13 ⎕○⎕× 인플루언서는 낮은 신뢰도를 가지고 있기 때문에 제품에 대한 의견이나 평가가 소비자들에게 많은 영향력을 주지 못한다.

14 ⎕○⎕× 커뮤니티 마케팅이란 사회적 책임과 관련한 이슈를 기업의 이익 추구를 위해 활용하는 마케팅 기법이다.

정답

08 ○
09 × ▸고객과의 접촉이 이루어지도록 하는 유통경로를 관리하는 것은 4P 중 'Place(유통)'이다.
10 ○
11 × ▸STP란 시장세분화(Segmentation), 표적시장(Targeting), 포지셔닝(Positioning)을 의미한다.
12 × ▸포지셔닝이란 표적시장을 선정한 후 경쟁 제품과 다른 차별적 요소를 표적시장 내 목표 고객에게 인식시키기 위한 활동이다.
13 × ▸인플루언서는 신뢰도가 높아 제품에 대한 의견이나 평가가 소비자에게 많은 영향력을 주는 사람이다.
14 × ▸커뮤니티 마케팅은 제품에 관심있는 사람들이 모여있는 집단에 광고를 하는 마케팅을 의미한다. 사회적 책임과 관련한 이슈를 활용하는 마케팅 기법은 코즈 마케팅이다.

02 출제예상문제

01 다음 중 기업이 콘텐츠를 통제할 수 있는 커뮤니케이션 채널을 말하며, 기업의 홈페이지나 제품 체험관을 의미하는 디지털 미디어는 무엇인가?

① Paid media
② Owned media
③ Earned media
④ Contents media

✎ **해설**

소유 미디어(Owned media)는 기업이 콘텐츠를 통제할 수 있는 커뮤니케이션 채널을 의미하는 디지털 미디어이다.

02 다음 중 마케팅 전략 4E의 요소가 아닌 것은?

① Evangelist
② Estimation
③ Experience
④ Enthusiasm

✎ **해설**

마케팅 전략 4E에는 Experience(경험), Engagement(참여), Evangelist(전파자), Enthusiasm(열정)이 있다. '판단, 평가치'라는 의미의 Estimation은 4E의 요소에 포함되지 않는다.

03 디지털 마케팅에 대한 설명으로 옳은 것은?

① 온라인 사용 인구와 시간이 지속적으로 줄어들고 있다.
② 노출수, 클릭수, 클릭률, 전환비용 등과 같은 데이터를 통한 성과분석이 어렵다.
③ 일방향적인 커뮤니케이션에서 소비자가 선택하고 피드백하는 투웨이 커뮤니케이션으로 바뀌었다.
④ 디지털 시대에는 플랫폼의 형태가 더욱 단일화되고 독점적인 경향이 있다.

✎ **해설**

① 온라인 사용 인구와 시간은 지속적으로 늘어나고 있다.
② 노출수, 클릭수, 클릭률, 전환비용 등과 같은 데이터를 통한 성과분석이 용이하다.
④ 디지털 마케팅의 플랫폼의 형태는 더욱 다양화되고 있다.

정답 01 ② 02 ② 03 ③

04 전통적 마케팅 방식과 대조되는 디지털 마케팅의 특징이라고 볼 수 있는 것은?

① 신뢰도가 낮다.
② 투자자본수익률이 낮다.
③ 비용이 비교적 많이 든다.
④ 아이디어와 데이터 중심이다.

✏️ **해설**

디지털 마케팅은 전통적 마케팅 방식에 비해 신뢰도가 높고, 비용이 비교적 적게 들어 투자자본수익률이 높다.

05 브랜드 인지를 제품 구매로 전환시킨 정도를 의미하는 용어는?

① PAR
② BAR
③ ROI
④ eWOM

✏️ **해설**

① PAR(Purchase Action Ratio) : 브랜드 인지를 브랜드 구매로 전환시킨 정도
② BAR(Brand Advocate Ratio) : 브랜드 인지를 브랜드 옹호로 전환시킨 정도
③ ROI(Return on Investment) : 투자수익률
④ eWOM(Electronic Word of Mouth) : 온라인 구전

06 디지털 마케팅 전략 4P 요소가 아닌 것은?

① Place
② Price
③ Process
④ Product

✏️ **해설**

마케팅 전략 4P 요소에는 Product(제품), Price(가격), Place(유통), Promotion(촉진)이 있다.

07 디지털 마케팅 기법의 4C 중 고객이 쉽고 편하게 접근할 수 있는 구매 환경을 조성하는 것을 의미하는 것은?

① Convenience
② Customer
③ Communication
④ Cost to customer

✏ **해설**

'Convenience'는 4C 중 유통의 편리성과 고객 접근성을 의미한다.

08 디지털 사회의 마케팅은 4P의 단계에서 4C를 거쳐 4E의 단계로 발전하고 있다. 다음은 4E 중 무엇에 대한 설명인가?

> 브랜드에 대한 호감과 충성도를 가진 고객을 '브랜드 전도사'로 활용하는 방법으로 고객이 자발적으로 참여할 수 있는 장을 만들어주는 마케팅 전략이다.

① Experience
② Evangelist
③ Enthusiasm
④ Engagement

09 구전 마케팅의 종류로 가장 적절하지 않은 것은?

① 버즈 마케팅
② 코즈 마케팅
③ 매복 마케팅
④ 바이럴 마케팅

✏ **해설**

매복 마케팅은 특정 행사의 공식 후원 업체가 아니면서도 매복을 하듯이 교묘하게 규제를 피해 후원 업체라는 인상을 주어 고객에게 판촉을 하는 마케팅 전략을 의미하며 구전 마케팅에 해당하지 않는다.

정답 04 ④ 05 ① 06 ③ 07 ① 08 ② 09 ③

10 다음 중 바이럴 마케팅에 대한 설명으로 틀린 것은?

① '바이럴(Viral)'은 바이러스(Virus)의 형용사형으로 널리 퍼져나간다는 의미를 가진다.

② 음식점에서 이벤트를 통해 방문한 고객에게 블로그로 후기 작성을 유도하는 것도 바이럴 광고의 한 형태이다.

③ 제품을 제공하고 체험 후기 등을 온라인 상에 콘텐츠 형태로 게재하도록 유도하는 방법이 일반적이다.

④ 소비자로 하여금 '착한 소비'를 하도록 유도하여 기업의 이익을 동시에 추구하는 것이다.

✏ **해설**

> 착한 소비를 유도하여 기업의 이익을 추구하는 마케팅은 코즈(Cause) 마케팅이다.

11 마케팅 패러다임의 변화에 대한 설명으로 옳은 것은?

① 빅데이터 분석 기술의 활용으로 소비자의 욕구를 분석하여 개인 맞춤형 광고를 하기도 한다.

② 다(多)미디어 플랫폼 시대에서 단일 플랫폼 시대로 변화해가고 있다.

③ 디지털 마케팅의 내용은 콘텐츠나 정보보다 기업이나 제품에 대한 구체적인 내용이 중심이 되어야 한다.

④ 새로운 마케팅 패러다임은 소비자가 브랜드에 대해 어떻게 느끼느냐 하는 감성적 요인보다 브랜드에 대해 얼마나 아느냐 하는 인지적 요인을 더 강조한다.

✏ **해설**

> ② 기술의 변화에 따라 미디어 플랫폼이 더욱 다양화되고 있으므로 틀린 지문이다.
> ③ 최근 디지털 마케팅의 내용은 기업이나 제품에 대한 구체적인 내용 중심보다는 콘텐츠나 정보 중심으로 바뀌고 있다.
> ④ 새로운 패러다임은 인지적 요인보다는 소비자가 브랜드에 대해 어떻게 느끼느냐 하는 감성적 요인을 더 강조한다.

12 다음 설명에 해당하는 미디어의 종류는?

> 기업이 대가를 지불하고 광고하는 매체이며, 디스플레이 광고, 검색광고, 브랜드 검색광고 등이 있다.

① 소유 미디어(Owned media)

② 지불 미디어(Paid media)

③ 획득 미디어(Earned media)

④ 소셜미디어(Social media)

13 다음에서 설명하는 개념으로 알맞은 것은?

> 고객의 니즈, 성격, 라이프 스타일 등에 따라 고객층을 집단으로 나누는 것을 말한다. 이를 나누는 기준은 인구통계학적 기준, 심리적 기준, 행동적 기준 등이 있다.

① 타깃팅
② 포지셔닝
③ 시장세분화
④ 컨셉메이킹

✏ **해설**

> 고객을 일정 기준에 따라 나누어 구분하는 일련의 과정을 시장세분화라고 하며, 경쟁 제품과 차별화하고 고객 니즈를 충족시키기 위해 필요한 전략 중 하나이다.

PART 1

14 다음은 어떤 마케팅에 관한 설명인가?

> 소비자에게 마케팅 메시지를 다른 소비자들에게 퍼뜨리도록 하는 마케팅이다. 고객에게 광고주의 제품을 제공하고 체험 후기 등을 콘텐츠 형태로 게재하도록 유도하는 방법을 많이 사용한다. 다수의 팔로워와 유튜버에 대한 신뢰가 구매로 연결되게 하여 구매 상승효과를 기대하는 마케팅 기법이다.

15 다음은 어떤 소비자 행동 모델에 관한 설명인가?

> 일본의 종합광고 대행회사 덴츠(Dentsu)에서 발표한 현대적 소비자 구매 패턴 모델이다. 소비자가 상품에 대한 정보를 직접 검색하고 서비스를 이용한 자신의 경험을 공유하는 등의 능동적인 참여를 한다. 디지털 사회 소비자의 주된 정보 처리 과정이라고 볼 수 있다.

✏ **해설**

AISAS 모델의 소비자 정보처리 과정
Attention(주목) → Interest(흥미) → Search(검색) → Action(구매) → Share(공유)

정답 10 ④ 11 ① 12 ② 13 ③ 14 바이럴마케팅 15 AISAS 모델

16 다음 설명에 해당하는 디지털 마케팅 프로세스의 단계는?

> 시장을 세분화하고 표적시장을 선정한 후 경쟁 제품과 다른 차별적 요소를 표적시장 내 목표 고객에게 인식시키기 위한 활동이다. 디지털 마케팅에서는 소비자의 긍정적인 경험을 향상시키기 위한 마케팅이다.

17 다음 설명에 해당하는 마케팅의 종류를 쓰시오.

> 소셜미디어 혹은 유튜브에서 다른 소비자에게 많은 영향을 미치는 의견선도자를 적극적으로 활용하는 마케팅 기법이다. 의견선도자는 수많은 팔로워들에게 영향을 미칠 수 있고 높은 신뢰도를 가지고 있기 때문에 제품에 대한 의견이나 평가가 소비자들에게 많은 영향력을 줄 수 있다.

18 다음 설명에 해당하는 디지털 마케팅 소프트웨어의 명칭은?

> • 인공지능을 기반으로 텍스트나 음성을 통하여 사람과 대화를 할 수 있도록 고안된 소프트웨어이다.
> • 고객과의 상호작용을 담당하는 새로운 인터페이스로 각광받고 있다.
> • 메신저와 결합하여 메시징을 통해 다수 고객과 상시적 관계를 형성하고 유지한다.
> • 고객 서비스에 대한 상시 지원, 전자 상거래 환경에서의 맞춤형 권장 사항, 양식 및 금융 애플리케이션 내의 필드 정의, 의료 기관의 예약 일정 등의 상황에 적용된다.

16 포지셔닝(Positioning) 17 인플루언서 마케팅(Influencer marketing) 18 챗봇(Chatbot) **정답**

03 디지털 광고

제 1 절 디지털 광고의 의미

(1) 디지털 광고의 개념

디지털 광고는 웹사이트, 스트리밍 콘텐츠 등 온라인 채널을 통한 마케팅을 의미한다. 텍스트, 이미지, 오디오, 비디오를 비롯한 미디어를 통해 브랜드 인지도, 고객 참여, 신제품 출시, 반복 구매 유도 등의 비즈니스 목표를 달성하는 데 그 목적이 있다.

(2) 디지털 광고의 목표

① 트래픽 발생

배너, 검색, 동영상광고 등을 통해서 웹사이트 방문 트래픽을 생성시킬 수 있다.

② 온라인 브랜딩 강화

디지털 광고를 통해 브랜드 인지도와 선호도를 높일 수 있다.

> **용어 해설**
>
> 트래픽
>
> 사전적 의미로는 교통량을 의미하는데 인터넷 용어로는 네트워크 장치에서 일정 시간 내에 흐르는 데이터의 양을 말한다. 웹사이트에 트래픽이 많다는 것은 사용자 접속이 많아서 전송하는 데이터의 양이 많다는 것을 의미한다. 트래픽은 웹사이트에 방문한 사람들이 데이터를 주고받은 양으로 이는 방문자수와 방문 페이지 수에 따라 결정된다.

(3) 디지털 광고의 특징

① 전달의 유연성

디지털 광고는 시공간의 제약이 없으므로 광고의 게재 속도가 빠르다. 또한, 실시간으로 광고를 교체할 수 있으며 이미지, 텍스트, 비디오 등의 다양한 형태로 구현할 수 있다.

② 타기팅의 정확성

디지털 광고는 기업이 목표하고 있는 고객을 선별하여 광고를 노출할 수 있다. 성별, 연령, 지역 등에 대해 타기팅할 수 있을 뿐 아니라 로그인 정보 등의 고객의 개별적인 특성을 반영하여 광고를 노출하여 타기팅의 정확도가 높아진다.

③ 상호작용성

디지털 광고는 양방향 커뮤니케이션이 가능하기 때문에 광고, 소비자, 광고주가 실시간으로 상호작용이 가능하다. 또한, 한 매체에서 다양한 수용자(소비자)의 행위(광고노출 → 클릭 → 타깃 페이지 연결 → 상품 정보 검색 → 상품 경험 → 구매 정보 공유)가 동시에 이루어지는 특징이 있다.

④ 트래킹의 용이성

고객의 클릭, 구매 등 고객의 반응을 보다 빠르고 정확하게 측정할 수 있는 것이 장점이다. 광고 클릭률, 이벤트 참여율, 회원 가입률, 구매 전환율 등을 데이터로 파악할 수 있다.

제 2 절 디지털 광고의 발전과 산업구조

(1) 디지털 광고의 발전

① 도입기(1995~1996년)

PC 통신에서 인터넷으로 전환되면서 디지털 광고의 역사가 시작되었다. 이 시기에는 단순한 메뉴형 배너광고가 중심이었다.

② 정착기(1997~1998년)

인터넷 사용이 확산되면서 디지털 광고가 광고 매체로서 본격적으로 정착되기 시작하였다. 인터랙티브 배너광고, 푸쉬 이메일(Push mail) 등 새로운 광고가 시도되었으며, 웹진이 등장하였다.

③ 1차 성장기(1999~2000년)

고속 인터넷이 보급되면서 보다 많은 데이터를 활용한 광고 기법들을 선보이게 되었으며, 동영상이나 플래시 기법의 광고와 멀티미디어 광고가 보급되었다.

④ 확대기(2001~2005년)

디지털 미디어가 커뮤니케이션의 중심매체로 자리 잡으면서 디지털 광고 영역이 확대 및 다양화되었다. 브랜딩 광고가 시작되었고, 전면 광고, 떠 있는 광고 등 다양한 기법이 시도되었으며, UCC, 미니홈피, 블로그 등 검색광고가 시작된 시기이다.

⑤ 2차 성장기(2006년 이후)

스마트 폰의 보급과 함께 QR 코드를 활용한 인터랙티브 광고와 인게임 광고, 모바일 광고가 시작되었다. 검색광고가 꾸준히 성장하고 있으며 TV 등 타 매체와 연동한 방법도 시도되고 있다.

(2) 디지털 광고의 산업구조

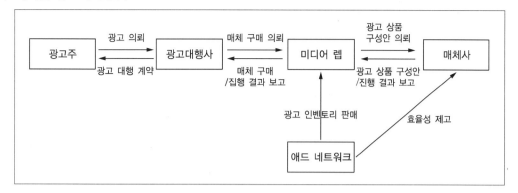

① 광고주 : 광고를 게재하는 주체이다.

② 광고대행사

검색광고 서비스 업체를 대신하여 광고주를 모집하는 행위를 하며, 검색광고를 효율적으로 진행하기 위해 전략을 짜서 제안하는 역할을 한다.

③ 매체사

㉠ 온라인 포털 : 구글, 네이버, 카카오(다음) 등

㉡ 소셜미디어 : 인스타그램, 트위터, 유튜브 등

㉢ 모바일 웹사이트, 모바일 앱

④ 미디어 렙(Media representative)

광고주를 대신하여 수많은 인터넷 매체사와 접촉하여 광고를 구매하고 집행을 관리하는 역할을 수행하며, 매체사의 입장에서 광고 판매를 대행하고 더 많은 광고를 수주할 수 있는 기회를 제공한다. 또한, 디지털 광고시장에서 독자적으로 사전 효과 예측 및 매체안을 제시하고, 광고소재 송출과 각 매체별 트래킹을 통해 광고효과를 측정하고 비교하는 역할을 수행한다.

⑤ 애드 네트워크(Advertising network)

매체사들의 다양한 광고 인벤토리를 네트워크로 취합하여 광고를 송출하는 솔루션이며, 다양한 광고 인벤토리를 광고주에게 판매하는 서비스를 제공한다.

> **용어 해설**
>
> 광고 인벤토리
> 광고 매체사가 판매할 수 있는 광고 지면 즉, 웹사이트나 앱의 광고 공간을 의미한다. 이는 광고 위치나 노출량, 노출 기간 단위 등으로 판매할 수 있다.

(1) 검색광고

'안경'을 검색하자 나오는 검색광고

N | 안경

통합 이미지 지도 쇼핑 어학사전 VIEW 지식iN 인플루언서 동영상 뉴스 ···

파워링크 '안경' 관련 광고입니다. ⓘ   등록 안내

젠틀몬스터 공식 온라인스토어 | 안경 컬렉션
광고 www.gentlemonster.com/
젠틀몬스터의 모든 제품을 공식 온라인스토어에서 무료배송으로 만나보실 수 있습니다.
선글라스 · 안경 · 콜라보레이션 · 기프트카드

이제 안경은 글라스미 입니다 | 렌즈미의 안경브랜드
광고 www.glassme.co.kr/
UV CARE 안경렌즈 무료제공, 정품 확인서 제공,블루라이트차단, 자외선차단.
안경렌즈 · 안경테 · 매장안내 · 가맹안내

① 키워드광고라고도 불리며 주로 비광고 검색 결과 위에 또는 함께 표시되는 텍스트 광고로 웹 사이트 연결을 유도하는 방식이다.
② 이용자의 인터넷 접속빈도가 높아졌기 때문에 검색광고가 빠르게 성장하게 되었다.
③ 제품이나 서비스에 관심이 있는 고객을 세부적으로 타기팅할 수 있으나 무효 클릭이나 검색어 선정의 어려움이 있다.

(2) 소셜미디어 광고

① 페이스북, 인스타그램, 트위터 등 소셜미디어 플랫폼을 이용하여 광고의 노출 및 클릭을 유도하는 광고이다.
② 모바일 기기의 보급이 확대됨에 따라 광고에 대한 반응이 실시간으로 빠르게 나타나며, 개인과 다수를 연결해주는 사회적 네트워크를 활용하므로 파급력이 크다.
③ 기업은 소셜미디어 채널에서 고객과 직접 소통하면서 가치 높은 고객서비스를 제공할 수 있다. 제품이나 서비스를 필요로 할 때 먼저 적극적으로 알려 고객의 이탈을 방지한다.

(3) 배너광고

네이버 홈페이지의 화면의 배너광고

① 웹사이트의 상단, 측면 또는 하단에서 볼 수 있는 막대 모양의 광고를 말한다. 클릭 생성, 트래픽 유도와 온라인 브랜딩 효과를 동시에 누릴 수 있다.

② 제작이 용이하다는 장점이 있으나 검색광고에 비해 클릭률이 낮고, 크기에 제한이 있어 정보 제공의 한계가 있다는 단점이 있다.

③ 디지털 광고 중 가장 오래된 유형으로 초기에는 사각형 모양의 단순한 텍스트 유형에서 시작하여 최근에는 동영상, 플래시 등 다양한 기법을 활용하여 광고의 내용을 풍부하게 전달할 수 있게 되었다.

더 알아보기

리치미디어 배너광고

텍스트 위주의 콘텐츠를 넘어 JPEG, DHTML, Javascript, Shock wave, Java 프로그래밍과 같은 신기술 및 고급 기술을 적용한 인터넷 광고이다. 광고 위에 마우스 커서를 올려놓거나 클릭하면 이미지가 변하거나 동영상이 재생되는 등 소비자의 주목을 유도할 수 있다.

인터랙티브 배너광고

소비자와 양방향으로 상호작용이 가능한 콘텐츠로 제작된 광고이다. 배너의 내용에서 소비자의 직접적인 참여를 유도하고, 그 반응에 따라 즉각적으로 콘텐츠를 제공하여 광고 메시지 전달에 효과적이다.

디스플레이 광고

텍스트, 이미지, 비디오 및 오디오로 구성된 배너 또는 기타 광고 형식을 통해 인터넷 웹사이트, 앱 또는 소셜미디어에 나타나는 그래픽 광고이다. 브랜드가 마케팅 목표를 달성하는 데 있어 시각적으로 매력적이고 비용이 효율적이며 측정 가능한 광고이다.

(4) 동영상 광고

① 주로 동영상을 보고자 할 때 자동 재생되는 형태의 동영상 광고를 말한다.

② 동영상 광고는 동적 이미지이므로 정적 이미지 배너광고보다 더 임팩트 있고 기억에 잘 남는다.

③ 동영상 재생 전에 노출되는 프리롤, 소셜미디어의 피드에 노출되는 피드형, 게임이나 서비스 이용 중 동영상 광고를 시청하면 보상을 주는 보상형 등의 광고 유형이 있다.

(5) 모바일 광고

① 발전과정

초기에 모바일 기기를 통해 문자 메시지를 텍스트로 보내는 형태에서 시작해, 동영상과 애니메이션 등의 다양한 미디어 형태의 MMS 광고로 발전하였다. 이후 스마트폰의 확산에 따라 디지털 미디어 광고의 형태로 나타나며, 디지털 광고에서의 비중이 커지고 있다.

② 모바일 광고의 특징

㉠ 시간과 공간의 물리적 제약을 극복하여 높은 광고 메시지 도달률을 보인다.

㉡ 모바일 기기의 특성상 위치기반 지역 광고나 개인 맞춤형 광고로 진화하고 있다.

㉢ 즉각적 반응성으로 빠른 구매 연결이 가능하다.

③ 모바일 광고의 유형

㉠ 인 앱(In-app) 광고 : 사용자가 앱을 다운로드하여 사용할 때 다양한 위치에 배너 형태로 나타나는 광고를 말한다.

㉡ 인터스티셜 광고 : 앱 사용 중 특정 페이지에서 다른 페이지로 이동할 때 나타나며 모바일 스크린 전면광고로 주목도가 높은 광고를 말한다.

㉢ 네이티브 광고 : 소셜미디어에서 사용자의 피드와 적절히 통합되어 있는 인 피드 형태로 노출되는 광고를 말한다.

㉣ 동영상 광고 : 사용자의 동영상 시청 전, 중간, 후에 노출되는 광고를 말한다.

(6) 네이티브 광고

① 웹사이트의 주요 콘텐츠 형식과 비슷한 모양으로 제작한 광고이다.

② 사용자가 경험하는 콘텐츠의 일부처럼 보이도록 하여 자연스럽게 관심을 이끄는 형태이기 때문에 광고의 소비과정에서 회피 반응이 적다.

③ 유 형

㉠ 인 피드(In-feed) 광고 : 페이스북이나 인스타그램 피드에 나타나는 광고를 말한다.

㉡ 프로모티드 리스팅(Promoted listing) : 웹사이트에서 검색 시 검색어에 관련된 상품이 제시되는 형태의 광고를 말한다.

㉢ 기사 맞춤형 광고 : 언론사에서 일반 기사와 동일하게 배치되는 협찬 기사 광고 혹은 기사와 관련된 콘텐츠가 배너광고의 형태로 노출되는 광고를 말한다.

01 ☐O☐× 디지털 광고는 시공간의 제약이 없어 광고의 게재 속도가 빠른 편이다.

02 ☐O☐× 디지털 광고는 클릭률, 회원 가입률, 구매 전환율 등을 데이터로 파악하는 것이 용이하다.

03 ☐O☐× 미디어 렙은 수많은 매체사와 접촉하여 광고를 구매하고 집행을 관리하는 역할을 광고주 대신 수행하는 업체를 말한다.

04 ☐O☐× 매체사들의 다양한 광고 인벤토리를 네트워크로 취합하여 광고를 송출하는 솔루션을 제공하는 주체는 광고 대행사이다.

05 ☐O☐× 검색광고는 키워드광고라고도 부르며 제품이나 서비스에 관심이 있는 고객을 타기팅할 수 있다.

06 ☐O☐× 네이티브 광고는 앱 사용 중 특정 페이지에서 다른 페이지로 이동할 때 나타나는 광고이다.

정답

01 O
02 O
03 O
04 ✕ ▸광고 인벤토리를 취합하여 광고를 송출하고 다양한 광고 인벤토리를 광고주에게 판매하는 서비스를 제공하는 것은 애드 네트워크이다.
05 O
06 ✕ ▸네이티브 광고는 웹사이트의 주요 콘텐츠 형식과 비슷한 모양으로 제작한 광고로 소비자의 관심을 자연스럽게 이끌 수 있다. 앱 사용 중 특정 페이지에서 다른 페이지로 이동할 때 나타나는 광고는 모바일 광고 중 인터스티셜 광고이다.

07 ☐○ ☐× 배너광고는 제작이 용이하고 검색광고에 비해 클릭률이 높다.

08 ☐○ ☐× 모바일 광고는 시공간의 물리적 제약을 극복하였으며 광고 메시지 도달률이 높다.

09 ☐○ ☐× 소셜미디어 광고는 소셜미디어 채널에서 고객과 직접 소통할 수 있지만 광고의 파급력은 작은 편이다.

PART 1

01 다음 중 모바일 광고 유형에 대한 설명으로 틀린 것은?

① 동영상 광고 : 사용자의 동영상 시청 전, 중간, 후에 노출되는 형태의 광고
② 인 앱 광고 : 사용자가 앱 다운로드 전 배너로 나타나는 광고
③ 네이티브 광고 : 소셜미디어에서 사용자의 피드와 적절히 통합되어 있는 인 피드 형태로 노출되는 광고
④ 인터스티셜 광고 : 사용자가 앱 사용 중에 특정 페이지에서 다른 페이지로 이동할 때 나타나는 광고

✎ **해설**

인 앱 광고는 사용자가 앱을 다운로드하여 사용할 때 다양한 위치에 배너 형태로 나타나는 광고를 의미한다.

02 디지털 광고에 대한 설명으로 옳지 않은 것은?

① 소비자가 방문한 경로를 트래킹하기 어렵다.
② 클릭률, 회원 가입률, 구매 전환율 등을 데이터화 할 수 있다.
③ 전통 매체의 광고에 비해 저렴한 비용으로 광고를 집행할 수 있다.
④ 스마트 폰, 태블릿 PC 등 모바일 기기의 확산으로 파급력이 더욱 커지고 있다.

✎ **해설**

디지털 광고는 고객의 클릭, 구매 등 고객의 반응을 보다 빠르고 정확하게 측정할 수 있는 것이 장점이다.

정답 01 ② 02 ①

03 디지털 광고의 특징으로 옳지 않은 것은?

① 전달의 유연성
② 타기팅의 정확성
③ 일방향 커뮤니케이션
④ 트래킹의 용이성

✏️ **해설**

디지털 광고는 양방향 커뮤니케이션이 가능하기 때문에 광고, 소비자, 광고주 사이의 상호작용이 가능하다.

04 디지털 광고의 목적이 아닌 것은?

① 고객 확보
② 브랜드 선호도 강화
③ 브랜드 인지도 강화
④ 웹사이트 방문 트래픽 감소

✏️ **해설**

디지털 광고는 웹사이트 방문 트래픽을 증가시키는 것이 목표 중 하나이다.

05 다음 설명에 해당하는 디지털 광고 발전 시기는?

- 인터넷 사용이 확산되면서 디지털 광고가 광고 매체로서 본격적으로 정착되기 시작
- 인터랙티브 배너광고, 푸쉬 이메일(Push mail) 등 새로운 광고의 시도
- 웹진 등장

① 도입기
② 정착기
③ 확대기
④ 2차 성장기

06 다음 디지털 광고의 발전사 중 '2차 성장기'에 대한 설명으로 알맞은 것은?

① 인터넷 사용이 확산되면서 디지털 광고가 광고 매체로서 본격적으로 정착되기 시작하였다.
② 동영상이나 플래시 기법의 광고와 멀티미디어 광고가 보급되었다.
③ 브랜딩 광고가 시작되었고, 전면 광고, 떠 있는 광고 등 다양한 기법이 시도되었다.
④ 스마트 폰의 보급과 함께 QR 코드를 활용한 인터랙티브 광고와 인게임 광고, 모바일 광고가 시작되었다.

✏ **해설**

> ① 정착기, ② 1차 성장기, ③ 확대기에 대한 설명이다.

07 디지털 광고의 산업구조에 대한 설명으로 옳은 것은?

① 광고 대행사는 검색광고 서비스 업체를 대신하여 광고주를 모집한다.
② 온라인 포털 매체사에는 인스타그램, 트위터, 유튜브 등이 있다.
③ 애드 네트워크는 수많은 인터넷 매체사와 접촉하여 광고를 구매하고 집행을 관리하는 역할을 광고주를 대신하여 수행한다.
④ 미디어 렙은 다양한 광고 인벤토리를 광고주에게 판매하는 서비스를 제공한다.

✏ **해설**

> ② 온라인 포털 매체사에는 구글, 네이버, 카카오(다음) 등이 있다. 인스타그램, 트위터, 유튜브는 소셜미디어 매체사이다.
> ③ 미디어 렙에 대한 설명이다.
> ④ 애드 네트워크에 대한 설명이다.

08 다음에서 설명하는 광고의 유형으로 알맞은 것은?

• 웹사이트의 주요 콘텐츠 형식과 비슷한 모양으로 제작한 광고이다.
• 사용자가 경험하는 콘텐츠의 일부처럼 보이도록 하여 자연스럽게 관심을 이끄는 형태이기 때문에 광고의 소비과정에서 회피 반응이 적다.
---

① 인 앱(In-app) 광고
② 네이티브 광고
③ 소셜미디어 광고
④ 인터랙티브 광고

정답 03 ③ 04 ④ 05 ② 06 ④ 07 ① 08 ②

09 다음 중 네이티브 광고의 유형에 해당하지 않는 것은?

① 인 피드 광고
② 프로모티드 리스팅
③ 기사 맞춤형 광고
④ 인터스티셜 광고

✏️ **해설**

인터스티셜 광고는 앱의 페이지 이동 시 나타나는 모바일 스크린 전면 광고로 네이티브 광고의 유형에 포함
되지 않는다.

10 다음에서 설명하는 소비자의 형태는 무엇인가?

- 엘빈 토플러가 디지털 시대의 패러다임 변화와 함께 주장한 소비자의 형태이다.
- 온라인 상에서 소비뿐만 아니라 생산자의 역할도 수행하는 능동적 존재라는 의미이다.

✏️ **해설**

프로슈머는 'producer(생산자)'와 'consumer(소비자)'의 합성어로 생산과 참여의 역할을 하는 참여형 소비
자를 의미하는 말이다.

11 다음에서 설명하는 것이 무엇인지 쓰시오.

광고주의 입장에서 수많은 인터넷 매체사와 접촉하여 광고를 구매하고 집행을 관리하는 역할을 대
신하여 수행하며, 디지털 광고시장에서 독자적으로 사전 효과 예측 및 매체안을 제시하고, 광고 소
재 송출과 각 매체별 트래킹을 통해 광고효과를 측정하고 비교하는 역할을 한다.

12 다음에서 설명하는 것이 무엇인지 쓰시오.

> 텍스트 위주의 콘텐츠를 넘어 JPEG, DHTML, Javascript, Shock wave, Java 프로그래밍과 같은
> 신기술 및 고급 기술을 적용한 인터넷 광고이다. 소비자가 광고 위에 마우스 커서를 올려놓거나 클
> 릭하면 이미지가 변하거나 동영상이 재생되는 등 주목을 유도할 수 있다.

PART 1

13 다음에서 설명하는 '이 광고'는 무엇인가?

> - 이 광고는 초기에 문자 메시지를 텍스트로 보내는 형태에서 시작해, 동영상과 애니메이션 등의
>   다양한 미디어 형태의 MMS 광고로 발전하였다.
> - 이 광고는 시간과 공간의 물리적 제약을 극복하여 높은 광고 메시지 도달률을 보인다.
> - 이 광고에는 인 앱(In-app) 광고, 인터스티셜 광고, 네이티브 광고, 동영상 광고 등이 있다.

정답 09 ④ 10 프로슈머 11 미디어 렙(Media representative) 12 리치 미디어 (배너)광고 13 모바일 광고

교육은 우리 자신의 무지를 점차 발견해 가는 과정이다

- 윌 듀란트 -

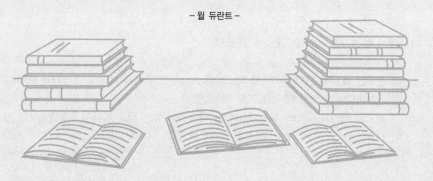

PART **2**

검색광고 실무 활용

○ · ✕ 문제 / 출제예상문제

교육이란 사람이 학교에서 배운 것을 잊어버린 후에
남은 것을 말한다.

– 알버트 아인슈타인 –

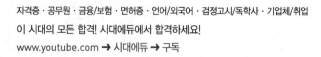

검색광고의 이해

제 1 절 검색광고의 개념 및 특징

(1) 검색광고의 개념

① 온라인 이용자들이 네이버, 카카오, 구글 등 포털사이트의 검색엔진을 통해 원하는 결과를 검색할 때 그 검색결과에 기업의 웹사이트를 효과적으로 노출시킬 수 있는 광고기법이다.

② 기업은 네이버, 카카오, 구글 등의 광고 운영시스템에 관련 키워드를 등록하고 검색 결과에 광고를 노출하여 잠재고객의 유입을 유도한다.

③ 이용자의 능동적인 검색활동에 의해 노출되기 때문에 정확한 타기팅이 가능하다.

④ 광고서비스업체는 양질의 검색 결과를 제공하기 위해 광고 연관도·콘텐츠·업종별 등록기준에 따라 검수의 과정을 거친다.

⑤ 키워드광고, SEM(Search Engine Marketing), SA(Search Ad), Paid search(유료 검색광고)라고도 한다.

⑥ 오픈마켓 성장으로 최근에는 오픈마켓에서도 검색광고가 이루어지는 등 그 범위가 점점 넓어지고 있다.

⑦ 온라인광고는 광고시장에서 가장 빠르게 성장 중인 분야로, 인터넷(PC)광고 성장은 다소 둔화되었으나 모바일 광고와 검색광고는 지속 성장하고 있다.

> **더 알아보기**
>
> **검색광고의 구분**
> - 키워드검색광고 : 이용자의 검색활동에 기반하여 노출되는 광고로 가장 폭넓게 사용
> - 콘텐츠 기반 광고 : 광고하고자 하는 제품과 어울리는 콘텐츠를 제공하는 사이트에 광고를 게재
>
> **검색광고 참여주체**
> - 검색광고 서비스업체 : 검색광고 운영시스템 플랫폼으로, 키워드와 광고를 노출할 수 있는 지면을 판매
> - 광고주 : 검색엔진을 통한 웹사이트 노출을 원하는 기업으로 검색광고 운영시스템에 광고주 가입을 하여 키워드를 구매
> - 광고대행사 : 광고 기획부터 운영, 리포트에 이르기까지 광고주가 원하는 광고를 전문적으로 대행하는 업체로 매체사나 광고주에게 대행수수료를 받음
> - 포털사이트 : 네이버, 카카오(다음), 구글, 네이트, 줌, Bing 등 검색페이지 지면을 제공하는 업체

(2) 검색광고의 특징

① 검색광고의 장점

㉠ 정확한 타기팅 : 서비스나 제품 관련 키워드를 웹사이트에 등록하여 고객이 해당 키워드를 검색하면 광고를 노출하여 구매 가능성이 높은 고객을 사이트로 유입할 수 있다.

㉡ 광고운영시스템을 통한 탄력적 운영 : 관리시스템을 이용하여 키워드를 직접 관리하며 효과적인 운영 전략을 사용할 수 있고, 광고의 게재·중지·수정을 자유로이 할 수 있다.

㉢ 광고효과 즉시 확인 및 대응 : 광고운영시스템을 통해 광고노출수, 클릭수, 광고비용 등 광고효과를 실시간으로 확인하고 바로 대응할 수 있다.

㉣ 효율적 운영 : 클릭당 과금되는 시스템인 CPC(종량제) 광고의 이용으로, 노출되었다고 바로 과금되지 않고 유저가 웹사이트를 클릭하여 접속했을 때에만 과금되어 효율적이다.

㉤ 실시간 광고 설정을 통한 탄력적 운영 : 시스템 내에서 광고 [ON/OFF]를 실시간으로 할 수 있고 광고 입찰가, 순위, 소재 등을 즉각적으로, 원하는 방향으로 변경할 수 있다. 노출지면, 노출순위, 예산 등도 조정하여 탄력적으로 운영할 수 있다.

㉥ 광고품질에 따라 달라지는 노출순위 : 노출순위가 최대클릭비용으로만 결정되는 것이 아니라 광고품질에도 영향을 받으므로 광고품질이 높은 웹사이트는 보다 낮은 비용으로 상위 노출이 가능하다. 광고품질은 키워드와 광고사이트의 광고소재와의 연관도, 클릭률 등에 따라 점수가 부여된다.

② 검색광고의 단점

㉠ 초기 브랜딩 광고로 부적합 : 관련 키워드를 검색한 이용자에게만 광고가 노출되므로 다수에게 노출되는 대형 포털의 메인 배너광고에 비해 광고효과가 한정적이며, 브랜드 상단 노출을 위해 관련 키워드광고를 노출하려면 광고비 지출이 과도하게 일어날 수 있다.

㉡ 과도한 관리 리소스 투여 : 실시간으로 광고를 운영할 수 있어 탄력적인 운영이 가능하나 유입당 비용이나 키워드 관여도에도 고민해야 하는 등 실시간 운영에 따른 관리 리소스가 많이 투입될 수 있다.

㉢ 무효클릭 발생 방지의 어려움 : 키워드광고는 클릭당 비용이 지출되는 종량제 과금 방식이므로 경쟁 업체에서 악의적으로 특정 광고의 키워드를 클릭하는 경우가 많은데 이를 무효클릭이라고 한다. 각 포털별로 이를 막기 위한 시스템을 갖추고 있으나 원천적인 봉쇄는 힘들다.

㉣ 검색광고 경쟁 심화 가능성 : 자사의 광고를 대형포털 검색 결과 상위에 노출시키려는 업체 간의 경쟁으로 입찰가가 과도하게 높아질 수 있다.

③ 검색광고의 주요 용어

㉠ KPI(Key Performance Indicators) : 수치로 표현 가능한 광고의 목표로, 핵심성과지표라고도 한다. 노출, 회원가입, 유입, 예약, 상담신청, 구매 등 다양한 KPI가 있다.

㉡ 대표키워드 : 상품이나 업종을 대표하는 키워드로 조회량이 높은 키워드를 말한다. 인기 키워드이므로 검색 수가 높고 경쟁이 치열하다.

㉢ 세부키워드 : 대표키워드의 하위개념으로 이용자의 필요에 보다 가깝게 타기팅된 키워드이며 조회량이 낮다. 구체적인 서비스명이나 제품명, 수식어를 조합하여 사용한다.

㉣ 시즈널 키워드 : 특정한 계절이나 시기에 따라 조회수와 광고효과가 급증하는 키워드를 말한다.

ⓜ 광고소재 : 검색결과에 노출되는 메시지로 제목, 설명문구(T&D), 부가정보(확장소재), URL(Uniform Resource Locator)로 구성된다.

ⓗ 확장소재 : 전화번호·위치정보·추가제목·추가링크 등 검색 결과에 노출되는 메시지로, 광고에 반드시 표시되지는 않는다.

ⓢ 품질지수(Quality Index) : 광고의 품질을 나타내는 지수이다.

ⓞ 순위지수(Ranking Index) : 노출순위를 결정하는 지수이다.

ⓩ 직접전환 : 광고 클릭 30분 이내에 마지막 클릭으로 발생한 전환을 말한다.

ⓒ 간접전환 : 광고 클릭 이후 30분부터 7~20일 정도의 전환 추적기간 내에 발생한 전환이다.

ⓚ 도달률(Reach) : 게재된 특정 광고 메시지에 최소 한 번 혹은 그 이상 노출된 이용자 수나 비율을 말한다.

ⓣ 연결 URL : 광고를 클릭하면 도달하는 랜딩페이지 URL을 말한다.

ⓟ 표시 URL : 사이트 내 모든 페이지에서 공통으로 확인되는 URL로, 검색 결과에 노출되는 URL이다.

ⓗ T&D(Title&Description) : 검색 시 노출되는 제목과 설명을 말한다.

㉮ UV(Unique Visitors) : 일정 기간 동안 특정 사이트에 중복되지 않고 1회 이상 방문한 고객 수로, 순 방문자라고 한다. 만약 어떤 한 사람이 한 달 동안 특정 사이트에 1회 방문하든 100회 방문하든 UV는 한 사람으로 카운트한다.

㉯ PV(페이지뷰 ; Page View) : 보통 웹사이트는 페이지 단위로 되어 있어 생겨난 개념으로, 웹사이트의 방문자가 해당 사이트의 페이지를 둘러본 횟수를 말한다.

㉰ DT(Duration Time) : 인터넷 사용자가 특정 사이트에 방문하여 체류한 시간으로, PV와 함께 고객 충성도를 알 수 있는 중요한 지표이다.

㉱ CPC(Cost Per Click) : 클릭이 발생할 때마다 비용을 지불하는 종량제 형식으로 클릭당 비용이라고도 한다. 노출과 상관없이 클릭될 때마다 비용이 지출되며 금액은 매체, 광고상품, 입찰가에 따라 실시간으로 변동된다.

㉲ CPM(Cost Per Mille) : 1,000회 노출당 비용으로, 주로 배너와 같이 불특정 다수를 대상으로 하는 정액제 광고에서 쓰인다. 별도 검색을 하지 않아도 노출되므로 더 광범위하게 마케팅할 수 있다.

㉳ CPS(Cost Per Sale) : 한 건의 주문을 만드는 데 투입된 광고 비용으로, 구매당 비용이라고도 한다.

㉴ CPL(Cost Per Lead) : 회원가입 및 상담신청당 가격을 말한다.

㉵ CPI(Cost Per Install) : 다운로드 발생 건마다 비용이 발생하며 설치당 가격이라고도 한다. 게임이나 앱 어플 등에서 많이 사용한다.

㉶ CPV(Cost Per View) : 동영상 광고가 노출되면 과금하는 방식으로 동영상 서비스 플랫폼에서 주로 사용된다. 15초, 30초 등 일정 시간 이상 시청해야 과금되며 광고 영상을 클릭하면 광고 관련 랜딩페이지로 이동된다.

전 환

광고(홍보)행위가 구매, 회원가입, 장바구니, 신청, 예약 등과 같은 비즈니스 목표로 이루어지는 것을 뜻한다. 만약 사용자가 '원피스'라는 키워드 검색 후 검색결과에 뜬 검색광고를 클릭하여 해당 광고의 사이트에서 A라는 원피스 상품을 구매하였다면 '구매'라는 비즈니스 목표로 전환되었다. 라고 표현한다.

더 알아보기

광고 형식의 종류

검색광고	포털사이트에서 검색엔진으로 특정 키워드 검색을 통해 노출되는 광고
디스플레이광고	• 포털사이트 초기 화면이나 각종 커뮤니티 사이트 등 홈페이지의 슬롯에 게재되는 이미지 광고로, 시각적 요소를 극대화한 광고 • 배너광고나 리치미디어 광고도 일종의 디스플레이광고라 할 수 있음
배너광고	• 홈페이지에 띠 형태의 이미지를 만들어 노출하는 광고로 현수막 같은 모양이라고 하여 '배너'광고라 불림 • 불특정 다수 대상 노출
롤링배너광고	• 하나의 배너에 2개 이상의 광고가 번갈아 보여지는 것으로 배너광고의 한 형태 • 배너 내 광고 교체는 페이지 리셋 시 광고가 바뀌는 형식, 일정 시간이 지나면 바뀌는 형식 등이 있음
리치미디어광고	• 배너광고에 새로운 기술을 적용하여 보다 많은 효과를 주는 광고 형식 • 광고 위에 마우스를 올려놓거나 클릭하면 광고이미지가 바뀌거나 동영상이 재생되는 등 사용자와 실시간 상호작용 가능
네트워크광고	• 여러 신문사 사이트나 각종 커뮤니티 사이트 배너에 동일한 광고 집행 • 타기팅 혹은 리타기팅 등 특정 관심사를 가진 소비자를 대상으로 여러 매체에 광고 집행 가능
네이티브광고	광고할 제품의 정보를 바탕으로 언론 기사와 유사하게 보이도록 만든 온라인광고로 일반 기사와 유사한 형식으로 노출

제 2 절 매체노출효과 및 산출 방법

(1) 검색광고노출효과 용어

① 노출수(IMP, Impression) : 이용자에게 광고가 노출된 횟수를 말한다.

② 클릭수(CLK, Clicks) : 검색을 통해 노출된 광고가 이용자에 의해 클릭된 횟수를 말한다.

③ 클릭률(CTR, Click Through Rate) : 매체에 광고가 노출된 횟수 대비 클릭수 비율이다 $(\frac{클릭수}{노출수} \times 100)$.

④ **전환율**(CVR, Click Conversion Rate) : 클릭수 대비 전환수 비율이다($\frac{전환수}{클릭수} \times 100$).

⑤ ROAS(Return On Ad Spend) : 광고수익률로, 광고비 대비 수익률을 말한다($\frac{수익(매출)}{광고비} \times 100$).

⑥ ROI(Return On Investment) : 투자수익률로, 광고주가 투자한 비용 대비 이익률을 말한다 ($\frac{순이익}{투자비용} \times 100$).

⑦ CPS(Cost Per Sale) : 판매당 가격이다($\frac{광고비}{구매건수}$).

⑧ CPC(Cost Per Click) : 클릭당 비용이다($\frac{광고비}{클릭수}$).

⑨ **컨버전**(Conversion) : 광고를 통한 사이트 유입 후 회원가입, 장바구니, 매출 등 특정 전환을 취하는 것을 말한다.

⑩ CPA(Cost Per Action) : 전환당 비용으로, 행동당 단가라고도 한다. 소비자가 광고를 클릭하여 랜딩페이지에 연결된 후, 구매・장바구니 넣기・회원가입・설문조사 등 광고주가 원하는 특정한 액션을 할 때마다 광고비가 지불되는 과금방식이다($\frac{광고비}{전환수}$).

(2) 광고노출효과 산출 방법

물품 단가	광고비	노출수	클릭수	전환수
㉠	㉡	㉢	㉣	㉤

광고노출효과	산출식	비 고
CTR(클릭률)	$\frac{㉣}{㉢} \times 100$	
CVR(전환율)	$\frac{㉤}{㉣} \times 100$	
ROAS(광고수익률)	$\frac{㉤ \times ㉠}{㉡} \times 100$	기타 조건이 없는 경우
ROI(투자수익률)	$\frac{(㉤ \times ㉠ - ㉡)}{㉡} \times 100$	기타 조건이 없는 경우
CPC(클릭당 비용)	$\frac{㉡}{㉣}$	
CPS(판매당 가격)	$\frac{㉡}{㉤}$	일반적으로 CPA와 동일하다고 간주

01 ⊙× 검색광고의 경우, 관리시스템을 이용한 광고 게재, 중지, 수정이 자유롭다.

02 ⊙× 검색광고의 과금 방식은 주로 CPM 방식이다.

03 ⊙× 검색광고는 광고효과가 광범위하므로 초기 브랜딩 광고로 매우 적당하다.

04 ⊙× 시즈널 키워드는 특정한 계절이나 시기에 따라 조회수 및 광고효과가 급증하는 키워드이다.

05 ⊙× T&D는 인터넷 사용자가 특정 사이트에 방문하여 체류한 시간을 말한다.

06 ⊙× 전환율은 클릭수에 전환수를 곱한 것이다.

07 ⊙× ROI는 투자수익률로, 광고주가 투자한 비용 대비 이익률을 가리킨다.

정답

01 ○

02 × ▶ 검색광고의 과금 방식은 주로 클릭이 발생할 때마다 비용을 지불하는 종량제 형식인 CPC(Cost Per Click) 방식, 즉 클릭당 비용 방식을 쓴다. CPM(Cost Per Mille) 방식은 1,000회 노출당 비용으로, 불특정 다수를 대상으로 하는 정액제 광고에서 쓰인다.

03 × ▶ 검색광고는 관련 키워드를 검색한 이용자에게만 노출되므로 대형 포털 메인 배너광고에 비해 광고효과가 한정적이며 초기 브랜드 광고로 부적합하다.

04 ○

05 × ▶ T&D(Title&Description)는 검색 시 노출되는 제목과 설명을 말한다. 인터넷 사용자가 특정 사이트에 방문하여 체류한 시간을 가리키는 용어는 DT(Duration Time)이다.

06 × ▶ 전환율은 클릭수 대비 전환수의 비율이다.

07 ○

08 ☐○☐× CPM은 1,000회 노출당 비용으로 정액제 광고에서 쓰이는 과금 방식이다.

09 ☐○☐× 검색광고의 경우, 경쟁업체에서 악의적으로 특정 광고의 키워드를 클릭하는 무효클릭이 종종 발생한다.

10 ☐○☐× CPA는 검색을 통해 노출된 광고가 이용자에 의해 클릭된 횟수를 말한다.

PART 2

정답

08 ○
09 ○
10 ✕ ▸ CPA(Cost Per Action)는 전환당 비용으로, 광고에 접속한 소비자가 광고주가 원하는 특정한 액션을 할 때마다 광고비가 지불되는 과금 방식이다.

01 검색광고의 장점이 아닌 것은?

① 정확한 타기팅이 용이하다.
② 광고운영시스템을 통한 탄력적 운영이 가능하다.
③ 광고효과의 확인이 가능하며 즉시 대응이 가능하다.
④ 초기 브랜딩 광고로 적합하다.

✎ **해설**

검색광고는 관련 키워드를 검색한 이용자에게만 광고가 노출되므로 광고효과가 한정적이며, 브랜드 상단 노출을 위해 관련 키워드광고를 노출하려면 광고비 지출이 과도하게 일어날 수 있어 초기 브랜딩 광고로는 부적합하다.

02 검색광고의 단점이 아닌 것은?

① 관리 리소스가 많이 투입될 수 있다.
② 무효클릭 발생의 방지가 어렵다.
③ 업체 간 경쟁으로 입찰가가 과도하게 높아질 수 있다.
④ 정액제 광고에 비해 광고비가 비싸다.

✎ **해설**

검색광고는 종량제 과금방식이 대부분이며 클릭당 과금되므로 정액제 광고와 비교했을 때 저렴한 편이다.

03 검색광고의 주요 용어에 대한 설명 중 틀린 것은?

① 세부키워드 : 이용자의 필요에 가깝게 타기팅된 키워드로 구체적인 서비스명이나 제품명, 수식어를 조합하여 사용하는 것이 일반적이다.
② 시즈널 키워드 : 특정한 계절이나 시기에 따라 조회수와 광고효과가 급증하는 키워드를 말한다.
③ 간접전환 : 광고 클릭 후 30분 이내에 발생한 전환을 말한다.
④ 확장소재 : 전화번호·위치정보·추가제목·추가링크 등 검색 결과에 노출되는 메시지로, 광고에 반드시 표시되지는 않는다.

04 검색광고노출효과 용어에 대한 설명 중 옳지 않은 것은?

① 클릭률은 매체에 광고가 노출된 횟수 대비 클릭수 비율이다.
② 전환율은 노출수 대비 전환수의 비율이다.
③ 컨버전은 광고를 통한 사이트 유입 후, 회원가입·구입·장바구니 담기 등 특정 전환 행동을 취하는 것을 말한다.
④ CPA는 전환당 비용으로 소비자가 랜딩페이지에 연결되어 회원가입·구입·장바구니 담기 등 광고주가 원하는 전환 행동을 할 때마다 지불되는 광고비를 말한다.

05 검색광고의 참여주체 중 광고 기획부터 운영, 리포트에 이르기까지 광고주가 원하는 광고를 전문적으로 대행하는 업체는?

① 검색광고 서비스업체
② 광고주
③ 광고대행사
④ 포털사이트

정답 01 ④ 02 ④ 03 ③ 04 ② 05 ③

06 다음 중 종량제 상품에 대한 설명으로 적절하지 않은 것은?

① 게재 및 중지가 자유로워 광고를 탄력적으로 운영할 수 있다.
② 품질지수를 꾸준히 관리하면 노출순위를 상승시키는 데 도움이 될 수 있다.
③ 일 예산 설정을 하면 예상치 못한 변수로 인한 광고비의 낭비를 방지할 수 있다.
④ 클릭당 '비용이 높을수록', 혹은 '동일 광고비용을 사용했을 때 클릭률이 높을수록' 광고효과가 높다.

✏️ **해설**

일반적으로 클릭당 비용이 낮을수록, 동일 광고비용으로 클릭률이 높을수록 광고효과가 높다.

07 다음 중 검색광고의 특징이 아닌 것은?

① 광고시스템에서 광고효과를 확인하고 즉시 대응할 수 있다.
② 노출순위는 최대클릭비용(입찰가) 외에 광고품질에 따라 변동된다.
③ 광고시스템을 이용하여 키워드를 직접 관리하며 효과적인 운영 전략을 사용할 수 있다.
④ 대표키워드는 세부키워드보다 입찰가가 저렴하다.

✏️ **해설**

세부키워드는 대표키워드보다 광고노출수 및 검색 수가 낮을 수 있어 입찰가가 저렴한 편이다. 반면 대표키워드는 다수의 광고주가 경쟁하는 키워드이므로 입찰가가 높다.

08 다음 중 검색광고 용어에 대한 설명으로 틀린 것은?

① T&D : 광고에 노출되는 제목과 설명
② UV : 웹사이트의 방문자가 해당 사이트의 페이지를 둘러본 횟수
③ 직접전환 : 광고 클릭 30분 이내에 마지막 클릭으로 발생한 전환
④ 도달률 : 게재된 특정 광고 메시지에 최소 한 번 혹은 그 이상 노출된 이용자 수나 비율

✏️ **해설**

• UV : 중복되지 않은 방문자 수치, 순 방문자수
• PV : 웹사이트의 방문자가 해당 사이트의 페이지를 둘러본 횟수

09 세부키워드에 대한 설명으로 옳은 것은?

① 대표키워드의 하위개념으로 이용자의 필요에 보다 가깝게 타기팅된 키워드이며 구체적인 서비스명이나 제품명, 수식어를 조합하여 사용한다.

② 특정한 계절이나 시기에 따라 조회수와 광고효과가 급증하는 키워드를 말한다.

③ 상품이나 업종을 대표하는 키워드로 조회량이 높은 키워드를 말한다.

④ 검색결과에 노출되는 메시지로 제목, 설명문구(T&D), 부가정보(확장소재), URL(Uniform Resource Locator)로 구성된다.

✏️ **해설**

② 시즈널 키워드에 대한 설명이다.
③ 대표키워드에 대한 설명이다.
④ 광고소재에 대한 설명이다.

10 다음 중 검색광고효과 용어에 대한 설명으로 틀린 것은?

① 노출수는 이용자에게 광고가 노출된 횟수를 말한다.

② 클릭률은 매체에 광고가 노출된 횟수 대비 클릭수 비율을 말한다.

③ ROAS는 투자수익률로 광고주가 투자한 비용 대비 순이익률을 말한다.

④ 컨버전은 광고를 통한 사이트 유입 후 회원가입, 장바구니 담기, 구매 등 특정 행동을 취하는 것을 말한다.

✏️ **해설**

ROAS는 광고수익률로 광고비 대비 수익률을 의미한다. 광고주가 투자한 비용대비 순이익률을 뜻하는 용어는 ROI이다.

정답 06 ④ 07 ④ 08 ② 09 ① 10 ③

11 다음 매체노출효과의 산출식으로 옳지 않은 것은?

① ROAS = $\dfrac{\text{전환수} \times \text{물품단가}}{\text{광고비}} \times 100$

② CTR = $\dfrac{\text{전환수}}{\text{클릭수}} \times 100$

③ CPC = $\dfrac{\text{광고비}}{\text{클릭수}}$

④ CPS = $\dfrac{\text{광고비}}{\text{전환수}}$

✐ **해설**

CTR은 클릭률로 산출식은 '$\dfrac{\text{클릭수}}{\text{노출수}} \times 100$'이다. 클릭수 대비 전환수의 비율을 나타내는 값은 전환율이다.

12 CPM(Cost per mile)이란 무엇인가?

① 클릭당 비용
② 판매당 가격
③ 1,000회 노출당 비용
④ 전환당 비용

✐ **해설**

CPM(Cost Per Mile)은 1,000회 노출당 비용으로 불특정 다수를 대상으로 하는 정액제 광고에서 주로 쓰인다.

13 다음에서 설명하는 과금방식은 무엇인가?

> 클릭이 발생할 때마다 비용을 지불하는 종량제 방식이다. 노출과 상관없이 클릭될 때마다 비용이 지출되며 금액은 매체, 광고상품, 입찰가에 따라 실시간으로 변동된다.

14 다음은 전환에 대한 설명이다. (㉠), (㉡)에 들어갈 말은 무엇인가?

> 전환은 광고(홍보)행위가 구매, 회원가입, 장바구니, 신청, 예약 등과 같은 비즈니스 목표로 이루어지는 것을 뜻한다. (㉠)은/는 광고 클릭 30분 이내에 마지막 클릭으로 발생한 전환이며, (㉡)은/는 광고 클릭 이후 30분부터 7~20일 정도의 전환 추적기간 내에 발생한 전환을 말한다.

15 다음에서 설명하는 검색광고 용어는 무엇인가?

> • 수치로 표현 가능한 광고의 목표를 말함
> • 핵심성과지표라고도 함
> • 측정 가능하며 행동 지향적이어야 함
> • 기간을 명시해야 함

정답 11 ② 12 ③ 13 CPC(Cost Per Click) 방식 혹은 클릭당 과금방식 14 ㉠ : 직접전환, ㉡ : 간접전환
15 KPI(목표설정, 광고목표설정)

02 검색광고 기획

제 1 절 사용자 패턴 분석 및 매체믹스

(1) 광고의 역할

마케팅 역할	• 광고는 마케팅 목표를 달성하기 위한 하나의 수단이다. • 광고의 마케팅 기능 : 광고를 통해 제품·서비스를 식별하게 하고, 타사 제품·서비스와의 차별화를 가져오며, 제품·서비스의 정보를 제공하고, 소비자들에게 신제품 사용 유발이나 재사용을 권유한다.
커뮤니케이션 역할	광고는 소비자들이 다양한 정보를 저렴하게 얻을 수 있게 내용을 전달하는 것이다.
사회적 역할	광고는 언론기관의 자금원 역할을 수행하며 공익에 기여하기도 한다.
경제적 역할	광고는 생산과 소비를 연결시키는 기능을 한다.
문화적 역할	광고는 어떤 사회의 중요한 이념을 메시지로 사용하여 이를 옹호하며 이와 관련한 각종 가치관이나 제도 등에 활력을 불어넣는다.
교육적 역할	광고는 제품에 대한 각종 정보를 제공하고, 이를 더 나은 방향으로 이용할 수 있게 하는 지침서 역할을 한다.

(2) 검색광고의 기획 단계

① 검색광고 기획

  ㉠ 검색광고는 검색한 결과값을 미리 예측하여 키워드를 등록하고 검색할 때 원하는 소재를 노출시키므로 사전 기획이 중요하다.

  ㉡ 검색광고는 특정키워드를 검색한 이용자에게만 노출되는 광고이므로 이용자가 검색할 수 있는 키워드와 전환이 일어날 수 있는 세팅방식을 기획 단계부터 생각해야 한다.

  ㉢ 검색광고 기획은 환경분석 → 목표설정 → 매체전략 → 일정계획 → 예산책정의 과정으로 이루어진다.

② 검색광고 기획의 단계

환경분석	현재 시장 분위기, 경쟁사 상황, 타깃 유저 등을 분석한다.
목표설정	검색광고를 통해 최종적으로 얻고자 하는 구체적 목표를 세우는 것이다.
매체전략	설정한 목표 달성을 위한 구체적 전략으로 크게는 검색광고상품부터 작게는 노출 지면, 키워드, 소재, 시간대 전략 등을 말한다.
일정계획	검색광고노출 등을 포함하여 전체적인 일정에 대한 계획이다.
예산책정	목표 달성을 위해 필요한 예산을 정하는 것이다.

(3) 사용자 패턴 분석

① 광고노출은 검색 사용자의 검색과 클릭에 의해 이루어지므로 광고 기획을 위해 사용자의 특성을 분석할 필요가 있다.

사용자의 인구통계적 특성 활용	• 웹사이트의 제품이나 서비스를 이용할 만한 사용자들을 정의하고 그 특성을 파악하여 분석하는 것을 말한다. • 통계청 KOSIS(국가통계포털)에서 제공하는 국가통계지표를 통해 총 인구수, 성별 인구수, 연령별 인구수 등을 확인하고 이를 분석할 수 있다. • 인구통계학적 특성 조사는 사업 타깃층의 동향 및 성향을 파악할 수 있기 때문에 매우 중요하다. 예 2019년 통계에 따르면 고령화에 따른 노년층 인구가 증가하였으며, 노년층을 타깃으로 하는 시니어 비즈니스 기업도 증가하고 있다. 예 2020년 온라인 쇼핑동향에서 음식서비스와 음·식료품 거래액이 전년 동월대비 83.9%, 33.1% 증가한 것을 확인할 수 있으며, 이를 통해 1인 가구 증가로 인한 배달음식 및 가정간편식 소비가 증가했음을 파악할 수 있다.
사용자 검색 트렌드 활용	• 검색광고는 사용자 검색을 통해 광고가 노출된다. • 검색사용자가 많은 주요 포털사이트에 광고 등록 시 더 높은 도달률을 이룰 수 있음 → 포털사이트의 점유율이 중요하다. • 네이버가 가장 높은 점유율, 구글·카카오(다음)·줌·네이트 등 포털도 규모가 커지고 있으므로 검색광고 활용 시 참고한다. • 모바일 사용 증가로 모바일의 쇼핑 매출액이 PC 매출액을 앞질렀으며, 모바일의 경우 네이버, 구글의 점유율이 높다. • 네이버 데이터랩의 쇼핑인사이트 분야 통계에서 연령별·성별 인기 키워드를 확인하고 분석 가능하다. • 네이버광고 키워드도구에서 경쟁사 브랜드명 검색 시 키워드별 연간 검색 수 추이, 디바이스별 검색량, 사용자 통계 확인이 가능하다.

② 고객 여정

㉠ 고객 여정(Customer Journey)은 소비자가 브랜드를 알게 되는 순간부터 구매하게 되는 순간까지의 소비자 경험을 말한다.

㉡ 고객이 브랜드, 상품 또는 비즈니스와 상호 작용할 때 취하는 일련의 단계로 고객은 저마다 다른 여정을 거친다.

㉢ 고객 여정 지도(Customer Journey Map)는 고객 여정을 시각화한 자료로, 사업자는 이를 통하여 사용자의 검색 및 구매 과정에 대해 이해할 수 있다.

(4) 경쟁사 분석

① 경쟁사 파악 의미

㉠ 자사와 경쟁사를 비교분석하여 기회요인을 발굴하고 위협요인을 줄이기 위해 한다.

㉡ 타사와의 경쟁 상황에서 유리한 입지 확보를 위해 한다.

㉢ 경쟁사 파악 방법

• 동일 카테고리의 다른 브랜드

• 동일 카테고리는 아니지만, 고객 입장에서 동일한 편익을 줄 수 있는 대체 가능한 브랜드

• 광고하려는 웹사이트를 대표하는 키워드로 검색할 때 검색되는 업체나 브랜드

② 경쟁사 분석

　　㉠ 검색엔진 중 가장 점유율이 높은 네이버의 사용자 검색량이 브랜드 인지도 판단 기준으로 많이 사용된다.

　　㉡ 경쟁사에서 진행하는 광고를 모니터링하여 자사 광고 전략에 벤치마킹하고 약점을 보완하면 시행착오를 줄일 수 있다. 집행상품, 주요 키워드 집행 여부, 순위 광고소재 등을 모니터링하여 설명문안과 확장소재, 랜딩페이지 전략 등을 분석한다. 특히 브랜드명을 검색했을 때 노출되는 브랜드검색소재는 경쟁사의 주력 상품 및 주요 이벤트 등을 확인할 수 있어 중요하다.

　　㉢ 자사의 제품 및 서비스와 경쟁사의 제품·서비스를 비교하여 자사의 강점을 강조하고 약점은 보완한다.

(5) 광고목표

① 광고목표의 설정

　　㉠ 광고목표는 검색광고 활동을 통해 최종적으로 달성하고자 하는 구체적인 목표로, 대부분의 광고는 매출액 증대를 목표로 한다(기타 회원가입, 상담신청, 사이트 유입 증대 등 다양한 목표가 있다).

　　㉡ 마케팅 관리자가 광고 프로그램을 만들기 위해 가장 먼저 수행하여야 할 부분이다.

　　㉢ 광고목표는 마케팅 믹스와 표적시장, 제품 포지셔닝 등과 관련한 의사결정을 기반으로 설정한다.

> **더 알아보기**
>
> 광고의 목적
> **특정 기간 동안 목표로 삼은 표적 청중들에게 메시지를 전달한다.**

　　㉣ 광고목표의 종류

　　　• 기업의 제품 또는 이에 따르는 각종 정보들을 알리기 위한 것인가 : 새로운 제품을 시장에 도입할 때 많이 사용하는 방법이다.

　　　• 소비자들을 설득하기 위한 것인가 : 경쟁이 심해질수록 중요하며, 타사 제품과 비교 및 우수성을 강조하여 선택적 수요 구축을 목표로 한다.

　　　• 자사 상표를 기억하게 하기 위한 수단인가 : 회사나 제품 브랜딩을 목표로 한다.

② 광고목표 설정 시 고려 사항

　　㉠ 광고목표는 구체적이고 명확해야 한다.

　　㉡ 광고목표는 측정 가능한 것이어야 한다.

　　㉢ 광고목표는 행동 지향적이어야 한다.

　　㉣ 광고목표는 현실적이어야 한다.

　　㉤ 광고목표는 달성 가능한 기간을 명시해야 한다.

(6) 예산의 설정

① 예산 설정의 의미

    ㉠ 광고는 제품에 대한 수요를 일으키는 역할을 하므로, 기업은 판매목표를 달성하기 위해 필요한 만큼의 촉진활동 비용을 지출해야 한다.

    ㉡ 촉진활동(Promotion)의 효과는 직접적인 매출액의 증가나 이익의 증가로 측정하기 어려운 경우가 많아 촉진에 투입할 예산을 책정하는 것은 기업 입장에서 어려운 문제이다.

    ㉢ 이에 기업들은 촉진을 위한 광고예산 책정 방법으로 가용예산 활용법, 매출액 비율법, 목표 및 과업 기준법, 경쟁사 비교법, 광고-판매 반응함수법 등을 사용한다.

② 예산 설정 방법

가용예산 활용법	• 기업에서 급박한 다른 모든 상황에 예산을 모두 책정한 후 나머지를 촉진비용으로 사용하는 것 • 보통 제한된 자금을 소지한 기업에서 촉진에 많은 비용을 투하하지 않으려는 의도로 사용 • 매년 기업 자금 사정에 따라 비용이 달라지므로 장기적 마케팅 계획 수립에는 부적절 • 매출액이 고려되지 않아 매출액에 대한 촉진 효과를 기대할 수 없으며, 온라인 비즈니스 주력 업종에는 부적절함
매출액 비율법	• 과거 매출액 혹은 예상되는 매출액의 일정 비율로 광고예산을 사용하거나, 제품 판매가격의 일정 비율로 예산을 사용하는 것 • 기업들이 많이 사용하는 방법이나 검색광고를 처음 집행하는 광고주에게는 부적절함
목표 및 과업 기준법 (목표과업법)	• 광고목표 설정 후 이를 달성하기 위한 광고비 규모를 추정하여 예산을 편성하는 방법 • 검색광고 최초 집행 시라면 일평균 웹사이트 클릭 수 목표에 사용하려는 키워드 평균 클릭비용을 곱하면 광고비를 대략 추산할 수 있고, 검색광고 집행 이력이 있다면 과거의 광고비·클릭비용·클릭수·전환성과 데이터를 분석하여 예산을 추정할 수 있음 • 가장 논리적인 광고예산 편성방법
경쟁사 비교법	• 경쟁사나 경쟁브랜드의 광고예산을 토대로 예산 편성 • 보통 산업평균에 근거하여 예산을 책정함 • 경쟁사의 정확한 예산을 알 수 없거나 타사 상황이 자사 상황과 다를 때, 후발업체가 공격적으로 마케팅을 하고자 할 때 등에는 오히려 비합리적인 방식이 될 수 있음
광고-판매 반응함수법	• 과거 데이터를 통해 광고지출 및 이를 통한 판매 반응함수가 존재할 경우 이익을 극대화할 수 있는 광고예산을 편성하는 방법 • 현실적으로 광고-판매 반응함수를 얻는 것이 불가능하여 사용하지 않음

(7) 매체믹스

① 매체믹스의 의미

    ㉠ 두 가지 이상의 매체(광고)를 섞어 광고를 집행하는 것을 말한다.

    ㉡ 동일한 비용으로 더 많은 잠재 고객에 도달할 수 있다.

    ㉢ 매체나 상품의 특성을 활용하여 시너지를 낼 수 있으므로 검색광고 기획에 매우 중요한 단계이다.

② 매체믹스 : 네이버, 구글, 카카오(다음) 등 매체를 믹스

③ 상품믹스 : 브랜드검색, 파워링크, 쇼핑 검색광고 등 상품광고를 믹스

(1) 검색광고의 이해와 기본 구성

① 가장 중요한 3개 포털(네이버, 카카오(다음), 구글)이 검색광고의 중심이다.

② 3개 포털은 '캠페인 → 그룹 → 키워드'의 공통 구성을 가지고 있다.

③ 위 구성은 가장 효율적인 키워드 관리법으로, 이를 통해 수십에서 수만의 키워드 관리가 가능하다.

④ 검색광고의 세팅은 '미리 고객이 원하는 키워드를 등록'하는 것이므로, 어떤 키워드를 등록할 것인 지에 대한 계획이 우선되어야 한다.

⑤ 사용할 수 있는 예산 규모에 대한 단계적 계획을 광고 시행 전에 세워야 한다.

⑥ 제품 트렌드와 고객 니즈가 다양해지고 수시로 변하기도 함에 따라 새로운 키워드들을 수시로 발굴하여 적재적소에 추가할 수 있도록 사전에 큰 틀을 잘 구상해야 한다.

(2) 네이버 운영시스템

① 검색광고 종류

　㉠ 사이트검색광고(파워링크 유형)

　㉡ 쇼핑검색광고(쇼핑검색 유형)

　㉢ 콘텐츠검색광고(파워콘텐츠 유형)

　㉣ 브랜드검색광고(브랜드검색/신제품검색 유형)

　㉤ 신제품검색광고(브랜드검색/신제품검색 유형)

　㉥ 플레이스광고(플레이스 유형)

　㉦ 지역소상공인광고(플레이스 유형)

② 특 징

　㉠ 광고주 가입 : 사업자는 최대 5개까지 계정 생성 가능, 개인은 총 2개(네이버 검색광고 ID, 네이버 아이디)까지 계정 생성 가능

　㉡ 계정의 구조 : 캠페인 → 그룹 → 키워드와 소재

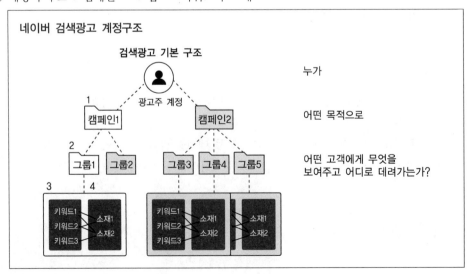

③ 구조 세부 소개
  ㉠ 캠페인
  • 마케팅 활동에 대한 목적(광고의 유형, 기간, 예산) 기준으로 묶어서 관리하는 광고 전략 단위이다.
  • 계정 생성 후 네이버 검색광고 관리시스템(광고플랫폼)에 접속하여 [광고 만들기]를 클릭하면 나오는 [캠페인 만들기] 단계를 통해 구성이 가능하다.
  • 파워링크, 쇼핑검색, 파워콘텐츠, 브랜드검색/신제품검색, 플레이스의 5개 유형이 있다.

파워링크	• 통합검색 및 내외부의 다양한 검색 결과에 노출되는 검색광고 상품 • 고객이 광고를 클릭해 사이트에 방문했을 때에 광고비를 지불하는 종량제 상품
쇼핑검색	• 네이버쇼핑의 검색 결과 화면 등에 상품 이미지와 쇼핑 콘텐츠를 노출하는 판매 유도형 상품 • 네이버 통합검색의 쇼핑 영역과 쇼핑검색 결과 페이지에 노출
파워콘텐츠	• 블로그, 포스트, 카페 콘텐츠를 네이버 통합검색 결과 및 콘텐츠 지면에 노출하는 정보 제공형 검색광고 상품 • 네이버 PC/모바일 통합검색 결과 페이지의 VIEW, 스마트블록 영역 및 모바일 콘텐츠 지면에 제목, 설명 등의 정보와 썸네일이 노출
브랜드검색/신제품검색	• 브랜드검색 : 브랜드 관련 키워드 검색 시 해당 브랜드와 관련된 최신 정보를 통합검색 결과의 상단에 노출하는 콘텐츠형 상품 • 신제품검색 : 제품 및 서비스를 지칭하는 일반 키워드 검색 시 최근 6개월 이내에 출시한 신제품 관련 이미지와 동영상, 상품 설명을 네이버 모바일 통합검색 결과의 상단에 노출하는 브랜딩유형 상품
플레이스	• 네이버 스마트 플레이스의 업체 정보를 통합검색 결과 및 콘텐츠 지면에 노출하는 지역정보 광고 • 네이버 스마트 플레이스에 등록된 업체 정보를 연동해 원하는 지역에서 업체 이름 등의 정보와 이미지가 함께 네이버 통합검색 결과 및 콘텐츠 지면에 노출

  • 캠페인 등록 후에는 유형 변경이 불가능하다.
  • 광고를 집행하려면 캠페인 성격에 맞는 비즈채널이 반드시 등록되어야 한다.

용어 해설

비즈채널
• 잠재적 고객에게 상품 정보를 전달하기 위한 모든 채널
  [예] 웹사이트, 쇼핑몰, 전화번호, 위치정보, 네이버예약 등
• 광고 집행을 하려면 캠페인에 맞는 비즈채널을 반드시 등록해야 한다.
• 확장소재의 구성요소로 활용할 수 있으며, 비즈채널 등록 후에 확장소재 탭에서 노출여부 선택 가능하다.

  ㉡ 그 룹
  • 캠페인에 소속된 전략 단위로, 캠페인 활동에 대한 개별 실행 방법을 설정한다.
  • 누구에게 무엇을 보여주고 어디로 안내할 것인가를 설정할 수 있다.
  • 웹사이트, 매체, 지역, 노출요일 및 시간대, 하루 예산, 입찰가, 입찰가중치, 소재 노출 방식을 설정할 수 있다.
  • 보통 광고소재와 입찰 전략이 유사한 키워드군으로 구성한다.

ⓒ 키워드
- 광고가 노출되는 기본 단위이며, 동시에 이용자가 정보탐색을 위해 사용하는 검색어이다.
- 광고주가 광고를 노출시키는 단위로, 특정 키워드를 광고에 등록하면 해당 키워드로 검색한 이용자에게 광고가 노출된다.
- 광고그룹별로 광고를 노출시킬 키워드를 선택하여 추가할 수 있다.
- 광고그룹 기본입찰가와 별도로 키워드별 입찰가 지정을 할 수 있다.
- 키워드 확장 기능을 통해 해당 광고그룹의 등록키워드 및 유사한 의미의 키워드의 자동 광고 노출이 가능하다.

ⓓ 소 재
- 사용자에게 보이는 광고 요소를 말한다.
- 광고소재는 사용자가 검색하면 최초로 보이는 메시지로, 상품이나 서비스에 대한 정보이다.
- 소재 정보는 검색결과에 노출되는 사이트의 제목·설명문구(T&D)·광고문안이나 광고 클릭 시 연결되는 페이지인 연결 URL 등으로 구성된다. 광고소재는 노출 매체별로 다양하게 확장 될 수 있다.
- 확장소재는 일반 광고소재 외에 전화번호, 위치정보, 홍보문구, 추가 링크 등이 있으며 네이 버에서는 전화번호, 네이버 예약, 네이버 톡톡, 위치 정보 등이 대표적이다.

④ 광고시스템의 기능
ⓐ 네이버 광고시스템의 구성 : 공지사항 및 간단한 광고정보를 제공하는 네이버 검색광고홈과 광고시스템(광고플랫폼)으로 구성되어 있다.

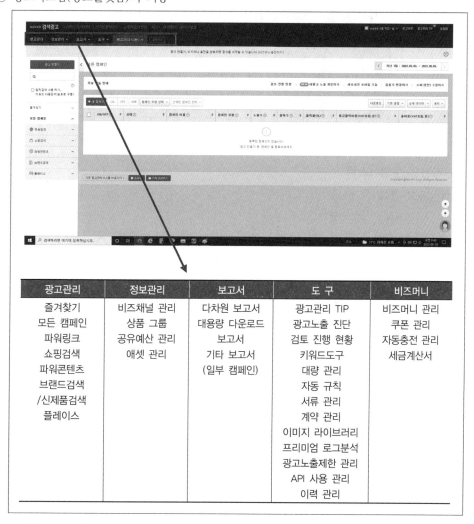

더 알아보기

네이버 통합 광고주센터
• 2023년 10월에 오픈된 네이버 광고 운영 시스템으로, 네이버 검색광고 및 성과형 디스플레이 광고를 통합 운영할 수 있는 계정관리 서비스이다.
• 네이버 아이디로 로그인 후 광고주 정보를 한 번만 입력하면, 통합회원 가입부터 광고 플랫폼의 광고 계정까지 한 번에 쉽게 생성된다.
• 검색광고와 성과형 디스플레이 광고의 여러 계정을 한 곳에서 쉽고 편리하게 관리할 수 있다.

ⓛ 광고시스템(광고플랫폼)의 기능

광고관리	정보관리	보고서	도 구	비즈머니
즐겨찾기	비즈채널 관리	다차원 보고서	광고관리 TIP	비즈머니 관리
모든 캠페인	상품 그룹	대용량 다운로드	광고노출 진단	쿠폰 관리
파워링크	공유예산 관리	보고서	검토 진행 현황	자동충전 관리
쇼핑검색	애셋 관리	기타 보고서	키워드도구	세금계산서
파워콘텐츠		(일부 캠페인)	대량 관리	
브랜드검색			자동 규칙	
/신제품검색			서류 관리	
플레이스			계약 관리	
			이미지 라이브러리	
			프리미엄 로그분석	
			광고노출제한 관리	
			API 사용 관리	
			이력 관리	

• 네이버 광고시스템(광고플랫폼)에 접속하면 [광고 만들기]를 통해 광고 생성이 가능하다. 광고시스템(광고플랫폼)에서 광고를 등록하고 운영한다.
• 다차원 보고서, 대용량 다운로드 보고서 기능을 통해 광고성과를 바로 확인할 수 있다.
• 즐겨찾기 · 키워드도구 · 대량관리 기능 등을 통해 광고를 효율적으로 관리할 수 있다.

네이버 광고의 종류

검색광고		네이버 검색 사용자에게 사이트와 상품 정보를 제공하는 네이버의 대표적인 마케팅
디스플레이 광고	보장형 디스플레이 광고	• 약정한 기간 혹은 노출 수에 맞춰 안정적으로 크리에이티브 광고를 노출하는 네이버의 핵심 디스플레이 광고 • 네이버 모바일과 PC 내 다양한 지면들에 안정적으로 노출하여 강력한 브랜딩 효과를 얻을 수 있음
	성과형 디스플레이 광고	• 높은 주목도와 브랜드 이미지를 각인시킬 수 있는 스마트채널, 네이버 모바일 메인, 서브 지면과 밴드 지면을 활용해 다양한 타기팅 옵션을 제공하는 새로운 디스플레이 광고 • 시간으로 입찰 및 운영이 가능하며, 광고주의 예산과 일정에 맞춘 유연한 마케팅을 돕는 성과형 광고로, 실시간 입찰로 광고성과를 직접 콘트롤할 수 있음 • 성별, 연령, 지역, 관심사, 디바이스OS 등 세밀한 타기팅 가능 • 네이티브 이미지, 이미지 슬라이드, 이미지 배너, 동영상 등 다채로운 메시지 유형으로 광고 가능

(3) 카카오 운영시스템

① 광고 종류

ⓐ Kakao 키워드광고
- Daum, Nate 등 주요 포털 및 제휴 매체, 각종 모바일 앱에도 광고를 동시에 노출할 수 있다.
- 클릭당 과금 방식(CPC)으로 운영할 수 있는 광고주 시스템이다.

ⓑ 브랜드검색 광고
- 브랜드 키워드 검색 시 Daum 통합검색에 노출되는 정보성 콘텐츠 상품으로, 브랜드에 대한 '정보탐색'의 목적이 있는 사용자에게 이미지/동영상/텍스트 등을 이용하여 브랜딩할 수 있다.
- 비용은 노출 영역, 소재 형태, 구간별, 쿼리수에 따라 달라진다.

ⓒ 톡채널 검색
- 카카오톡 검색 서비스 지면 내 키워드를 검색하는 과정에서 노출되는 상품이다.
- 추천소재, 맞춤소재 총 2가지 유형을 제공하며, 사용자의 검색 과정에 맞추어 적합한 유형이 노출된다.
- 노출당 비용인 CPM 방식으로 과금되며, 노출은 광고소재 50% 이상의 영역이 1초 이상 노출되었을 때를 기준으로 한다.

② 특 징

ⓐ 기존에는 웹사이트만 가능하였으나 (신)Kakao 키워드광고 플랫폼으로 변경되면서 PC, 모바일 검색결과, 콘텐츠 영역에 노출된다.

ⓑ 광고대상은 비즈채널이며, 캠페인 단위로 비즈채널을 선택하여 등록할 수 있다.

ⓒ 구조 : 캠페인 → 광고그룹 → 키워드 → 소재

③ 구조 세부 소개
 ㉠ 캠페인
  • 마케팅 활동에 대한 목적을 묶어 관리하는 광고 전략 단위이다.
  • 키워드광고, 브랜드 검색광고의 2개 유형이 있다.
  • 캠페인을 등록한 유형은 변경할 수 없다.
  • 캠페인에 맞는 비즈채널이 있어야 캠페인을 등록할 수 있으며, 캠페인에서 비즈채널을 선택한다.
  • 고급 설정에서 전환추적을 위한 추적URL 설정과 일예산 설정, **픽셀&SDK** 연동을 할 수 있다.

  ▶ **용어 해설**

  쿼리수 : 키워드 조회수

  픽셀&SDK
  • 카카오 픽셀&SDK는 카카오에서 제공하는 전환추적 서비스로, 최적의 잠재고객을 파악하고 광고에서 발생한 회원가입과 구매 등의 전환을 확인할 수 있는 스크립트 도구이다. 사용자의 홈페이지나 모바일 앱, 카카오 서비스와 연동하여 사용자의 다양한 행태 정보를 파악하고 카카오모먼트와 키워드광고의 성과를 측정할 수 있다.
  • 픽셀&SDK를 설치하고 이벤트를 수집하면 분석한 데이터를 바탕으로 전환 가능성이 높은 사용자를 찾아 광고를 노출하며, 온라인 사용자의 경험을 단계별로 파악하여 광고 목적 달성에 적합한 사용자를 선별하여 리마케팅 광고를 할 수 있게 지원해준다. 또한 일어난 전환을 찾아 보고서로 보여준다.
  • 타기팅을 고도화하고 전환 목적의 캠페인을 운영할 수 있다.

 ㉡ 광고그룹
  • 캠페인에 소속된 전략 단위로, 광고소재가 노출되는 과정에 직접적인 관련이 있는 전략 설정이 가능하다.

- 매체유형과 디바이스 노출여부를 선택할 수 있다.
  - 키워드광고 노출

검색결과	PC	• Daum, Nate 등 포털 사이트 통합검색결과 최상단의 프리미엄링크 영역에 최대 10개 광고 노출 • 광고 수요가 많은 키워드의 Daum 통합검색결과에는 와이드링크 영역에 최대 5개 추가 노출 가능
	모바일	• Daum, Nate 등의 포털사이트와 다양한 제휴 앱·웹에서 검색결과 프리미엄 링크 영역에 노출(최대 6개 광고 노출) • 카카오톡 대화방 내 #(샵)검색결과 키워드광고탭에도 노출
콘텐츠영역	PC	• 이용자가 검색한 키워드 및 카카오 서비스에서 소비한 콘텐츠를 중심으로 PC검색 결과뿐 아니라 다양한 PC 콘텐츠 앱·웹에서 연관도 높은 광고 노출 • 배너 형태(텍스트 + 확장소재 썸네일 이미지)
	모바일	• 이용자가 검색한 키워드 및 카카오 서비스에서 소비한 콘텐츠를 중심으로 모바일검색 결과뿐 아니라 다양한 모바일 콘텐츠 앱·웹에서 연관도 높은 광고 노출 • 텍스트 + 확장소재 썸네일을 결합한 배너 형태(확장소재 미등록 시 텍스트만 노출) • Daum 포털 메인 및 내부 지면, 카페·뉴스·카카오톡 등의 내부 지면, 카카오와 제휴한 언론사·커뮤니티의 외부 지면에 노출

  - 브랜드검색 광고 노출

PC	PC베이직	• 이미지와 텍스트로 구성 • 소재 제작이 용이하며 간결하게 브랜딩할 수 있음
	PC프리미엄 동영상배너형	• 메인 동영상을 통해 브랜드를 강조할 수 있음 • 배너를 활용하여 주요 이벤트 고지 가능
모바일	모바일라이트	• 이미지와 텍스트로 구성 • 소재 제작이 용이하고, 간결한 브랜딩이 가능함
	모바일오토플레이형	• 브랜드 동영상을 5초간 오토플레이한 상품 • 메시지 전달력이 높음

  - 톡채널 검색 노출 : 카카오톡 친구탭, 채팅탭, 더보기 탭에서 돋보기 모양의 검색 버튼을 클릭했을 때 진입하는 카카오톡 검색 서비스 지면에 노출된다.

추천 소재	• 구매 키워드에서 2글자 이상 분절된 키워드가 입력된 경우 추천 소재가 노출
맞춤 소재	• 구매 키워드와 일치한 키워드가 입력되거나, 추천 키워드를 클릭한 경우 맞춤 소재가 노출 • 추천 소재와 달리 행동유도 버튼과 외부 랜딩을 지원함

- 고급 설정에서는 입찰가중치 및 콘텐츠 매체 입찰가, 집행기간, 요일/시간 등의 설정이 가능하다.

ⓒ 키워드
- 검색을 위해 사용하는 단어이다.
- 검색 단가

키워드광고	광고그룹 입찰가, 키워드별 입찰가 지정 가능
브랜드검색 광고	디바이스, 템플릿(디자인 혹은 문서 서식) 유형, 기간에 맞는 단가가 존재

- 키워드 확장검색 기능을 통해 등록하지 않은 키워드도 등록한 키워드와 연관도가 있는 유의 키워드라면 자동 광고 노출이 가능하다.

ⓓ 소재 : 사용자에게 보이는 광고 요소이며, 확장소재를 등록할 수 있다.

④ 광고시스템의 기능

　　㉠ 키워드광고

분류		내용
대시보드		등록한 캠페인과 광고그룹, 키워드의 운영 현황을 확인하고 수정할 수 있는 현황판
광고 만들기		광고를 생성하는 란
보고서		집행한 광고 결과를 원하는 항목별로 구성하여 확인할 수 있는 '맞춤보고서'를 만들 수 있음
광고자산 관리	비즈채널 관리	비즈채널 등록 및 관리
	심사서류 관리	비즈채널과 소재 심사를 위한 서류 등록 및 관리
	광고소재 관리	광고소재 등록 및 삭제, 관리
	키워드 플래너	• 모바일과 PC의 연관 키워드 추천 및 예상실적 확인 가능 • '키워드 바로등록' 기능
	대량 관리	• 캠페인, 광고그룹, 키워드 등의 정보와 등록된 소재를 파일로 대량 다운로드 및 업로드 가능 • 다운로드, 업로드, 광고그룹 복사현황, 키워드 플래너로 구분
	이미지 관리	확장소재 썸네일 이미지 등록 및 관리
	픽셀&SDK 연동 관리	• 픽셀&SDK를 만들고 관리 • 카카오 서비스, 홈페이지, 모바일 앱과 연동하여 사용자의 행태 정보를 파악하고 성과를 측정할 수 있음
	광고노출 제한	광고노출 제한 IP 등록 및 관리
설 정	광고계정 관리	광고계정 현황, 멤버 관리, 영업권 관리, 세금계산서 관리
	광고캐시 관리	캐시 현황 및 충전 · 환불, 캐시 일별 사용 현황, 무상캐시 사용 현황, 환불 처리 현황
	결제카드 관리	자동결제 카드 등록 및 관리, 거래내역 관리
	현금영수증 조회	현금영수증 발행내역 조회 기능
	변경이력 관리	변경이력 확인

　　㉡ 브랜드검색 광고

분류		내용
광고관리		브랜드검색 캠페인 등록 및 관리
도 구	광고대상 관리	새 광고대상 등록 및 관리, 심사 관리
	계약 관리	새 계약 생성, 계약 관리
	부킹 현황	브랜드 검색, 키워드 사용여부 확인 및 관리
	서류 관리	심사를 위한 서류 관리
보고서		계약별 보고서 관리
설 정	광고계정 관리	광고계정 현황, 멤버 관리, 영업권 관리, 세금계산서 관리
	비즈월렛 관리	캐시 현황, 충전 내역, 환불 처리현황 관리

(4) 구글 운영시스템

① 특 징

㉠ Google Ads를 통해 통합광고관리를 하고 있으며, Google Ads에서 광고등록과 운영이 가능하다.

㉡ 광고주가 달성하고자 하는 주요 목표(판매, 리드, 웹사이트 트래픽)를 중심으로 [목표 → 유형]의 선택을 통해 다양한 캠페인을 구성할 수 있다.

㉢ 계정의 구조 : 캠페인 → 광고그룹 → 광고

㉣ Google Ads 계정을 열면 가장 먼저 '개요 페이지'가 표시된다. 개요 페이지에서는 실적, 중요한 통계의 요약 정보가 제공되어 광고에 반영할 수 있다(계정 전체와 개별캠페인 및 광고그룹의 개요, 실적 변동폭, 요일 및 시간대별 실적, 새 단어 등).

㉤ Google Ads 우측 상단의 보고서 탭에서 상세한 운영 보고서를 볼 수 있다.

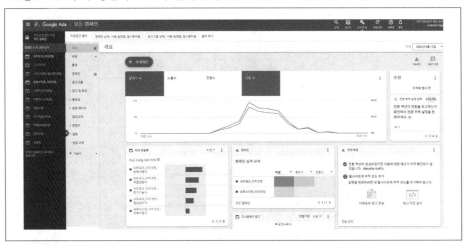

> **용어 해설**
>
> **리드(Lead)**
>
> 기업이 제공하는 제품, 서비스, 브랜드 등에 관심을 가지고 있어 일정 수준의 정보(이메일 주소, 핸드폰 번호, 소셜미디어 계정 등 개인 연락처 정보)를 자발적으로 제공해주는 개인이나 조직을 말한다. 잠재고객이라고도 한다. 리드 수집은 이런 잠재고객의 정보를 수집하는 것으로, 수집한 고객 정보를 바탕으로 다양한 마케팅 활동을 이어나갈 수 있다.

② 구조 세부 소개

㉠ 캠페인

검색, 디스플레이, 쇼핑, 동영상, 스마트, 디스커버리, 앱, 지역 중 검색에 해당한다. 네트워크, 타기팅과 잠재고객, 예산 및 입찰, 광고확장의 역할을 하며, 달성하고자 하는 '목표'의 선택을 통해 해당 캠페인 성공에 도움이 될 수 있게 만들어진 특정 기능을 안내해 준다.

판 매	• 웹사이트 방문, 전화 통화, 매장 방문, 앱 다운로드 등을 통해 판매 또는 전환 촉진 • 구글에서는 구매 또는 전환 과정을 시작하는 기능(확장 프로그램 및 잠재고객이 google 제휴 사이트, 동영상, 앱 접속 시 광고 게재) 제공
리 드	웹사이트 방문, 전화 통화, 앱 다운로드, 리드 양식 제출 등을 통해 관련 고객이 특정 사이트 가입 시 연락처 정보를 기입해 제품이나 서비스에 관심을 남기도록 유도
웹사이트 트래픽	• 잠재고객이 비즈니스 웹사이트를 방문하도록 유도 • 구글에서는 고객이 찾고 있는 제품 옵션을 찾을 수 있는 기능(관련 제목 표시 광고, 광고확장과 사이트 방문을 늘리는 데 도움 되는 입찰 전략)을 제공

ⓛ 광고그룹

캠페인 내 세부 그룹으로, 유사광고와 키워드의 묶음이다. 1개 이상의 광고와 관련 키워드가 있으며, 광고그룹을 다수 생성할 수 있다.

ⓒ 광 고

동일한 광고그룹에 속하는 하나 이상의 광고나 광고소재이며, 키워드는 광고를 노출시키고자 하는 단어를 말한다. 광고 효력을 그래프로 제공하며, '좋음' 이상인 반응형 검색광고를 만드는 것도 좋은 운영방법이라고 할 수 있다.

③ 광고시스템의 기능

모든 캠페인	검 색	보고서	도구 및 설정
개 요 추 천 통 계 캠페인 광고그룹 광고 및 확장 동영상 방문 페이지 잠재고객 콘텐츠 설 정 변경내역 더보기 ▸ 위 치 ▸ 광고일정 ▸ 기 기 ▸ 고급 입찰가 조정 ▸ 캠페인 초안 ▸ 실 험 ▸ 실적 타깃 ▸ 캠페인 그룹		사전 정의된 보고서(측정기준) ▸ 기 본 ▸ 시 간 ▸ 전 환 ▸ 라 벨 ▸ 위 치 ▸ 광고확장 ▸ 광고확장(업그레이드됨) ▸ 입찰 통계 ▸ 디스플레이/동영상 ▸ 기 타 보고서 대시보드 다운로드 전용 보고서 (동영상 조회가능성)	결제(요약/문서/거래/설정/프로모션) 설정(비즈니스 데이터/정책관리자/액세스 및 보안/연결된 계정/전체 사이트 태그/환경설정/Google 판매자 센터) 측정(전환/Google 애널리틱스/기여분석) 일괄작업(모든 일괄 작업/규칙/스크립트/업로드한 동영상) 공유 라이브러리(잠재고객 관리자/입찰전략/제외 키워드 목록/공유예산/위치 그룹/게재위치 제외 목록/애셋 라이브러리) 계획(실적 플래너/키워드 플래너/도달범위 플래너/광고 미리보기 및 진단 도구/앱 광고 허브)

01 ⃞O⃞X⃞ 검색광고 기획은 [목표설정 → 매체전략 → 환경분석 → 예산책정 → 일정계획]의 과정으로 이루어진다.

02 ⃞O⃞X⃞ 광고 기획을 위한 사용자 분석 시 카카오의 데이터랩을 이용하면 연령별·성별 인기 키워드를 확인하고 분석도 할 수 있다.

03 ⃞O⃞X⃞ 광고목표 설정 시 달성 가능한 시간을 명시할 필요는 없다.

04 ⃞O⃞X⃞ 예산설정 방법 중 목표과업법은 광고목표 설정 후 이를 달성하기 위한 광고비 규모를 추정하여 예산을 편성하는 방법을 말한다.

05 ⃞O⃞X⃞ 포털에서 운영하는 검색광고시스템은 일반적으로 '캠페인 → 키워드 → 그룹'의 구성을 가지고 있다.

06 ⃞O⃞X⃞ 캠페인이란 마케팅 활동에 대한 목적을 묶어서 관리하는 광고 전략 단위이다.

07 ⃞O⃞X⃞ 광고를 집행하려면 비즈채널이 반드시 등록돼야 한다.

정답

01 ✕ ▸[환경분석 → 목표설정 → 매체전략 → 일정계획 → 예산책정]의 과정으로 이루어진다.
02 ✕ ▸네이버 데이터랩이다.
03 ✕ ▸광고목표는 달성 가능한 기간을 명시해야 한다.
04 O
05 ✕ ▸'캠페인 → 그룹 → 키워드'로 구성되어 있다.
06 O
07 O

08 ☐○☐× 입찰가 지정은 광고그룹별로만 지정 가능하다.

09 ☐○☐× 광고소재는 검색광고 이용자가 정보탐색을 위해 사용하는 검색어를 말한다.

10 ☐○☐× 네이버 광고시스템 메인홈 상단의 탭은 '광고관리, 정보관리, 보고서, 도구, 비즈머니'로 구분되어 있다.

11 ☐○☐× Kakao 키워드광고는 CPC 방식으로 운영되는 광고주 시스템이다.

12 ☐○☐× 카카오 광고시스템의 '키워드 플래너'에서는 모바일과 PC의 연관 키워드 추천과 해당 키워드에 대한 예상실적도 확인 가능하다.

13 ☐○☐× 구글 검색광고목표 유형은 '판매, 운영, 클릭 수 증가'로 나뉜다.

14 ☐○☐× Google Ads 계정을 열면 가장 먼저 보이는 '개요 페이지'에서는 광고에 대한 상세 운영보고서를 확인할 수 있다.

PART 2

정답

08 × ▸ 키워드별 입찰가도 지정할 수 있다.

09 × ▸ 키워드에 대한 설명이다. 광고소재는 사용자가 검색하면 최초로 보이는 메시지로, 제목·설명문구·광고문안과 같이 상품이나 서비스에 대한 정보를 말한다.

10 ○

11 ○

12 ○

13 × ▸ 목표 유형에는 '판매, 리드, 웹사이트 트래픽'이 있다.

14 × ▸ Google Ads 개요 페이지에는 중요 통계의 요약 정보가 제공된다.

02 출제예상문제

01 다음 중 네이버 광고그룹에 대한 설명으로 틀린 것은?

① 캠페인에 소속된 전략 단위로, 캠페인 활동에 대한 개별 실행 방법을 설정한다.
② 웹사이트, 매체, 지역, 노출 요일 및 시간대, 하루 예산, 입찰가, 입찰가중치, 소재 노출 방식을 설정할 수 있다.
③ 보통 광고소재와 입찰 전략이 상이한 키워드군으로 구성한다.
④ 광고그룹은 누구에게 무엇을 보여주고 어디로 안내할 것인가를 설정할 수 있다.

✎ **해설**

광고그룹은 일반적으로 광고소재와 입찰 전략이 유사한 키워드군으로 구성한다.

02 다음 중 검색광고 매체믹스에 대한 설명으로 옳지 않은 것은?

① 매체에는 구글, 네이버, 카카오 등이 있다.
② 두 가지 이상의 매체를 섞어 광고를 집행하는 것을 말한다.
③ 동일한 비용으로 더 많은 잠재 고객에 도달할 수 있다.
④ 상품믹스는 광고효과에 영향을 미치지 않는 요소이다.

✎ **해설**

매체믹스 및 상품믹스를 활용하면 다양한 잠재 고객에게 도달할 수 있어 검색광고효과를 높일 수 있다.

03 다음 중 검색광고 기획 과정에 대한 설명으로 옳지 않은 것은?

① 웹사이트나 앱을 이용할 사용자의 통계학적 특성을 파악하여 활용한다.
② 구체적이고 측정가능한 광고목표를 설정한다.
③ 경쟁자 기준법은 기업들이 가장 많이 사용하는 예산 설정 방법이다.
④ 자금 상황에 맞는 예산을 책정한다.

✎ **해설**

기업들이 가장 많이 활용하는 예산 설정 방법은 매출액 비율법이다.

04 네이버 비즈채널에 대한 설명으로 옳지 않은 것은?

① 비즈채널은 확장소재의 구성요소로 활용할 수 있다.
② 비즈채널 등록 후에는 확장소재 탭에서 노출 여부를 선택할 수 없다.
③ 광고를 집행하려면 캠페인에 맞는 비즈채널을 반드시 등록해야 한다.
④ 비즈채널은 잠재적 고객에게 상품 정보를 전달하기 위한 모든 채널이다.

✎ **해설**

비즈채널 등록 후에 확장소재 탭에서 비즈채널의 노출 여부를 선택할 수 있다.

05 네이버 검색광고상품이 아닌 것은?

① 사이트검색광고
② 비즈보드광고
③ 지역소상공인광고
④ 플레이스광고

✎ **해설**

비즈보드광고는 카카오 광고 유형 중 하나이다.

06 다음 중 기업에서 급박한 다른 모든 상황에 예산을 모두 책정한 후 나머지를 촉진비용으로 사용하는 예산 설정 방법은 무엇인가?

① 가용예산 활용법
② 목표과업법
③ 매출액 비율법
④ 경쟁사 비교법

✎ **해설**

가용예산 활용법은 보통 제한된 자금을 가진 기업에서 촉진에 많은 비용을 투하하지 않으려는 의도로 사용하는데 매년 기업 자금 사정에 따라 비용이 달라지므로 장기적 마케팅 계획 수립에는 부적절하다.

정답 01 ③ 02 ④ 03 ③ 04 ② 05 ② 06 ①

07 다음 중 대량관리 기능에 대한 설명으로 틀린 것은?

① 대량관리에서 대량 키워드 삭제는 불가능하다.
② 대량으로 키워드 입찰가를 수정할 수 없다.
③ 시스템에 등록한 광고를 다운로드 받을 수 있다.
④ 대량 그룹 복사 시, 광고그룹의 기본 입찰가, 매체, 지역설정 등이 함께 복사된다.

✎ **해설**

대량관리에서 키워드 수정 기능을 통해 대량으로 입찰가를 수정할 수 있다.

08 다음 중 네이버 검색광고 운영시스템에 대한 설명으로 틀린 것은?

① 파워링크는 네이버 통합검색 탭에서 최대 10개까지 노출이 가능하다.
② 캠페인 등록 후에는 유형 변경이 불가능하다.
③ 광고를 집행하려면 캠페인 성격에 맞는 비즈채널이 반드시 등록되어야 한다.
④ 즐겨찾기, 키워드 도구, 대량관리 기능 등을 통해 광고성과를 확인할 수 있다.

✎ **해설**

다차원 보고서·대용량 다운로드 보고서 기능을 통해 광고성과를 바로 확인할 수 있다.

09 다음 중 카카오 키워드광고시스템에 대한 설명으로 틀린 것은?

① 집행한 광고 결과를 원하는 항목별로 구성하여 확인할 수 있다.
② '등록 키워드'에 키워드를 직접 등록할 수 있으며, 총 300개까지 가능하다.
③ 캠페인 이름을 클릭하면 등록한 키워드 목록을 확인할 수 있다.
④ 대시보드에서 등록한 캠페인과 광고그룹, 키워드의 운영 현황을 확인하고 수정할 수 있다.

✎ **해설**

광고그룹 이름을 클릭하면 등록한 키워드 목록을 확인할 수 있다.

10 다음 중 구글 광고시스템에 대한 설명으로 틀린 것은?

① 캠페인, 광고그룹, 광고, 잠재고객 및 키워드를 복사하는 것이 가능하다.
② 키워드 목록에서 키워드 입찰가 변경이 가능하다.
③ 확장검색 키워드 관련 검색어가 많을수록 품질평가지수가 높아진다.
④ 키워드를 복사할 때 여러 광고그룹을 선택하여 복사할 수 있다.

11 다음 중 검색광고 기획 단계에 대한 설명으로 틀린 것은?

① 환경분석 : 현재의 시장 분위기나 경쟁 상황 등을 분석하고, 타깃을 분석한다.
② 목표설정 : 검색광고노출 등을 포함하여 전체적인 일정에 대한 계획을 세운다.
③ 매체전략 : 목표 달성을 위한 구체적 전략으로 크게는 검색광고상품부터 작게는 키워드, 소재, 기간 등의 전략을 말한다.
④ 예산책정 : 목표를 달성하는 데 있어 필요한 만큼의 예산을 정하는 것을 말한다.

✎ **해설**

• 목표설정 : 검색광고를 통해 최종적으로 얻고자 하는 구체적 목표를 세운다.
• 일정계획 : 검색광고의 노출 등을 포함한 일정에 대한 계획을 말한다.

12 다음 빈칸에 들어갈 숫자는 무엇인가?

네이버 광고시스템에서 사업자는 최대 (　　)개까지 계정 생성 가능, 개인은 최대 (　　)개까지 계정 생성 가능하다.

✎ **해설**

네이버 광고시스템에서 사업자는 최대 5개까지, 개인은 최대 2개(네이버 검색광고 ID, 네이버 아이디)까지 계정 생성이 가능하다.

13 구글의 검색광고목표 유형 중 고객이 찾고 있는 제품 옵션을 찾는 기능을 제공하여 잠재고객이 비즈니스 웹 사이트를 방문하도록 유도하는 것은 무엇인가?

정답　07 ②　08 ④　09 ③　10 ③　11 ②　12 5, 2　13 웹사이트 트래픽

03 검색광고 등록

제 1 절 | 검색광고 등록 시스템

(1) 네이버

① 네이버 등록 시스템

㉠ 광고 생성 개요

- 네이버 검색광고 관리시스템에 접속, [광고 만들기]를 통해 생성한다.
- [캠페인 → 그룹 → 키워드] 순서로 등록하여 첫 번째 광고세트를 구성할 수 있다.

㉡ 캠페인 등록

캠페인 유형 선택		캠페인 이름과 예산 등록		고급옵션 선택
광고 목적에 따라 광고노출 위치 확인 후 캠페인 유형(파워링크/쇼핑검색/파워 콘텐츠/브랜드검색, 신제품검색/플레이스 중 택1)을 선택하여 생성	→	캠페인 이름과 하루예산(예산균등분배/제한 없음)을 등록	→	광고노출기간 선택

> **더 알아보기**
>
> 네이버 검색광고 캠페인에서 등록할 수 있는 내용
> - 캠페인 하루 예산 : 예산균등분배 등이 가능하며, 균등분배를 선택하면 예산에 맞추어 광고노출이 자동으로 조절된다.
> - 캠페인 운영기간 : 시작 및 종료날짜의 설정이 가능하며, 미선택 시 종료일이 미설정되어 계속 노출된다.
> - 자동추적 URL 파라미터 추적기능 : 네이버의 프리미어 로그분석을 활용하여 자동 트래킹을 가능하게 한다.

㉢ 광고그룹 설정

- 캠페인의 하위 단계로 광고의 운영과 효과분석, 입찰을 진행하는 단위이며, 누구에게 무엇을 보여줄 것인가에 대해 고민한다. 광고그룹 이름을 등록한 후 사전에 등록한 비즈채널을 선택한다. 등록한 비즈채널이 없다면 [새로만들기]로 등록이 가능하다.
- 기본적으로 '그룹 이름, 랜딩URL 선택, 기본입찰가, 하루예산' 등을 설정할 수 있다. 성과를 좌우하는 중요한 설정은 대부분 '고급옵션'에서 이루어지며 '광고를 노출할 매체, 키워드 확장 (beta), 소재 노출 방식' 설정이 가능하고, '콘텐츠매체 전용 입찰가, PC/모바일 입찰가 가중치 설정'도 고급옵션에서 한다.

② 키워드 선택 및 발굴
- 광고그룹이 생성되면 '키워드'를 입력하여 본격적인 광고를 만든다. 키워드는 잠재고객에게 광고를 노출시키기 위한 첫 번째 매개체로 키워드 발굴은 매우 중요한 광고 전략이다.
- 키워드는 고객의 검색의도를 반영해야 하며, 적합한 키워드를 찾기 위해 먼저 주력 제품 및 서비스와 관련된 키워드를 선정하고 광고목표 및 예산에 따라 이를 대표키워드와 세부키워드로 적절하게 나누어 등록하는 것이 효율적이다.

대표키워드	• 홍보하려는 주력제품 및 서비스와 관련하여 잠재고객들이 쉽게 검색할 수 있는 키워드 • 검색 수가 높고 광고노출이 많은 장점이 있으나, 그런 만큼 다수의 광고주가 운영하는 키워드이므로 입찰가가 높을 수 있고 검색 수가 높으면 광고 클릭을 많이 받으므로 광고비 지출도 높을 수 있다.
세부키워드	• 고객의 의도에 맞춘 수식어나 지역명칭 등을 포함한 키워드 • 대표키워드보다 광고노출수와 검색 수는 낮을 수 있지만 입찰가가 저렴할 수 있다. • 지역, 성별, 나이 등 세부 타기팅을 할 수 있어 구매 및 서비스 이용으로 이어질 수 있다.

⑩ 광고소재 작성
- 검색 결과에 노출되는 메시지로, 사용자가 검색 후 처음으로 만나는 상품 혹은 서비스 정보를 말한다.
- 사이트 제목, 설명문구(T&D), 광고 클릭 시 이동되는 페이지인 연결 URL, 다양한 확장소재로 구성된다.
- 소재 작성은 홍보 상품과 서비스의 장점 및 혜택, 타 업체와의 차별성을 최대한 잘 드러내어야 한다.
- 등록하려는 소재가 가이드에 맞지 않게 작성되면 광고노출에 제한이 있을 수 있다.
- 네이버 검색광고 소재

구 분	단일형 소재	반응형 소재
입 력	단일 조합으로 노출되는 제목 1개와 설명문 1개 입력	• 다양한 조합으로 노출되는 최대 제목 15개와 설명문 4개를 입력 • 제목은 3개 이상, 설명은 2개 이상 필수로 입력해야 함
소재 노출	광고주가 입력한 고정된 구성으로 노출	광고 효율이 좋을 것으로 기대되는 조합을 시스템이 자동 구성하여 노출(최대 3개의 제목과 2개의 설명으로 조합)
소재 운영/관리	광고주가 직접 고정된 소재 조합을 반복 입력 및 테스트	높은 광고 효율이 기대되는 최적화된 소재 조합을 시스템이 자동으로 조합 및 노출
추가제목 / 추가설명 확장소재	사용 필요	사용 불필요

더 알아보기

광고소재 작성 방법
- 타 업체와 차별화된 장점 강조
- 확장소재의 활용
- 키워드는 1개 이상 포함
- 연결 URL은 광고와 관련성 있게 구성
- 여러 개의 광고소재를 등록하여 우수한 실적의 광고소재 발굴

ⓗ 입찰 관리
  - 경매(입찰) 방식으로 구매 : 네이버 검색광고의 사이트 검색광고(파워링크), 쇼핑 검색광고, 콘텐츠검색광고(파워콘텐츠), 신제품검색광고, 플레이스광고(플레이스 유형 → 입찰가 설정 필요
  - 입찰가 : 한 번 클릭당 비용
    - 최소 70원(쇼핑 검색광고는 50원)부터 최대 10만원까지 설정 가능하다.
    - 입찰가는 광고노출순위와 광고 클릭 시 과금될 클릭당 광고비에 영향을 준다.
  - 검색광고 노출순위
    - 입찰가와 품질지수를 고려하여 결정된다.
    - 클릭당 광고비도 노출 시 책정된다.
  - 입찰가를 높게 설정 시 보통 광고가 더 많이 노출되고 사이트 방문 고객 수도 증가하나, 광고 클릭이 많아지면서 클릭당 광고비가 증가한다.
  - 입찰가는 광고목표와 지불 가능한 광고예산을 고려해야 효율적인 광고 집행이 가능하다.

② 네이버 등록 프로세스

캠페인 만들기 → 광고그룹 만들기 → 광고 만들기(키워드와 소재 입력)

ⓐ 캠페인 만들기
  - 광고관리시스템에서 '광고 만들기'나 '새 캠페인' 버튼을 클릭한다.

• 캠페인 유형(파워링크, 쇼핑검색, 파워콘텐츠, 브랜드검색/신제품검색, 플레이스) 중 목적에 맞는 유형을 선택한다.

• 캠페인 이름과 하루예산을 기재한다. 하루예산은 하루 동안 해당 캠페인에서 지불할 의사가 있는 최대 비용이다.

• 예산 균등배분을 체크하면 예산으로 인한 광고중단을 방지할 수 있다. 예산 균등배분을 체크하면 하루예산에 맞춰 시스템이 자동으로 광고노출을 조절한다.
• 고급옵션에서 캠페인의 광고노출 기간을 설정할 수 있다.

ⓛ 광고그룹 만들기
  • 광고그룹 이름 및 URL, 기본입찰가, 하루예산을 설정한다.

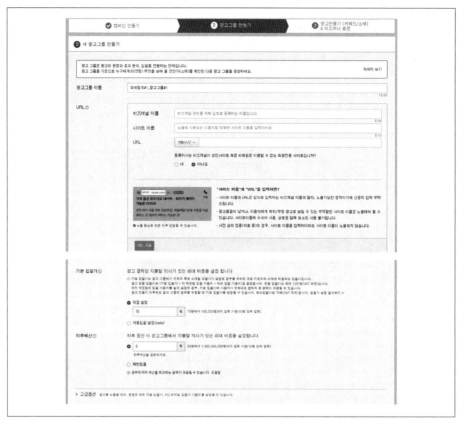

  − URL : 표시 URL은 사이트를 대표하는 최상위 도메인으로 등록한다.
  − 기본입찰가 : 키워드별 입찰가가 설정된 키워드를 제외한 모든 키워드에 적용되는 입찰가
    로 이후에 광고그룹 정보 수정 시에 변경할 수 있다.
  − 콘텐츠 매체 전용입찰가를 설정하지 않은 경우 모든 콘텐츠 매체는 기본 입찰가(70원)가
    적용된다.

• 고급옵션에서 광고의 노출매체, 콘텐츠매체 전용 입찰가, PC/모바일 입찰 가중치, 확장 검색, 소재 노출 방식을 설정할 수 있다.

- PC/모바일 입찰가중치는 기본 입찰가를 기준으로 PC와 모바일 영역의 입찰 가중치를 10~500%까지 입력할 수 있고 해당 영역에 포함되는 모든 매체의 입찰가로 적용된다.
- 확장 검색(구 키워드 확장(beta))은 등록한 키워드와 일치하거나 유사한 검색어(일치검색)뿐 아니라, 광고 클릭 시 연결되는 콘텐츠와 연관도가 높은 검색어(확장 검색)에도 광고를 노출하는 확장 검색, 광고 그룹에서 등록한 키워드와 정확히 일치하거나 정확히 일치하지 않지만 의미상으로 일치에 준하는 유사 검색에서만 광고를 노출하는 일치 검색 중에서 선택 가능하다.
- 소재 노출은 성과가 우수한 소재를 우선 노출하는 '성과기반 노출'과 '동일비중 노출' 중 선택 가능하다.

ⓒ 광고 만들기(키워드·소재) & 비즈머니 충전
• 키워드와 소재를 입력할 수 있다.
• 키워드를 직접 입력하거나 오른쪽의 연관키워드를 참고하여 추가할 수 있다.
• 선택한 모든 키워드를 추가했을 때, 기본입찰가를 기준으로 산출한 월 예상 클릭 수, 월 예상 비용 등 추가실적을 예상할 수 있다.
• 소재 등록 시 검토 담당자에게 전달할 서류나 내용이 있으면 검수 요청을 할 수 있다.
• 비즈머니는 네이버 검색광고의 광고 상품을 결제하는 데 사용되는 충전금으로 계정에 비즈머니 잔액이 있어야 광고 검수 및 노출이 시작된다.
• 키워드 추가하기
  - [키워드 삽입] 버튼을 눌러 관련 키워드를 추가할 수 있다. 글자 수가 초과할 경우를 대비하여 대체키워드를 입력하는 것이 좋다.
  - 제목과 설명에 [키워드 삽입] 기능을 사용하면 키워드에 볼드처리가 되어 주목도를 높일 수 있다.

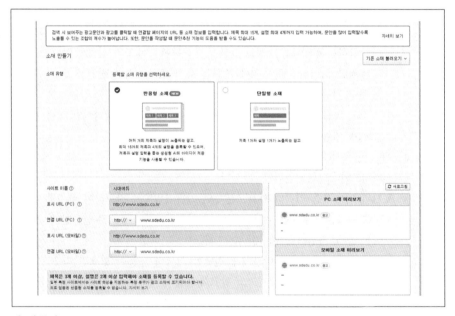

- 소재 만들기
  - 여러 개의 제목과 설명이 노출되는 반응형 소재, 제목 1개와 설명 1개가 노출되는 단일형 소재가 있다.
  - 반응형 소재는 제목은 3개 이상, 설명은 2개 이상 입력해야 소재를 등록할 수 있다.
  - 표시 URL은 사이트를 대표하는 최상위 도메인을 기재하며, 기재 후 수정할 수 없다.
  - 연결 URL은 랜딩페이지 URL로, 사용자가 광고 클릭 후 원하는 콘텐츠를 바로 확인할 수 있도록 등록하는 키워드와 연관도가 높은 페이지를 기재한다.

- 키워드도구
  - 네이버는 키워드도구를 통해 관련성 높은 키워드를 조회하여 추가할 수 있다. [도구 →
    키워드도구] 메뉴에서 이용 가능하다.
  - 조회된 연관키워드에는 '월간 검색 수, 월평균 클릭 수, 월평균 클릭률' 등 상세 데이터가
    같이 제공되어 키워드 선별 시 참고할 수 있다.
  - 한 페이지에서 최대 100개의 연관키워드 확인이 가능하다.
  - [다운로드] 버튼으로 조회된 키워드를 엑셀로 다운받을 수 있으며, [필터] 버튼으로 원하는
    조건의 키워드만 조회하는 것도 가능하다.

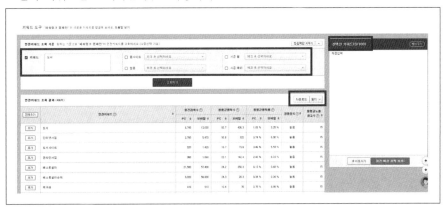

- 대량 관리 기능
  - 등록하려는 키워드나 소재가 많으면 '대량 관리 기능'을 사용한다.
  - 상단의 [도구 → 대량 관리] 메뉴에서 이용 가능하다.
  - '광고 다운로드, 대량 등록·수정·삭제, 대량 광고그룹 복사, Easy 대량 관리(beta)' 기능
    을 제공한다.
  - 광고 다운로드 : 대량 관리 작업을 시작하기 전 먼저 광고 다운로드를 통해 대량 작업에
    필요한 광고그룹 ID와 키워드 ID를 확인한다.
  - 대량 등록·수정·삭제 : 작업 유형에 맞는 템플릿을 사용하여 등록 또는 변경할 내용을
    정리한 후 파일을 업로드한다.
  - 캠페인 유형에 따라 제공되는 대량 등록·수정·삭제 기능은 다르다.
  - 템플릿에 기재할 광고그룹 ID와 키워드 ID는 '광고 다운로드' 작업을 통해 확인할 수 있다.
  - 템플릿에 기재할 애셋 ID는 '애셋 삭제' 작업유형을 선택하면 노출되는 '애셋 전체 다운로
    드'를 통해 확인할 수 있다.
  - 업로드할 파일의 7행부터의 입력값이 시스템에 반영되므로, 템플릿에서 1~6행을 삭제해
    서는 안된다.
  - 대량 등록 및 수정은 한 번에 최대 1만 개까지 가능하다.
  - 키워드 입찰가 변경 시 입찰가는 '키워드 입찰가'로 저장되며, '기본 입찰가'가 있더라도
    변경된 '키워드 입찰가'로 광고가 진행된다.
  - 키워드 URL 수정 시 광고그룹의 웹사이트 URL이 1개이면 PC URL과 모바일 URL에 동일
    한 URL을 2번 입력해야 한다.

- 작업 이름을 입력한 후, 파일 업로드에서 [찾아보기] 버튼을 클릭하여 업로드할 파일을 선택한다(CSV 형식의 파일만 가능).
- 대량 광고 그룹 복사 : 광고그룹의 키워드, 소재도 함께 복사할지 선택한 후 복사할 캠페인을 선택한다(여러 캠페인 선택 가능, 총 100개까지 복사).

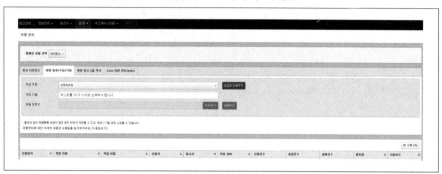

ⓔ 키워드 입찰하기
- '캠페인 만들기'부터 '소재 등록'까지 진행하여 광고그룹 생성을 완료했다면, 광고그룹에서 입찰가 변경이 가능하다(최소 70원~최대 10만원 사이).
- 입찰가 변경 기능 활용 혹은 직접 원하는 입찰가를 입력하여 설정한다. 광고목표, 예산, 키워드별 성과 등을 고려하여 원하는 입찰가를 찾는다.
- 입찰가 일괄 변경, 개별 변경 기능을 사용하여 변경한다.

- 입찰가 일괄 변경 : 선택한 키워드들의 입찰가를 '직접 입력', '해당 광고그룹의 기본 입찰가로 변경', '[%]나 [원] 단위로 증액·감액', 'PC/모바일 최소노출/중간 입찰가로 변경', 'PC 통합검색 x위 평균 입찰가로 변경'할 수 있다.

– 입찰가 개별 변경 : 선택한 키워드들의 입찰가를 'PC 최소노출 입찰가', '모바일 최소노출 입찰가', 'PC 중간 입찰가', '모바일 중간 입찰가'로 변경할 수 있다.

🔍 **용어 해설**

최소노출 입찰가

과거 4주간 검색을 통해 노출된 광고 중에서 최하위에 노출되었던 광고의 입찰가 중 가장 큰 값이다.

중간 입찰가

과거 4주간 검색을 통해 노출된 광고의 입찰가를 크기순으로 나열한 후 중간에 위치한 중앙값이다.

순위별(○○위) 평균 입찰가

과거 4주간 해당 순위에 노출되었던 입찰가를 평균한 값(현재 및 미래의 광고성과와 순위를 보장하지 않음)이다.

(2) 카카오

① 카카오 등록 시스템 개요

> 캠페인 만들기 → 광고그룹 만들기 → 키워드 만들기 → 소재 만들기

㉠ 캠페인 등록
- 비즈채널을 선택한다. 미등록 시 [관리자센터 → 광고자산 관리 → 비즈채널 관리]에서 [비즈채널 등록하기]를 누르면 된다.
- 캠페인 이름을 입력한다. 최대 50자까지 가능하다.
- 고급 옵션에서 전환추적, 추적URL, 일 예산을 설정한다.

㉡ 광고그룹 설정
- 광고그룹 이름을 입력하고, 광고가 노출될 매체유형과 디바이스를 설정한다.
- 광고그룹 하위에 키워드 확장과 제외 키워드를 선택한다.
- 기본입찰가와 일예산을 선택한다.
- 고급 옵션을 통해 입찰가중치, 콘텐츠매체 입찰가, 집행기간(일자, 요일/시간)을 선택한다.

ⓒ 키워드 선택 및 발굴
   - 키워드를 등록할 수 있다. 키워드는 광고노출 여부를 결정하는 중요한 단위이다.
   - '키워드 제안' 검색을 통해 과거 30일 동안 카카오지면에 광고가 집행된 연관 키워드의 광고요청수, 최고입찰가, 평균경쟁광고수 데이터를 알 수 있다.
② 카카오 등록 프로세스
   ㉠ 캠페인 등록
   - 카카오 비즈니스 관리자센터 좌측의 [광고 만들기]를 누르면 [캠페인 만들기]가 생성된다.
   - 먼저 비즈채널을 선택한다. 비즈채널을 선택하지 않으면 캠페인 생성이 불가능하다.
   - 캠페인 이름을 50자 이내로 자유롭게 입력한 후 고급 옵션에서 전환추적, 추적URL, 일예산을 설정한다.

> **더 알아보기**
>
> **캠페인 고급옵션 항목**
> - 전환추적 : 광고계정에 연결된 픽셀&SDK를 연동하면 캠페인 단위로 전환데이터 수집을 할 수 있다. 연동 가능한 대상은 [광고자산 관리 → 픽셀&SDK연동관리]에서 추가한다.
> - 추적URL : 광고 랜딩URL에 파라미터로 광고정보를 전달하는 기능을 설정할 수 있다.
> - 일예산 : 하루 동안 지출할 수 있는 한도를 말하며, 일 예산을 초과할 경우 광고 집행이 중지된다. 캠페인 일 예산은 최소 1,000원~1천만원까지 설정 가능하다.

   ㉡ 광고그룹 설정
   - 캠페인 만들기를 마친 후 저장하고 계속 진행하면 [광고그룹 만들기]에서 광고그룹을 만들 수 있다.
   - 광고 이름을 50자 이내로 작성 후 매체유형과 디바이스를 설정한다. 광고가 노출될 매체유형 및 디바이스는 다음과 같이 구분된다.

매체유형	검색매체	• 검색어와 광고를 매칭하는 게재지면 • 카카오, 파트너
	콘텐츠 매체	• 문맥과 광고를 매칭하는 게재지면 • 카카오, 파트너
디바이스		모바일/PC

- 키워드 확장을 설정하면 키워드를 확장하여 광고를 노출할 수 있으며, 확장된 키워드에서 제외할 키워드를 추가할 수도 있다.
- 기본입찰가와 일예산을 설정한다. 기본입찰가는 입찰에 참여할 최대 금액으로 최소 70원~최대 100,000원까지 10원 단위로 설정할 수 있다. 일예산은 하루 기준의 통합치 한도로, 광고그룹 일예산은 최소 1,000원~최대 1천만원까지 10원 단위로 설정 가능하다.

- 고급옵션에서 입찰가중치와 콘텐츠 매체 입찰가, 집행기간(일자, 요일/시간)을 설정할 수 있다.

> **ᐈ 더 알아보기**
>
> **광고그룹 고급옵션 항목**
> - 입찰가중치 : 기본 입찰가에 대한 가중치를 노출 디바이스별(모바일/PC)로 설정할 수 있으며, 최소 10%~최대 500%까지 1% 단위로 설정할 수 있다. 또 '키워드 확장 입찰 가중치'를 통해 기본 입찰가에 대한 가중치를 키워드 확장인 경우에 대해서 설정할 수 있다.
> - 콘텐츠 매체 입찰가 : 광고그룹 내 콘텐츠 매체 전용으로 입찰가를 설정할 수 있다. 설정하지 않으면 기본 입찰가를 기준으로 입찰한다.
> - 집행기간 : 일자 및 요일/시간 설정이 가능하며, 요일/시간은 '상세설정'을 통해 요일별, 시간별 세부 설정이 가능하다.

ⓒ 키워드 만들기

- '등록 키워드'에 키워드를 직접 등록할 수 있으며, 총 300개까지 가능하다.
- '키워드 제안'에 키워드를 입력하면 연관된 키워드와 그 실적 데이터가 검색되며, 등록 키워드 입력 시 키워드 제안에서 검색된 키워드를 참고할 수 있다.
- 입찰 단가를 선택한다. 광고그룹 입찰과 키워드 입찰 중 선택할 수 있다. 키워드 입찰의 경우, 직접입력(최소 70원~최대 100,000원)과 순위별 평균 입찰 중 선택 가능하다.

ⓓ 소재 만들기

- 소재를 처음 등록할 때는 [새 소재]를 클릭하고, 기존에 등록했던 소재를 불러오고 싶을 때는 [기존 소재 사용하기]를 클릭한다.

• 광고 구성 시 가장 기본이 되는 소재이자 필수 등록 정보인 제목·설명문구·랜딩URL와 확장소재, 소재 이름을 입력한다.

기본소재	제 목	광고에 노출할 제목으로 15자까지 등록 가능
	설명문구	광고에 노출할 설명문구로, 45자까지 등록 가능
	랜딩URL	• 광고 클릭 시에는 연결되는 URL이, 실제 광고노출 시에는 비즈채널 URL이 노출 • 모바일과 PC를 개별 설정할 수 있다.
확장소재		'확장소재 추가하기' 버튼을 눌러 기본소재와 함께 노출될 확장소재를 추가할 수 있다.
소재 이름		소재 이름을 설정할 수 있으며 50자까지 등록 가능하다.

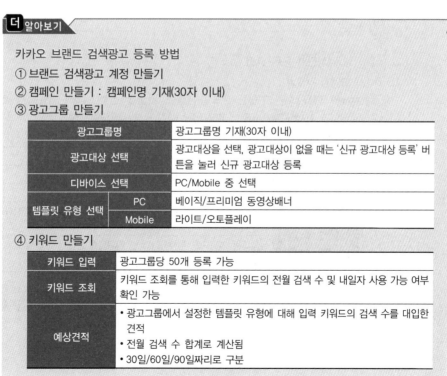

더 알아보기

카카오 브랜드 검색광고 등록 방법
① 브랜드 검색광고 계정 만들기
② 캠페인 만들기 : 캠페인명 기재(30자 이내)
③ 광고그룹 만들기

광고그룹명		광고그룹명 기재(30자 이내)
광고대상 선택		광고대상을 선택, 광고대상이 없을 때는 '신규 광고대상 등록' 버튼을 눌러 신규 광고대상 등록
디바이스 선택		PC/Mobile 중 선택
템플릿 유형 선택	PC	베이직/프리미엄 동영상배너
	Mobile	라이트/오토플레이

④ 키워드 만들기

키워드 입력	광고그룹당 50개 등록 가능
키워드 조회	키워드 조회를 통해 입력한 키워드의 전월 검색 수 및 내일자 사용 가능 여부 확인 가능
예상견적	• 광고그룹에서 설정한 템플릿 유형에 대해 입력 키워드의 검색 수를 대입한 견적 • 전월 검색 수 합계로 계산됨 • 30일/60일/90일짜리로 구분

⑤ 소재 만들기

소재명	광고에 노출할 제목을 30자 이내로 입력
메인 이미지	광고에 노출될 메인 이미지와 이미지를 누르면 이동할 수 있는 URL 입력
메인 제목	광고에 노출될 메인 제목(22자 이내)과 제목을 누르면 이동하는 링크 URL 입력
메인 설명	광고에 노출될 메인 설명글을 입력(27자 이내)
부가 정보	부가정보와 링크 URL 입력
썸네일	브랜드 광고에 들어갈 썸네일 이미지 3종과 설명, 썸네일을 누르면 이동할 수 있는 URL 입력
법적 고지	화재·생명보험, 금융투자상품, 의료·제약, 대부업의 경우 법적 고지가 필요
심사요청	심사담당자에게 전달해야 할 메시지 입력, 심사 관련 서류가 있을 시 도구&서류관리에서 서류등록 후 서류명 입력

※ 카카오 브랜드 검색광고 소재설정 미리보기 : 미리보기를 통해 설정한 소재가 어떻게 적용될지 먼저 확인할 수 있다.

톡채널 검색광고 등록 방법

① 광고계정 만들기
② 캠페인 만들기 : [광고 만들기] 또는 [캠페인 만들기] 선택 – 광고가 연결될 비즈채널 선택, 캠페인명 기재(50자 이내) – 고급 옵션 설정 등 상세 설정 진행
③ 광고그룹 만들기

광고그룹명	광고그룹명 기재(50자 이내)
매체유형	검색 매체 카카오로 고정
디바이스	Mobile
분절 키워드	광고그룹 하위에 등록된 키워드를 2글자 이상 자모음 분절한 키워드에 광고를 노출시켜 유입
광고 추천 키워드	유의미한 키워드를 추천하여 해당 키워드를 통해 광고를 유입
일예산	하루 기준의 통합 지출 한도, 초과할 경우 광고 집행이 중지

④ 키워드 만들기
• 카카오톡 채널명, 상품, 브랜드명 등 나의 비즈니스에 관심이 있는 고객이 검색할 만한 키워드를 직접 혹은 키워드 조합 기능을 활용하여 등록
• 채널명/브랜드명/상품명과 관련 있는 키워드만 구매 가능
• 한글, 영문, 숫자, 띄어쓰기 외 입력 불가

⑤ 소재 만들기

썸네일 이미지	추천소재(348x230), 맞춤소재(1200x380) 각각 가이드에 맞는 이미지를 등록
배경 색상	썸네일 이미지를 추가하면 그에 맞는 7가지 배경 색상을 추천 제공
홍보 문구	상단(20자 이내)/하단(18자 이내)으로 나누어 광고에 노출할 설명 문구를 작성
문구 색상	배경색에 맞게 검은색, 흰색 중 선택
행동유도버튼	맞춤소재에서 6자 이내로 행동을 유도하는 버튼명을 설정
소재명	최대 50자까지 입력 가능
랜딩URL	• 맞춤소재에서 광고 클릭 시 연결될 URL을 설정 • 톡채널 검색은 트래킹 링크 형식 설정 가능(딥링크 지원)

※ 톡채널검색은 카카오 키워드광고 플랫폼에서 집행 가능

(3) 구글

① 구글 등록 시스템 개요

> 캠페인 설정(목표 → 유형) 선택 → 광고그룹 설정 → 광고 만들기

㉠ 캠페인 등록
- Google Ads의 경우, 먼저 캠페인에서 달성하려는 성과에 도움이 되는 목표(판매, 리드, 앱 사이트 트래픽)를 설정한 후 목표에 따른 유형을 설정한다. 목표의 개수가 곧 캠페인의 개수이다.
- 목표를 설정하면 Google Ads 자체 데이터를 활용한 머신러닝으로 목표달성을 위해 진행이 되며, 목표 및 유형 선택을 통해 다양한 캠페인을 구성할 수 있다.
- 캠페인 이름 선택 후 네트워크, 타기팅 및 잠재고객, 예산 및 입찰, 광고확장 설정이 가능하다.

㉡ 그룹 설정
- 광고그룹 설정에서 다수의 광고그룹 생성이 가능하다.
- 각 광고그룹에는 하나 이상의 광고가 있어야 하며, 해당 광고그룹에 속한 광고와 키워드는 서로 관련된 유사한 타깃인 것이 바람직하다.

㉢ 키워드 선택 및 발굴
- [도구 및 설정 → 키워드 플래너]에서 관련 키워드와 검색량, 예상 실적을 확인할 수 있으며 내 광고에 추가할 수 있다.
- 광고를 게재할 검색어를 지정하는 검색 유형으로는 확장검색, 구문검색, 일치검색이 있다.
- 확장검색을 사용하면 키워드 목록에 없는 유사어에 대해서도 광고가 자동으로 게재된다.

㉣ 광고소재 작성
- 검색 결과에 노출되는 메시지로 제목·설명문구(T&D), 랜딩URL, 다양한 확장소재로 구성된다.
- Google Ads에는 네이버, 카카오의 확장소재와 비슷한 '광고확장'이 있다. 광고확장으로는 통화 버튼, 위치 정보, 웹사이트의 특정 부분으로 연결되는 추가 링크, 추가 텍스트 등이 있으며 광고에 추가적인 정보를 더하여 광고의 클릭률(CTR)을 증가시킨다.

② 구글 검색 네트워크 등록 프로세스
  ㉠ 캠페인 설정 선택
    • Google Ads 계정에 로그인하면 [모든 캠페인]을 볼 수 있는 창으로 접속된다. 여기에서 파란
      색 버튼의 [새 캠페인]을 클릭한다.

    • 캠페인의 광고목표 및 유형을 선택한 후 캠페인 설정을 진행한다.

    - 캠페인 목표의 종류

검색 네트워크 캠페인 목표	판매	• 온라인, 앱, 전화, 매장을 통한 판매나 전환을 촉진 • 이미 연락했거나 곧 구매 결정을 내릴 고객의 참여 유도	구매나 전환 과정을 시작하는 기능 예 클릭을 목표로 하는 입찰 전략, 확장 프로그램 및 잠재고객이 Google과 제휴한 사이트, 동영상, 앱을 열 때 게재되는 광고

	리드	관련 고객이 뉴스레터에 가입하거나 연락처 정보를 제공하게 하는 등 제품이나 서비스에 관심을 표현하도록 유도	전환 과정을 시작하는 기능 예 잠재고객 타기팅, 확장 프로그램 및 사용자가 Google과 제휴한 사이트, 동영상, 앱을 열 때 게재되는 광고
	웹사이트 트래픽	잠재고객의 웹사이트 방문을 유도	제품 혹은 서비스를 조사하는 고객이 원하는 제품 옵션을 찾을 수 있도록 돕는 기능 예 동적으로 생성된 관련 제목이 표시되는 광고, 광고확장 및 사이트 방문을 늘리는 데 도움이 되는 입찰 전략
디스플레이 캠페인 목표	판매	• 구매 의사가 있는 고객으로부터 구매나 전환 유도 • 이미 연락했거나 곧 구매 결정을 내릴 고객의 참여 유도	구매 또는 전환 과정을 시작하는 기능 예 시각적으로 눈에 띄는 광고, 자동 입찰, 타기팅, 그 외 적극적으로 광고주의 제품 또는 서비스를 검색·조사·비교하는 사용자에게 도달하는 데 도움 되는 기능
	리드	관련 고객이 뉴스레터에 가입하거나 연락처 정보를 제공하여 제품 또는 서비스에 관심을 표현하도록 유도	전환 과정을 시작하는 기능 예 자동 입찰, 타기팅, 시각적으로 눈에 띄는 광고, 비즈니스에 관심 있는 사용자의 이메일 주소, 뉴스레터 신청 또는 기타 관련 연락처 정보 수집 시 도움 되는 기능
	웹사이트 트래픽	잠재고객의 웹사이트 방문 유도	제품 혹은 서비스를 조사하는 고객이 잠재적인 제품 옵션을 찾을 수 있도록 돕는 기능 예 자동 입찰, 타기팅, 광고 작성, 향후 광고를 다시 게재할 방문자 목록 작성 시 도움 되는 기능
	브랜드 인지도 및 도달 범위	• 제품 또는 서비스의 인지도를 높임 • 고객에게 신제품 출시나 신규 사업 분야 소개	브랜드 인지도를 쌓는 데 도움이 되는 기능 예 시각적으로 매력적인 광고, 조회수 늘리는 입찰 전략, 신규 고객을 유치하고 관심 끌 수 있는 기능

• 캠페인 목표 선택 후 캠페인 유형을 선택할 수 있다.

- 목표와 유형을 선택하면 목표 달성 방법이 뜨며, 해당 목표에 해당하는 전환액션을 생성하여 전환추적을 시작할 수 있다.
  - 전환액션이란 온라인구매나 전화 통화와 같이 비즈니스에 가치 있는 고객의 특정 활동을 말하며 이런 고객 행동이 발생하면 '전환'이 발생했다고 한다.
  - 전환액션을 생성하면 해당 액션을 추적하는 전환추적을 시작할 수 있다.
  - 전환 추적은 추적 코드를 만들어 고객이 웹사이트에서 구매, 가입, 양식 제출 등 가치 있는 활동을 얼마나 하는지 추적하고, 이를 바탕으로 보고서를 만드는 것이다.
  - 구글에서 전환추적 사용 시 추적 가능한 액션의 유형

웹사이트 액션	광고주의 웹사이트에서 구매, 가입 등 고객이 완료한 액션
전화 통화	광고를 통한 직접 통화, 웹사이트 전화번호를 통한 통화, 모바일 웹사이트로의 전화번호 클릭 액션
앱 설치 및 인앱 활동	모바일 앱 설치와 앱 내에서의 구매 등 활동
가져오기	온라인에서 시작하여 오프라인에서 완료된 고객 활동 예 온라인에서 광고 클릭하여 계약서 가안 제출 후 사무실에서 계약서 서명

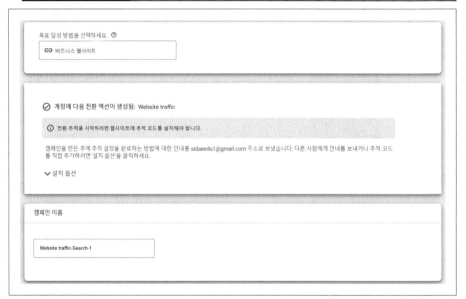

- 캠페인 이름을 기입한다.
- 캠페인 설정을 진행한다. 입찰, 네트워크, 위치, 언어, 잠재고객을 설정한다.

입찰	• 캠페인에서 중점을 두고자 하는 측정항목 선택 및 이를 최적화할 수 있는 입찰옵션 확인 • 입찰옵션 : 전환, 전환 가치, 클릭 수, 노출 점유율 • Google Ads의 머신러닝이 선택한 목표에 권장하는 옵션을 추천해준다. • '광고 클릭에 대한 입찰가 직접 설정' 혹은 'Google Ads 자동 설정 입찰가 선택' 모두 가능 　- 입찰가 직접 설정 시 일일 평균 희망 지출액을 기재해도 트래픽이 많은 날은 일일 예산 최대 2배까지 발생할 수 있지만, 트래픽이 적은 날과 상쇄되어 월 청구액 한도(월 평균일 수 30.4일 × 평균 일일예산) 이상 청구되지 않는다. 　- 자동 입찰 설정은 광고목표를 달성할 수 있게 입찰가를 최적화하는 방식(예 중점 항목으로 '클릭수' 선택 시 예산 내에서 클릭이 최대한 많이 발생할 수 있게 Google Ads 시스템에서 자동으로 입찰가 관리)
네트워크	'검색 네트워크'와 '디스플레이 네트워크' 게재 여부 선택

위 치	• 타기팅할 위치 선택(모든 국가 및 지역/대한민국/다른 위치 입력) • 특정 지역 거주자나 관심을 보이는 사용자 대상 광고 타기팅 가능
언 어	고객이 사용하는 언어를 선택하여 광고 위치를 제한할 수 있다.
잠재고객	• 캠페인에 추가할 잠재고객 세그먼트 추가, 캠페인의 타기팅 설정 • 광고가 도달하려는 사용자를 선택하여 특정 잠재고객 또는 선택한 특정 콘텐츠에서만 게재 되도록 도달범위를 좁힐 수 있다. • 잠재고객을 관찰하여 범위의 영향 없이 광고 게재 위치, 주제, 잠재고객에 따른 광고 실적을 모니터링하고 이를 바탕으로 입찰가 조정 가능

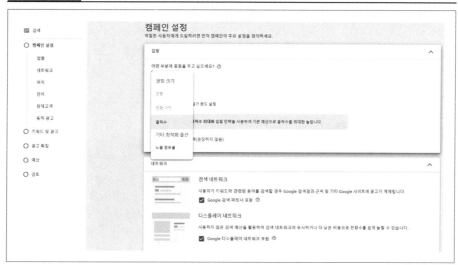

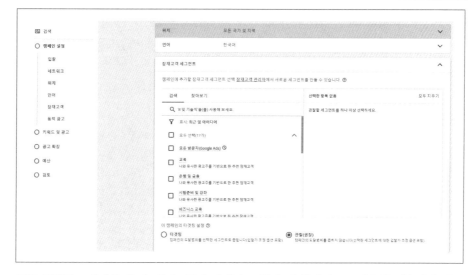

• 동적 검색광고 설정을 할 수 있다. 동적 검색광고 설정 시 웹사이트 콘텐츠를 이용하여 광고
제목과 방문 페이지가 자동 설정된다. 따라서 새로운 게재 기회를 포착하고 시간도 절약하여
트래픽 유도가 가능하다.

• 설정 더보기에서 광고 로테이션, 시작일 및 종료일, 광고 일정, 캠페인 URL 옵션을 설정할
수 있다.

• 광고 로테이션 설정 시 광고그룹의 여러 광고를 서로 비교하여 각 광고의 게재 빈도 지정이
가능하다.

잠재고객

잠재고객은 특정 관심분야, 특정 의도 및 인구통계학적 특성을 가진 것으로 예측되는 사용자 집단으로, 이 집단에 광고를 게재할 수 있으며 잠재고객 소스의 데이터를 사용하여 잠재고객 캠페인의 입찰 및 타기팅을 개선할 수 있다.

동적 검색광고(DSA ; Dynamic Search Ads)

Google의 검색 플랫폼 내에서 인공지능을 활용, 검색 사용자에게 적합한 광고를 노출해 주는 자동화된 검색광고시스템이다. 내 웹사이트를 토대로 관련 검색 키워드를 자동으로 생성하고 사용자의 실제 검색에 맞추어 최적화하여 자동 설정된 광고 제목을 사용하며, 내 웹사이트 내 정보 변경이 있어도 인공지능이 자동으로 이를 반영하여 키워드와 광고 관련성을 늘 높은 수준으로 유지할 수 있다.

광고 로테이션

네이버의 성과기반노출과 비슷한 것으로, 성과를 위해 우수한 소재를 더 노출시키는 것이다. 광고는 한 번에 하나만 게재 가능하므로 만약 광고그룹에 광고가 여러 개 있다면 로테이션 방식이 적용된다. 검색 캠페인과 디스플레이 캠페인에서 사용 가능하다. 광고 로테이션 설정으로 '최적화' 와 '최적화하지 않음'이 있다.
• '최적화' 설정 : 키워드, 검색어, 기기, 위치 등을 바탕으로 클릭 수 발생 증대를 위해 광고를 최적화하여, 그룹 내 다른 광고보다 더 실적이 좋을 것으로 예상되는 광고를 우선적으로 게재함
• '최적화하지 않음' 설정 : 광고가 균등하게 노출되도록 입찰 참여

ⓛ 키워드 및 광고
• 여러 개의 광고그룹을 생성할 수 있다. 광고그룹에는 하나 이상의 광고가 있어야 하고, 광고 그룹 내의 모든 광고와 키워드는 유사한 타깃인 것이 바람직하다.
• 광고그룹을 등록하면 해당 광고그룹에 대한 주간예상을 제공한다. 주간예상 예상치는 키워드 와 일일예산을 기준으로 하며 주간 클릭 수, 주간 비용, 평균 CPC를 제공한다. 새 광고그룹 추가 시 그룹별 예상치가 별도 생성된다.

- 키워드
  - 광고그룹 이름 작성 후 등록하고자 하는 키워드를 직접 입력하거나, '추천키워드 보기' 검색을 통해 검색된 키워드를 추가할 수 있다. 키워드는 사용자가 검색에 사용하는 검색어에 대해 광고를 게재하기 위해 사용하는 단어나 구문이다.
  - 키워드 검색 유형을 사용해 광고를 게재할 검색어를 지정할 수 있다. 검색 유형에 따라 키워드가 사용자의 검색어와 밀접하게 일치하는 정도가 결정되고, 이에 따라 광고가 입찰에서 고려된다.
  - 검색 유형은 확장검색 → 구문검색 → 일치검색(특정 사용자 검색어) 단계로 게재 대상이 좁아진다.

검색 유형	사용 기호	세부내용
확장검색	없 음 예 출판 그룹	• 키워드와 관련 있는 검색어에 광고가 게재될 수 있으며 해당 키워드가 포함되지 않은 유사어에 대해서도 광고가 자동 게재됨(엄격하지 않은 검색) • 더 많은 웹사이트 방문자 유입 및 키워드 목록 시간 단축, 실적 우수 키워드에 집중 투자 가능 • 모든 키워드에 기본 검색유형으로 지정되므로 키워드를 입력하기만 하면 됨 • 스마트 자동 입찰에서 사용 시 가장 효과적
구문검색	'키워드' 예 '출판 그룹'	• 키워드의 의미를 포함하는 검색어에 광고가 게재될 수 있음(중간 검색) • 내 제품 또는 서비스가 포함된 검색어에만 광고 게재
일치검색	[키워드] 예 [출판 그룹]	• 키워드와 동일한 의미를 갖는 검색어에 광고가 게재될 수 있음(엄격한 검색) • 광고 게재 대상을 가장 세부적으로 설정할 수 있지만 가장 적은 검색어에 도달함

  - 일반적으로 보다 많은 검색어에 대해 광고 게재가 가능하여 방문자 유입을 늘릴 수 있는 확장검색 키워드를 사용하는 것이 유리하나 확장검색 키워드 관련 검색어가 너무 많으면 품질평가지수가 낮아질 수 있다. 반면 일치검색 및 구문검색을 사용하면 전반적인 클릭률이 높아질 수 있다.

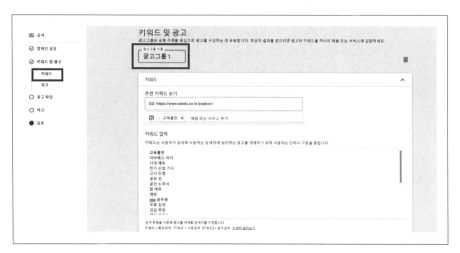

- 광 고
  - 광고에 사용할 제목, 키워드, 설명 등은 구글에서 추천해주는 '아이디어 보기'를 통해 추가할 수 있다.
  - 최종 도착 URL, 광고 제목 텍스트, 설명 텍스트, 표시경로(선택) 등을 입력하면 미리보기를 통해 만들 수 있는 광고를 확인할 수 있다. 미리보기에서는 모바일 버전과 PC버전이 모두 표시된다.
  - 광고 제목은 총 15개까지, 설명은 총 4개까지 등록 가능하다.
  - 내가 만든 광고 조합을 평가하는 항목인 **광고효력**을 제공하여 광고효과를 개선하여 실적을 올리는 데 도움을 준다.

  ### 용어 해설

  광고효력
  - 광고 조합의 관련성과 다양성을 보여주는 지표로, 고객에게 적절한 메시지를 제공하는 데 집중할 수 있도록 의견을 제공한다.
  - 측정항목은 '미완료', '나쁨', '보통', '좋음'에서 '매우 좋음'까지 평가를 사용해 광고 문구의 관련성, 품질, 다양성을 측정한다.
  - 광고 효력은 광고소재가 최적의 실적을 낼 수 있는 Google의 권장사항을 얼마나 잘 따르는지 보여 주며, 광고 효력이 높을수록 광고 실적을 극대화하는 데 도움이 된다.

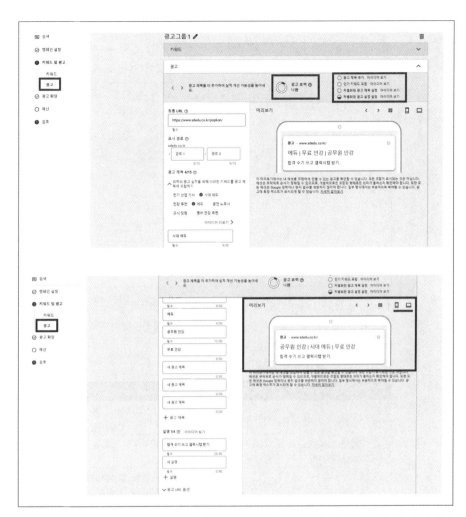

– 광고그룹마다 키워드 주제와 밀접하게 관련 있는 광고를 3개 이상 만들어 여러 버전의 광고를 운영하는 것이 입찰에서 낙찰받을 가능성이 커진다.

더 알아보기

구글의 광고

• **반응형 광고** : 여러 광고 제목과 설명을 입력하면 시간이 지남에 따라 Google Ads에서 자동으로 조합을 테스트하여 어떤 조합의 실적이 가장 좋은지 학습한다. 이에 따라 입력한 문구를 자동으로 배치하여 지면에 맞는 광고 배너 형태로 만들어준다.

• **확장형 텍스트 광고** : 더 많은 메시지를 게재할 수 있도록 세 번째 광고 제목과 두 번째 내용 입력란을 추가한 것이다. 2022년 6월 30일부터는 확장 텍스트 광고를 만들거나 수정할 수 없으며, 반응형 광고만 가능하다.

ⓒ 광고확장
- 캠페인 메뉴에서 [광고 및 광고확장 → 광고확장] 클릭 후 파란색 더하기 버튼을 클릭하면 등록 가능한 다양한 광고확장 정보 리스트가 생성된다. 목표에 따라 광고확장을 선택한다.

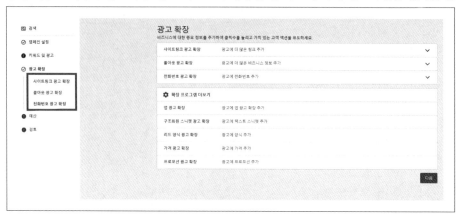

- 광고확장 종류 : 사이트링크 광고확장, 콜아웃 광고확장, 구조화된 스니펫 광고확장, 이미지 광고확장, 전화번호 광고확장, 리드 양식 광고확장, 위치 광고확장, 제휴사 위치 광고확장, 가격 광고확장, 앱 확장, 프로모션 광고확장
- 목표에 따른 광고확장 선택

목 표	확장 프로그램	설 명
사업장에서 구매하도록 유도	위치 광고확장	영업시간 · 업체 사진 및 경로 정보 등이 있는 비즈니스 세부 정보 페이지로 연결되는 링크, 사업장 위치, 통화버튼 표시
	제휴사 위치 광고확장 정보	고객이 광고주의 제품을 판매하는 소매 체인점을 찾을 수 있게 지원
	콜아웃 광고확장	차별화된 제품 및 서비스([예] 무료 배송, 연중무휴 고객 서비스)를 쇼핑객에게 홍보
고객 연락 유도	전화번호 광고확장	광고에 사업장의 전화번호 또는 통화버튼 추가
웹사이트에서 고객 전환 유도	사이트링크 광고확장	사용자가 링크를 클릭하면 사이트 내 특정페이지(특정 제품, 영업시간 등)로 안내
	콜아웃 광고확장	차별화된 제품 및 서비스 홍보
	구조화된 스니펫 광고확장	사전 정의된 헤더(제품 또는 서비스 카테고리 등)를 선택하고 상품을 나열하여 잠재고객에게 정보 제시
	가격 광고확장	서비스 또는 제품 카테고리와 가격 표시
앱 다운로드 유도	앱 광고확장	광고 아래 앱 링크 표시, 텍스트 광고를 모바일 앱이나 태블릿 앱의 앱스토어에 있는 앱 설명 페이지로 이동
사용자의 정보 제출 유도	리드 양식 광고확장	내가 제공하는 제품 또는 서비스에 대한 응답으로 사용자가 연락처 정보(이메일 주소, 전화번호, 기타 세부정보)를 제출하도록 리드 생성

콜아웃

서비스나 제품 관련 혜택들을 광고 하단에 보여주는 확장소재로, '무료환불'·'무료배송'·'24시간 운영' 등 제품에 대한 다양한 부가가치를 홈페이지에 접속하지 않아도 알 수 있게 도와준다. 텍스트를 추가로 25자까지 넣을 수 있다.

구조화된 스니펫

검색광고에서 다양한 서비스들을 몇 가지 카테고리로 묶어 보여주는 확장소재로, 콜아웃과 비슷한 형태의 확장소재이다. 편의시설(서비스), 프로그램(교육)처럼 어떤 범위 안에 있는 내용을 묶어 세팅할 수 있다.

ㄹ 예 산

- 지금까지 만든 캠페인의 일일 평균 예산을 설정한다.
- 사용자 접속수는 수시로 변하기 때문에 사용자 접속이 적으면 광고가 많이 게재되지 않고 많으면 광고가 많이 게재된다. 이에 따라 일일예산은 한 달을 기준으로 했을 때 일일예산보다 적은 금액을 지출하는 날도 있고 일일 예산의 최대 2배까지 지출하는 날도 있지만, 월 평균 일수(365일/12개월 = 30.4일)를 곱한 금액보다 초과 지불(초과게재)되는 경우는 없다.

초과게재

전환당 비용을 지불하지 않는 캠페인에서 평균 일일예산으로 허용된 클릭 수보다 최대 2배까지 일일 클릭 수가 허용되는 것이다. 혹시 광고가 너무 많이 게재되어 결제 주기 내에 평균 일일예산 한도보다 많은 비용이 발생하는 경우 Google Ads에서 추가 비용에 상응하는 크레딧을 제공한다.

ㅁ 검 토

- 마지막으로 지금까지 작성한 캠페인의 세부 정보를 다시 한번 확인한다.
- 문제가 있다고 표시된 부분은 해당 부분을 수정한다.

더 알아보기

Google Ads 광고 캠페인의 성공적 준비를 위한 8가지 단계

1. 목표 정의

- 각 캠페인은 목표 선택부터 시작된다. 목표(판매/리드/웹사이트 트래픽/제품 및 브랜드 구매 고려도/브랜드 인지도 및 도달범위/앱 프로모션/오프라인 매장 방문 및 프로모션)에 따라 캠페인에서 특정성과를 얻는 데 집중하게 된다.
- 목표에 따라 캠페인 설정 시 선택하는 옵션이 달라진다(예 웹사이트 트래픽을 늘리는 것이 목표라면 입찰 유형 중 클릭 수 최대화를 선택하여 사용자의 광고 클릭을 유도하도록 광고비를 집중할 수 있다).

2. 캠페인 유형 선택

- 목표 선택 후 목표 달성에 적합한 추천 캠페인 유형 목록이 표시된다.
- 캠페인 유형은 검색, 디스플레이, 동영상, 디스커버리, 앱, 쇼핑, 지역, 실적 극대화 캠페인 등으로 구분된다.
- 캠페인 유형에 따라 광고 게재 위치 및 방식이 달라진다(예 동영상 캠페인은 YouTube에 동영상 광고를 게재하는 한편 디스플레이 캠페인은 웹사이트에 이미지 광고를 게재한다).

3. 예산 설정

평균 일일예산을 설정하여 광고 입찰 금액을 관리할 수 있다.

4. 입찰 유형 선택

- 캠페인 목표 선택 후 입찰 유형 선택 시 캠페인 목표를 바탕으로 '입찰중점영역'(예 '전환 수')에 대한 추천이 표시된다. 이는 특정 목표를 달성할 수 있도록 캠페인을 설계하기 위한 것이다.
- 일부 캠페인 유형은 추천하는 입찰 중점 영역 선택 대신 '타깃 전환당비용(CPA)'이나 '타깃 광고 투자수익(ROAS)'과 같은 자동입찰전략을 선택할 수 있다.
- *자동입찰 : Google Ads는 비즈니스의 구체적인 목표를 달성할 수 있게 클릭이나 전환 발생 가능성을 토대로 광고 입찰가를 자동으로 설정한다. 수동 CPC 입찰처럼 특정 광고그룹이나 키워드의 입찰가를 수동으로 업데이트할 필요가 없이 입찰가가 실적 목표에 맞게 자동 설정되므로, 광고주가 입찰가를 복잡하고 어렵게 추측하거나 설정할 필요가 없다.

5. 광고에 확장 소재 추가
- 검색, 동영상, 디스커버리 및 실적 극대화 캠페인을 사용하면 광고에 웹사이트 링크, 경로, 문의 전화번호 등의 확장정보를 추가할 수 있다.
- 광고확장을 사용하면 내 제품이나 서비스를 선택해야 하는 이유를 더 많이 제시할 수 있으므로, 보통 광고 클릭률이 증가한다.

6. 광고그룹 생성
- 쇼핑 및 실적 극대화를 제외한 모든 캠페인은 동일한 타기팅을 중심으로 관련 광고들을 그룹으로 묶는다(예 정장구두에 초점을 맞춘 광고그룹을 만들어 정장구두를 검색하는 사용자 타기팅).
- 쇼핑 캠페인은 제품 그룹을 사용하여 타기팅이 동일한 관련 상품을 그룹으로 묶는다.

7. 타기팅 선택
- 타기팅을 통해 광고 잠재고객의 범위를 좁히거나 넓힐 수 있다. 타기팅 미사용 시 광고 도달범위는 가장 넓게 설정되고, 타기팅 시 광고는 광고주의 제품 혹은 서비스에 관심 있는 특정 고객에게만 도달할 수 있다.
- 일반적인 타기팅 형식으로는 키워드, 잠재고객, 위치, 주제, 기기, 리마케팅 등이 있다.
- 특정 타기팅은 일부 캠페인 유형에서만 사용할 수 있다.

8. 전환 설정
- 전환추적 사용 시 웹사이트를 방문하는 고객으로부터 유도하고 싶은 액션을 추적할 수 있고, 이를 통해 광고·타기팅 및 전반적인 캠페인의 효과 평가 능력을 크게 개선할 수 있다.
- *전환추적 : 광고주가 가치 있는 활동으로 정의한 액션을 고객이 취했을 때 이와 같은 고객의 액션을 전환이라고 한다. 전환추적은 '고객이 광고주의 광고와 상호작용한 후 발생한 상황, 예를 들어 제품을 구매했는지, 뉴스레터를 신청했는지, 내 업체에 전화했는지 또는 내 앱을 다운로드했는지'와 같은 전환 상황을 추적하여 보여주는 무료 도구이다.

(4) 광고 검수

① 네이버

㉠ 개 요
- 비즈머니를 충전한 후 새로운 광고를 등록하면 자동으로 광고 검토가 시작된다.
- 네이버 광고시스템 [도구 → 검토 진행 현황]에서 검토 중인 [비즈채널] 또는 [비즈채널을 제외한 광고]를 선택하여 검토 현황을 확인할 수 있다.
- 네이버는 비즈채널 검토 후 소재·키워드 검토가 진행되므로 비즈채널이 검토를 통과하지 못하면 소재·키워드 검토도 진행되지 않는다.
- 광고소재, 광고를 게재할 키워드, 광고를 통해 알리려는 제품과 서비스 등 광고를 구성하는 모든 요소가 검토 대상이다.
- 비즈머니를 충전해야 검토가 진행된다.
- 파워링크, 쇼핑검색캠페인에 한하여 제공한다.
- 만약 광고가 검토를 통과하지 못하는 경우, 문제를 해결한 후 직접 재검토를 요청할 수도 있다.

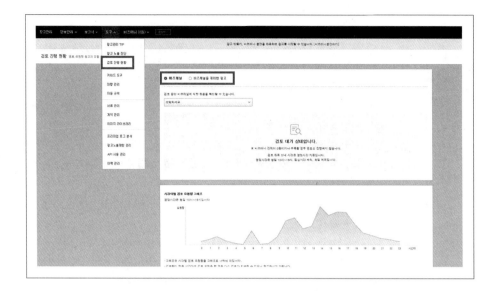

ⓛ 광고 검수 종류
- 비즈채널 검수
    - '검토 중' 상태의 비즈채널을 목록에서 선택하여 정보를 확인할 수 있다.
    - 웹사이트, 콘텐츠, 업체 전화번호, 위치정보, 네이버 예약 페이지 등 다양한 유형의 비즈채널을 검토한다.
    - 회원제 사이트나 성인 사이트는 내부 콘텐츠를 확인할 수 있게 테스트 계정의 아이디 및 비밀번호를 함께 등록해야 한다.
- 비즈채널을 제외한 광고 검수(키워드, 소재)
    - '검토 중' 상태의 '키워드', '소재'의 단어를 검색하여 정보를 확인할 수 있다.
    - 파워링크(키워드·소재), 쇼핑검색(소재)의 확인이 가능하다.
    - 신규등록뿐 아니라 게재 중인 광고도 다시 검수할 수 있다. 따라서 비즈머니가 충분한데도 광고노출이 갑자기 중단되었다면 검토 결과를 확인하는 것이 좋다.
ⓒ 광고 게재 기준
- 공통 등록 기준 : 웹사이트는 현행 법령을 위반하면 안 된다. 부적절한 콘텐츠는 광고를 집행할 수 없고, 이용자에게 피해를 끼치는 사이트는 광고를 할 수 없다.
- 업종별 인허가 : 국내 사업자의 일부 업종의 경우 네이버 검색광고를 집행하기 위해서는 관련 인허가 또는 정당한 자격이 필요하다.

업 종	인허가 내용
온라인쇼핑몰 등 통신판매업	통신판매업 신고
안마 · 마사지 업소	안마시술소 또는 안마원 개설 신고
부동산 중개업	중개사무소 개설 등록
에스크로 및 안전거래 제공	금융기관 또는 결제대금예치업 등록
다단계판매업	다단계판매업 등록
P2P · 웹하드	특수한 유형의 부가통신사업자 등록
법률사무소 또는 법무법인	대한변호사협회 등록
학 원	학원설립/운영 등록
자동차폐차업	자동차관리사업 등록
자동차대여사업	자동차대여사업 등록
의료기관	의료기관 개설신고 또는 개설허가
의료기기 판매/대여업	의료기기 판매업 신고 · 의료기기 임대업 신고
건강기능식품 판매업	건강기능식품판매업 신고
주류 판매 사이트	주류통신판매 승인
대부업/대부중개업	대부업 등록 · 대부중개업 등록

• 네이버 검색광고 제한 사항

관련 법령을 위반하는 경우	• 통신판매업신고, 의료기관 개설신고 등 업종별 인허가를 받지 않거나 등록신고 없이 광고하는 경우 • 담배, 의약품, 주류, 콘택트렌즈 등 온라인 판매가 제한되는 상품 또는 서비스를 제공하는 경우 • 모조품 판매, 상표권 침해 등 제삼자의 권리 침해가 확인되는 경우 • 사이트 내에 성인 콘텐츠가 있음에도 불구하고 성인인증 등 법령에 따른 청소년 보호 조치를 취하지 않은 경우 등
이용자 피해를 유발하거나 광고매체 신뢰도 등을 저해할 우려가 있는 경우	• 타인의 명칭을 도용하는 등의 방법으로 사용자의 오인혼동을 유발할 수 있는 경우 • 검토를 받은 사이트와 다른 사이트로 광고를 연결하는 경우 • '100% 효과 보장' 등 허위과장 내용으로 광고하는 경우 • 사용자의 동의 없이 ActiveX 컨트롤을 설치하는 등의 방법으로 사용자의 웹 서비스 이용을 방해하는 경우 • 약정 사항의 미이행, 배송 지연, 부당한 환불 거절, 연락 두절 등에 따라 사용자 피해가 우려되는 경우 등
광고품질이 심각하게 저하되는 경우	• 사이트가 접속되지 않거나 완성되지 않은 경우 • 광고의 대상이 되는 상품 또는 서비스와 관련성이 낮은 키워드와 소재로 광고하는 경우
기타 네이버 검색광고 광고 등록 기준상 광고를 허용하지 않는 경우(원칙적으로 광고 등록이 거절되는 경우)	• 단란주점, 룸살롱, 가라오케 등의 유흥업소 사이트 및 해당 업소의 직업정보 제공 사이트 • 성인 화상 채팅 및 애인 대행 서비스 제공 사이트 • 브랜드 제품의 정보만을 제공하는 사이트 • 총포, 도검, 화약류 등의 판매와 정보제공 사이트 • 인터넷을 통하여 유틸리티, 멀티미디어, 드라이버 등의 각종 프로그램이나 파일을 제공하는 등의 공개자료실 사이트 등

ActiveX

ActiveX(액티브엑스)는 마이크로소프트의 윈도우에서 일반 응용프로그램과 웹을 연결시키기 위해 제공되는 기술로, 사용자가 웹 서비스를 이용할 때 필요한 응용 프로그램을 PC에 자동 설치해준다.

② 카카오

㉠ 광고 검수
- 광고주가 등록한 비즈채널 사이트, 등록한 키워드, 광고소재 및 랜딩URL을 통해 연결되는 화면에 대한 적합성 여부를 심사한다.
- 광고소재, 키워드 등을 포함하여 모든 광고 구성요소를 심사한다.
- 게재 중인 광고도 다시 검수할 수 있다.

㉡ 카카오의 집행 불가 광고

공통	• 카카오의 개별 서비스의 운영원칙・약관에 따라 해당 업종 외에도 광고집행이 불가할 수 있다. • 허가 받은 운영업자로서 광고집행이 가능하더라도, 카카오 내부 정책에 따라 광고집행이 불가할 수 있다.
담배・주류사이트	• 담배, 주류를 판매하거나 이를 중개하는 사이트 • 담배, 주류 등을 판매하는 사이트로의 접속을 유도하는 배너, 링크 등을 가진 사이트 • 청소년에게 담배, 주류 등을 권장하거나 호기심을 유발시킬 수 있는 내용을 포함하는 사이트
성인사이트	• 성인방송, 성인커뮤니티, 성인용품 • 출장 마사지, 전립선 마사지 등을 제공하는 안마 및 스포츠마사지 사이트 및 해당 사이트의 구인・구직 정보를 제공하는 사이트 • 유흥업소 : 룸살롱, 단란주점, 가라오케 등을 홍보하거나 관련된 직업정보를 제공하는 사이트나 성매매 알선 또는 암시하는 소개 등 직업정보를 제공하는 사이트
사행산업사이트	• 『사행산업통합감독위원회법』 제2조에서 사행산업으로 규정하고 있는 '카지노업', '경마', '경륜', '경정', '복권', '체육진흥투표권', '소싸움 경기' 등의 도박 및 사행 행위 사이트, 관련 영업장 창업을 위한 컨설팅 등을 제공하는 사이트, 관련 행위를 모사한 게임을 제공하는 사이트 • 『한국마사회법』 및 『경륜・경정법』에 따른 경마, 경륜, 경정 사이트 및 해당 사이트로의 접속을 유도하는 배너, 링크 등을 가진 사이트, 경주 예상 정보 제공・마권 또는 승자투표권 구매 대행 및 알선・모사 게임 제공 사이트 • 복권을 발행, 판매하는 사이트나 해당 사이트로의 접속을 유도하는 배너, 링크 등을 가진 사이트, 복권 구매를 대행 또는 알선하거나 양도하는 사이트
위법・부적절한 콘텐츠 사이트	• 게임기에 장착되어 불법 복제 프로그램을 구동할 수 있도록 제작된 닥터툴 상품을 판매하거나, 관련 정보를 공유하는 사이트 • 어린이 장난감으로 취급될 수 있는 형상 및 외관을 가지고 있으며, 콘센트에 플러그를 꽂아 사용할 수 있는 완구 모형 전기용품을 판매하는 사이트 • 학위논문 등의 작성을 대행해주거나, 각종 시험 등에 응시를 대리해주는 서비스를 제공하는 사이트 • 카드깡, 휴대폰깡 등의 불법 대출 서비스를 제공하는 사이트 • 저작권을 침해할 수 있는 불법 자료를 제공하는 사이트 • 정품 상품, 프로그램 등 합법적인 절차 및 서류를 갖추지 못하고 불법 유통하는 사이트

	• 법으로 금하거나 정보통신윤리위원회 등 관련 기관에서 지정한 불법적인 내용을 담고 있는 사이트 • 선거, 정당, 정치 단체는 광고 집행이 불가하며, 특정 정당 및 후보의 정치 공략 또는 선거 관련 키워드, 문구, 이미지를 활용한 광고 집행 제한
유사수신행위 사이트	• 원금 또는 출자금 등을 보장한다는 명목으로 불특정 다수인으로부터 자금을 조달하는 업체의 사이트는 유사수신행위를 영위하는 것으로 판단되어『유사수신행위의 규제에 관한 법률』에 따라 광고집행이 불가
법령 및 선량한 풍속, 기타 사회질서에 반하는 사이트	• 관련 법령 및 선량한 풍속, 기타 사회질서에 반하는 사이트 • 광고 게재 승인 이후라도 이러한 사실이 확인된 경우에는 광고집행을 중단할 수 있다. • 국내에 널리 인식된 타인의 성명, 상호, 상표・서비스표, 기타 타인의 상품 또는 영업임을 표시한 표지와 동일하거나 이와 유사한 것을 사용하여 타인의 상품 또는 영업과 혼동하게 하는 사이트
인터넷 판매 및 유통이 불가한 상품을 취급하는 사이트	• 의약품을 판매하거나 이를 중개하는 사이트 • 총포, 도검, 화약류, 분사기, 전기충격기, 석궁을 판매하거나 이를 중개하는 사이트 • 혈액 및 혈액 증서로 금전, 재산상의 이익 기타 대가적 급부를 받거나 이를 중개하는 사이트 • 군복, 군용장구, 유사군복(외관상 군복과 식별이 극히 곤란한 물품)을 판매하거나 이를 중개하는 사이트 • 야생 동식물을 포획, 채취, 유통하거나 이를 중개하는 사이트 • 허가받지 않은 주방용 오물 분쇄기를 판매하거나 이를 중개하는 사이트 • 영업허가를 받지 않은 업자가 제조하거나 수입신고를 하지 않고 수입된 건강기능식품의 판매 및 이를 중개하는 사이트 • 안전인증을 받지 않거나 표시가 없는 공산품, 전기용품의 판매 및 이를 중개하는 사이트 • 등급분류를 받지 않은 게임, 음반 영상물을 판매하거나 이를 중개하는 사이트
기타 사이트 및 콘텐츠	• 도청, 위치추적 등 개인정보 침해 서비스를 제공하는 업체 또는 사이트 및 이와 유사한 사이트 • 카페, 클럽, 블로그, 미니홈피 등 포털사이트 커뮤니티를 매매하는 사이트
의견광고	• 특정인에 대한 의견을 제시하거나 특정인 또는 특정집단에 반대하기 위한 의견 광고 • 사회적 이슈가 되고 있는 사안 또는 분쟁 가능성이 있는 사건에 대해 일방적으로 주장, 설명하는 내용 • 기타 광고 매체에 게재하는 것이 부적절하다고 판단되는 의견 광고

용어 해설

카드깡
허위거래나 실제 거래금액을 초과하여 신용카드로 결제하도록 하거나 신용카드로 구매하도록 한 재화 등을 할인하여 매입하는 등의 행위로『여신전문 금융업법』위반 사유이다.

휴대폰깡
허위거래나 실제 거래금액을 초과하여 휴대폰 요금으로 결제하도록 하거나 휴대폰 요금으로 구매하도록 한 재화 등을 할인하여 매입하는 등의 행위로『정보통신망 이용촉진 및 정보보호 등에 관한 법률』위반 사유이다.

③ 구글
　㉠ 광고 또는 광고확장을 만들거나 수정한 후에는 Google 광고 정책을 준수하는지 검토하기 위해 광고가 자동 제출되며, 검토 절차가 자동으로 시작된다.
　㉡ 게재 중 광고를 다시 검수할 수 있다.

ⓒ 네이버, 카카오와 동일하게 광고 제목, 설명, 키워드, 도착 페이지, 이미지, 동영상을 포함하여 모든 광고 구성요소가 검토 대상이다.

ⓓ 정책상 대부분의 광고 검토는 영업일 기준 1일 이내에 완료된다.

ⓔ 메인페이지 좌측의 [광고 및 확장] 탭을 열면 보이는 광고목록의 [상태]란에서 운영 '가능'과 '불가능' 상태를 확인할 수 있다.

더 알아보기

Google 광고 상태의 의미

검토 후 광고가 게재될 수 있는 상태	운영 가능	광고가 Google Ads 정책을 준수하므로 모든 잠재고객에게 게재될 수 있다.
	운영 가능 (제한적)	• Google Ads 정책에 부합하지만 게재 위치와 시기가 제한된 광고에 부여되는 상태 • Google Ads 정책(일반적인 예 : 주류, 저작권, 도박, 헬스케어, 상표권 등)에 따라 특정 지역, 연령 또는 기기에 특정 유형의 광고를 게재하는 것이 허용되지 않는 경우 광고가 '운영 가능(제한적)' 상태로 표시된다.
	운영 가능 (모든 위치 제한)	• 정책 제한 및 타기팅 설정으로 인해 타깃 지역에서 광고를 게재할 수 없다. • 다만 타깃 지역에 관심을 보이는 사용자에게는 광고를 게재할 수 있다.
	게재 중	동영상 광고가 YouTube에 게재될 수 있다.
검토 후 광고확장이 게재될 수 있는 상태	승인됨	• 광고확장이 Google Ads 정책에 부합하여 모든 잠재고객에게 게재될 수 있는 상태
	승인됨 (제한적)	• 광고확장이 게재될 수는 있지만, 상표 사용이나 도박 관련 콘텐츠 등에 관한 정책 제한 때문에 모든 상황에서 게재될 수 있는 상태가 아니다.
검토 후 광고가 게재될 수 없는 상태	비승인	광고의 콘텐츠 또는 도착 페이지가 Google Ads 정책을 위반하므로 광고가 게재될 수 없다.
	운영 불가능	캠페인이 일시중지, 삭제, 종료 또는 대기 중이거나 광고그룹이 일시중지, 삭제 또는 설정이 미완료되어 광고가 게재되지 않는다.

(5) 품질지수

'내 광고가 다른 광고와 비교해서 얼마나 검색 사용자의 의도와 요구를 충족하고 있는가'를 나타낸 것으로, 품질지수를 통해 내 광고의 상대적 '품질'을 확인할 수 있다. 검색사용자와 광고주 모두의 만족도를 높이기 위해 측정한다.

① 네이버

ⓐ 품질지수를 7단계로 분류하여 막대의 형태로 보여준다.

ⓑ 광고노출과 입찰에 적용되는 품질지수는 사용자의 실제 검색어나 광고가 노출되는 매체 및 소재(확장소재) 등 여러 가지 요소를 종합적으로 산정하여 적용된다.

ⓒ 막대의 개수는 내 광고의 전반적인 품질 상태를 나타낸다.

ⓓ 최초 등록 시 같은 키워드가 노출되고 있는 광고 평균에 근접한 값으로 4단계 품질지수를 부여받는다. 이후 광고를 게재하고 최소 24시간 이내부터 품질이 측정되어 품질지수가 적용된다.

ⓜ 네이버 품질지수 막대 개수의 의미

막대 1~2개	다른 광고에 비해 광고품질이 좋지 않음
막대 3~5개	다른 광고와 같은 보통의 품질
막대 6~7개	다른 광고에 비해 광고품질이 높음

② 카카오
　　㉠ 네이버와 마찬가지로 품질지수를 7단계로 구분하여 막대 형태로 보여준다.
　　㉡ 초록색이 많을수록 상대적 품질이 높다는 의미이다.
　　㉢ 최초 등록 시 0단계에서 시작한다.
　　㉣ 같은 사이트에 연결되어 있는 여러 개의 그룹이 각각 다른 품질지수를 가질 수 있다.
　　㉤ 그룹 내의 키워드는 개별 그룹의 품질지수에 영향받아 순위가 결정되므로 한 그룹 내에서 서로
　　　 관련성 있고 성과가 높은 키워드를 넣으면 품질지수가 높아질 수 있다.
　　㉥ 카카오 품질지수 막대 개수의 의미

막대 1단계	성과가 굉장히 나쁜 경우
막대 2~3단계	각별한 주의를 요하는 경우
막대 4~5단계	보통 수준
막대 6~7단계	품질이 우수하여 타 광고보다 노출 우대를 받고 있는 경우

품질지수의 효과

노출순위가 높아질 수 있다.	광고순위는 입찰가와 품질지수를 고려하여 결정되므로, 동일한 입찰가로 입찰한 광고 중에 품질지수가 높은 광고가 더 높은 순위에 노출될 수 있다.
광고효과를 높일 수 있다.	품질지수가 높아지면 품질지수가 낮은 광고에 비해 상대적으로 적은 광고비로 높은 노출순위를 확보할 수 있기 때문에 광고효과를 높일 수 있다.
광고비가 낮아질 수 있다.	• 광고비, 즉 실제 광고 클릭 비용은 품질지수를 고려하여 산정되며, 이 과정에서 품질지수가 높을수록 실제 지불하는 광고비가 낮아지도록 하는 산정 방식을 적용하고 있다. • 신뢰도 높은 광고에 더 많은 혜택을 주기 위한 방법이다.

③ 구글
  ㉠ 구글의 경우 '품질지수'를 '품질평가점수'라고 지칭한다.
  ㉡ 품질평가점수는 다른 광고주와 비교해 내 광고품질을 파악할 수 있는 진단 도구이다.
  ㉢ 1~10의 값으로 측정되며 '예상클릭률(CTR)', '광고 관련성', '방문페이지 만족도'의 세 구성요소 실적을 통합적으로 고려하여 산출된다.
    - 품질평가점수의 구성요소

예상클릭률(CTR)	검색 결과 게재된 광고가 클릭될 가능성
광고 관련성	광고와 검색어에 담긴 사용자 의도가 부합하는 정도
방문페이지 만족도	광고 클릭 후 연결된 방문페이지가 사용자에게 얼마나 유용한지, 키워드와 얼마나 관련성이 있는지 나타내는 정도

    - 각 구성요소는 지난 90일 동안 동일한 키워드로 게재된 다른 광고주 광고와 비교한 결과를 바탕으로 하며, '평균 초과', '평균', '평균 미만'의 상태로 평가된다.
  ㉣ 키워드 수준에서 확인할 수 있다.
  ㉤ 품질평가점수가 높으면 내 광고 및 방문페이지(연결 URL)가 다른 광고주보다 내 키워드를 검색하는 사용자에게 관련성이 높고 유용하다는 의미이다.
  ㉥ 등록 시 0점으로 시작하며, 실적 데이터가 누적되면 변한다.
  ㉦ Google Ads에서 광고품질에 영향을 주는 요소와 주지 않는 요소

광고품질에 영향을 줄 수 있는 요소	광고 게재 가능 여부	광고를 게재하려면 Google에서 요구하는 특정 수준의 품질을 충족해야 한다.
	검색결과 페이지에서 광고가 게재되는 위치	Google Ads는 검색결과 페이지에서 품질이 좋은 광고를 더 높이 게재하기 위해 광고순위 산정 시 광고품질을 고려한다.
	광고확장 게재 여부	일부 광고확장은 검색결과 상단에만 게재되는데, 이처럼 광고 게재순위가 높게 나타나려면 광고품질이 충분히 높아야 한다.
	클릭당 지불 비용	• 일반적으로 광고품질이 높으면 품질이 낮은 광고에 비해 비용이 덜 든다. • 광고품질이 낮은 경우 광고 게재까지 이어진 검색어에 대한 경쟁이 낮아도 실제 CPC(클릭당 비용)가 최대 CPC에 가까울 수 있다.
	광고 실적	품질이 우수한 광고와 방문페이지는 성공적인 클릭과 전환으로 이어질 가능성이 높다.

광고품질에 영향을 주지 않는 요소	입 찰	입찰 금액은 광고순위에 영향을 끼칠 수 있지만 광고 품질평가에는 영향을 미치지 않는다.
	계정 구조	동일한 광고 및 키워드가 포함된 광고그룹을 다른 캠페인이나 계정으로 이동시켜도 광고품질에 영향을 주지 않는다.
	광고 게재 빈도	광고가 게재되는 빈도는 입찰가, 예산 및 키워드 경쟁에 의해 결정되지만 광고품질에는 영향을 주지 않는다.
	보고된 전환 수	보고된 전환 수는 광고품질에 영향을 주지 않는다.

더 알아보기

Google Ads의 품질평가점수를 토대로 한 실적 개선 방법 5가지

1. 품질평가점수 구성요소 검토	• 품질평가점수의 3가지 구성요소(예상 클릭률, 광고 관련성, 방문페이지 만족도) 검토 • 구성요소를 토대로 광고문안, 키워드, 방문페이지 등의 콘텐츠를 업데이트할지 판단할 수 있다. • 구성요소마다 각각 '평균 미만', '평균', '평균 이상' 상태가 표시되므로 개선이 필요한 영역 파악 가능
2. 광고와 키워드의 관련성 높이기	• 광고 관련성 : 광고가 타기팅하는 키워드와 광고의 관련성 • 광고 관련성의 상태가 '평균 미만' 또는 '평균'일 때 – 광고문안에 사용자 검색어와 좀 더 직접적인 관련 있는 표현 사용 – 키워드가 너무 많아 동일한 광고 하나로 감당하기 힘든 광고그룹을 찾아서 사용자의 검색 결과와 효과적으로 연결될 수 있는 여러 광고그룹으로 분할 – 키워드를 주제별로 그룹화하여 관련성을 높인다. – 그룹 주제 키워드는 제품이나 서비스, 기타 카테고리에 따라 달라질 수 있다 ([예] 반지 판매 시 키워드 그룹을 '약혼반지'와 '결혼반지'로 구분).
3. 클릭률(CTR) 개선	• 예상 클릭률(CTR) : 사용자가 내 광고를 클릭할 가능성 • 예상 CTR이 '평균 미만' 또는 '평균' 상태인 경우 – 타깃층에게 더욱 매력적으로 보일 수 있도록 광고문안 수정 – 광고 세부정보가 키워드 의도와 일치하는지 확인 – '무료배송' 등 내 상품 또는 내 서비스만의 혜택 강조 – 방문페이지와 밀접한 관련이 있는 여러 클릭 유도문안 실험 – '구매', '판매', '주문', '찾아보기', '찾기', '가입', '사용해 보기', '견적서 받기' 등의 전환용 문구를 사용해, 액션으로 연결될 만한 클릭 유도문안 작성 – 광고문안 구체적으로 작성 • 게재된 광고가 CTR은 낮은데 전환율은 높은 경우가 있으므로, 목표 달성을 위해 최적의 실적을 올릴 수 있는 균형을 찾아야 한다.
4. 방문페이지 업데이트	• 웹사이트 방문자들에게 우수한 경험을 제공하는 것이 중요 • 방문페이지 만족도가 '평균 미만' 또는 '평균' 상태인 경우 – 사람들이 찾는 것을 제공([예] '꽃무늬 원피스'를 검색하는 사용자가 내 '꽃무늬 원피스' 광고 클릭 시 연결되는 방문페이지에 '꽃무늬' 인벤토리가 표시되어야 함) – 광고 메시지와 방문 페이지 간의 일관성 유지([예] 광고에서 제안한 혜택이나 클릭 유도문안의 후속 과정을 페이지에서 제공하면 사이트에 대한 관리 권한이 없는 광고주도 기존 페이지 중 가장 효과 있는 페이지를 찾을 수 있음) – 전환율이 방문페이지 상태에 영향을 미치는 것은 아니지만 방문페이지 측정 및 최적화에 좋은 방법이 될 수 있으므로, 전환율을 방문페이지 만족도를 판단하는 척도로 활용

	– 모바일 친화적인 웹사이트 제작. 쉬운 검색은 사용자가 모바일 웹사이트에서 더욱 중요하게 여기는 요소로, Google Ads에서 제공하는 모바일 친화성 테스트를 사용하여 방문페이지가 휴대기기에서 제대로 작동하는지 확인할 수 있다. – 페이지가 로드되는 속도에 따라 사용자가 이탈할 수도, 구매할 수도 있으므로 로드 속도를 높인다.
5. 품질평가점수를 다른 측정항목과 함께 사용	• 클릭률, 전환율, 사이트 참여도 등의 다른 측정항목은 실적과 연결되며 개선할 특정 영역을 찾을 때 도움이 된다. • 실적을 검토하면서 품질평가점수를 참고하면 집중적으로 살펴보아야 할 영역을 선별할 수 있다. • 실적이 우수한 키워드를 살펴보고, 품질평가점수를 토대로 광고와 방문페이지를 변경했을 때 실적을 더 높일 수 있는 키워드를 찾는다. • 품질평가점수와 구성요소 상태가 낮으면 계정 전반에서 광고 관련성, 클릭률, 방문페이지 만족도 추세가 약한 부분을 찾아 장기적인 개선 계획을 수립해야 한다.

더 알아보기

최적화 점수

• Google Ads 계정의 실적이 얼마나 좋은지를 추정한 수치이다. 점수는 0~100% 사이로 매겨지며, 100% 점수는 내 계정에서 실적을 극대화할 수 있음을 의미한다.

• 점수와 함께 각 캠페인을 최적화하는 데 도움이 되는 추천 목록이 표시된다. 각 추천에는 해당 추천을 적용할 때 최적화 점수에 영향을 미치는 정도(백분율)가 표시된다.

• 최적화 점수는 통계, 설정, 계정 및 캠페인의 상태, 사용 가능한 추천의 관련 영향 및 최근 추천 내역을 기반으로 실시간으로 계산된다.

• 검색, 디스플레이, 쇼핑 캠페인에서만 표시되며 품질평가점수에서는 사용되지 않는다.

• 최적화 점수는 내 계정의 실적을 파악할 수 있고, 품질평가점수는 다른 광고주와 비교했을 때의 내 광고품질을 파악할 수 있다.

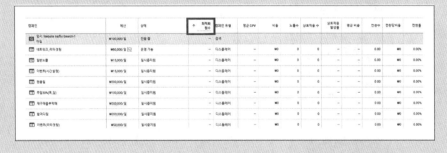

(1) 네이버 검색광고상품

① 개 요

㉠ 네이버 검색광고상품 종류

사이트검색광고(파워링크 유형)	네이버 통합검색 및 네이버 내·외부 다양한 매체의 검색 결과 페이지에 노출되는 네이버 대표 검색광고상품
쇼핑검색광고(쇼핑 검색 유형)	광고노출 영역을 네이버 쇼핑으로 확장하고, 구매자에게는 추가 혜택을 제공하는 상품 단위 이미지형 검색광고상품
콘텐츠검색광고(파워콘텐츠 유형)	이용자에게 신뢰성 있는 정보를 제공하고, 광고주에게는 효과적인 브랜딩 기회와 전환 성과를 제공하는 네이버 콘텐츠 마케팅 상품
브랜드검색광고 (브랜드검색/신제품검색 유형)	브랜드 키워드 또는 브랜드와 연관성이 높은 키워드를 검색할 경우, 해당 브랜드의 내용을 다양한 이미지와 함께 통합검색 결과의 최상단에 노출하는 콘텐츠 검색형 광고상품
신제품검색광고 (브랜드검색/신제품검색 유형)	모바일 통합검색에서 제품 및 서비스를 지칭하는 일반 키워드로 검색했을 때 검색 결과 상단에 신규(리뉴얼) 출시 상품 관련 이미지와 동영상, 설명 등을 노출하는 검색광고상품
플레이스광고(플레이스 유형)	스마트플레이스에 등록한 업체 정보를 바탕으로 네이버에서 원하는 장소를 검색하는 이용자에게 나의 가게를 적극적으로 마케팅할 수 있는 네이티브 형태의 검색광고상품
지역소상공인광고(플레이스 유형)	내 가게 주변 지역의 네이버 콘텐츠 이용자에게 네이버 스마트플레이스에 등록한 내 가게 정보를 노출하는 배너광고상품

㉡ 광고 목적에 따른 '네이버광고'상품 구분

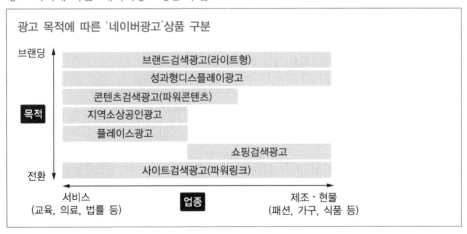

② 사이트검색광고

㉠ 업종 및 서비스 관련 키워드 검색 시 네이버 통합검색 페이지 및 통합검색 외 서비스 페이지, 다양한 검색 파트너사의 검색 결과 페이지에 홈페이지와 홍보 문구가 노출되는 검색 상품이다.

㉡ 클릭당 과금이 발생하는 종량제(CPC) 상품으로, 광고 등록 및 노출비용은 발생하지 않는다.

ⓒ 직접 입찰가를 설정할 수 있고, 원하는 키워드 등록과 광고 게재·중지가 자유로우므로 매체 전략, 시간 전략 등 다양한 전략 기능으로 탄력적인 운용이 가능하다.

ⓔ 입찰가와 품질지수에 따라 광고노출여부 및 순위가 결정된다.

ⓜ 검색광고 노출 영역

네이버 통합검색	파워링크(PC)	• 파워링크 영역 광고는 네이버 통합검색 탭 결과에 노출된다. • 최대 10개까지 노출되며, 노출 여부를 그룹 전략에서 설정 가능 • 제목, 설명문구, 사이트 URL이 노출되며 영역에 따라 확장소재가 추가로 노출된다. • 위치 특성상 광고 주목도가 매우 높다. • 파워링크 광고는 '파워링크' 영역 외에도 제휴를 맺고 있는 파트너 사이트 등 다양한 사이트에 노출된다. • 네이버 블로그 포스팅 하단, 지식iN 콘텐츠 하단, 네이버 카페 게시글 하단, 밴드(BAND) 콘텐츠 하단에 게시글과 관련된 광고가 노출된다.
	비즈사이트(PC)	네이버 통합검색에서 파워링크보다 하단에 최대 5개까지 노출
	모바일 검색	• 모바일 네이버의 통합검색 결과에 파워링크 광고노출 • 통합검색 1페이지에는 질의 별로 3~5개 광고노출, 2~5페이지에는 최대 3개 노출 • 모바일 검색 시 노출되는 것을 막기 위해 '노출 안 함'을 설정한 경우, 모바일 기기에서 PC버전 보기를 할 경우에는 광고가 노출될 수 있다.
네이버 및 검색 포털	검색 탭	• 검색 결과 상단 VIEW, 지식iN, 동영상, 통합검색 2페이지를 클릭하면 우측 상단 파워링크 영역에 최대 5개 광고노출 • '광고더보기'를 클릭하면 첫 페이지에 최대 25개 광고가 노출 ※ 광고더보기 영역 : 노출된 광고 외에 더 많은 광고정보를 보기 원하는 검색 사용자가 찾는 페이지로, 홈페이지 이미지도 노출
	네이버쇼핑	• PC : 네이버쇼핑(shopping.naver.com)에서 키워드 검색 결과 하단에 최대 5개의 광고가 노출 • 모바일 : 모바일 네이버쇼핑(m.shopping.naver.com) 검색 결과 하단에 최대 3개의 광고가 노출

네이버 통합검색 모바일 광고

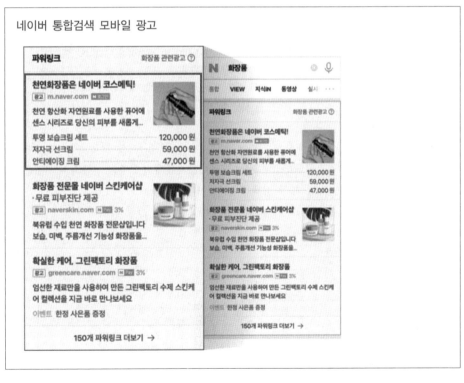

ⓗ 네이버 검색광고 제휴 파트너 사이트

검색포털	줌(ZUM)
검색파트너	옥션, G마켓, 비비(베스트바이어), 롯데아이몰, 다나와, 인터파크, 에누리닷컴, AK몰, 가자아이, 사자아이, 11번가
콘텐츠파트너	KBS미디어, 뿜뿜, 조선닷컴, 동아닷컴, 알바천국, iMBC, 중앙일보, 클리앙, 한경닷컴, 경향신문, 일간스포츠, 부동산써브

③ 쇼핑검색광고

　ⓙ 개 요

　　• 상품을 탐색하고 구매하고자 검색하는 이용자에게 광고주의 상품과 메시지를 효과적으로 홍보할 수 있는 쇼핑 특화 검색광고상품이다.

　　• 네이버 통합검색의 쇼핑 영역과 네이버 쇼핑검색 결과 페이지에 노출된다.

ⓛ 광고 유형

| 쇼핑몰 상품형 | 제품 카탈로그형 | 쇼핑 브랜드형 |

• 쇼핑몰 상품형

개 요	• 쇼핑몰(판매처)을 위한 광고로, 쇼핑몰이 직접 판매하고 있는 상품을 홍보하는 광고 상품 • 광고시스템에서 네이버 쇼핑 계정을 인증하고, 쇼핑에 등록된 상품을 불러오는 방식 • 네이버 쇼핑입점이 필요하다.
대상 카테고리	• 패션의류, 패션잡화, 식품, 출산・육아, 가구・인테리어, 스포츠・ 레저, 화장품・미 용, 생활・건강, 디지털 가전 • 단, 디지털・가전(중・대형가전 중심) 제품은 [쇼핑 검색광고 → 제품 카탈로그형]으로 집행할 수 있다.
특 징	• 이용자가 특정 상품을 검색할 경우, 검색결과에서 '상품' 단위로 노출되는 이미지형 검 색광고상품 • '네이버 쇼핑' 판매자 인증 후 쇼핑에 등록된 상품을 조회, 등록하게 되면서 등록과정이 더 쉬워졌다. • 광고 등록 구조는 광고주 계정-캠페인-광고그룹-소재 순으로 구성된다. • 클릭 횟수만큼 과금되는 CPC 방식으로, 쇼핑 검색광고에서 직접 입찰가를 설정할 수 있다. • 확장소재로 추가홍보문구나 쇼핑상품부가정보를 등록할 수 있으며, 쇼핑상품부가정보 를 등록하면 구매건수, 리뷰 평점, 찜수 등이 함께 노출된다. • 네이버페이에 가맹된 쇼핑몰은 네이버에서 구매한 고객에게 포인트 추가적립 혜택을 제공
노출 영역 및 위치	• 네이버 통합검색(PC/모바일) : '네이버 쇼핑' 영역으로 상단 및 하단 1~4개의 광고 노 출(키워드 및 노출 유형에 따라 광고 노출 개수 및 위치 변화) • 네이버 쇼핑검색(PC/모바일) : 상/중/하단에 2~5개씩 광고 노출(키워드 및 노출 유형 에 따라 광고 노출 개수 및 위치 변화) • 네이버 이미지검색(PC/모바일) : PC는 5~20개의 광고가 노출되고, 모바일은 3~20 개의 광고가 노출 • 네이버 통합검색(모바일) '스타일추천' 영역 : 패션 카테고리 소재에 한하여 페이지별 9개씩 최대 3페이지로 광고가 노출되고, '스타일 더보기' 클릭 시 페이지별 최대 120개 씩 최대 10페이지로 광고가 노출 • 네이버 검색 추천매체(PC/모바일) : 추천영역 첫 번째 위치에 1개의 광고가 노출, 영역 에 따라 총 4개까지 노출 • 외부 검색 파트너 매체 검색 결과(PC/모바일) : 지면 및 노출 형태에 따라 3~12개의 광고가 노출 • 뉴스/블로그/카페/페이 등 콘텐츠 매체 노출 : 지면 및 노출 형태에 따라 3~10개의 광고상품 또는 키워드가 노출 • 콘텐츠 파트너 매체(모바일) : 지면 및 노출 형태에 따라 3~9개의 광고상품 또는 키워 드가 노출

더 알아보기

'사이트 검색광고(파워링크 유형)'와 '쇼핑 검색광고-쇼핑몰 상품형'의 차이점

• 사이트 검색광고 : 키워드별로 광고를 등록하여 노출한다.
• 쇼핑 검색광고-쇼핑몰 상품형 : 키워드를 선택할 필요 없이, 이미 네이버 쇼핑에 노출되고 있는 상품을 쇼핑 상위 영역에 노출한다.

• 제품 카탈로그형

개 요	• 제조사 · 브랜드사가 제작 · 유통하는 상품 정보를 네이버 쇼핑이 구축한 카탈로그 정보를 통해 진행하는 광고상품 • 카탈로그 페이지가 생성되어 있어야 한다.
대상 카테고리	패션의류, 패션잡화, 식품, 출산 · 육아, 가구 · 인테리어, 스포츠 · 레저, 화장품 · 미용, 생활 · 건강, 디지털 · 가전
집행 가능 광고주	• 카탈로그 제품 소유권을 가진 제조사 · 브랜드사, 국내 독점 유통권 계약자 • 카탈로그 제품 소유자가 승인한 '단독광고집행확인서'를 보유한 광고 집행 권한 위임자
특 징	• 일반 쇼핑몰 상품이 아니라, 네이버 쇼핑에서 구축해놓은 제품 카탈로그를 대상으로 한다. • 클릭 횟수만큼 과금되는 CPC 방식으로, 직접 입찰가를 설정할 수 있다. • 검색결과에서 광고 클릭 후 카탈로그 페이지(가격비교페이지)로 잠재소비자 방문 유도 • 카탈로그 페이지 내 다양한 정보를 통해 제품 인지도를 높일 수 있다. • 해당 제품을 조건별로 비교하여 구매할 수 있도록 다양한 판매처로 연결

노출 영역 및 위치	• 네이버 통합검색(PC/모바일) : '네이버 쇼핑' 영역으로 상단 및 하단 1~4개의 광고 노출(키워드 및 노출 유형에 따라 광고 노출 개수 및 위치 변화)
	• 네이버 쇼핑검색(PC/모바일) : 상/중/하단에 2~5개씩 광고 노출(키워드 및 노출 유형에 따라 광고 노출 개수 및 위치 변화)
	• 네이버 이미지검색(PC/모바일) : PC는 5~20개의 광고가 노출되고, 모바일은 3~20개의 광고가 노출
	• 네이버 통합검색(모바일) '스타일추천' 영역 : 패션 카테고리 소재에 한하여 페이지별 9개씩 최대 3페이지로 광고가 노출되고, '스타일 더보기' 클릭 시 페이지별 최대 120씩 최대 10페이지로 광고가 노출
	• 네이버 검색 추천매체(PC/모바일) : 추천영역 첫 번째 위치에 1개의 광고 노출, 영역에 따라 총 4개까지 노출
	• 외부 검색 파트너 매체 검색 결과(PC/모바일) : 지면 및 노출 형태에 따라 3~10개의 광고가 노출
	• 뉴스/블로그/카페/페이 등 콘텐츠 매체 노출 : 지면 및 노출 형태에 따라 3~10개의 광고상품 또는 키워드가 노출
	• 콘텐츠 파트너 매체(모바일) : 지면 및 노출 형태에 따라 3~9개의 광고상품 또는 키워드가 노출

네이버 통합검색/쇼핑검색   네이버 쇼핑검색 카탈로그 페이지

• 쇼핑 브랜드형

개 요	• 네이버 쇼핑 검색 결과에 노출되는 브랜드패키지에 가입된 '브랜드사' 전용 광고상품 (브랜드패키지에 입점된 브랜드사만 광고할 수 있음) • 브랜드 공식몰을 통해 브랜드 콘텐츠와 주요 제품의 라인업을 홍보할 수 있음 ※ 브랜드패키지의 경우, 네이버 쇼핑 심사 기준(일정 수준 이상의 브랜드 인지도)을 통과한 브랜드사만 가입 허용	
집행 가능 카테고리	순금, 상품권 등 브랜드패키지 서비스 대상이 아닌 카테고리를 제외한 모든 카테고리	
특 징	• 광고주가 광고 키워드에 적용한 입찰가와 해당 광고의 품질지수에 의해 광고순위 결정 • 광고비는 클릭이 일어난 횟수에 따라 비용을 지불하는 CPC 과금 방식으로 산정(쇼핑 브랜드형의 경우, 최소 입찰가 300원) • 키워드 등록 : 광고를 노출할 세 가지 유형의 키워드를 직접 등록하여 노출 희망 키워드 에 입찰 가능	
	내 브랜드 키워드	브랜드 소유권을 가진 브랜드사가 등록할 수 있는 키워드 ([예] 브랜드명, 브랜드명 포함 키워드, 시리즈, 모델명 등)
	다른 브랜드 키워드	내 브랜드와 유사 카테고리 상품을 취급하는 브랜드와 관련된 키워드
	일반 키워드	브랜드 키워드가 아닌 그 외 키워드([예] 카테고리명, 상품명 등)
	• 적합한 상품 매칭 : 공식몰에 등록된 전체 상품 또는 일부 상품 중 광고에 노출할 상품 을 선택할 수 있으며, 선택된 상품 중 검색어에 적합한 상품이 매칭되어 노출 • 다양한 콘텐츠 제공 : 브랜딩을 위한 다양한 유형의 브랜드 콘텐츠를 등록하여 노출할 수 있다.	
노출 영역 및 위치	• 네이버 쇼핑(PC/모바일) 영역에서 노출 • 검색결과 1페이지에만 노출되며, 키워드 및 노출유형에 따라 광고 영역 및 광고 개수는 변화할 수 있다.	
	네이버 모바일 쇼핑 검색 결과	탐색 도구 상단에 한 개 브랜드 콘텐츠와 제품 라인업 노출, 검색 하단 페이지네이션(페이지 일련번호) 아래 다 수 브랜드의 제품 라인업 노출
	네이버 PC 쇼핑 검색 결과	검색 우측 영역의 최상단에 한 개 브랜드의 콘텐츠와 라 인업 노출, 최하단에 다수의 제품 라인업 노출(브랜드 키 워드 검색 결과 기준)
	콘텐츠매체 카달로그 페이지	PC, 모바일 카달로그 페이지 리뷰 영역 하단에 다수의 브랜드 광고가 노출
	통합검색(모바일)	일반 키워드에 한하여 통합검색 모바일 페이지 중간에 단독 블록 형태로 노출

> **더 알아보기**
>
> '쇼핑 검색광고–쇼핑 브랜드형' 상단 노출 가능 입찰가
>
> 상단 노출 입찰가는 키워드별 검색량, 이용자의 반응 등을 종합적으로 고려하여 쇼핑 브랜드형의
> 모바일/PC 광고노출 영역의 상단 영역에 노출될 수 있도록 책정된 금액이다. 내 브랜드 키워드,
> 일반 키워드 유형으로 등록한 키워드 중 상단 노출 가능 입찰가보다 높게 설정된 경우에 상단에
> 노출될 수 있으며, 상단 노출 가능 입찰가보다 적은 금액으로 입찰된 키워드는 키워드 유형 구분
> 없이 하단에 노출된다.

상단 : 탐색도구 위(한 개 브랜드의 콘텐츠 및 제품 라인업 홍보)

하단 : 페이지네이션 아래(다수 브랜드 제품 라인업 홍보)

쇼핑 검색광고 우측 최상단에 한 개 브랜드의 콘텐츠와 라인업 노출

쇼핑 검색광고 취급불가 상품

- 쇼핑 검색광고는 '네이버 쇼핑'에 등록되어 있는 상품이더라도, 일부 상품군은 광고할 수 없다 (단, 네이버쇼핑에서 등록 카테고리를 지원하는 '전통주'는 제외).
- 취급불가 상품군

상품군	상세
디지털·가전 (일부 카테고리 가능)	휴대폰, 카메라·캠코더 용품, 영상가전, 생활가전, 주방가전, 게임·타이틀, 음향가전, 이미용가전, 계절가전, 노트북, 태블릿PC, PC, 모니터 저장장치, PC주변기기, 자동차기기 등 ※ 디지털 상품군 중 '휴대폰액세서리', '태블릿PC액세서리', 'PC액세서리', '모니터주변기기', '네트워크장비', '광학기기·용품', '학습기기', '노트북액세서리' 카테고리는 [쇼핑 검색광고 → 쇼핑몰 상품형] 유형으로 진행 가능
면세	면세 대상 상품(의류, 화장품, 주얼리, 시계·기프트, 패션·잡화, 전자제품 등)
해외사업자 쇼핑몰 상품	해외사업자가 소유·관리하는 쇼핑몰 등의 상품 중, 네이버 검색광고 기준 등에 따라 광고가 제한되거나 또는 쇼핑 검색광고가 대응하지 않는 카테고리 해당 상품
중고·리퍼	중고 또는 리퍼 상품(의류, 화장품, 주얼리, 시계·기프트, 패션·잡화, 전자제품 등)
미성년자가 구매할 수 없는 상품	성인용품, 주류, 전자담배기기장치류 등

④ 콘텐츠검색광고

　㉠ 이용자의 정보 탐색 의도가 깊은 키워드에 대해 해당 분야의 전문가인 광고주가 블로그, 포스트, 카페 등의 콘텐츠를 이용해 보다 정확하고 신뢰성 있는 정보를 제공하는 광고상품이다.

　㉡ 정보 탐색이 많은 고관여 업종을 중심으로 키워드 검색 결과에 각 업종의 광고주가 직접 작성한 양질의 파워콘텐츠를 제공하는 형식이다.

　㉢ 이용자는 해당 업종의 전문 광고주가 제공하는 정보를 블로그 형태와 같이 손쉽게 소비할 수 있으며, 광고주는 고관여 핵심 이용자들에게 다량의 효과적인 파워콘텐츠 전달을 통해 브랜딩을 할 수 있다.

　㉣ 네이버 블로그·카페·포스트 등에서 신뢰성 있는 정보를 찾으려는 검색 사용자의 의도가 담긴, 네이버에서 지정한 키워드에 한해 광고가 가능하며, 대상 키워드는 지속적으로 업데이트되고 있다.

　㉤ 과금 방식은 클릭된 만큼만 지불하는 CPC(Cost-Per-Click) 방식이다.

　㉥ 콘텐츠 검색광고노출 영역

검색 매체	네이버 통합검색	• 파워콘텐츠 PC/모바일 : 검색 키워드 따라 네이버 PC/모바일 통합검색 VIEW 또는 스마트블록 영역에서 최대 3개까지 광고노출(노출여부는 그룹 전략에서 설정 가능) • 파워콘텐츠 광고 더보기 : 통합검색 결과 화면에 노출되지 못한 파워콘텐츠 광고는 VIEW 탭 검색 영역과 스마트블록 더보기 영역을 통해 노출
	줌(ZUM) 통합검색	파워콘텐츠 PC/모바일 : 줌(ZUM) PC/모바일 통합검색 결과에 노출되는 파워콘텐츠 영역 광고는 최대 3개까지 노출(노출 여부는 그룹 전략에서 설정 가능) • 파워콘텐츠 광고 더보기 : 통합검색 결과 화면에 노출된 광고 외에 더 많은 광고 정보를 보기 원하는 검색 사용자가 찾는 페이지로, 검색 키워드에 노출이 가능한 광고가 모두 노출

콘텐츠 매체	네이버	네이버 모바일 뉴스(일반/연예/스포츠) 네이버 블로그(PC/모바일) 네이버 모바일 카페/지식in/뿜/웹소설
	제휴 콘텐츠 파트너 페이지(예정)	

⑤ 브랜드검색광고

    ㉠ 이용자가 브랜드 키워드 혹은 브랜드 키워드와 연관성 높은 키워드 검색 시, 통합검색 결과 최상단에 브랜드와 관련된 최신 콘텐츠를 텍스트, 이미지, 동영상 등을 이용하여 노출하는 콘텐츠 검색형 상품이다.

    ㉡ 네이버 통합검색 페이지 상단 영역에, 광고주가 구매한 브랜드 키워드에 대해 1개 광고가 단독 노출된다.

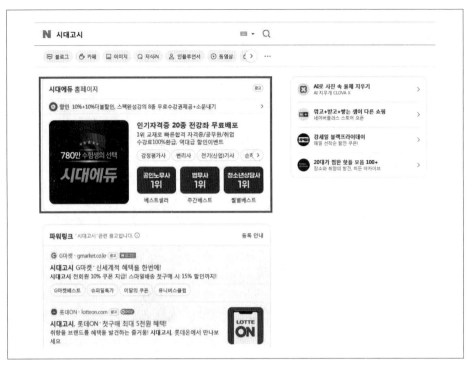

ⓒ 검색 결과 최상단에 하나의 광고가 단독 노출되어 집중도가 높으므로 소비자에게 내 브랜드를 각인시키고 브랜드에 대한 신뢰도를 높이는데 효과적으로 활용할 수 있다.

ⓓ 브랜드검색을 구매하는 광고주와 직접적으로 연관 있는 상호명, 상품명 등의 브랜드 키워드에 한해 브랜드검색 집행이 가능하며, 브랜드 키워드가 아닌 일반 키워드로는 브랜드검색을 집행할 수 없다. 키워드 등록은 최대 30개까지 가능하다.

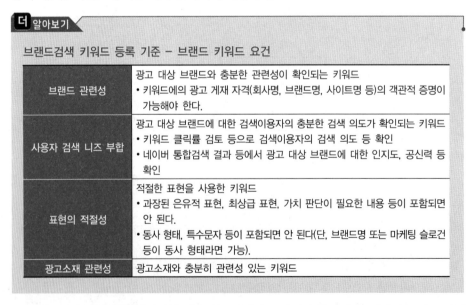

더 알아보기

브랜드검색 키워드 등록 기준 – 브랜드 키워드 요건

브랜드 관련성	광고 대상 브랜드와 충분한 관련성이 확인되는 키워드 • 키워드에의 광고 게재 자격(회사명, 브랜드명, 사이트명 등)의 객관적 증명이 가능해야 한다.
사용자 검색 니즈 부합	광고 대상 브랜드에 대한 검색이용자의 충분한 검색 의도가 확인되는 키워드 • 키워드 클릭률 검토 등으로 검색이용자의 검색 의도 등 확인 • 네이버 통합검색 결과 등에서 광고 대상 브랜드에 대한 인지도, 공신력 등 확인
표현의 적절성	적절한 표현을 사용한 키워드 • 과장된 은유적 표현, 최상급 표현, 가치 판단이 필요한 내용 등이 포함되면 안 된다. • 동사 형태, 특수문자 등이 포함되면 안 된다(단, 브랜드명 또는 마케팅 슬로건 등이 동사 형태라면 가능).
광고소재 관련성	광고소재와 충분히 관련성 있는 키워드

ⓔ 과금방식은 계약 기간 동안 정해진 광고비를 지불하는 정액제 상품이다. 정액제는 광고 집행 전 계약을 통해 일정 금액의 선지불 후 계약 기간 동안 노출수, 클릭수 제한 없이 광고가 노출되는 방식이다.

ⓑ 광고단가는 1회 최소 50만원부터이며, 상품 유형, 광고노출기간(최소 7일~최대 90일), 광고 가능한 키워드의 기간 조회수(최근 30일 조회수)를 합산하여 책정된다. 따라서 광고하고자 하는 기관, 광고를 게재할 키워드 개수, 키워드 기간 조회수에 따라 광고단가가 달라질 수 있다.

ⓢ 브랜드 검색광고의 유형 : 검색광고를 통해 구매 가능한 브랜드검색 상품은 총 18가지 유형으로, 광고그룹 및 상품 유형, 노출 매체에 따라 원하는 상품을 선택할 수 있다.

매 체	상품 유형
PC	• 라이트형 : 일반 • 프리미엄형 :일반, 갤러리, 동영상메뉴, 동영상 슬로건
모바일	• 라이트형 : 일반, 썸네일, 리스팅 • 프리미엄형 : 와이드이미지, 스토리, 오토플레이, 동영상 • 브랜드추천형 : 와이드이미지, 스토리, 오토플레이, 동영상

⑥ 신제품검색광고

㉠ 모바일 통합검색에서 제품/서비스와 연관된 일반 명사 키워드를 검색했을 경우 검색결과 상단에 신규 또는 리뉴얼 출시한 제품/서비스와 관련된 이미지/동영상 등의 콘텐츠를 노출하는 광고상품이다.

㉡ 출시한지 180일 이내의 제품/서비스 대상으로 집행 가능한 광고상품이며, 신규 출시 또는 리뉴얼 상품임을 강조할 수 있는 신제품 전용 템플릿으로 신상품에 대한 인지도를 효과적으로 높일 수 있다.

㉢ 대표 키워드와 동의어 혹은 신제품을 의미하는 키워드로 구성되어 있는 '키워드그룹' 단위로 구매 가능하다. '키워드그룹' 내 키워드는 주간 단위로 변동될 수 있으며, 새롭게 추가되는 키워드는 검색광고 페이지 내 공지사항으로 확인할 수 있다.

㉣ '키워드그룹'과 일치하는 제품/서비스만 집행 가능하며, 일치하지 않거나 키워드보다 상위 제품/서비스인 경우 집행 불가하다(예 〈로봇청소기〉 키워드그룹에 '일반 청소기' 제품 집행 불가).

㉤ 주 단위 입찰 방식으로 판매하며 입찰 경쟁을 통해 정해진 광고비를 지불하는 정액제 상품이다.
• 최저입찰가는 사전에 셋팅되어 있는 키워드그룹 기준으로 최저입찰가 형성
• 2위 입찰가로 1~2위 일괄 낙찰되며, 경쟁이 없는 경우 최저입찰가로 낙찰
• 키워드그룹별 최저입찰가 및 키워드그룹 내 키워드는 주간 단위로 변동 가능

㉥ 광고노출 영역
• 모바일 검색 결과 상단에 최대 2개 브랜드의 광고가 노출되며, 플리킹을 통해 첫번째 광고와 두번째 광고를 볼 수 있다.
• 2개 광고는 검색 시 번갈아가며 첫 화면에 노출되며, 1개 광고만 낙찰 및 노출되는 경우 검색량의 1/2에만 노출된다.

1개 브랜드(1구좌) 집행	해당 키워드 그룹 검색량의 $\frac{1}{2}$에 노출
2개 브랜드(2구좌) 집행	• 해당 키워드 그룹 검색량 전체에 노출 • 각 브랜드는 검색량 절반에 첫 화면 노출 • 플리킹(광고소재를 옆으로 넘기기) 시 다른 브랜드 노출

⑦ 플레이스광고

    ㉠ 네이버에서 원하는 장소를 찾는 이용자에게 나의 가게를 적극적으로 알릴 수 있는 마케팅 도구로, 네이티브 형태의 검색광고이다.

    ㉡ 이용자가 '지역+업종·업체' 또는 특정 장소를 검색 시 네이버 통합검색의 플레이스 영역 및 지도 검색 결과 상단에 광고가 노출된다. 단, 업체명과 같이 검색 의도 및 대상이 명확한 키워드에 대해서는 광고노출이 제외된다. 예를 들어 '홍대 맛집'은 노출이 가능하지만 '파리바게트'는 노출이 제외된다.

    ㉢ 별도의 키워드 등록이 필요 없이 플레이스에 등록된 업체 정보를 활용하여 연관도가 높은 키워드에 대해 자동으로 매칭되어 노출되는 형태의 광고로, 노출하고 싶지 않은 키워드는 제외할 수 있다.

    ㉣ 플레이스광고를 집행하려면 광고 집행 전 네이버 스마트플레이스에 업체 정보를 등록해야 한다.

    ㉤ '광고 태그'는 광고그룹별로 입력할 수 있으며 그룹당 최대 50개까지 등록할 수 있다. 단 업체와 직접적인 연관이 있는 정보만 등록해야 하며 노출에 참고 정보로 사용되고 노출을 보장하지 않는다.

    ㉥ 과금 방식

        • 클릭 시에만 과금되는 CPC 방식(최저 입찰가 50원)으로, 광고 등록과 광고노출 비용이 발생하지 않는다.

        • 내 업체 페이지(플레이스 페이지)로 랜딩되는 클릭이나 전환에 가까운 클릭(전화, 예약)에 대해서만 과금되며, 길찾기·공유하기 아이콘 클릭은 과금되지 않는다.

        • 참여 광고수가 많은(노출 가능 광고수가 10개 이상) 검색 결과는 네이버 통합검색(PC/모바일) 지면에 한해 입력한 '광고 입찰가'와 검색 결과와 업체 정보의 '연관도'에 의해 광고순위가 결정되며, 차순위 입찰가에 기반하여 광고비가 산정된다.

        • 참여 광고수가 적은(노출 가능 광고수가 10개 미만) 검색 결과의 경우, 노출 지면 및 입찰가와 관계없이 모든 광고가 균등하게 랜덤 노출되며 최저가인 50원으로 고정 과금된다.

        • 단, 참여 광고수가 많은 검색 결과라 하더라도 플레이스서비스 지면, 지도(앱/PC) 지면에 노출되는 경우 입찰가와 관계없이 모든 광고가 균등하게 랜덤 노출되며 최저가인 50원으로 고정 과금된다.

ⓐ 광고노출 영역
- 플레이스가 노출되는 PC/모바일 통합검색 및 플레이스 서비스페이지, PC 지도웹, 지도앱의 목록 및 마커 영역 내에 4~12개의 광고가 노출된다.
- 키워드에 따라 광고 노출 개수가 달라질 수 있다.

⑧ 지역소상공인광고
ⓐ 네이버 콘텐츠 서비스를 이용하는 내 지역 사용자에게 노출하는 배너광고이다.
ⓑ 오프라인 가게를 알리고 싶은 지역 소상공인이 쉽게 집행할 수 있는 광고상품으로, 네이버 스마트플레이스에 등록한 업체 정보를 바탕으로 쉽고 빠르게 광고를 생성한다[음식점(유흥주점 등 성인 업종 제외), 생활편의, 학원, 스포츠·레저·체험 등의 업종에 한해 광고 등록 가능].
ⓒ 가게 오픈 소식, 이벤트 내용, 신규 메뉴 등을 알리고 싶은 경우 주변의 잠재 고객에게 노출하여 홍보는 물론 매장 방문까지 유도할 수 있다.
ⓓ 네이버의 뉴스·블로그 등 콘텐츠 서비스 페이지에 업체명, 업체 이미지, 위치, 설명 문구와 리뷰 수 등의 부가정보가 노출된다.
ⓔ 광고시스템에서 광고노출을 원하는 지역을 읍면동(법정동) 단위로 최대 5개까지 선택할 수 있으며, 네이버 서비스 이용자가 광고주가 선정한 지역 안에서 콘텐츠 서비스를 이용할 경우 광고가 노출된다.
ⓕ 광고의 노출 기회는 지역소상공인광고를 등록한 모든 광고주에게 균등하게 배분되며 여러 업체의 정보가 카드 슬라이딩 형태로 노출될 수 있다.
ⓖ 정보가 유효노출된 횟수만큼 광고비를 지불한다. 광고비는 유효노출당 0.5원으로, 여러 업체가 카드 슬라이딩 형태로 노출될 경우 첫 번째 카드에 해당하는 광고의 유효 노출에만 과금한다.

유효노출 : 브라우저상에서 실제 사용자에게 보여진 노출

◎ 하루에 최대 3만회까지 광고를 노출할 수 있다.

(2) 카카오 검색광고상품

① 개 요

㉠ Daum, 카카오톡, 각종 제휴 매체 등 다양한 지면에 검색 결과 또는 텍스트형 배너 형태로 노출되는 광고이다.

㉡ 카카오톡을 비롯하여 Daum, Nate 등의 포털과 다양한 제휴 매체를 가지고 있으므로 노출 효과 가 크다.

㉢ 검색광고상품 종류

키워드광고	광고주의 비즈니스와 관련된 키워드를 사용자가 검색하는 순간 PC에서부터 모바일까지 관련 있는 광고를 보여준다. ※ (신)키워드광고 : 카카오 계정 기반의 새로운 키워드광고 플랫폼이다. 카카오 계정으로 별도 회원가입 없이 광고를 운영할 수 있고, 단 한 번의 광고 등록으로 주요 포털 검색 및 제휴 매체, 각종 모바일 앱에도 광고가 노출된다.
브랜드검색 광고	• 브랜드 키워드를 통해 강력한 브랜딩이 가능한 광고이다. • 브랜드 키워드나 브랜드와 연관성 높은 키워드를 검색하면 통합검색 결과 최상단에 노출된다.
톡채널검색	• 카카오톡 검색 서비스 지면 내 키워드를 검색하는 과정에서 노출되는 광고이다. • 추천소재, 맞춤소재 총 2가지 유형을 제공하며, 사용자의 검색 과정에 맞추어 적합한 유형이 노출된다.

더 알아보기

그 밖의 카카오 광고의 유형

디스플레이 광고	카카오 비즈보드	• 카카오톡 메신저에 노출할 수 있는 디스플레이 광고 • 카카오톡의 채팅목록 탭 최상단 영역 및 카카오의 주요 핵심 서비스, 주요 파트너 서비스를 중심으로 가장 주목도 높은 광고 영역에 배너 형태로 노출
	카카오 비즈보드 CPT(beta)	• 카카오톡 친구 탭 내 주목도 높은 영역을 일정 시간동안 단독 점유하는 상품 • CPT(Cost per Time) 구매 방식으로 원하는 시간대에 노출 및 도달을 극대화하여 브랜딩 임팩트를 확보
	디스플레이	카카오톡, 카카오스토리, 다음, 카카오페이지 및 프리미엄 네트워크 서비스 등 다양한 지면의 광고 영역에 이미지 형태 광고노출

	동영상 광고	카카오 서비스에서 제공하는 다양한 지면에 인스트림·아웃스트림 동영상 광고노출
디스플레이 광고	스폰서드 보드	카카오의 스낵 컬처 서비스인 카카오뷰에 '내 브랜드' 또는 '채널 콘텐츠'를 담은 광고 보드 노출
	쇼핑 광고	모바일 다음 웹/앱 내 발견/뉴스/랭킹/연예/TV 등 총 8개 탭과 PC 다음 메인 페이지 우측 중단 등 쇼핑에 특화된 영역에 집중 노출
	상품 카탈로그	상품 정보를 연동하여 사용자에게 맞춤형 광고를 보여주는 상품으로, 카카오 서비스의 모바일, PC 지면에 노출
메시지 광고	채널 메시지	카카오톡의 고객 채팅방에 전달되는 메시지형 광고
	알림톡·친구톡·상담톡	• 알림톡 : 기업에서 고객에게 주문, 결제, 배송 등 정보성 메시지 발송 • 친구톡 : 기업의 CRM, 커머스, 물류 시스템과 연동하여 타깃 고객에게 개인화된 마케팅 메시지 발송 • 상담톡 : 고객과 기업의 채팅 상담. 기업은 챗봇, 메타정보 수신, 상담분배 기능 등 다양한 기능 확장

※ 카카오모먼트에서는 대표적으로 카카오 비즈보드, 디스플레이, 카카오톡 채널 메시지, 동영상, 다음 쇼핑, 스폰서드 보드, 상품 카탈로그 광고를 집행할 수 있다.

② 키워드광고

㉠ Daum PC/모바일 검색 결과, 콘텐츠 영역에 노출된다.

㉡ 주요 검색의 최상단인 프리미엄 링크 영역에 동시 노출되며, 키워드 검색으로 사용자의 의도를 파악하여 광고를 통해 원하는 정보를 전달할 수 있다.

㉢ 노출 영역

• PC 검색매체 : Daum, Nate 등에서는 통합검색결과 최상단인 프리미엄링크 영역에 최대 10개의 광고가 노출되며, 광고 수요가 많은 키워드의 통합검색결과에는 와이드링크 영역에 최대 5개 광고가 추가로 노출된다.

스페셜링크 '원피스' 관련 광고입니다. ⓘ   신청하기

A. 옥션   **쇼핑은 역시 옥션** www.auction.co.kr
시즌 별 신상입고, 옷 걱정없는 매일매일 데일리룩 추천! 착한가격, 할인특가!

G마켓   **G마켓 원피스** www.gmarket.co.kr
원피스 특가 SALE, 인기패션, 브랜드의류, 빅사이즈, 빠른배송.

11D   **11번가 원피스** www.11st.co.kr
원피스, 전 고객 장바구니쿠폰! T멤버십 할인,SKpay포인트 적립까지!

와이드링크 '원피스' 관련 광고입니다. ⓘ   신청하기

원피스 주줌 zoozoom.co.kr
디자이너자체제작, 디자인, 편안함, 사이즈 모두만족! 고급원단에 합리적가격!

모던시크 데일리룩 MOONT moont.kr
셀럽들이 열광하는 스타일, 하이퀄리티 자체제작 페미닌룩, 매일 신상 5%할인

SSG.COM 원피스 WWW.SSG.COM
SSG닷컴, 마음에 쏙 드는쇼핑 백화점에서 이마트까지 한번에 쏙.

원가이하 여성의류 도매 현민 cafe.naver.com/hyunminstore
매일 신상 업뎃, 창고방문시 낱장 초이스, 원가이하 고퀄리티 여성의류 도매사이트

W컨셉 X 빅스마일데이 www.wconcept.co.kr
W컨셉 빅스마일데이! 원피스 12% 장바구니 쿠폰, 최대 50% 쿠폰팩까지!

와이드링크 더보기 >

---

nate   [여름 원피스   🔍]   **11D** Everytime 십일절! 내 쇼핑혜택 확인하기

통합검색   쇼핑 ☐   이미지   사이트   통합웹   뉴스   책   동영상   더보기 ∨   기간전체 ∨

제안 ⓘ 원피스 쇼핑몰   빅사이즈 원피스   린넨 원피스   롱원피스   예쁜 원피스   정장 원피스   스폰서박스 [광고]   신청하기
하객 원피스   여성 원피스   통원피스   여름 플라워스   여름 롱원피스   여름 원피스 쇼핑몰 ∨   **11번가 여름원피스**   **11D**
                                                                              www.11st.co.kr
비즈바로가기 매일 ALLKILL특가 옥션 www.auction.co.kr   [광고]   비즈특상품 쿠폰존 혜택존
                                                                              여름원피스, 전 고객 쿠폰＋카드사 혜택!
프리미엄링크 '여름 원피스' 관련 광고입니다. ⓘ   신청하기
                                                                              Biz.인기 검색어
LF몰 공식몰 바로가기 www.lfmall.co.kr   1 특가 사무용가구   HOT   6 논문컨설팅
프리미엄 브랜드 쇼핑몰! LF몰! 신상 할인부터 풍성한 혜택까지! 여름원피스   2 무인텔대방   7 요양원매매   HOT
                                                                              3 망토원보장 비교   8 국내아동후원
G마켓 쇼핑축제 빅스마일데이 www.gmarket.kr   4 이혼고인   HOT   9 내자짤면 얼마?
G마켓베스트! 빅스 특가 | 빅 브랜드관 | 빅스특가할인   5 에어사워기 설치   10 경리프로그램   HOT
G마켓 최고의 쇼핑축제! 최대 20%할인 + 미 Big혜택! 스마일클럽 혜택까지!
                                                                              분야별 검색어   05.19. 14:59
여름원피스 옥션 corners.auction.co.kr/AllKill/AllDay.aspx
옥션BEST | 올킬 특가 | 스마일배송 | 스마일클럽   영화 종합   라디오방송   연극
브랜드패션부터 식품까지! 여름원피스, 스마일배송 상품 최대20%할인!
                                                                              1 범죄도시2   6 범죄도시
쿠팡 여름원피스 www.coupang.com   2 마녀(魔女) Part2. The Othe… 7 모비우스
로켓와우멤버 무제한 무료배송   3 그대가 조국   8 아저씨
여름원피스 특가 원피스, 세트류, 투피스 로켓와우 클럽은 무료배송!   4 닥터 스트레인지: 대혼돈의…   9 쥬라기 월드: 도미니언
                                                                              5 공기살인   10 브로커
여름원피스, 아뜨랑스 attrangs.co.kr
오늘결제 오늘출발! 원피스 최대30%할인 올 여름 사랑스러운 데이트룩 준비 끝!
원피스   16,200원부터
블라우스   13,500원부터
스커트   13,500원부터

- 모바일 검색매체 : Daum, Nate 등 제휴된 다양한 모바일 웹·앱에서 모바일 검색 결과, 프리미엄링크 영역에 최대 6개의 광고가 노출되며, 카카오톡 대화방 내 #검색결과 키워드광 고 탭에도 노출된다.

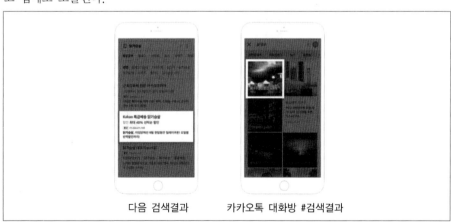

| 다음 검색결과 | 카카오톡 대화방 #검색결과 |

- PC 콘텐츠매체
  - PC 검색 결과뿐 아니라 다양한 PC 콘텐츠 영역에 사용자가 검색한 키워드와 카카오 서비 스에서 소비한 콘텐츠를 바탕으로 연관도 높은 광고를 노출한다.
  - 텍스트와 확장소재 썸네일 이미지가 결합된 배너 형태로 노출된다(확장소재 미등록 시 텍 스트만 노출).
  - Daum 메인과 내부 지면, 카페, 뉴스 및 카카오톡 등 카카오 내부 지면, 언론사나 커뮤니티 등 카카오와 제휴를 맺고 있는 외부 지면에 노출된다.

- 모바일 콘텐츠매체
  - 다양한 모바일 콘텐츠 영역(앱, 웹)에 사용자가 검색한 키워드 및 카카오 서비스에서 소비한 콘텐츠를 바탕으로 연관도 높은 광고를 노출한다.
  - 텍스트 및 확장소재 썸네일 이미지가 결합된 배너형태로 노출된다(단, 확장소재 미등록 시 텍스트만 노출).
  - Daum 메인 및 내부 지면, 카페, 뉴스 및 카카오톡 등의 카카오 내부 지면 및 언론사, 커뮤니티 등의 카카오와 제휴를 맺고 있는 외부 지면에 노출된다.

| 카카오 내부지면 | 제휴매체 외부지면 |

- 주요 콘텐츠 네트워크 : 아프리카티비, 서울신문, 동아일보, 스포츠조선, 경향신문 등 다양한 언론 매체를 포함하고 있으며 PC/모바일 콘텐츠 네트워크를 지속적으로 확장해 나가고 있다.
  ㄹ 과금 방식
  - 이용자가 광고를 클릭하여 사이트에 방문하는 경우에만 과금되는 CPC(Cost Per Click)방식이다.
  - 클릭 당 단가는 키워드별 입찰가, 광고 진행 과정에서 얻은 품질지수 등을 반영하여 실시간으로 결정된다.

카카오의 품질지수

- 키워드에 노출된 광고의 상대적 품질에 대한 수치이다.
- 일정 기간 동안 등록한 키워드 단위로 평가되며, 키워드의 클릭률, 키워드와 소재 연관도, 그 외 광고에서 획득한 성과 등을 종합한 지표이다.

품질지수를 높이려면?

- 광고 효율(CTR)을 높이기 위해 키워드, 광고소재, 사이트 등 검색 사용자 입장에서 연관성을 고려해 광고를 등록해야 한다.
- 키워드는 광고 문구 및 이미지와 직접적인 연관성을 고려해 등록해야 한다.
- 랜딩페이지는 등록한 광고와 연관성이 높은 URL로 등록해야 한다.

ⓛ 확장소재

- 키워드광고의 기본 소재에 이미지, 가격 등을 추가로 노출하며, 여러 확장소재를 함께 노출하는 확장소재 믹스 타입도 가능하다.
- Daum 모바일 앱·웹, PC 검색결과 등에 노출된다.
- 풍부한 정보를 주목도 높게 보여주는 확장소재를 통해 광고효과 상승을 기대할 수 있다.
- 확장소재 유형

추가제목형	제목문구 아래 설명 형태로 부가적인 마케팅 메시지를 전달할 수 있다.
부가링크형	주요 상품 또는 핵심 페이지 경로를 부가링크 형태로 제공해 잠재고객의 즉각적 유입을 유도할 수 있다.
가격테이블형	사이트 진입 전 주요 상품의 가격정보를 제시해 구매 가능성이 있는 사용자의 유입을 높일 수 있다.
썸네일이미지형	이미지 형태의 소재를 추가로 노출해 시각적 주목도를 높이고, 클릭률 향상을 기대할 수 있다.
멀티썸네일형	3개의 이미지를 노출해 상품과 서비스 정보를 시각적으로 더욱 풍부하게 전달할 수 있다.
말머리형	[할인], [이벤트] 등 말머리 형태의 소재로, 차별화된 브랜드 정보를 제공할 수 있다.
계산하기형	보험·대출 업종에 한해 계산하기 버튼을 제공해 주는 형태로 보험료·한도·이자 등을 바로 확인할 수 있는 페이지로 연결할 수 있다.
전화번호형	전화번호 아이콘 클릭 시 설정한 연락처로 바로 연결할 수 있다.

모바일 광고의 중심, 네이버 스마트채널과 카카오 비즈보드

- 네이버 스마트채널 : 네이버 모바일의 뉴스·연예·스포츠판 최상단에 노출되어 주목도가 매우 높은 배너형 광고로, 카페·밴드 등 영역이 점점 확장되며 네이버 디스플레이 광고의 중심으로 자리잡고 있다.
- 카카오 비즈보드 : 카카오톡 채팅리스트 최상단(+ 카카오의 주요 핵심 서비스, 파트너 서비스 등)에 노출되는 배너형 광고로, 톡 내에서 사용자들의 전환 액션을 이끌어낼 수 있게 연결해주며 큰 성장을 이루고 있다.

③ 브랜드검색 광고

   ⊙ 브랜드에 대한 '정보탐색'을 원하는 유저에게 이미지·동영상·텍스트 등을 이용하여 브랜딩할 수 있다.

   ⊙ 카카오톡 채널 영역 등을 이용하여 보다 다양하고, 효과적으로 구성할 수 있다.

   ⓒ 노출영역

     • Daum PC/모바일 검색 결과에 노출된다.

      – PC 브랜드 검색광고 : 브랜드 키워드 검색 시 Daum 통합검색 결과 최상단에 노출되는 정보성 콘텐츠 상품이다. 브랜드에 대한 '정보탐색'의 목적이 있는 사용자들에게 이미지·동영상·텍스트 등을 이용하여 브랜딩할 수 있다.

‒ 모바일 브랜드 검색광고 : 모바일에서 브랜드 키워드를 검색할 때 통합검색 결과 최상단에 노출되는 정보성 콘텐츠 상품이다.

㉣ 과금 방식
- 상품 유형, 노출 영역, 소재 형태에 따라 비용이 달라진다.
- 브랜드검색 광고 상세 단가

PC 베이직/PC 프리미엄 동영상 배네		모바일 라이트/모바일 오토플레이	
일단가	최소단가(10일)	일단가	최소단가(10일)
14,000	140,000	24,000	240,000

④ 톡채널검색
㉠ 카카오톡 검색 서비스 지면 내 키워드를 검색하는 과정에서 노출되는 광고이다.
㉡ 추천소재, 맞춤소재 총 2가지 유형을 제공하며, 사용자의 검색 과정에 맞추어 적합한 유형이 노출된다.
- 추천소재 : 구매키워드에서 2글자 이상 분절된 키워드가 입력된 경우 노출된다.
- 맞춤소재 : 구매키워드와 일치한 키워드가 입력되거나, 추천키워드를 클릭한 경우 노출된다.
㉢ 노출영역 : 카카오톡 검색 서비스 지면에 노출된다.

㉣ 과금 방식
- 노출당 비용인 CPM(Cost Per Mille) 방식으로 과금된다.
- 노출은 광고소재 50% 이상의 영역이 1초 이상 노출되었을 때를 기준으로 한다.
- CPM 단가는 3,000원이며, 프로모션 기간 동안 2,000원으로 집행할 수 있다(프로모션 일정은 추후 변경 가능).
- CPM 3,000원은 1회 노출당 3원, CPM 2,000원은 1회 노출당 2원을 의미한다.

(3) 구글 검색광고상품

① 개 요

㉠ Google 검색에서 검색할 때 광고가 Google 검색결과 페이지 상단, 측면, 하단에 광고 라벨과 함께 게재된다.

㉡ 상단에는 최대 4개까지만 게재 가능하다.

㉢ 모바일 검색 결과에서도 최대 4개까지 광고가 게재된다.

㉣ 광고가 상단에 게재되려면 광고순위 기준을 충족해야 한다. 광고 게재순위는 다음 5가지 요인에 의해 정해진다.

입찰가	• 광고 클릭 1회에 지불할 의사가 있는 최대 금액 • 보통 광고주가 마지막에 실제로 지불하는 금액은 입찰가보다 낮으며, 입찰가는 언제든지 변경할 수 있다.
광고 및 방문 페이지의 품질	• 광고 및 연결된 웹사이트(방문페이지)가 이를 검색한 사용자에게 얼마나 관련성 높고 유용한가 • 광고품질은 품질평가점수로 표현되며 Google Ads 계정에서 모니터링할 수 있다.
광고순위 기준	품질이 우수한 광고를 보장하기 위해 광고가 특정 광고 게재순위에 게재되기 위해 충족해야 하는 최소 기준을 설정한다.
검색 문맥	광고순위 계산 시 사용자가 입력한 검색어, 검색 당시의 지리적 위치, 사용된 기기 유형(예 컴퓨터 또는 휴대전화), 페이지에 표시되는 다른 광고 및 검색결과, 다른 사용자 신호 및 속성을 고려한다.
광고확장 및 다른 광고 형식의 예상 효과	• 광고를 만들 때 전화번호, 사이트의 특정 페이지로 연결되는 링크 등 추가 정보를 광고에 넣을 수 있다(광고확장). • 광고주가 사용하는 광고확장을 비롯한 다른 광고 형식이 광고 실적에 미칠 영향을 예측한다.

㉤ 과금방식은 클릭 횟수에 따라 과금되는 CPC 방식으로, 검색 후 사용자가 링크를 클릭하면 금액이 발생된다.

② 광고 게재 영역

　㉠ 검색 네트워크

　　• 광고를 게재할 수 있는 검색 관련 웹사이트 및 앱의 그룹을 말한다.

　　• 사용자가 지정된 키워드와 관련된 검색어를 사용하여 검색하는 경우 검색결과 근처에 광고가 게재될 수 있다.

　　• 검색광고 게재 위치

Google 검색 사이트	• Google 검색 : 검색결과 위 또는 아래에 게재 • Google Play, 쇼핑 탭, Google 이미지, Google 지도, 지도 앱 : 검색결과 옆, 위 또는 아래에 게재
Google 검색 파트너	• 광고 및 무료 제품 목록을 표시하기 위해 Google과 파트너 관계를 맺은 검색 네트워크의 사이트 • 광고가 검색결과와 함께 게재되거나 관련 검색결과 또는 링크 단위의 일부로 게재 • 검색 파트너 사이트에 게재되는 광고의 클릭률(CTR)은 Google에서 동일한 광고주의 품질평가점수에 영향을 주지 않는다.

　㉡ 디스플레이 네트워크

　　• GDN(Google Display Network) 영역에 게재되는 배너 형식의 광고로, GDN 광고라고도 한다.

> **용어 해설**
>
> GDN(Google Display Network)
> 구글이 직접 운영하는 사이트 및 매체(gmail, 유튜브, playStore, blogger 등)와 광고를 게재할 수 있는 제휴 사이트들이 포함된 광고노출영역이다.

　　• 구글과 제휴한 300만 개 이상의 사이트, 전세계 90%가 넘는 인터넷 사용자에게 도달할 수 있어 도달범위가 매우 넓다.

　　• 검색광고에 비해 전환율이 낮아 클릭단가가 낮지만 잠재고객에 이르는 도달범위는 훨씬 크다고 할 수 있다.

　　• 종 류

이미지 광고	광고주가 제작한 이미지가 그대로 노출되는 배너광고(2022년 7월부터 모든 이미지 광고는 반응형 디스플레이 광고로 대체)
반응형 디스플레이 광고	광고주가 동영상, 이미지, 설명 텍스트, 업체명, 로고 등을 제공하면 구글 머신러닝이 게재 지면에 맞게 최적화된 광고를 만들어 노출함

③ 구글 키워드 검색 단계

　㉠ 인지 : 구글에서 관련 키워드 검색

　㉡ 탐색 : 잠재 고객에게 광고노출

　㉢ 고려 : 광고주의 비즈니스로 고객 연결, 상품 구매 고려

　㉣ 전환 : 구매나 장바구니 접속, 앱 설치 등 실제적인 액션을 취하는 것

03 ○ · × 문제

01 ○× 네이버 등록시스템의 [캠페인] 고급옵션에서 광고노출기간을 선택할 수 있다.

02 ○× 네이버 등록시스템의 경우 비즈채널은 [캠페인] 단계에서 등록한다.

03 ○× 세부키워드는 대표키워드보다 검색수가 높아 광고노출도 잘 된다.

04 ○× 광고소재 작성 시 소재가 시스템의 가이드에 맞지 않게 작성되면 광고노출이 제한될 수 있다.

05 ○× 네이버 검색광고 중 사이트 검색광고(파워링크)의 경우, 입찰가 최소 50원부터 최대 10만원까지 설정 가능하다.

06 ○× 검색광고 노출순위는 입찰가와 클릭률을 고려하여 결정된다.

07 ○× 네이버 광고만들기 광고그룹 고급옵션에서는 하루예산과 입찰가, 노출매체를 설정할 수 있다.

08 ○× 네이버 광고만들기의 키워드·소재의 [키워드 삽입] 기능을 사용하면 볼드처리가 되어 주목도를 높일 수 있다.

정답

01 ○

02 × ▸ 광고그룹 설정에서 광고그룹 이름을 등록한 후 사전에 등록한 비즈채널을 선택하며, 비즈채널이 없으면 '새로만들기'로 등록할 수 있다.

03 × ▸ 세부키워드는 세부 타기팅을 하여 대표키워드보다 광고노출수와 검색 수가 낮다.

04 ○

05 × ▸ 사이트 검색광고는 최소 70원부터 최대 10만원까지 설정 가능하며, 쇼핑 검색광고는 50원부터 설정 가능하다.

06 × ▸ 입찰가와 품질지수를 고려하여 결정된다.

07 × ▸ 고급옵션에서는 광고의 노출매체, 콘텐츠매체 전용 입찰가, PC/모바일 입찰 가중치, 키워드 확장, 소재 노출 방식을 설정할 수 있다.

08 ○

09 ○× 네이버 광고만들기의 소재 만들기에서 제목은 10자, 설명은 40자까지 입력 가능하다.

10 ○× 네이버에서는 '키워드도구'를 통해 관련성 높은 키워드를 조회하여 추가할 수 있다.

11 ○× 카카오 등록 시스템에서 캠페인 이름은 최대 50자까지 입력 가능하다.

12 ○× 카카오 등록 시스템의 '키워드 제안' 검색을 통해 과거 90일 동안 카카오 지면에 집행된 연관 키워드 관련 데이터를 알 수 있다.

13 ○× 카카오 등록 시스템의 키워드 발굴은 [키워드도구]에서 가능하다.

14 ○× Google Ads의 경우, 캠페인의 개수는 곧 목표의 개수이다.

15 ○× Google Ads의 경우 광고그룹을 등록하면 광고그룹에 대한 '월간예상'을 제공한다.

16 ○× 네이버의 경우 비즈채널이 검토를 통과하지 못하면 소재 및 키워드 검토도 진행되지 않는다.

17 ○× 네이버 검색광고의 경우 한번 검수를 통과하여 게재 중인 광고는 더 이상 검수를 진행하지 않는다.

PART 2

정답

09 × ▸ 제목은 15자, 설명은 45자까지 입력 가능하다.
10 ○
11 ○
12 × ▸ 과거 30일 동안의 관련 데이터를 알 수 있다.
13 × ▸ '키워드 제안'에 키워드를 입력하면 연관된 키워드와 그 실적 데이터가 검색된다.
14 ○
15 × ▸ '주간예상'을 제공한다.
16 ○
17 × ▸ 게재 중인 광고도 다시 검수할 수 있다.

18 ☐○☐× 네이버 파워링크에 기본적으로 노출되는 소재는 제목, 설명문구, 사이트 URL이다.

19 ☐○☐× Google Ads의 경우, 정책상 광고 검토는 영업일 기준 1일 이내에 완료된다.

20 ☐○☐× 구글 품질평가지수는 CTC, 키워드 만족도, 광고 관련성 세 구성요소 실적을 통합적으로 고려하여 산출된다.

21 ☐○☐× 네이버 검색광고상품으로는 사이트검색광고, 쇼핑검색광고, 콘텐츠검색광고, 브랜드검색광고, 신제품검색광고, 플레이스광고, 지역소상공인광고, 비즈보드광고, 동영상 광고가 있다.

22 ☐○☐× 네이버 쇼핑 브랜드형 상품은 브랜드패키지에 입점된 브랜드사만 광고할 수 있다.

23 ☐○☐× 네이버 브랜드검색 광고의 경우 검색결과 최상단에 하나의 광고만 단독 노출된다.

24 ☐○☐× 카카오 키워드광고의 경우, Daum, Nate 등에서는 통합검색결과 최상단인 프리미엄링크 영역에 최대 3개의 광고가 노출된다.

25 ☐○☐× Google Ads의 검색 네트워크 광고상품은 GDN 광고라고도 한다.

정답

18 ○
19 ○
20 ✕ ▸ '예상클릭률(CTR)', '광고 관련성', '방문페이지 만족도' 세 요소를 고려한다.
21 ✕ ▸ 비즈보드광고, 동영상 광고는 카카오 광고이다.
22 ○
23 ○
24 ✕ ▸ Daum, Nate 등에서는 통합검색결과 최상단인 프리미엄링크 영역에 최대 10개의 광고가 노출된다.
25 ✕ ▸ GDN 광고는 Google Display Network 영역에 게재되는 배너 형식의 광고로, 디스플레이 네트워크 광고를 말한다.

01 다음 중 네이버 검색광고 등록에 대한 설명으로 적절하지 않은 것은?

① 사이트 검색광고 광고그룹 만들기 단계에서 기본입찰가를 설정할 수 있다.
② 사이트 검색광고 광고그룹 만들기 단계에서 소재 노출 방식을 설정할 수 있다.
③ 쇼핑 검색광고 광고 만들기 단계에서 해당 캠페인의 하루 예산을 설정할 수 있다.
④ 브랜드 검색광고 캠페인 만들기 단계에서 '검수 및 소재 제작 가이드'와 '브랜드 검색광고 단가표'를 미리 확인할 수 있다.

✏️ **해설**

쇼핑 검색광고 캠페인 만들기 단계에서 해당 캠페인의 하루 예산을 설정할 수 있다.

02 다음 중 네이버 검색광고 캠페인에서 등록할 수 있는 내용이 아닌 것은?

① 캠페인 운영기간
② 캠페인 하루 예산
③ 자동추적 URL 파라미터 추적기능
④ 대량 키워드

✏️ **해설**

키워드 대량 등록은 네이버 키워드 도구에서 가능하다.

03 다음 중 파워링크 광고 등록에 대한 설명으로 적절하지 않은 것은?

① '광고 만들기' 단계에서 키워드와 소재를 입력한다.
② 병/의원 광고도 키워드 삽입 기능을 사용할 수 있다.
③ 캠페인 이름과 광고그룹 이름은 실제 광고에 노출되지 않는다.
④ 소재 제목은 최대 15자, 설명은 최소 20자 이상 45자 이내로 작성할 수 있다.

✏️ **해설**

의료광고 사전심의에 따라 병/의원 광고는 키워드 삽입 기능을 사용할 수 없다.

04 다음 중 네이버 검색광고 입찰에 대한 설명으로 틀린 것은?

① 광고그룹 생성을 완료했다면, 광고그룹에서 입찰가 변경이 가능하다.

② 입찰가를 개별로 변경하거나 일괄로 변경하는 것이 모두 가능하다.

③ PC와 모바일에서 순위별 평균 입찰가를 조회할 수 있다.

④ 중간 입찰가는 과거 4주간 검색을 통해 노출된 광고 중에서 최하위에 노출되었던 광고의 입찰가 중 가장 큰 값이다.

해설

- 중간 입찰가 : 과거 4주간 검색을 통해 노출된 광고의 입찰가를 크기 순으로 나열한 후 중간에 위치한 중앙값
- 최소노출 입찰가 : 최근 4주간 검색을 통해 노출된 광고 중에서 최하위에 노출되었던 광고의 입찰가 중 가장 큰 값

05 다음 중 카카오 등록 시스템에 대한 설명으로 적절하지 않은 것은?

① 캠페인 등록 단계에서 비즈채널, 캠페인 이름, 전환추적, 추적URL, 일 예산을 설정한다.

② 광고를 노출할 매체유형과 디바이스는 광고그룹에서 설정한다.

③ 키워드 확장에서 제외할 키워드를 설정할 수 없다.

④ 키워드 만들기 단계에서 키워드 입찰가를 입력할 수 있다.

해설

키워드 확장에서 제외키워드를 입력할 수 있으며, 해당 키워드 검색 시 광고에 노출되지 않는다.

06 카카오 검색광고상품에 대한 설명으로 적절하지 않은 것은?

① Daum, 카카오톡, 각종 제휴 매체 등 다양한 지면에 검색 결과 또는 텍스트형 배너 형태로 노출되는 광고를 말한다.

② 검색광고상품 종류에는 키워드광고와 브랜드검색 광고, 톡채널검색이 있다.

③ 키워드광고는 이용자가 광고를 클릭하여 사이트를 방문하는 경우 과금되는 CPC 방식이다.

④ 여러 확장소재를 함께 노출하는 확장소재 믹스 타입은 불가능하다.

해설

키워드광고의 기본 소재에 이미지, 가격 등을 추가로 노출하며, 여러 확장소재를 함께 노출하는 확장소재 믹스 타입도 가능하다.

정답 01 ③ 02 ④ 03 ② 04 ④ 05 ③ 06 ④

07 카카오 디스플레이 광고 유형이 아닌 것은?

① 카카오 비즈보드
② 동영상 광고
③ 스폰서드 보드
④ 키워드 광고

✎ 해설

키워드 광고는 검색 광고 유형 중 하나이다.

08 구글 검색광고 등록 프로세스로 옳은 것은?

① 캠페인 설정 선택 → 광고그룹 설정 → 광고 만들기
② 캠페인 만들기 → 그룹 만들기 → 키워드 등록
③ 캠페인 만들기 → 그룹 만들기 → 소재 등록
④ 캠페인 설정 선택 → 광고그룹 설정 → 키워드 만들기

✎ 해설

구글 등록시스템 : 캠페인 설정(목표 → 유형) 선택 → 광고그룹 설정 → 광고 만들기

09 다음 중 입찰(경매)방식의 광고상품이 아닌 것은?

① 쇼핑검색광고
② 사이트검색광고
③ 콘텐츠검색광고
④ 브랜드검색광고

✎ 해설

브랜드검색광고의 과금방식은 계약 기간 동안 정해진 광고비를 지불하는 정액제이다. 정액제는 광고 집행 전 계약을 통해 일정 금액의 선지불 후 계약 기간 동안 노출수, 클릭수 제한 없이 광고가 노출되는 과금방식을 말한다.

10 다음 중 입찰가 설정에 대한 설명으로 적절하지 않은 것은?

① 쇼핑검색광고의 쇼핑 브랜드형은 키워드 입찰가 설정이 가능하다.
② 쇼핑검색광고의 제품 카탈로그형은 소재 입찰가 설정이 가능하다.
③ 쇼핑검색광고는 광고 클릭 당 광고비가 과금되며 최소 70원~최대 10만원(VAT 미포함) 사이의 값으로 직접 입찰가를 입력하여 입찰에 참여할 수 있다.
④ 쇼핑검색광고는 클릭된만큼만 비용을 지불하는 종량제 방식(CPC)의 검색광고이다.

✏ **해설**

쇼핑검색광고는 클릭당 광고비가 과금되며 최소 50원에서 최대 10만원 사이의 값으로 직접 입찰가를 입력할 수 있다.

11 다음 중 광고품질 관리에 대한 설명으로 적절하지 않은 것은?

① 네이버와 카카오는 품질지수를 8단계로 분류한다.
② 카카오의 광고노출순위는 입찰가 및 품질지수에 따라 결정된다.
③ 구글의 품질평가점수는 키워드 단위로 평가되며, 1~10점으로 산정된다.
④ 네이버, 카카오, 구글의 검색광고시스템 모두 광고품질을 측정한다.

✏ **해설**

네이버와 카카오의 품질지수는 7단계로 분류된다.

12 다음 중 네이버 광고시스템 기본 설정에서 확인 가능한 지표가 아닌 것은?

① 노출수   ② 캠페인 유형
③ 전환율   ④ 총비용

✏ **해설**

전환율은 '사용자 설정'의 '성과지표'에서 확인할 수 있다.

정답   07 ④   08 ①   09 ④   10 ③   11 ①   12 ③

13 다음 중 네이버 검색광고 그룹 상태에 대한 설명으로 가장 알맞은 것은?

① 중지 : 비즈채널 검토중 – 가이드에 부합하지 않아 노출 제한된 상태
② 중지 : 광고그룹 예산도달 – 캠페인의 하루 예산 초과
③ 일부 노출 가능 : PC – PC 매체만 노출 가능한 상태
④ 중지 : 캠페인 기간 외 – 그룹의 하루 예산 초과

✏ **해설**

① 중지 : 비즈채널 검토중 – 비즈채널 검토 전 혹은 검토가 진행 중인 상태
② 중지 : 광고그룹 예산도달 – 설정한 광고그룹의 하루 예산 초과
④ 중지 : 캠페인 기간 외 – 상위 캠페인의 광고노출 기간이 종료된 상태

14 구글에서 제시하는 키워드 검색 단계로 알맞은 것은?

① 인지 → 탐색 → 구매
② 인지 → 고려 → 전환
③ 인지 → 탐색 → 고려 → 전환
④ 탐색 → 인지 → 고려 → 전환

✏ **해설**

구글 키워드 검색 단계
• 인지 : 구글에서 관련 키워드 검색
• 탐색 : 잠재 고객에게 광고노출
• 고려 : 광고주의 비즈니스로 고객 연결, 상품 구매 고려
• 전환 : 구매나 장바구니 접속, 앱 설치 등 실제적인 액션을 취하는 것

15 검색광고 검수에 대한 설명으로 적절하지 않은 것은?

① 네이버는 비즈머니를 충전해야 검토가 진행된다.
② 구글 정책상 대부분의 광고 검토는 영업일 기준 1일 이내에 완료된다.
③ 카카오는 게재 중인 광고는 다시 검수하지 않는다.
④ 카카오는 광고소재, 키워드를 포함한 모든 광고 요소를 심사한다.

✏ **해설**

카카오는 게재 중인 광고도 다시 검수할 수 있다.

16 파워링크 집행을 하기 위해 필수적으로 입력해야 하는 기본 소재의 3가지 요소는 무엇인가?

17 구글이 직접 운영하는 사이트 및 매체(gmail, youtube, playStore, blogger 등)와 광고를 게재할 수 있는 제휴 사이트들이 포함된 광고노출영역을 가리키는 용어는?

✎ 해설

GDN은 Google Display Network의 약자로 Google Ads의 검색 네트워크 광고상품이며 디스플레이 네트워크 광고에 해당한다.

18 다음 〈보기〉에서 설명하는 구글의 검색광고시스템은 무엇인가?

─── 〈보 기〉 ───

Google의 검색 플랫폼 내에서 인공지능을 활용, 검색 사용자에게 적합한 광고를 노출해 주는 자동화된 검색광고시스템이다. 내 웹사이트를 토대로 관련 검색 키워드를 자동으로 생성하고 사용자의 실제 검색에 맞추어 최적화하여 자동 설정된 광고 제목을 사용하며, 내 웹사이트 내 정보 변경이 있어도 인공지능이 자동으로 이를 반영하여 키워드와 광고 관련성을 늘 높은 수준으로 유지할 수 있다.

정답 13 ③ 14 ③ 15 ③ 16 제목(제목문구), 설명(설명문구), 연결URL 17 GDN
18 동적 검색광고(DSA ; Dynamic Search Ads)

검색광고 운용

제 1 절 검색광고 관리 전략

(1) 검색광고 운용

① 광고하고자 하는 내용을 상황에 맞게 적재적소에 노출될 수 있게 구성하는 것이다.

② 검색광고의 최종 목표는 '타깃에게 광고를 정확하게 노출'하고, 광고 내용이 타깃에 흥미를 불러일으켜 '전환을 일으키는 것'이다. 따라서 이를 염두에 두고 관리해야 한다.

③ 광고 관리는 캠페인, 광고그룹, 소재, 키워드 등 각 광고 구성 요소를 등록하고 수정하는 모든 행위를 말하며, 각 구성 요소의 목록 화면에서 진행할 수 있다.

(2) 캠페인 관리

① 네이버

㉠ 광고시스템의 [광고관리] 메뉴를 클릭하거나 왼쪽에서 [모든 캠페인]을 클릭하면 전체 캠페인 목록을 조회할 수 있다.

㉡ 캠페인은 캠페인 목록에서 개별 캠페인 혹은 여러 개의 캠페인을 선택하여 관리할 수 있다.

㉢ 캠페인의 설정

• 기본 설정은 캠페인 목록에서 기본으로 조회되는 항목이다.

• 기본 설정 외 다른 항목을 추가하여 조회하고 싶다면 캠페인 목록 오른쪽 위의 [기본 설정] 드롭다운 목록 상자에서 [새로운 사용자 설정]을 클릭한다.

• 사용자 설정을 통해 모든 캠페인 단위에서 노출될 수 있는 지표 선택이 가능하다.

• 캠페인 설정 항목

기본설정		ON/OFF, 상태, 캠페인 이름, 캠페인 유형, 노출수, 클릭수, 클릭률(%), 평균클릭비용, 총비용, 하루예산
사용자 설정	일반정보	캠페인 유형, 상태, 기간, 하루예산, 예산배분, 광고그룹수, 키워드수, 공유예산 이름
	성과지표	노출수, 클릭수, 클릭률(%), 평균클릭비용, 총비용, 전환수, 전환율(%), 전환매출액, 광고수익률(%), 전환당비용, 동영상조회수
	기 타	캠페인 ID, 등록시각, 수정시각

㉣ [상세데이터]에서 캠페인 단위 광고성과를 확인할 수 있다.

• 'PC/모바일 구분 버튼'을 통해 캠페인별 디바이스 성과를 확인할 수 있다.

• 요일, 시간대, 지역, 검색/콘텐츠 매체를 구분하여 확인할 수 있다.

㉤ [선택한 캠페인 관리]에서 '기간 변경, 예산 변경, 자동 규칙 만들기, 삭제'가 가능하다.

ⓗ 캠페인 목록에서 개별 캠페인을 클릭하여 개별 캠페인 수정이 가능하다.

- [캠페인 정보] 영역에서 [수정]을 클릭하면 캠페인 이름, 하루예산, 기간, 추적 기능 등을 수정할 수 있다.

용어 해설

자동 규칙 기능

- 캠페인, 광고그룹, 키워드 등의 규칙 대상에 특정한 조건과 실행할 작업을 등록하면 조건이 만족했을 때 이메일 받기, 입찰가 변경하기, OFF 하기, 하루 예산 변경하기 등의 작업을 수행하는 기능이다.
- 설정 조건에 도달했을 때 자동으로 작업이 진행되는 기능이다.
- 자동 규칙 설정은 광고시스템의 [도구 > 자동 규칙]을 통해 가능하다.
- 파워링크, 쇼핑검색, 파워콘텐츠 캠페인에서 자동 규칙을 설정할 수 있다.
- 브랜드 검색, 플레이스 유형은 파워링크 소재에서 자동 규칙을 설정할 수 없다.
- 캠페인, 광고그룹, 키워드(쇼핑검색광고는 소재) 광고 관리 페이지에서 실행 유형별 설정된 조건을 선택하여 자동 규칙을 설정할 수 있다.

추적 기능

클릭된 광고에 대한 정보(검색어, 캠페인 유형 등)를 URL 파라미터로 광고주의 사이트에 전달하는 기능으로, 자체 로그분석 도구를 사용하는 광고주는 물론 프리미엄 로그분석을 사용하는 광고주에게도 유용한 기능이다.

ⓢ [광고관리] 메뉴에서 개별 캠페인을 선택하면 해당 캠페인의 성과 그래프를 제공한다. 캠페인별 노출수, 클릭수, 클릭률(%), 평균 클릭비용, 총비용, 전환수, 전환율 지표가 제공된다. 조회기간 내 추이의 확인이 가능하다.

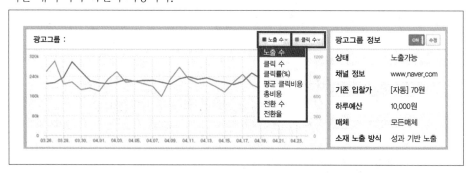

캠페인 상태와 의미

캠페인 상태	설 명	노출 가능 상태가 되기 위해 가능한 조치
중지 : 캠페인 OFF	광고주가 캠페인을 OFF하여, 캠페인이 일시 중지된 상태	캠페인을 ON 상태로 변경
중지 : 캠페인 기간외	광고주가 설정한 캠페인의 광고노출 기간이 종료되어 캠페인이 중지된 상태	캠페인 종료 날짜를 재설정하거나 캠페인 기간을 '오늘부터 종료일 없이 계속 노출'로 변경
중지 : 캠페인 예산도달	해당 캠페인에서 과금된 금액이 광고주가 설정한 캠페인 하루 예산을 초과하여 캠페인이 중지된 상태	캠페인의 '하루 예산'을 현재 설정된 금액보다 높은 금액으로 변경하거나, '제한 없음'으로 변경
노출 가능	캠페인이 ON 상태이며, 캠페인의 광고가 노출 가능한 상태	* 주의할 내용 : 실제 광고 영역에서의 광고 노출 여부는 캠페인 설정값 및 비즈채널, 광고그룹, 키워드, 소재 상태, 비즈머니 잔액(환불 상태), 경쟁 상황 등에 따라 달라질 수 있다.

② 카카오
 ㉠ 카카오 비즈니스 관리자센터의 대시보드는 광고계정, 캠페인, 광고그룹, 키워드 소재 순으로 구성되어 있다. 대시보드에서는 광고계정에 속한 모든 캠페인, 광고그룹, 키워드, 소재의 현황 확인이 가능하다.
 ㉡ 광고계정에서는 기본정보(ID, 계정 운영 상태)와 비용정보(잔액, 소진액, 카드결제 정보), 운영정보(하위 캠페인, 광고그룹, 키워드 등의 운영 가능·불가 여부)를 제공하며, 기본적으로 제공하는 캠페인·광고그룹·키워드·소재의 기본지표(노출 수, 클릭 수, 비용, 클릭률)와 추가로 선택하는 추가지표(전체 노출수, 클릭당 비용, 평균 노출순위)에 대한 성과 그래프를 볼 수 있다.
 ㉢ 캠페인 항목에서는 'ON/OFF, 운영상태, 비즈채널, 일예산, 노출수, 클릭수' 등을 제공한다.
 ㉣ 개별 캠페인 선택 후 캠페인 [ON/OFF] 상태를 바꿀 수 있으며, [선택한 캠페인 수정]란을 통해 전환추적, 추적URL, 일예산을 변경할 수 있다.
③ 구글
 ㉠ Google Ads에서 검색캠페인을 선택하면 기본지표로 캠페인명, 예산, 상태, 유형, 클릭수, 노출수, 클릭률, 평균 CPC, 비용, 전환당 비용, 전환수, 전환율 등을 제공한다.
 ㉡ 실적, 전환 수, 기여분석, 경쟁통계, Google 애널리틱스, 통화세부정보, 메시지 세부정보의 조회 기간을 설정하여 성과 그래프를 확인할 수 있다.
 ㉢ 분류 기준 아이콘 클릭 시 개별성과(시간, 클릭 유형, 전환, 기기, 네트워크 등)를 확인할 수 있다.
 ㉣ 입찰 통계
  • 입찰 통계 보고서를 제공한다. 이를 통해 자신의 실적을 동일한 입찰에 참여한 다른 광고주의 실적과 비교할 수 있다.

- 입찰통계 탭에서 '노출점유율, 중복률, 경쟁 광고보다 높은 순위를 얻은 노출 비율, 높은 게재 순위 비율, 페이지 상단 게재율, 페이지 절대 상단 게재율' 등 6개 분야의 입찰 통계 보고서를 확인할 수 있다.
- 입찰 통계 분야

노출 점유율	• 발생 가능한 예상 노출수 대비 실제 발생한 노출수의 비율로, 광고주가 참가한 입찰에서 얼마나 노출이 발생했는지 보여주는 비율 • 같이 입찰에 참여한 다른 광고주의 노출 점유율도 보여줌
중복률	광고주의 광고노출 시 다른 광고주의 광고는 얼마나 자주 노출되었는지 보여주는 빈도
경쟁 광고보다 높은 순위를 얻은 노출 비율	입찰에서 내 광고가 다른 광고주의 광고보다 더 높은 순위에 게재되는 빈도, 혹은 다른 광고주의 광고는 게재되지 않고 내 광고만 게재되는 빈도
높은 게재순위 비율	내 광고와 같은 입찰에 참여한 다른 광고주의 광고가 동시 노출되었을 때 다른 광고주의 광고가 내 광고보다 더 높은 순위로 게재되는 빈도(검색 캠페인만 해당)
페이지 상단 게재율	광고주의 광고(행 선택 여하에 따라 다른 광고주의 광고도 볼 수 있음)가 무료 검색결과 위 페이지 상단에 게재되는 빈도
페이지 절대 상단 게재율	광고주의 광고(행 선택 여하에 따라 다른 광고주의 광고도 볼 수 있음)가 자연 검색결과 위 페이지 절대 상단에 첫 번째 광고로 게재되는 빈도

- 검색 캠페인의 경우 키워드, 광고그룹 및 캠페인에 대한 보고서를, 쇼핑 캠페인의 경우 광고 그룹 및 캠페인에 대한 보고서를 만들 수 있다.

(3) 그룹 관리

① 네이버

㉠ 캠페인 광고그룹 목록에서 개별 광고그룹 혹은 여러 개의 광고그룹을 선택하여 관리할 수 있다. 광고시스템의 [광고관리] 메뉴를 클릭한 후 왼쪽 영역에서 캠페인 이름을 클릭하면 해당 캠페인 하위에 등록된 전체 광고그룹의 목록을 조회할 수 있다.

㉡ ON/OFF, 상태, 광고그룹 이름, 기본입찰가, 채널정보(표시 URL), 노출수, 클릭수, 클릭률(%), 평균클릭비용, 총비용 지표가 제공된다.

㉢ 개별그룹을 선택한 후 [광고그룹 정보]에서 [수정]을 누르면 '광고그룹 이름, 기본 입찰가, 하루 예산, 매체, 콘텐츠 매체 전용 입찰가, PC/모바일 입찰가중치, 확장검색(구 키워드 확장(beta)), 소재 노출 방식' 변경이 가능하다.

㉣ 개별그룹을 선택한 후 [선택한 광고그룹 관리] 목록에서 [다른 캠페인으로 복사]를 클릭하면 선택한 광고그룹을 다른 캠페인으로 복사할 수 있다. 단 복사 기능을 통해 키워드의 품질지수는 복사되지 않는다. 품질지수는 복사 후 해당 그룹에서의 광고성과에 따라 재산정된다.

㉤ 개별광고그룹에서 '성과그래프, 광고그룹' 정보, '키워드 목록' 확인이 가능하다. '키워드, 확장 제외 키워드, 소재, 확장소재' 4개의 탭으로 구성되어 있으며, 타기팅 탭(요일/시간대, 지역, 성별, 연령대, 이용자 세그먼트(beta))을 추가할 수 있다.

ⓑ 광고그룹 상태 확인

광고그룹 상태	설 명	노출 가능이 되기 위한 방안
중지 : 비즈채널 검토 중	비즈채널 검토 전 혹은 검토가 진행 중인 상태	• 검토는 영업일 기준 1~2일 소요되며 완료되면 검토 결과에 따른 메시지가 보임 • 장기간 지연되면 비즈머니 충전여부 확인
중지 : 비즈채널 노출제한	광고 가이드에 부합하지 않아 노출이 제한된 상태	[정보관리 → 비즈채널 관리] 메뉴에서 비즈채널 검토 결과 및 노출 제한 사유 확인 후 증빙서류 등 제출 혹은 가이드에 따라 비즈채널 수정하고 재검토 요청
중지 : 그룹 OFF	광고그룹 OFF 상태	해당 광고그룹 앞의 [OFF] 버튼을 [ON] 상태로 변경
중지 : 그룹 예산 도달	설정한 그룹의 하루 예산이 초과하여 중지된 상태	• 해당 광고그룹 선택 후 [선택한 광고그룹 관리] 드롭다운 목록 상자에서 [예산 변경] 클릭 • '하루 예산'을 높은 금액으로 변경 혹은 '제한 없음'으로 변경
중지 : 캠페인 OFF	상위 캠페인 OFF 상태	캠페인 [ON] 상태로 변경
중지 : 캠페인 기간외	상위 캠페인의 광고노출 기간이 종료된 상태	• 해당 캠페인 선택 뒤 [선택한 캠페인 관리] 드롭다운 목록 상자에서 [기간변경] 클릭 • 광고노출 기간을 '오늘부터 종료일 없이 계속 노출'로 변경하거나 종료 날짜 재설정
중지 : 캠페인 예산도달	상위 캠페인의 하루 예산이 초과하여 중지된 상태	• 해당 캠페인 선택 뒤 [선택한 캠페인 관리] 드롭다운 목록 상자에서 [예산 변경] 클릭 • 캠페인 '하루 예산'을 높은 금액으로 변경하거나 '제한 없음'으로 변경
일부 노출 가능 : PC	PC 매체만 노출 가능한 상태	[정보관리 → 비즈채널 관리] 메뉴에서 비즈채널 모바일 검토 결과 및 노출 제한 사유 확인 후 가이드에 따라 비즈채널을 수정하고 재검토 요청
일부 노출 가능 : 모바일	모바일 매체만 노출 가능한 상태	[정보관리 → 비즈채널 관리] 메뉴에서 비즈채널 PC 검토 결과 및 노출 제한 사유 확인 후 가이드에 따라 비즈채널을 수정한 뒤 재검토 요청
노출 가능	광고노출이 가능한 상태	

ⓐ 광고그룹 관리 화면에서 삭제할 광고그룹을 선택한 후 [삭제]를 클릭하면 광고그룹을 삭제할 수 있다. 광고그룹을 삭제하면 광고그룹 하위의 모든 키워드와 소재가 삭제되며, 삭제된 광고그룹과 키워드, 품질지수, 소재는 복구할 수 없으므로 주의해야 한다. 단, 삭제 후에도 과거의 성과는 보고서에서 조회할 수 있다.

② **카카오**

㉠ 캠페인 이름을 클릭하면 캠페인에 속한 그룹 목록 확인이 가능하다. 그룹 목록에서 기본지표로 '광고그룹 이름, ON/OFF, 운영상태, 기본입찰가, 일예산, 집행일자, 노출수, 클릭수, 클릭률, 비용, 기간' 정보를 확인할 수 있다.

㉡ 그룹 리스트는 가나다순으로 정렬되어 있으며, '등록일순/수정일순'으로 변경하여 정렬할 수도 있다.

㉢ [추가지표]를 선택하여 '전체노출수, 클릭당비용, 평균노출순위 정보'도 확인 가능하며 '픽셀 &SDK 전환지표'도 확인할 수 있다.

㉣ [선택한 광고그룹 수정]을 통해 '기본 입찰가, 콘텐츠 매체 입찰가, 입찰가중치, 일예산, 매체유형, 디바이스, 키워드 확장, 집행일자, 집행요일/시간' 수정이 가능하다.

③ 구글

ㄱ 광고그룹 상단에는 성과그래프가 제공되며, 하단에는 광고그룹 목록이 표시된다. 그룹 목록에 서는 광고그룹 이름, 상태, 타깃 CPA, 전환 수, 전환당 비용, 광고그룹 유형, 클릭수, 노출수, 클릭률, 평균 CPC, 비용, 전환율이 제공된다.

ㄴ 개별그룹을 선택한 후 [수정] 버튼을 눌러 복사, 잘라내기, 붙여넣기, 사용설정, 일시정지, 삭 제를 진행할 수 있고, 광고 로테이션 변경, 추적 템플릿 변경, 맞춤 매개변수 변경, 타기팅 확장 설정 변경, 자동규칙 만들기가 가능하다.

ㄷ 광고그룹 수정 시 변경할 설정으로 마우스를 가져가서 설정 옆의 연필 아이콘을 클릭한다.

ㄹ 광고그룹 복사가 가능하다. 구글에서는 캠페인, 키워드, 광고, 광고그룹 수준으로 복사 가능하 며, 복사를 원하는 광고그룹을 선택한 후 [수정]에서 복사를 선택하여 붙여 넣을 캠페인에 붙여 넣기를 하면 된다.

(4) 키워드 관리

① 입찰관리

ㄱ 개 요

- 검색광고는 특정 검색어의 검색 결과에 따라 노출되는 광고이므로 키워드 관리가 무엇보다 중요하며, 키워드를 지속적으로 관리해야 잠재고객에게 광고를 노출할 가능성이 더 높아진 다. 고객의 검색 의도와 트렌드를 반영한 최신 키워드를 발굴하고 실시간 입찰 경쟁에서 노출 기회를 확보해야 잠재고객의 관심을 끌 수 있다.

- 입찰 경쟁 시 노출가능 광고개수 안에 속해야 광고가 노출되므로, 검색량이 높은 키워드의 경우 노출을 위해 많은 광고주들이 입찰 경쟁을 한다.

> **더 알아보기**
>
> 네이버의 입찰가 설정
> - 네이버 검색광고의 사이트검색광고(파워링크), 쇼핑검색광고, 콘텐츠검색광고(파워콘텐츠), 신 제품검색광고, 플레이스광고는 경매(입찰) 방식으로 구매할 수 있으므로 입찰가를 설정해야 한다.
> - 입찰가는 최소 70원부터(쇼핑 검색광고의 경우 50원) 최대 10만원까지 설정할 수 있다.
> - 입찰가를 기반으로 광고노출순위와 광고 클릭 시 과금될 클릭당 광고비가 결정된다.

ⓛ 입찰경쟁을 위한 키워드 입찰관리 방법으로는 '선택키워드 입찰가 변경'과 '자동입찰 기능'이 있다.

선택 키워드 입찰가 변경	**네이버** • 광고그룹에서 기본 입찰가 변경(최소 70원~최대 10만원) 가능 • [캠페인 → 광고그룹 → 키워드]에 있는 입찰가 변경 기능 이용 시 최근에 노출된 광고들의 평균입찰금액 확인 가능 및 조회된 금액을 참고하여 입찰가 변경 가능 • 기기별 순위 제공 • 입찰가 변경 기능		
	입찰가 일괄 변경	• 선택한 키워드 모두 동일한 기준으로 조회된 금액으로 변경하는 조회 기능 • 입찰가 변경 방법 – 입찰가를 직접 입력하여 변경(최소 70원~최대 10만원, 10원 단위 입력) – 광고그룹의 기본 입찰가로 변경 – 입찰가를 일정 비율 혹은 원 단위로 증액 – 입찰가를 일정 비율 혹은 원 단위로 감액 – 최소 노출 입찰가/중간입찰가로 변경	
		최소노출 입찰가	최근 4주간 검색을 통해 노출된 광고 중에서 최하위에 노출되었던 광고의 입찰가 중 가장 큰 값으로 광고의 순위와 무관하게 광고노출 여부가 중요한 경우 참고할 수 있는 정보
		중간입찰가	최근 4주간 검색을 통해 노출된 모든 광고의 입찰가를 큰 순서대로 나열했을 때 중간에 위치한 값으로, 중앙값(Median)이라는 통계적 방식으로 계산된 값(키워드 간의 입찰가 비교 시 참고 가능)
		– 00위 평균 입찰가 : 최근 4주간 해당 순위에 노출되었던 입찰가의 평균값	
	입찰가 개별 변경	키워드마다 다른 기준을 적용하여 입찰가를 각각 변경하는 조회 기능	
	• 일괄 변경과 개별변경 모두 최근 4주간 입찰 현황을 바탕으로 최소 노출 입찰가, 중간 입찰가, 순위별 평균 입찰가 등 입찰가 결정 시 참고할 수 있는 데이터를 제공한다. **카카오** • 키워드별 예상 실적을 참고하여 입찰가를 변경한다. • 입찰가 일괄변경과 개별변경이 가능하다. • 순위별 평균 입찰가 설정이 가능하다. **구글** • 키워드 목록에서 키워드를 선택하여 최대 CPC 입찰가 변경이 가능하다. • '최대 CPC 입찰가 변경 기능'을 통해 수동입찰방식과 자동입찰방식 중 선택 가능하다. 수동 CPC 이용 시 최대 CPC 입찰가를 조정하여 광고비 및 광고 클릭 수를 조절할 수 있다. 입찰가를 직접 입력하여 새 입찰가를 설정하거나, 입찰가 비율별·금액별 증액과 감액을 할 수 있다. • 자동보다 수동 CPC 입찰이 더 적당한 경우 – 개별 광고그룹, 키워드 혹은 게재위치에 대한 최대 CPC 입찰가 관리 – 웹사이트 트래픽 증가가 브랜드 인지도 향상보다 더 중요할 때 – 매월 타깃 예산을 다 소진할 필요가 없을 때 • 캠페인과 광고그룹 모두 입찰가 조정 설정이 가능하다.		

자동입찰 기능	• 자동입찰
	  – 광고그룹 단위의 기본 입찰가를 시스템이 조정해주는 기능
	  – 설정한 하루예산 내에서 클릭 및 전환이 향상되는 방향으로 기본 입찰가 및 입찰가 변경시점이 자동 결정됨
	  – 자동 입찰의 기본 입찰가는 머신러닝 알고리즘을 통해 시스템이 결정하므로 광고노출이나 성과향상을 보장하지는 않음

네이버
- 현재 파워링크 캠페인, 쇼핑검색 캠페인의 두 가지 유형에 제공되고 있다.

파워링크 캠페인 (사이트검색광고)	예산 내 클릭 향상 목표
쇼핑검색 캠페인 (쇼핑검색광고)	예산 내 클릭 및 전환 향상 목표(단, 제품 카탈로그형 제외)

- 광고그룹 신규 생성 및 수정 화면의 기본입찰가 설정에서 [자동입찰 설정(beta)] 선택 시 설정

구글
- 실적 목표에 맞게 입찰가가 자동으로 설정되는 기능
- 광고주가 입찰가를 추측하거나 설정할 필요가 없으며, 광고그룹이나 키워드의 입찰가를 수동으로 수정할 필요가 없다.
- 클릭 수, 전환 수, 가시성을 늘리는 데 효과적
- 구글은 캠페인 유형에 맞춘 다양한 자동 입찰 전략을 제공한다.

〈자동 입찰 전략의 유형〉

목표	입찰 전략
사이트 방문수 올리기	클릭 수 최대화 선택 : 예산 내에서 최대한 많은 클릭 발생하도록 입찰가 자동 설정
가시성 높이기	타깃 노출 점유율 선택 : 검색 결과 페이지 절대 상단이나 원하는 곳에 광고가 게재될 수 있게 입찰가 자동 설정
타깃 CPA 유지하면서 전환 수 증가	타깃 CPA 선택 : 설정된 타깃 전환당비용(CPA)으로 전환 수를 최대화할 수 있게 입찰가 자동 설정
전환별로 가치가 다를 때 ROAS 달성	타깃 광고 투자수익(ROAS) 선택 : 타깃 광고 투자수익(ROAS)으로 전환 가치를 최대화할 수 있게 입찰가 자동 설정
전환 수 늘리게 예산 지출	전환 수 최대화 입찰 선택 : 전환 가치를 기준으로 최적화하는 데 도움이 됨
전환 가치 높이는 방향으로 예산 지출	• 캠페인의 전환 가치를 높이는 방향으로 예산 지출되도록 입찰가 자동 설정 → 전환 가치 극대화 입찰 전략 시 타깃 광고 투자수익(ROAS) 설정 가능 • 타깃 광고 투자수익(ROAS)을 설정하지 않고 전환 가치 극대화를 사용하는 경우 : 캠페인의 전환가치 극대화를 목표로 예산 지출 • 타깃 광고 투자수익(ROAS) 설정 상태에서 전환 가치 극대화 사용하는 경우 : 타깃 광고 투자수익(ROAS)으로 가능한 한 최대의 전환 가치를 얻는 데 도움

- 구글의 스마트 자동 입찰 전략
  – 입찰할 때마다 머신러닝을 통해 전환 수 또는 전환 가치를 기준으로 최적화를 진행하는 자동 입찰 전략이며, '실시간 입찰'이라고도 함 → 캠페인 최적화 가능
  – 타깃 CPA, 타깃 광고 투자수익(ROAS), 전환 수 최대화, 전환 가치 극대화는 모두 스마트 자동 입찰 전략임

– 스마트 자동 입찰 전략에서 입찰가를 최적화할 때 고려하는 요소 : 기기, (사용자의) 위치, 요일 및 시간대, 리마케팅 목록, 광고 특성(모바일용 앱용 여부 등), 언어, 브라우저, 실제 검색어, 검색 네트워크 파트너(검색에만 해당), 웹 게재 위치(디스플레이에만 해당), 상품 속성(쇼핑) 등

스마트 자동입찰 전략 유형	내 용
타깃 CPA(전환당비용)	설정된 목표 전환당비용(CPA)으로 최대한 많은 전환 수(고객 액션)가 발생하도록 입찰가 자동 설정
타깃 광고 투자수익(ROAS)	전환 가치를 최대한 높여 설정된 목표로 평균 광고 투자수익(ROAS)을 달성할 수 있도록 입찰가 자동 설정
전환 수 최대화	타깃 CPA를 설정하지 않고 캠페인에서 지정된 예산 전체를 이용하여 최대한 많은 전환 발생 시도
전환가치 극대화	• 전환 가치를 기준으로 최적화하도록 입찰가 자동 설정 • 지정된 예산으로 최대한 많은 전환 가치를 발생시키려고 시도

> **더 알아보기**
>
> 전환 수 최대화 입찰과 전환 가치 극대화 입찰의 차이
> • 전환 수 최대화 입찰 : 전환 가치와 관계없이 지정된 예산으로 최대한 많은 전환이 발생하도록 시도한다.
> • 전환 가치 극대화 입찰 : 지정된 예산으로 전환 가치를 최대한 많이 발생시키려고 시도한다. 입찰 시 전환가치가 낮은 것보다 전환 가치가 높은 입찰에 더 높은 입찰가를 설정할 수 있다.

② 키워드 발굴

㉠ 개 요

• 고객의 검색 의도를 반영한 키워드의 발굴은 중요한 광고 전략이다. 키워드는 주력 상품 및 서비스와 관련된 단어를 선정하는 것이 바람직하다.

• 탐색 초기의 불특정 다수 고객에게 무분별하게 광고를 노출하는 것이 아니라 검색 의도가 명확한 잠재고객을 타깃으로 하므로, 타깃에 최적화된 키워드를 정기적으로 발굴하면 저렴한 비용으로 더 많은 클릭과 전환을 확보할 수 있다.

• 검색사이트의 키워드 발굴 시스템

사이트	키워드 발굴 시스템	내 용
네이버	키워드도구	• 비즈채널 웹사이트 내 키워드 정보, 키워드 클릭 정보, 내가 구매한 키워드 등을 기반으로 통계시스템에서 연관 키워드 추출 • 조회된 연관키워드는 '월간 검색 수, 월평균 클릭 수, 클릭률' 등 최근 한 달간의 광고성과에 대한 상세 데이터 제공
카카오	키워드 플래너	• 키워드 입력 시 연관 키워드를 추천해주고, 키워드별 과거 데이터 및 예상 실적 데이터를 제공 • PC, 모바일 디바이스에서 최근 30일(어제로부터 과거 30일까지) 기준으로 발생된 광고요청 수, 클릭 수, 클릭률, 평균경쟁광고 수, 최고입찰가 및 선택한 키워드의 예상실적 확인 가능

구글	키워드 플래너	• 비즈니스와 관련된 '새 키워드 찾기' 및 해당 키워드의 '검색량 및 예상 실적 조회하기' 제공 • [예측] 항목을 통해 새로운 키워드의 '클릭수, 노출수, 비용, 클릭률, 평균 CPC' 확인 가능 • 최근 7∼10일의 실적을 기준으로 매일 업데이트되며, 현재 시장 상황이 반영

ⓛ 대표키워드와 세부키워드

- 대표키워드
  - 잠재 고객들이 쉽게 검색하는, 업종을 대표하는 키워드이다.
  - 장점 : 검색 수가 높기 때문에 광고를 많이 노출할 수 있다.
  - 단점 : 다수의 광고주가 경쟁하는 키워드이므로 입찰가가 높고 클릭 횟수도 높아 광고 지출 이 높을 수 있다.
- 세부키워드
  - 고객의 검색 의도에 맞는 수식어나 지역명 등을 포함한 키워드이다.
  - 지역·성별·나이 등 세부 타기팅을 통해 구매 및 서비스 이용으로 이어질 수 있는 확률이 높다.
  - 장점 : 해당 키워드 사용 광고주가 적을 경우에는 입찰가가 저렴할 수 있다.
  - 단점 : 대표키워드에 비해 검색 수 및 클릭 수가 적어 광고노출이 낮을 수 있다.

ⓒ 연관검색어

- 사용자가 편리하게 정보를 탐색할 수 있도록 사용자의 검색 의도를 파악하여 관련된 적합한 검색어를 제공하는 서비스이다.
- 네이버는 '자동완성 서비스'와 '연간검색어'를, 카카오는 '관련검색어'·'제안검색어'·'추천 검색어'를, 구글은 '관련검색어'를 제공한다.

③ 키워드 확장

ⓐ 개 요

- 직접적으로 키워드를 등록하지 않아도 광고그룹에 등록한 키워드와 유사한 의미를 가진 키워 드에 자동으로 광고를 노출하는 것을 말한다.
- 키워드 발굴이 어려울 때 키워드 확장 기능을 통해 더 많은 키워드에 광고노출이 가능하다.

ⓑ 매체별 확장 방법

네이버	• [광고그룹 정보]에서 [수정]을 클릭하여 [확장 검색(구 키워드 확장(beta)]을 통해 적용 가능하다. • 네이버 통합검색 영역만 키워드 확장을 통한 광고가 노출된다. • 검색된 키워드의 '중간입찰가'로 자동 입찰되어 광고가 진행되므로, 키워드 확장으로 추가 노출되는 키워드의 입찰가는 등록된 키워드의 입찰가보다 커지지 않는다. • 키워드 확장 시 특정 키워드에서 노출을 원하지 않으면 '노출 제외 키워드' 등록이 가능하다.
카카오	• [광고그룹]의 [선택한 광고그룹 수정] 탭 클릭 후 [키워드 확장]을 선택하여 적용 가능하다. • 제외 키워드를 입력하면 해당 키워드 검색 시 광고에 노출되지 않는다.
구글	• 일치검색, 구문검색, 제외어 검색으로 지정하지 않으면 기본적으로 확장검색 유형으로 설정된다. • 제외키워드를 사용하여 고객에게 중요한 키워드만 집중적으로 사용할 수 있다. • 동의어, 단수·복수형, 맞춤법 오류, 파생어, 기타 유사어 검색어에도 자동으로 광고가 게재되므로 이에 대한 각각의 문구를 추가해야 제외된다.

> **더 알아보기**

네이버 확장 검색
- '확장 검색' 기능은 광고하고자 하는 사이트와 연관성이 높은 검색에서 광고가 자동으로 노출되는 기능이다.
- 2024년 8월 19일부터 광고그룹 하위의 '[키워드 확장(Beta)]' 설정 메뉴가 삭제되고 '확장 검색' 기능으로 대체되었다.
- '확장 검색' 기능은 파워링크 캠페인 > 광고그룹 생성/수정 > 고급 옵션 하위에서 관리 가능하다.
- 기본 설정은 '확장 검색'이며, 광고 운영 전략에 따라 '일치 검색' 옵션 선택이 가능하다.
- 확장 검색은 광고주가 등록한 키워드가 주요 매칭 대상은 아니지만, 광고를 노출할 수 있는 최소 조건을 만족하는 광고그룹이어야 적용 가능하다.
- 확장 검색 적용 여부에 따른 필수 광고 요소의 노출 형태의 차이는 없으며 '위치정보' 확장 소재의 경우 확장 검색에서는 노출되지 않는다.

④ 키워드 복사

네이버	• 키워드와 소재를 다른 광고그룹으로 이동할 수는 없지만, 대신 선택한 키워드를 다른 그룹으로 복사하여 추가 등록할 수 있다. • 키워드 목록 위의 [선택한 키워드 관리]를 클릭하여 '다른 그룹으로 복사'가 가능하다. 단 품질지수는 복사되지 않는다.
카카오	• 광고그룹에서 [복사] 버튼을 눌러 복사 가능하다. • 키워드뿐 아니라 키워드별 입찰가와 랜딩URL까지 모두 복사된다. • 추가 설정으로 키워드 OFF 상태로 복사가 가능하다.
구글	• 키워드 선택 후 [수정] 버튼을 눌러 키워드 복사가 가능하다. • 키워드 입찰가와 방문페이지 URL까지 복사 가능하며, 복사한 키워드에서는 붙여넣은 캠페인의 예산이 자동 사용된다.

(5) 소재 관리

① 개 요

㉠ 소재는 사용자가 검색 후 최초로 접하는 광고주의 상품이나 서비스에 대한 정보이다.

㉡ 소재는 검색 결과 시 노출되는 사이트 제목, 사이트에 대한 설명, 클릭하면 연결되는 연결 URL로 구성된다. 그 외에 전화번호, 위치정보, 홍보문구, 이미지, 서브링크 등 다양한 확장소재를 추가할 수 있다.

㉢ 등록 가능한 광고소재 개수

네이버	• 소재 노출 방식 : '성과 기반 노출(우수한 소재가 우선적으로 노출)'과 '동일 비중 노출(등록된 소재가 번갈아가며 동일한 비중으로 노출)' 중 선택 가능 • 광고그룹당 소재는 최대 5개까지 등록 가능		
카카오	• 소재 노출 방식 : 성과 우선 노출과 랜덤 노출 중 선택 가능(※ 현재는 성과우선노출만 가능) • 광고그룹당 최대 20개까지 등록 가능		
구글	• 소재 노출 방식 : 소재 순환게재 – 순환게재의 옵션 내용		
	균등게재	광고소재별로 임의로 균등하게 표시됨	
	최적화 게재	CTR(클릭률)이 가장 높은 광고소재가 더 자주 표시됨	
	가중게재	광고소재가 지정된 빈도에 따라 표시됨	
	순차게재	광고소재가 지정된 순서에 따라 표시됨	
	• 광고그룹당 텍스트 광고 50개까지 포함 가능		

성과 기반 노출

한 광고그룹 내 소재가 여러 개 있으면 성과가 우수한 소재의 노출 비중을 자동적으로 조절하여 평균 성과를 향상시키는 기능이다. 일정 기간 동안 광고그룹 내 소재의 노출·클릭 수를 계산하여 노출 비중을 확인한 후 이를 바탕으로 자동적으로 노출한다.

예 원래 광고그룹 내 3개의 소재가 동일한 비중으로 노출되어 광고주가 직접 소재 성과를 비교하는 방법이었다면, 성과 기반 노출 적용 시 시스템에서 일정 기간 동안 소재의 우열을 비교하는 AB테스트(소재 A와 B의 노출수와 클릭수 측정 및 클릭 확률 계산)를 빠르게 진행하여 성과가 더 우수한 소재 노출 비율을 자동적으로 조절한다.

② 키워드 삽입과 대체키워드
  ㉠ 키워드 삽입은 구매한 검색키워드를 소재에 자동으로 삽입하여 노출하는 기능이다.
  ㉡ 소재에 키워드가 삽입되면 키워드에 볼드처리가 되어 주목도를 높일 수 있다. 따라서 광고하려는 키워드를 광고소재에 등록하는 것이 바람직하다.

  ㉢ 검색키워드에 볼드처리 시 이용자에게 연관도 높은 사이트로 인식될 수 있으므로 클릭률 향상에 도움되며, 연관도와 클릭률 향상은 광고품질에도 영향을 주어 광고를 효율적으로 운영하는 데 도움이 된다.
  ㉣ 제목에는 1회, 설명에는 2회만 사용할 수 있다.
  ㉤ 대체키워드는 키워드 삽입 시 소재 전체 글자수가 초과되거나 미달될 때 노출되는 키워드로, 키워드 삽입 기능을 사용하면 대체키워드를 필수로 입력해야 한다.
  ㉥ 검색광고의 키워드와 대체키워드 삽입 방법

네이버	{키워드:대체키워드}
카카오	〈키워드:대체키워드〉
구글	{keyword:기본텍스트(대체키워드)}

③ 확장소재

　㉠ 개 요

- 기존에 노출되던 소재(제목&설명문구)와 함께 노출되는 광고소재로서 이미지, 부가링크, 가격정보, 추가제목, 말머리 형태의 추가 정보를 말한다.
- 기본소재 외에 추가 정보를 더하여 사용자에게 보다 많은 정보를 전달할 수 있으며, 링크를 여러 개 제공하여 유입 경로를 확대할 수도 있다.
- 소재 제목·설명·URL과 함께 노출되며, 확장소재 활용으로 고객과의 추가 연결 통로를 확보할 수 있어 광고효과를 상승시킨다.

　㉡ 사이트별 확장소재

네이버	<ul><li>전화번호, 위치정보, 네이버예약, 계산, 추가제목, 홍보문구, 서브링크, 가격링크, 파워링크 이미지, 이미지형 서브링크, 플레이스 정보, 홍보영상, 블로그리뷰 유형이 있다.</li><li>캠페인 혹은 광고그룹 단위로 만들 수 있다.</li></ul>

〈단위별 확장소재〉

캠페인 단위	전화번호, 위치정보, 네이버예약(유형별로 1개씩 등록 가능)
광고그룹 단위	전화번호, 위치정보, 네이버예약, 계산, 추가제목, 홍보문구, 서브링크, 가격링크, 파워링크이미지, 이미지형서브링크, 플레이스 정보, 홍보영상, 블로그리뷰('추가제목·홍보문구·서브링크·가격링크·파워링크 이미지·이미지형 서브링크·플레이스정보·계산'은 유형별로 2개씩, '홍보영상·블로그리뷰'는 하나의 광고그룹 내 최대 5개 등록 가능)

- 캠페인 단위와 광고그룹 단위로 확장소재 등록 시 광고그룹단위의 확장소재가 노출된다.
- 고급옵션에서 해당 확장소재가 노출될 요일/시간대 및 기간 설정이 가능하다.
- 쇼핑검색광고-쇼핑몰 상품형 광고의 경우 '소재 > 상세보기 > 확장소재 > 쇼핑 상품 부가 정보' 경로를 통하여 쇼핑상품부가정보 확장 소재를 등록할 수 있다.
- 등록한 확장소재는 PC와 모바일 통합검색 및 더보기 영역에 노출되며, 노출 영역에 따라 노출기준 및 형태가 다를 수 있다.

〈노출기준과 형태〉

PC 통합검색 영역	<ul><li>상위 7개 광고에 광고성과에 기여도가 높은 확장소재가 우선 노출</li><li>PC 더보기 영역에서는 등록된 확장소재가 동시에 노출</li></ul>
모바일 통합검색 영역	<ul><li>광고성과에 기여도가 높은 확장소재가 우선 노출</li><li>파워링크 더보기 영역에서는 각각의 유형이 동일한 비율로 균등 노출</li></ul>

카카오	<ul><li>키워드광고 기본소재에 이미지, 가격 등을 추가로 노출하여 광고효과 상승을 가져온다.</li><li>Daum과 제휴매체의 PC 통합 검색 결과 및 모바일 앱·웹 검색 결과, 카카오톡 #(샵)탭 검색 결과 등의 프리미엄 광고 영역에 노출(PC는 최대 10개, 모바일은 최대 6개)된다.</li><li>여러 확장소재가 함께 노출되는 확장소재 믹스타입도 가능하다.</li><li>[소재 등록하기]에서 기본소재와 함께 노출될 확장소재를 추가·선택 가능하다.</li><li>카카오 확장소재 유형(총 9종류)</li></ul>

이미지형	썸네일 강남역 회식은 Kakao다이닝 광고 kakaocorp.com/kakaoplace 미쉐린가이드 선정, 강남역 10번 출구, 단체 테라스 완비.	<ul><li>시각적 이미지 정보를 보여줄 수 있는 형태로, 주된 상품 또는 서비스 대표 이미지 추가</li><li>이미지를 통해 유저의 관심을 끌 수 있으며, 클릭과 전환 가능성을 높인다.</li></ul>

	항목	설명
	멀티썸네일 제주도펜션 kakao리조트 광고 pension-kakao.com 제주 앞바다가 보이고 조망이 아름다운 모던펜션 무료조식까지 누리세요. 오션뷰스파 / 마운틴뷰객실 / 인피니티풀	• 3개의 이미지를 이용하여 더욱 풍부한 이미지 정보를 제공 • 중복 이미지 등록 불가
텍스트형	**추가제목** 브랜드 선호도1위 kakao전화영어 1:1 수업으로 영어 왕초보 탈출 광고 kakaocorp.com/english 무료 수업 가능, 주5회 한달 5만원대, 강사변경 무제한, 무료체험 받기.	• 제목 아래 추가설명이 들어가는 형태 • 제목 및 설명문구에 들어가지 못한 내용을 추가로 보여주어 유용성을 증가시킨다.
	부가링크 판교 오피스텔 구할땐 Daum부동산 광고 realestate.daum.net 오피스텔 | 시세검색 | 저보증 | 직거래매물 판교역 역세권 오피스텔, 100% 실사진 , 매물 다량보유, 허위매물 보상.	• 주요 상품이나 핵심 페이지 경로를 부가링크 형태로 제공 • 최대 4개(필수 3개)의 링크를 짧은 문구로 나열하여 잠재고객의 즉각적 유입 유도 • 링크 1개당 최대 6자까지 설정 가능
	말머리 인생 핏, 20대 여성 쇼핑몰 광고 shop.kakao.com 20대 여성 전문 쇼핑몰 신상 대거 입고, 전체 상품 80% 할인 중 연예인 협찬 진행중. 잇아이템 가득 할인 50여종 비캉스록 30% 할인	• 프로모션(할인, 이벤트)이나 공인된 정보(인증, 연관기사) 관련 정보 전달 • 할인 · 이벤트 · 인증 · 연관기사 중 1개 선택, 최대 17자 • 차별화된 브랜드 정보 제공
	가격테이블 특가 상시 업데이트 Kakao여행 광고 flights.kakao.com 조기예약할인, 선착순 특가 거품없는 실속패키지 상품, 면세점 혜택제공. 도쿄 밤도깨비 245,000원부터 괌여행 4박5일 520,000원부터 서유럽 9박10일 1,110,000부터	• 주요 상품의 가격 정보를 함께 제시(최대 3개까지 가능) • 1개당 최대 9자까지 입력 가능, 가격은 숫자만 입력 가능하고 원단위 표시 • 가격에 관심 있는 유저의 관심을 끌 수 있다.
버튼형	**계산버튼** 카카오 치아보험 [계산] 광고 insu.kakao.com 보험나이가 오르면 보험료도 오른다는 사실! 지금 내 치아보험료, 보험나이 확인하기.	• 보험 · 대출 업종일 경우 제공 • 보험료 · 이자 · 한도 등을 바로 계산해 볼 수 있는 연결 URL 제공
	전화번호 고품질 명품 닭가슴살 [전화] 광고 m.kakao.com Non-GMO곡물로 키운 닭고기, 철저한 인증관리 및 검사, 안전한닭가슴살	• 버튼 클릭 시 업체로 직접 연결되는 전화번호를 플랫폼에서 설정할 수 있음
연동형	**톡채널** 다이어리 제작 카카오 [문의] 광고 Diary.kakao.com 다무, 전국 당일배송, 무료배송 서비스	• 카카오톡 채널 연결 시 사용자에게 마케팅 메시지를 지속적으로 제공할 수 있는 채널 구독 유도 • 버튼 클릭 시 연결되는 카카오톡 채널을 플랫폼에서 설정 가능 • 비즈채널에 연동된 톡채널 1개 설정이 가능하다.

구 분	내 용	확장 유형
구글	• 통화버튼, 위치정보, 웹사이트의 특정 부분으로 연결되는 추가 링크, 추가 텍스트 등이 있다. • 추가한 광고확장은 '광고확장(혹은 광고확장의 조합)이 실적을 개선할 것으로 예상될 때', '광고 게재순위 및 광고순위가 높을 때' 표시된다(Google에서는 일정 순위 이상이 되어야 광고확장이 표시됨). • 구글 광고확장은 자동확장과 수동확장으로 나뉜다.	

구 분	내 용	확장 유형
자동확장	• 추가 설정 없이 표시될 수 있는 광고확장 • Google Ads 시스템에서 자동 광고확장이 실적 개선에 효과적이라고 판단하면 자동으로 만들어 광고 아래 표시 • 수동 광고확장 사용 캠페인 및 광고그룹과 호환	동적 사이트링크 광고확장, 동적 구조화된 스니펫 광고확장, 판매자 평점 광고확장, 동적 콜아웃 광고확장 등
수동확장	• 광고주가 직접 설정할 수 있다. • 대부분의 광고확장 유형은 어느 정도의 수동 설정 필요 • 비즈니스에 맞는 수동 확장이 있다면 모두 사용하는 것이 좋다.	• 사업장 구매 유도 : 위치 광고확장, 제휴사 위치 광고확장 정보, 콜아웃 확장 • 고객 연락 유도 : 전화번호 광고확장 • 웹사이트 고객 전환 유도 : 사이트링크 광고확장, 콜아웃 광고확장, 구조화된 스니펫 광고확장, 가격 광고확장 • 앱 다운로드 유도 : 앱 광고확장 • 사용자 정보 제출 유도 : 리드 양식 광고확장

④ 랜딩페이지(URL) 전략

㉠ 랜딩페이지(URL)는 인터넷 상의 웹페이지나 파일의 위치를 말한다. URL은 표시 URL과 연결 URL로 나뉜다.

㉡ 표시 URL은 광고에 표시되는 URL로, 사이트 내 모든 페이지에서 공통으로 확인되는 최상위 도메인이다.

㉢ 연결 URL은 광고를 클릭했을 때 연결되는 웹사이트의 웹페이지, 즉 랜딩페이지의 URL 주소로 방문페이지라고도 한다.

㉣ 랜딩페이지는 사이트의 메인 페이지나 관련 카테고리나 상품 상세페이지, 이벤트 페이지 등 광고주의 필요에 따라 다양하게 연결될 수 있다.

㉤ 네이버·구글은 키워드와 소재에서 연결 URL을 설정할 수 있다. 설정하지 않을 경우 소재의 연결 URL로 연결된다.

㉥ 사용자가 검색 시 나타나는 광고를 보고 기대하는 내용과 랜딩페이지의 내용이 다르면 이탈할 가능성이 크다. 따라서 랜딩페이지는 광고와 관련 있는 페이지로 설정해야 한다.

효율적인 광고소재를 작성하려면?

- 광고 텍스트 작성 시 차별화된 장점을 강조한다. 특히 사용자의 요구와 사용자에게 줄 수 있는 혜택에 초점을 맞춘다.
- 일반적으로 사용자는 자신이 검색한 키워드와 관련성이 높은 광고에 반응하므로, 광고소재는 키워드와 연관 지어 작성한다.
- 사용자가 찾는 정보가 있다는 것을 강조해야 한다. 사용자의 검색어에 직접 대응하는 표현을 사용하여 원하는 것을 보유하고 있다는 것을 직관적으로 알린다.
- 일반적인 표현 대신 구체적인 클릭 유도 문안을 사용한다. 일반적인 유도 문구는 광고 참여도를 하락시킨다.
- 광고소재는 복수로 등록하여 우수한 실적의 소재를 끊임없이 발굴해야 한다.
- 광고확장을 사용하면 광고가 눈에 더 잘 띄고 유용한 정보도 더 많이 표시할 수 있으므로 도움이 되는 광고확장은 모두 사용한다. 광고확장은 최대한 관련성이 높아야 한다.
- 근거 없는 최상급 표현이나 다른 광고주와의 비교 광고는 제한된다. 최상급 표현의 경우 객관적으로 확인이 가능해야 한다.
- 단순히 시선을 끌기 위한 목적으로 관련 없는 내용을 넣거나 불법의 소지가 있는 단어, 비속어, 선정적 표현, 입증되지 않은 수상내역, 의미없이 과도하게 사용된 특수문자 등을 사용하는 것은 불가능하다.

(6) 비즈채널 및 광고 대상 관리

① 개 요

ㄱ 비즈채널은 사용자가 검색으로 만난 광고를 클릭했을 때 도달하는 사업자의 채널 정보이다. 웹사이트, 주소, 전화번호, 네이버 예약 등 잠재적 고객에게 상품 정보를 전달하고 판매하기 위한 모든 채널을 뜻한다.

ㄴ 광고를 집행하려면 캠페인 유형에 맞는 비즈채널을 반드시 등록해야 한다.

ㄷ 비즈채널은 확장소재의 구성요소로도 활용할 수 있다.

② 업체별 관리 방법

ㄱ 네이버

비즈채널 등록	• 네이버 광고시스템에 접속하여 [정보관리 → 비즈채널]을 선택하면 채널의 관리(등록·수정·삭제 등)가 가능하다. • 비즈채널 등록 후 확장소재 탭에서 노출여부를 선택할 수 있다.
네이버 광고에서 사용할 수 있는 비즈채널 종류	• 웹사이트 : PC와 모바일 사이트를 모두 포함하며, 둘의 URL이 다르면 별도의 비즈채널로 등록하여 관리한다. • 쇼핑몰 : 광고 대상이 되는 상품을 판매하는 쇼핑몰 사이트 정보로, 네이버 쇼핑에 입점한 쇼핑몰과 연동 가능 • 콘텐츠 : 블로그·포스트·카페를 활용하여 검색 사용자에게 정보 전달 및 상품 서비스 홍보를 동시에 할 수 있는 사용자 생성 콘텐츠 페이지 • 쇼핑 제조사 : 홍보를 하려는 네이버 쇼핑 카탈로그 제품의 제조사 정보로 제조사·가격비교상품을 조회하여 등록할 수 있다. • 네이버 TV : 네이버 TV 서비스와 네이버 TV 채널을 연동하여 비즈채널을 등록할 수 있다. • 플레이스 : 네이버 스마트 플레이스에 등록된 업체 정보와 연동해 등록할 수 있는 비즈 채널

	• 전화번호 : '전화번호' 유형과 '통화추적번호' 유형 중 선택하여 등록
	  – 전화번호 : 유선·무선 전화번호 모두 포함, 고객과 통화 가능한 번호로 등록하며 클릭 시 과금된다.
	  – 통화추적번호 : 광고에 가상의 전화번호를 노출하여 고객이 건 전화가 일반 전화인지 네이버 모바일 파워링크를 통해 유입된 전화인지 구분할 수 있는 기능
	• 위치정보 : 광고 대상이 되는 상품을 판매하는 업체가 소유하고, 고객이 상품 구매 및 상담 등을 위해 방문할 수 있는 사업장 이름 및 주소
	• 네이버 예약 : 네이버 아이디 하나로 예약 가능한 무료 예약 서비스로, 사업주 홈페이지·네이버 검색광고·지도·블로그·SNS 등 다양한 곳에서 이용할 수 있다.
	• 네이버 톡톡 : 고객과 직접 대화할 수 있는 채팅 서비스(일부 업종에만 제공)

비즈채널 추가	• [도구 → 비즈채널 관리] 메뉴에서 [채널 추가] 버튼을 누르면 된다. • 웹사이트, 위치정보, 전화번호 등 모든 유형을 합쳐 계정당 총 1,000개까지 추가 가능하다(단, 전화번호 유형 중 통화추적번호는 최대 50개, 네이버 톡톡 유형은 최대 5개까지만 가능). • 쇼핑 검색광고를 집행하려면 '쇼핑몰' 비즈채널이 설정되어야 한다. 쇼핑몰 비즈 채널은 네이버 쇼핑에 입점된 쇼핑몰이 있는 경우에만 추가할 수 있으며 해당 쇼핑몰의 정보 및 상품의 연동이 가능하다. • 파워콘텐츠 광고를 집행하려면 콘텐츠 비즈채널을 추가해야 한다(블로그, 포스트, 카페만 가능).

비즈채널 관리	• 웹사이트 선택 시
	  – 웹사이트 채널 정보에 노출되는 이미지는 시스템이 자동 캡처, 이후 일정 주기로 자동 캡처
	  – 노출 이미지는 광고더보기 영역, 쇼핑몰 키워드, 검색결과 미리보기 등에서 사용되므로 임의 수정 불가능

비즈채널 수정	• 등록한 비즈채널의 네이버페이, 프리미엄 로그분석 등 채널정보 및 검수상태 확인 후 비즈채널을 수정하거나 재검수 요청 가능
	• 비즈채널 삭제
	  – 비즈채널은 삭제할 수 있으나, 웹사이트 채널 삭제 시 해당 비즈채널을 사용하는 캠페인 하위 광고그룹, 광고그룹 내 키워드 및 소재, 확장소재 전체가 삭제되어 복구되지 않으며 품질지수도 삭제되어 복구되지 않는다.
	  – 전화번호, 위치정보 비즈채널은 삭제 시 해당 채널을 사용한 확장소재는 삭제되고 광고그룹은 삭제되지 않는다.
	  – 전화번호 채널에 통화추적번호가 연결된 경우 추적번호 삭제 후 전화번호 채널 삭제가 가능하다.

비즈채널 관리가 필요한 이유	• 네이버 광고를 통해 사용자의 트래픽을 보낼 수 있는 모든 채널을 비즈채널 통해 관리 가능하다. • 채널별로 필요한 서류 관리, 커뮤니케이션 관리 등이 쉬워진다. • 다양한 채널을 한눈에 볼 수 있어 광고 집행 가능 여부의 통합적 인지가 가능해지며, 문제가 발생해도 효율적 대처 가능

ⓛ 카카오

• 광고 대상을 의미하며 광고를 집행하고자 하는 브랜드 사이트를 말한다.
• 비즈채널은 캠페인 단위로 필요하다.
• [도구 → 비즈채널 관리]에서 비즈채널을 새로 등록하거나 기존 비즈채널 관리가 가능하다.
• 비즈채널은 웹사이트로, 광고 시작을 위해 반드시 입력해야 한다. 부가적으로 해당 비즈채널에 연동할 수 있는 카카오톡 채널이 있다.

- 비즈채널 등록 : 비즈채널을 사용하려면 비즈채널을 등록해야 한다. 비즈채널 등록을 위한 주요 항목은 다음과 같다.

웹사이트명	사용할 비즈채널의 웹사이트 이름
웹사이트 주요 항목 URL	• 광고하고자 하는 사이트의 URL • 모바일/PC URL 개별 설정 가능
검수계정	• 등록 웹사이트가 제한적인 운영 사이트이거나 성인사이트일 경우 선택 • 회원 전용 사이트일 경우 심사를 위해 개인정보가 포함되지 않은 테스트용 아이디와 패스워드를 기재해야 함
카카오톡 채널	• 비즈채널에 연동할 카카오톡 채널 확인 및 등록 • 접속한 카카오 계정 기준으로 연동된 카카오톡 채널을 불러옴
업종선택	웹사이트 광고주 업종 선택
서류첨부	• 업종 카테고리에 필요한 서류 등록 • 필요 서류가 모두 등록되지 않은 경우 비즈채널 심사에서 보류될 수 있다.
저 장	[저장]을 누르면 기재한 내용이 저장되어 자동으로 심사 담당자에게 심사가 요청된다.

더 알아보기

포털별 등록 가능한 계정 개수

유 형	채널별 등록 가능 개수		
	네이버	카카오	구글
가 입	사업자 최대 5개, 개인 총 2개	비즈니스 계정 수 제한 없음	최대 계정 한도 85,000개(비활성 · 해지 계정 포함) * 최대 계정 한도 : 관리자 계정에서 연결할 수 있는 비 관리자 계정의 최대 수
계정당 비즈채널	계정당 최대 1,000개(전화번호 최대 50개, 톡톡 5개)	• 계정당 총 1,000개 • 비즈채널 등록 시 카카오톡 채널(총2개) 연동 가능	
캠페인	계정당 최대 200개	광고계정 당 최대 1,000개(안정적 운영을 위해 200개 권장함)	• 계정당 캠페인 10,000개(운영중 + 일시중지 캠페인 모두 포함) • 계정당 스마트 쇼핑 캠페인 100개
광고그룹	• 캠페인당 최대 1,000개 • 계정당 최대 10,000개	• 캠페인 당 1,000개	• 캠페인당 광고그룹 20,000개 • 지역 캠페인과 앱 캠페인은 캠페인당 광고그룹 100개 • 광고그룹 당 이미지광고 혹은 갤러리광고 300개 • 계정당 광고 400만 개(운영 중+일시 중지광고) • 광고그룹 당 반응형 검색광고 3개 사용 가능 • 광고그룹 당 광고그룹 타기팅 항목(키워드, 게재위치, 잠재고객 목록 등) 20,000개

키워드	• 광고그룹 당 최대 1,000개 • 광고그룹당 제외 키워드(키워드 확장) 최대 50개 • 캠페인당 전체 키워드 최대 100,000개 • 계정당 전체 키워드 최대 100,000개	광고그룹 당 1,000개	• 계정당 광고그룹 타기팅 항목 5백만 개(예 키워드, 게재위치 및 잠재고객 목록) • 계정당 캠페인 타기팅 항목 1백만 개(예 타깃 위치 및 캠페인 수준 제외 키워드) **제외 키워드 한도** • 계정당 공유 제외 키워드 목록 20개 • 제외 키워드 목록당 키워드 5,000개 • 캠페인당 제외 키워드 10,000개 • 디스플레이 네트워크 및 동영상 캠페인에 대해 제외 키워드 최대 5,000개
소 재	• 광고그룹당 기본 소재 최대 5개 • 광고그룹당 확장소재 유형별 각 1~5개 • 쇼핑플러스 소재 : 1개 그룹당 최대 100개 • 스타일포커스 소재 : 1개 그룹당 최대 300개 • 소재 노출 방식 : 성과 기반노출/동일비중 노출(일반노출)	• 광고계정 내 소재연결(등록) 최대 20,000,000개 • 캠페인에 소재연결 (등록) 최대 20,000개 • 광고그룹 당 20개 • 소재노출방식 : 성과 우선노출	• 광고그룹당 텍스트광고 50개까지 등록 가능 **광고확장 한도** • 계정당 광고그룹 수준의 광고확장 250,000개 • 계정당 캠페인 수준의 광고확장 50,000개 • 캠페인당 광고그룹 수준의 광고확장 10,000개

(7) 광고노출전략 관리

① 개 요

　㉠ 광고노출전략은 등록한 광고를 언제, 어디에 노출시킬지 결정하는 것이다. 어떤 기간, 어떤 시간에 노출시킬지, 어디에 노출시킬지, 어떤 디바이스에 노출시킬지, 어떤 포털의 어느 영역에 노출시킬지에 따라 광고의 효과가 달라진다.

　㉡ 검색광고에는 다양한 전략, 기능을 이용할 수 있으므로 다양한 노출전략 기능을 알아두는 것은 효율적인 광고에 도움이 된다.

② 네이버

　㉠ 캠페인 단위

　　• 기간 변경과 예산 변경이 가능하다.

　　• [캠페인 수정]에서 하루예산을 설정하여 예산 범위 내에서 광고노출이 가능하다. 만약 하루예산의 [균등배분] 옵션을 선택하면 하루 동안 꾸준히 광고가 유지되도록 시스템이 자체적으로 조절한다.

　　• [ON/OFF] 상태를 설정하여 캠페인의 광고노출 여부를 제어할 수 있다. 'OFF'로 설정할 경우 해당 캠페인 하위에 포함되는 광고는 모두 노출 중단된다.

　　• [고급옵션]에서 시작 및 종료 날짜를 설정하여 원하는 날짜에 광고를 노출할 수 있다.

　　• 그룹 전략에서 1시간 단위로 노출할 요일, 시간 등 노출 스케줄을 설정할 수 있으며, 요일/시간대마다 입찰가중치를 다르게 설정하는 것이 가능하다.

ⓛ 광고그룹 단위
- '하루 예산, 매체, 지역, 요일 및 시간대, 콘텐츠 매체, PC 및 모바일 입찰가중치, 소재 노출 방식' 선택으로 광고노출 관리가 가능하다.
- [매체] 설정에서 '모든 매체'를 선택하면 네이버 및 네이버 검색광고 제휴 파트너사의 광고 영역에 광고가 노출된다.
- PC/모바일 매체 선택이 가능하며, 세부 매체유형 선택을 통해 검색 매체와 콘텐츠 매체 중 원하는 곳에만, 또 각각의 매체에서도 네이버 매체와 파트너 매체로 나누어 선택할 수 있다. 일부 매체만 노출하고 싶지 않을 경우에는 노출제한 매체로 설정할 수도 있다.

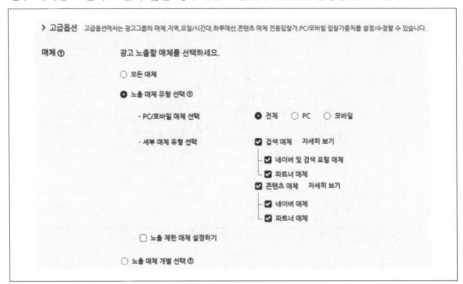

- 광고관리시스템에서 [캠페인 → 광고그룹]을 클릭하여 광고 관리페이지 접속한 후, 타기팅 탭을 통해 광고 타기팅을 설정 및 수정할 수 있다.
  - 요일/시간 타기팅 : 최초 설정 시 모든 요일/시간대에 노출되고 시간대별 입찰 가중치를 다르게 설정할 수 있다, 광고 노출을 원하는 시간대가 있을 경우 [노출 요일/시간대 설정]을 클릭하여 설정할 수 있다.
  - 지역 타기팅 : 최초 설정 시 모든 지역에 노출되고 특정 지역에 노출을 원할 경우 [광고 노출 지역 설정]을 통해 설정할 수 있다. 쇼핑검색광고는 지역 타기팅 설정이 가능하나, 플레이스광고의 경우 노출 제외 지역 설정 기능을 제공하지 않는다.
  - 성별 타기팅: 최초 설정 시 여성, 남성, 성별을 알 수 없는 상태 모두 광고가 노출되고 [성별]을 통해 특정 성별만 노출하거나, 성별에 따라 입찰가 가중치를 다르게 설정할 수 있다.
  - 연령대 타기팅 : 최초 설정 시 모든 연령대에 노출되며 이 경우 '광고 노출, 광고 제외' 설정과 '입찰 가중치' 변경 기능이 제공되지 않는다. 노출 연령대를 설정하거나 입찰 가중치 변경 시에는 [선택 연령대 노출]을 통해 설정할 수 있다. 단 14세 미만은 타기팅 노출 설정 기능을 제공하지 않는다.

- 이용자 세그먼트 타기팅 : 이용자를 관심사나 구매의도로 분류한 단위이다. 최초 설정 시 모든 이용자 세그먼트에 노출되며 [이용자 세그먼트(Beta)]를 통해 설정할 수 있다. 제공되는 상세 세그먼트 중 광고그룹당 최대 20개까지 등록 가능하며, 등록하지 않은 이용자 세그먼트에 대한 지표는 '그 외 세그먼트'로 분류되어 성과를 확인할 수 있다. 특정 세그먼트에 광고 노출을 제외하고 싶은 경우, 노출 제외를 원하는 이용자 세그먼트를 관리화면에서 선택하고, [노출 제외]를 선택하면 된다.

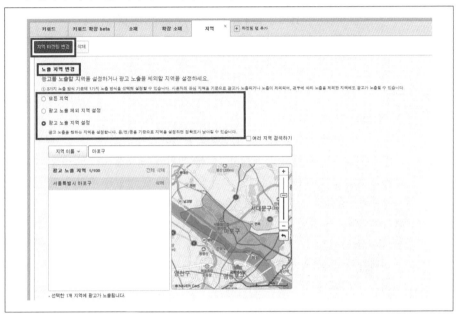

• 검색광고는 네이버 검색결과뿐 아니라, 네이버 내부 페이지와 제휴 콘텐츠 파트너 페이지(네이버 뉴스, 지식인 등)에도 광고를 노출할 수 있으며, 광고가 노출되는 매체가 콘텐츠 매체일 경우 적용되는 콘텐츠 매체 전용가를 입력할 수 있다. 금액은 최소 50원~100,000원까지, 비율로 입력하면 10%~500%(기본 입찰가에 반영)까지 입력 가능하다.

더 알아보기

즐겨찾기 설정하기
• 네이버 검색광고 관리시스템에는 '즐겨찾기' 기능이 있다. 관리 목적에 따라 즐겨찾기를 설정하면 효율적인 광고 관리가 가능하다.
• 광고그룹 · 키워드 · 소재 단위로 추가할 수 있으며, 하나의 즐겨찾기는 광고그룹, 키워드, 소재의 묶음으로 구성된다.
• 광고그룹 · 키워드 · 소재를 여러 즐겨찾기 묶음에 중복으로 추가할 수 있고, 하나의 즐겨찾기 묶음에는 광고그룹, 키워드, 소재를 합쳐 총 1,000개까지 추가가 가능하다.
• 즐겨찾기 묶음은 총 10개가 제공되며, 즐겨찾기 이름 변경이 가능하다.
• 광고그룹 목록, 키워드 목록, 소재 목록(광고 관리, 즐겨찾기, 검색)에서 즐겨찾기 추가 진행이 가능하다.

- 즐겨찾기는 다음과 같은 상황에서 효율적이다.
  - 다수의 광고그룹, 키워드, 소재 중 특정 광고그룹·키워드·소재를 핵심적으로 관리하고자 할 때 즐겨찾기 묶음을 만들어 추가하면 좋다.
  - 서로 다른 캠페인 혹은 광고그룹에 속해 있으나 하나의 공통된 주제로 묶어 관리하고 싶은 광고그룹·키워드·소재를 즐겨찾기에 추가한다.
  - 서로 다른 캠페이나 광고그룹에 속해 있으나 같은 즐겨찾기 묶음에 속한 광고그룹·키워드·소재의 성과를 한눈에 비교할 수 있다.
  - 즐겨찾기에 키워드·소재 등을 추가하면 모바일광고시스템의 [즐겨찾기] 메뉴에서도 이를 확인할 수 있으므로 PC 이용이 어려운 상황에 모바일광고시스템을 이용하여 '입찰가 변경', 'ON/OFF' 등 작업을 빨리 진행할 수 있다.

③ 카카오
  ㉠ 대시보드, 캠페인 단위
    - 대시보드는 광고 계정별로 운영 현황을 확인하고 수정할 수 있는 현황판으로, 광고 구조와 같이 '광고계정 → 캠페인 → 광고그룹 → 키워드 → 소재' 순으로 구성되어 있다. 대시보드에서는 [ON/OFF] 기능을 통해 광고의 노출 시작 및 중단을 손쉽게 진행할 수 있다. 다수의 캠페인·광고그룹·키워드 설정의 일괄 수정이 가능하다.
    - 캠페인에서는 전체 캠페인의 일예산 일괄 수정이 가능하다.
  ㉡ 광고그룹 단위
    - 선택한 광고그룹의 기본 입찰가, 콘텐츠 매체 입찰가, 입찰 가중치, 일예산, 매체유형, 디바이스, 키워드 확장, 집행일자, 집행요일/시간의 일괄 수정이 가능하다.
    - 집행일자 수정으로 원하는 날짜를 지정하여 광고하는 것이 가능하며, 1시간 단위로 노출 요일 및 시간을 설정할 수 있다.
  ㉢ 키워드 단위 : 선택한 키워드의 입찰가, 랜딩URL의 일괄 수정이 가능하다.
  ㉣ 기 타
    - 검색어 연관성과 입찰가는 광고노출의 기준이 되므로 이를 적정하게 맞추는 것이 중요하다.
    - 확장소재를 여러 개 등록할 때는 광고 효율을 위하여 조합된 요소 중 우선순위를 갖고 노출되므로 특정 확장요소 노출이 필요할 때에는 그 구성요소를 잘 확인한다.
  ㉤ 맞춤보고서
    - 맞춤보고서를 통해 관리자센터에서 집행한 광고 결과를 원하는 항목별로 구성하여 확인할 수 있다.
    - 광고계정, 캠페인, 광고그룹, 키워드, 소재별로 단위를 구분하여 다양한 지표를 제공한다.
    - 열 항목 설정을 통해 기본지표(광고노출수, 클릭수, 비용, 클릭률 등), 추가지표(시작일~종료일 동안의 전체 노출수와 클릭비용, 평균 노출순위), 픽셀&SDK 전환지표(연동된 픽셀&SDK의 지표)를 확인할 수 있다.
    - 분석데이터 설정을 통해 광고가 노출 및 클릭된 디바이스·매체유형·시간대를 기준으로 광고 효율 분석이 가능하다.
    - 설정 내용은 저장 및 수정, 다운로드가 가능하다.

④ 구글

　ⓐ 캠페인 단위에서 노출전략에 맞게 네트워크, 위치, 언어, 예산, 시작일 및 종료일을 설정할
　　수 있다.

　ⓑ 고객이 사용하는 언어 타기팅, 광고가 게재될 특정 위치의 타기팅도 가능하다. 국가, 국내 일부
　　지역, 특정 위치를 중심으로 하는 반경 지역과 같은 위치 유형도 설정할 수 있다.

　ⓒ 인구통계 타기팅이 가능하다.
　　• 특정 연령대, 성별, 자녀 유무, 가계 소득 범위에 따른 잠재고객을 타기팅하여 도달 가능하다.
　　• 반대로 광고를 노출시키지 않을 인구통계 그룹 설정을 통해 타기팅 범위를 좁힐 수 있다.
　　• 타기팅 방법 : Google Ads 계정에 로그인한 후 왼쪽 페이지 메뉴에서 [잠재고객] 탭 클릭
　　　→ [인구통계 모듈]의 보기 드롭다운 메뉴에서 '캠페인 보기, 광고그룹 보기' 혹은 '계정보기'
　　　선택 → [인구통계탭(연령, 성별, 가계 소득, 자녀 유무 또는 조합)] 선택

　ⓓ 리마케팅
　　• 이미 자신의 웹사이트에 방문했던 사람들을 타기팅한 광고이다. '전에 사이트를 방문한 사용
　　　자'를 대상으로 디스플레이 광고 캠페인을 맞춤설정하고, 이들 사용자가 구글 및 검색 파트
　　　너 사이트에서 검색하거나 앱을 사용할 때 사용자에게 맞춰 입찰가와 광고를 설정하는 기능
　　　이다.
　　• 리마케팅은 '사이트 방문자 데이터'(모수)를 모아, 이를 기반으로 진행된다. 일반검색광고의
　　　경우 모든 검색 사용자에게 동일한 광고가 제공되지만, 리마케팅 활용 시 모수에 해당되는
　　　유저가 검색하면 일반노출과 다른 광고를 설정할 수 있으며, 각 모수에 맞는 광고 문안의
　　　작성이 가능하다.
　　• 리마케팅을 진행하려면 모수를 모아야 하므로 먼저 데이터 수집 설정을 해야 한다. [관리
　　　→ 데이터 설정 → 데이터수집]을 누른 후 설정을 ON 한다.
　　• '잠재고객 관리자' 페이지를 통해 리마케팅 목록을 만든다. [Google Ads 계정 로그인 → 도구
　　　및 설정 → 공유 라이브러리 → 잠재고객 관리자 → 잠재고객 목록] 순으로 접속한다. 목록의
　　　'웹사이트방문자, 앱사용자, YouTube 사용자, 고객 목록' 중 선택 가능하다.

(8) 광고품질 관리

① 네이버

　ⓐ 네이버 검색광고에서는 검색 사용자와 광고주 모두를 만족시키기 위해 광고의 품질을 측정하
　　며, 이 측정치를 품질지수라고 한다.

　ⓑ 네이버 검색광고의 품질지수는 '내 광고가 다른 광고와 비교했을 때 얼마나 검색 사용자의 의도
　　와 요구를 충족하고 있는가'를 나타낸 것이다. 광고주는 품질지수를 통해 자신이 게재한 광고의
　　상대적 '품질'을 확인할 수 있다.

　ⓒ 네이버 품질지수는 7단계로 분류하며 막대의 형태로 보여준다. 최초 등록 시 같은 키워드가
　　노출되고 있는 광고 평균에 근접한 값으로 4단계 품질지수를 부여받으며, 24시간 내 품질 측정
　　되어 품질지수가 적용된다.

　ⓓ 품질지수 막대 1~2개는 다른 광고에 비해 광고품질이 좋지 않다는 의미이고, 막대 3~5개는
　　다른 광고와 같은 보통 품질, 막대 6~7개는 다른 광고에 비해 광고품질이 높다는 것을 나타낸다.

ⓜ 품질지수는 광고노출과 입찰에 적용된다. 품질지수 산정은 사용자의 실제 검색어나 광고가 노출되는 매체 및 소재(확장소재) 등 여러 가지 요소를 종합적으로 본다.

ⓗ 품질지수가 높아지면 다음과 같은 영향을 받는다.

- 광고순위는 입찰가와 품질지수를 고려하여 결정되므로, 품질지수가 높은 광고가 더 높은 순위에 노출된다.
- 품질지수가 높으면 품질지수가 낮은 광고에 비해 더 적은 광고비로 노출순위가 높아지므로 광고효과가 높아진다.
- 신뢰도 높은 광고에 더 많은 혜택을 주기 위해 실제 광고 클릭비용, 즉 광고비는 품질지수를 고려하여 산정된다. 따라서 품질지수가 높을수록 실제 지불하는 광고비가 낮아진다.

② 카카오

㉠ 카카오의 품질지수는 키워드 단위로 평가된다. 일정 기간 동안의 해당 키워드 클릭률, 키워드와 소재 간의 연관도 평가, 그 외 광고그룹과 광고 대상이 획득한 성과 등을 종합적으로 계산한 지표이다.

㉡ 카카오 품질지수도 네이버와 마찬가지로 7단계로 분류하며 막대의 형태로 보여준다. 초록색이 많을수록 상대적으로 높은 품질을 의미한다. 최초 등록 시 0단계의 품질지수가 부여되며, 2~3단계는 각별한 주의를 요하는 경우, 4~5단계는 보통 수준, 6~7단계는 우수한 품질이다.

㉢ 카카오의 광고노출순위 역시 입찰가 및 품질지수에 따라 결정된다.

③ 구글

㉠ 구글의 품질지수는 '품질평가지수'라고 하며, 다른 광고주와 비교해 내 광고품질을 파악할 수 있는 진단 도구이다.

㉡ 품질평가점수의 경우 키워드 단위로 평가되며, 1~10점으로 산정된다. 등록 시 0점으로 시작하며, 실적 데이터가 누적되어 변한다. 품질평가점수가 높을수록 다른 광고주에 비해 내 광고 및 방문 페이지가 내 키워드 검색 사용자에게 관련성 높고 유용하다는 것을 의미한다.

㉢ 품질평가점수는 CTR(예상클릭률), 광고 관련성, 방문 페이지 만족도의 실적을 통합적으로 고려하여 산출되며, 지난 90일 동안 같은 키워드로 게재된 타 광고주의 광고와 비교한 결과를 바탕으로 평가된다.

㉣ 구글의 경우, 일정 수준의 품질을 충족해야 광고 게재가 가능하다. 또한 광고품질점수가 높을수록 클릭당 지불 비용이 감소하며, 광고 게재 위치가 상승하는 등 여러 이익을 주고 있다.

제 2 절 무효클릭 관리

(1) 개 요

① 의 미

ㄱ 무효클릭은 일반적으로 유저의 검색패턴에서 벗어난 클릭으로, 검색광고 본래 취지에 맞지 않는 무의미한 클릭을 말한다.

ㄴ 무효클릭은 과금되지 않고, 계정 데이터 및 보고서에서 제외된다.

ㄷ 네이버, 카카오, 구글에서는 무효클릭에 대한 사전·사후 모니터링을 진행하고 있으며 무효클릭으로 처리된 경우 과금되지 않는다.

ㄹ 필터링 로직과 필터링 결과는 악용할 가능성이 있으므로 공개하지 않는다.

② 무효클릭 판단 사례

ㄱ 광고비 소진, 품질지수 상승 등 특정인의 이익을 위해 행해지는 인위적인 클릭

ㄴ 각종 소프트웨어, 로봇 및 자동화된 도구에 의하여 발생하는 클릭

ㄷ 더블 클릭 등으로 인하여 발생하는 무의미한 클릭

ㄹ 검색포털 내부 IP에서 발생한 클릭

ㅁ 그 이외의 검색이용자의 의도에 반하는 다양한 형태의 클릭

(2) 매체별 무효클릭 관리

① 네이버

ㄱ 과금된 내역 중 무효클릭이 의심되는 경우 클린센터로 사후 검증을 요청할 수 있다.

ㄴ 검증 요청 시에는 다음 4개의 정보가 필수적으로 필요하다.

클릭일시	광고 클릭이 일어난 날짜와 시각
키워드	광고노출이 이루어진 검색 키워드
IP	광고를 클릭한 기기의 IP 주소
URL	광고 게재 중인 URL

ⓒ 노출제한 IP 등록
- 무효 클릭이 의심되는 IP 주소는 '노출 제한 IP'로 등록하여 해당 IP 주소에서 광고가 노출되지 않게 설정할 수 있다.
- 최대 600개까지 등록 가능하다.
- 광고노출 제한 IP 등록은 광고시스템 상단 [광고시스템 → 관리도구 → 광고노출제한 관리] 페이지에서 할 수 있다.

ⓓ 유동 IP 차단
- 계속 변경되어 접속하는 유동 IP의 경우 확장 IP를 입력하여 차단 가능하다.
- 마지막 네 번째 자리에 와일드카드 문자(*)를 사용한다(예 IP 주소 마지막 자리에 와일드카드 문자를 다음과 같이 '210.145.41.*'로 입력하면 '210.145.41'로 시작하는 모든 IP 주소에서 광고가 노출되지 않는다).
- 유동 IP 차단 시 부정적인 목적을 가진 사용자 외에 유효한 사용자까지 함께 차단될 수 있으므로 노출제한 IP를 등록할 때 주의한다.

ⓔ 사이트 방문자 IP의 경우 호스팅 업체나 별도 로그분석 시스템을 통하여 확인할 수 있다.

② 카카오
ⓐ 무효클릭이 의심되는 경우, '클릭일(날짜), 의심키워드, 의심IP'를 작성하여 '해당 정보를 포함한 클릭로그 파일'과 함께 고객센터로 접수한다.
ⓑ 광고가 노출되지 않기를 희망하는 IP나 사이트가 있다면 '노출제한 설정메뉴'에 IP와 사이트를 등록하면 해당 IP 및 사이트에서 광고가 노출되지 않는다.
ⓒ 광고노출 제한 IP는 [도구 → 광고노출 제한]에 입력하여 제한할 수 있으며, 최대 500개까지 등록 가능하다.
ⓓ 유동 IP의 경우, 마지막 네 번째 자리에 와일드카드(*)를 입력하여 차단한다.

더 알아보기

무효클릭 의심사례 중 잘못된 원인
광고를 게재할 때 트래픽 증가나 전환율 감소 시 무효클릭이 발생했다고 판단하는 경우가 종종 있다. 그러나 트래픽 변동은 내·외부적인 요인으로 발생하는 경우가 많으므로 이럴 때는 계정을 점검하여 문제의 원인 및 해결 방법을 찾는다.

〈트래픽 증가의 일반적인 원인〉

일예산 및 입찰가 변경	캠페인 전략설정에서 일예산을 높이거나 키워드 입찰가를 높이면 광고에 더 많이 노출되며, 이로 인하여 클릭량이 증가할 수 있음
계절적 요인, 이벤트, 행사, 언론 보도	계절적 요인 또는 이벤트 등 특정 주제에 대하여 관심이 급증하여 트래픽이 늘어날 수 있음
키워드 및 광고소재 변경	키워드 및 광고소재 변경에 따른 광고그룹의 품질지수 상승과 이로 인한 노출 우대
타 네트워크에 광고 게재 시작	제휴 네트워크사 추가 및 변경으로 인한 트래픽 증가

> 전환율 감소의 일반적인 원인
> • 광고 대상과 연관도 낮은 키워드 구매
> • 키워드·광고소재의 구체성이 결여된 경우
> • 랜딩페이지 구성(사이트 구성)이 비효율적임

③ 구글

    ㉠ 악성 소프트웨어로 인해 발생한 클릭이나 사용자의 의도와 관계 없이 발생한 클릭 등 Google에서 불법으로 간주하는 광고 클릭이다.

    ㉡ Google 시스템에서는 자동 감지 시스템으로 무효 클릭 및 노출을 파악하고 계정 데이터에서 삭제한다.

    ㉢ 시스템상에서 무효클릭으로 확인되면 해당 클릭에 대해 비용이 청구되지 않게 보고서 및 결제 금액에서 해당 클릭이 자동 필터링된다.

    ㉣ 시스템에서 발견 못 한 무효클릭의 경우 해당 클릭에 대해 크레딧을 받을 수 있는데, 이를 '무효 활동 조정 크레딧'이라고 한다.

더 알아보기

클릭 수와 방문 수

Google의 경우, Google Ads에서는 클릭 수를 추적하고 Google 애널리틱스에서는 방문 수를 추적한다. 방문자가 브라우저를 닫지 않고 30분 내에 해당 브라우저의 광고를 두 번 클릭하면 Google 애널리틱스에서는 방문자가 사이트를 떠난 후 곧바로 재방문했을 때도 사이트를 한 번 방문했다고 기록한다.

예 방문자가 광고를 한 번 클릭한 후 'Back' 버튼을 클릭한 다음 광고를 다시 클릭하면 Google Ads에서는 클릭을 두 번 한 것으로 기록되나 Google 애널리틱스는 방문을 한 번 한 것으로 기록한다.

04 ○ · × 문제

01 ○× 네이버 광고에서 캠페인의 기본 설정으로는 '캠페인 유형, 상태, 기간, 하루예산, 예산배분, 광고 그룹 수, 키워드 수' 등이 있다.

02 ○× 네이버 광고의 '자동 규칙 만들기, 삭제'는 '캠페인 관리'에서 가능하다.

03 ○× 네이버 광고에서 캠페인이 '캠페인 예산 도달'로 중지된 경우 캠페인의 하루 예산을 현재 설정된 금액보다 낮은 금액으로 변경한다.

04 ○× 카카오의 경우, 대시보드에서 광고계정에 속한 모든 캠페인, 광고그룹, 키워드, 소재 현황 확인이 가능하다.

05 ○× Google Ads에서 검색캠페인을 선택하면 기본지표로 개별성과(시간, 클릭 유형, 전환, 기기, 네트워크 등)를 제공한다.

06 ○× 네이버 광고시스템에서는 선택한 광고그룹을 다른 캠페인으로 복사 가능하며, 이 경우 품질지수까지 복사된다.

정답

01 × ▸'ON/OFF, 상태, 캠페인 이름, 캠페인 유형, 노출수, 클릭수, 클릭률(%), 평균클릭비용, 총비용', 하루예산이다.
02 ○
03 × ▸설정된 금액보다 높은 금액으로 변경하거나 '제한 없음'으로 변경한다.
04 ○
05 × ▸기본지표로 캠페인명, 예산, 상태, 유형, 클릭수, 노출수, 클릭률, 평균 CPC, 비용, 전환당 비용, 전환 수, 전환율 등을 제공한다.
06 × ▸품질지수는 복사되지 않는다.

07 ☐○☐× 카카오의 경우 광고그룹 관리 화면의 [추가지표]를 선택하면 픽셀&SDK 전환지표를 확인할 수 있다.

08 ☐○☐× 키워드 입찰가 변경 방법 중 최소노출 입찰가는 최근 4주간 검색을 통해 노출된 광고 중에서 최하위에 노출되었던 광고의 입찰가 중 가장 작은 값이다.

09 ☐○☐× Google Ads의 경우, 키워드 목록에서 키워드를 선택하여 최대 CPC 입찰가를 변경할 수 있다.

10 ☐○☐× 네이버에서 제공하는 입찰가 설정 기능으로 '스마트 자동 입찰'이 있다.

11 ☐○☐× 키워드 발굴 시스템으로 카카오와 구글은 키워드도구를, 네이버는 키워드 플래너를 가지고 있다.

정답

07 ○

08 ✕ ▸ 최근 4주간 검색을 통해 노출된 광고 중에서 최하위에 노출되었던 광고의 입찰가 중 가장 큰 값이다.

09 ○

10 ✕ ▸ 스마트 자동 입찰은 구글의 자동 입찰 전략이다.

11 ✕ ▸ 네이버는 키워드도구, 카카오&구글은 키워드 플래너이다.

01 다음 중 비즈채널에 대한 설명으로 적절하지 않은 것은?

① 비즈채널 등록 후 키워드 탭에서 노출여부를 선택할 수 있다.
② 웹사이트, 쇼핑몰 등 고객에게 상품 정보를 전달하고 판매하기 위한 모든 채널을 의미한다.
③ 비즈채널의 쇼핑몰은 네이버 쇼핑에 입점한 쇼핑몰과 연동할 수 있다.
④ 쇼핑몰 비즈 채널은 네이버 쇼핑에 입점된 쇼핑몰이 있는 경우에만 추가할 수 있으며 해당 쇼핑몰의 정보 및 상품의 연동이 가능하다.

✏ 해설

비즈채널 등록 후 확장소재 탭에서 노출여부를 선택할 수 있다.

02 다음 중 확장소재에 대한 설명으로 적절하지 않은 것은?

① 구글 확장소재 중 '앱 다운로드 유도' 목표를 달성하기 위한 방법으로 '앱 광고확장'이 있다.
② 카카오는 여러 확장소재가 함께 노출되는 확장소재 믹스타입도 가능하다.
③ 네이버의 경우 캠페인, 광고그룹, 키워드 단위로 확장소재를 등록할 수 있다.
④ 네이버는 고급옵션에서 해당 확장소재가 노출될 요일/시간대 및 기간을 설정할 수 있다.

✏ 해설

네이버는 캠페인 및 광고그룹 단위로 확장소재 등록이 가능하다.

03 다음 중 네이버 검색광고 복사, 삭제 기능에 대한 설명으로 적절하지 않은 것은?

① 광고그룹을 복사하면 해당 그룹 하위의 키워드, 소재 등도 함께 복사된다.
② 광고그룹을 복사할 때 키워드 품질지수를 포함해서 복사할 수 있다.
③ 광고그룹을 삭제하면 광고그룹 하위의 모든 키워드와 소재가 삭제된다.
④ 광고그룹 삭제 후에도 과거의 성과를 보고서에서 조회할 수 있다.

04 네이버의 캠페인 설정 항목에 대한 설명으로 적절하지 않은 것은?

① 사용자 설정을 통해 모든 캠페인 단위에서 노출될 수 있는 지표 선택이 가능하다.
② '상세데이터'에서 캠페인 단위 광고성과를 확인할 수 있다.
③ 기본 설정에서 전환수와 전환율을 확인할 수 있다.
④ 요일, 시간대, 지역, 검색/콘텐츠 매체를 구분하여 확인할 수 있다.

✏ **해설**

전환수와 전환율은 성과지표로 사용자 설정에서 확인할 수 있다.

05 카카오의 캠페인 관리에 대한 설명으로 적절하지 않은 것은?

① 캠페인 이름을 클릭하면 캠페인에 속한 그룹 목록 확인이 가능하다.
② '전체노출수, 클릭당비용, 평균노출순위 정보'도 확인 가능하며 '픽셀&SDK 전환지표'도 확인할 수 있다.
③ 그룹 리스트는 가나다순으로 정렬되어 있으며, 등록일순이나 수정일순으로 변경하여 정렬할 수는 없다.
④ '기본 입찰가, 콘텐츠 매체 입찰가, 입찰가중치, 일예산, 매체유형, 디바이스, 키워드 확장, 집행일자, 집행요일/시간' 수정이 가능하다.

✏ **해설**

그룹 리스트는 기본적으로 가나다순으로 정렬되어 있으며, '등록일순/수정일순'으로 변경하여 정렬할 수도 있다.

정답 01 ① 02 ③ 03 ② 04 ③ 05 ③

06 매체별 그룹관리에 대한 설명으로 적절하지 않은 것은?

① 네이버는 캠페인 광고그룹 목록에서 개별 광고그룹 혹은 여러 개의 광고그룹을 선택하여 관리할 수 있다.

② 네이버는 광고그룹을 삭제하면 광고그룹 하위의 모든 키워드와 소재가 삭제되며, 삭제된 광고그룹과 키워드, 품질지수, 소재는 복구할 수 있다.

③ 카카오는 그룹 목록에서 기본지표로 '광고그룹 이름, ON/OFF, 운영상태, 기본입찰가, 일예산, 집행일자, 노출수, 클릭수, 클릭률, 비용, 기간' 정보를 확인할 수 있다.

④ 구글은 그룹 목록에서 광고그룹 이름, 상태, 타깃 CPA, 전환 수, 전환당 비용, 광고그룹 유형, 클릭수, 노출수, 클릭률, 평균 CPC, 비용, 전환율을 확인할 수 있다.

✏ **해설**

광고그룹 관리 화면에서 삭제할 광고그룹을 선택한 후 [삭제]를 클릭하면 광고그룹을 삭제할 수 있다. 광고그룹을 삭제하면 광고그룹 하위의 모든 키워드와 소재가 삭제되며, 삭제된 광고그룹과 키워드, 품질지수, 소재는 복구할 수 없으므로 주의해야 한다. 단, 삭제 후에도 과거의 성과는 보고서에서 조회할 수 있다.

07 매체별 입찰 관리에 대한 설명으로 적절하지 않은 것은?

① 네이버는 입찰가 일괄 변경과 개별변경이 모두 가능하다.

② 카카오는 순위별 평균 입찰가 설정이 가능하다.

③ 구글은 매월 타깃 예산을 다 소진할 필요가 없을 때 자동보다 수동 CPC입찰이 더 유리하다.

④ 구글의 입찰가 조정 설정은 광고그룹에서만 가능하다.

✏ **해설**

구글은 캠페인과 광고그룹 모두 입찰가 조정 설정이 가능하다.

08 키워드에 대한 설명으로 적절하지 않은 것은?

① 세부키워드는 고객의 검색 의도에 맞는 수식어나 지역명 등을 포함한 키워드이다.

② 세부키워드는 검색 수가 높아 광고를 많이 노출할 수 있다.

③ 키워드 발굴이 어려울 때 키워드 확장 기능을 통해 더 많은 키워드에 광고노출이 가능하다.

④ 네이버는 '자동완성 서비스'와 '연간검색어'를, 카카오는 '관련검색어'·'제안검색어'·'추천검색어'를, 구글은 '관련검색어'를 제공한다.

✏ **해설**

세부키워드는 대표키워드에 비해 검색 수 및 클릭 수가 적어 광고노출이 낮을 수 있다.

09 구글의 키워드 관리에 대한 설명으로 적절하지 않은 것은?

① 키워드 목록에서 키워드를 선택하여 최대 CPC 입찰가 변경이 가능하다.
② '최대 CPC 입찰가 변경 기능'을 통해 수동입찰방식과 자동입찰방식 중 선택 가능하다.
③ 수동 CPC 이용 시 최대 CPC 입찰가를 조정하여 광고비 및 광고 클릭 수를 조절할 수 있다.
④ 캠페인 → 키워드/소재 → 그룹의 계정구조를 가지고 있다.

✎ **해설**

구글은 캠페인 → 그룹 → 키워드/소재의 계정구조를 가진다.

10 선택 키워드 입찰가 변경에 대한 설명으로 적절하지 않은 것은?

① 키워드 목록에서 키워드를 선택하여 최대 CPC 입찰가 변경이 가능하다.
② 수동 CPC 이용 시 최대 CPC 입찰가를 조정하여 광고비 및 광고 클릭 수를 조절할 수 있다.
③ 웹사이트 트래픽 증가가 브랜드 인지도 향상보다 더 중요할 때 수동 CPC 입찰이 적절하다.
④ 매월 타깃 예산을 다 소진할 필요가 없을 때 자동 CPC 입찰이 더 적당하다.

✎ **해설**

매월 타깃 예산을 다 소진할 필요가 없을 때에는 수동 CPC 입찰을 해야 광고비를 조절할 수 있다.

11 매체별 소재 관리에 대한 설명으로 적절하지 않은 것은?

① 네이버는 광고그룹당 최대 5개까지 소재 등록이 가능하다.
② 카카오는 광고그룹당 최대 20개까지 소재 등록이 가능하다.
③ 카카오는 소재 순환게재 방식으로 소재를 노출한다.
④ 구글은 광고그룹당 텍스트 광고 50개까지 포함이 가능하다.

✎ **해설**

소재 순환게재는 구글의 소재 노출 방식이다.

정답 06 ② 07 ④ 08 ② 09 ④ 10 ④ 11 ③

CHAPTER 04 출제예상문제 **183**

12 구글 검색광고 키워드 등록 시, 아래에서 설명하는 검색에 광고가 게재될 수 있는 검색 유형은 무엇인가?

> • 키워드의 의미를 포함하는 검색어에 광고가 게재될 수 있음(중간 검색)
> • 내 제품 또는 서비스가 포함된 검색어에만 광고 게재

🖉 **해설**

> 검색 유형은 확장검색 → 구문검색 → 일치검색(특정 사용자 검색어) 단계로 게재 대상이 좁아진다.

13 쇼핑 검색광고 → 쇼핑브랜드형 광고 입찰가를 500원으로 설정하여 광고를 집행하고 있다. 입찰가 변경 기능을 통해 50% 감액했다면, 최종 얼마의 입찰가가 적용되는가?

🖉 **해설**

> '쇼핑 검색광고 → 쇼핑 브랜드형'의 기본 입찰가는 최소 300원부터 최대 10만원까지 설정가능하며, 광고그룹 생성 시 기본입찰가는 300원으로 설정된다. 따라서 500원에서 50% 감액하면 250원이지만, 최소 기본입찰가보다 낮으므로 최소 기본입찰가인 300원의 입찰가가 적용된다.

14 사이트검색광고 제목문구를 다음과 같이 작성하였을 때, '도자기체험' 키워드 검색 시 노출되는 문구는 무엇인가?

> • 도자기 {키워드:도자기체험} 자기공방 (글자수:15/15)

15 파워콘텐츠 검색광고를 집행하기 위해서는 콘텐츠 비즈채널을 추가해야 한다. 콘텐츠 비즈채널로 등록 가능한 URL 유형 3가지는 무엇인가?

✎ 해설

콘텐츠 검색광고를 집행하려면 콘텐츠 비즈채널을 추가해야 하는데, 블로그, 포스트, 카페만 등록이 가능하다.

16 광고그룹의 등록키워드 및 유사한 의미의 키워드의 자동 광고노출이 가능한 기능으로 등록하지 않은 키워드도 등록한 키워드와 연관도가 있는 유의 키워드라면 자동 광고노출이 되도록 하는 네이버 검색광고 기능은 무엇인가?

✎ 해설

키워드 확장은 그룹에 등록한 키워드와 유사한 의미를 가진 키워드에 자동으로 광고를 노출하는 기능으로, 다양한 유사 의미의 키워드로 광고집행을 원할 경우 사용하는 네이버 검색광고 기능을 말한다.

17 카카오 확장소재로 이미지 형태의 소재를 추가로 노출하여 시각적 주목도를 높이고, 클릭률 향상을 기대할 수 있는 유형인 이것은 무엇인가?

✎ 해설

썸네일이미지는 1개의 이미지를 소재에 추가하여 시각적 주목도를 높이고, 클릭률 향상을 기대할 수 있는 카카오 확장소재 유형이다.

정답 12 구문검색 13 300원 14 도자기, 도자기체험, 자기공방 15 블로그, 포스트, 카페 16 키워드 확장
17 썸네일(썸네일이미지형)

우리 인생의 가장 큰 영광은 넘어지지 않는 데 있는 것이 아니라
넘어질 때마다 일어서는 데 있다.

- 넬슨 만델라 -

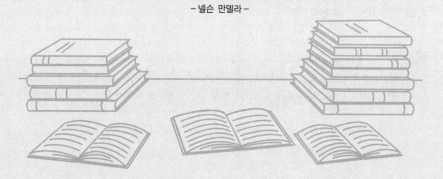

PART 3

검색광고 활용전략

얼마나 많은 사람들이 책 한권을 읽음으로써 인생에 새로운 전기를 맞이했던가.

– 헨리 데이비드 소로 –

01 광고효과분석

제 1 절 검색광고효과분석을 위한 사전 이해

(1) 사용자의 행동단계와 효과분석의 관계

① 효과분석에 대한 이해

    ㉠ 검색광고의 경우, 실시간으로 운영되는 시스템으로 집행 결과에 대한 명확한 성과 측정이 가능하므로 집행한 광고에 대한 효과분석을 통해 광고성과를 크게 개선시킬 수 있다.

    ㉡ 따라서 검색광고효과분석은 광고집행 프로세스의 마지막 단계이자 동시에 시작의 단계라고 할 수 있다.

    ㉢ 검색광고 마케터는 초기 수립한 광고목표에 대한 평가에서 끝나선 안 되며, 효과분석을 통해 광고를 개선하고 성장을 이끌어내야 한다.

    ㉣ 광고의 대상이 되는 검색 사용자의 행동단계를 이해하고, 각 단계마다 광고효과를 측정하면 광고의 문제점을 발견하고 개선시킬 수 있다.

② 검색 사용자 행동단계

    ㉠ 검색 사용자의 행동은 'Ⓐ 노출 → Ⓑ 클릭 → Ⓒ 구매' 3단계를 거친다.

    ㉡ 검색광고 사용자의 행동 예시

> 소영이는 린넨 소재로 된 여름 원피스를 구매하기 위해 포털 사이트에서 '여름 원피스'를 검색했다. Ⓐ 검색 결과 다양한 여름 원피스 판매 사이트가 검색창 밑으로 제공되었다. Ⓑ 소영이는 그중 자신이 사려고 마음먹었던 린넨 소재 여름 원피스가 많을 것으로 기대되는 사이트를 클릭했다. 하지만 해당 사이트의 원피스에는 원하는 소재가 없었고, 소영이는 포털의 검색창으로 되돌아와 '린넨 원피스'라는 키워드로 다시 검색했다. Ⓐ 검색창에 린넨 재질의 원피스 판매 사이트가 노출되었고 Ⓑ 소영은 그중 가장 취향에 맞는 원피스 사진이 게재된 사이트를 클릭했다. Ⓒ 해당 사이트에는 소영이 원하는 재질의 원피스가 있었고, 소영은 구매후기 및 상세설명을 확인한 후 Ⓒ 마음에 드는 원피스를 구매하였다.

③ 검색광고효과를 측정하기 위한 구분

행동단계	단계별 효과 측정		내 용
노 출	노출수	CPI	광고가 충분히 노출되고 있는가
클 릭	클릭수, 클릭비용, 클릭률	CPC	광고가 노출된 만큼 사이트에 방문하고 있는가
구 매	전환수, 전환율, 전환비용	CPR	방문자 중 전환을 일으키는 비율은 적절한가

(2) 검색광고에서 매일 효과분석을 해야 하는 이유

① 매일 발생하는 키워드의 양과 질이 다르다.

    ㉠ 사용자들이 검색하는 키워드는 계절, 날씨, 요일 등 다양한 사유로 계속 바뀐다.

    ㉡ 인기검색어의 경우, 주차별 인기검색어가 달라지고 새로운 검색어가 계속 등장한다.

    ㉢ 검색 사용자의 능동적이고 유동적인 검색 활동은 검색광고의 노출수부터 전환 성과까지 절대적 영향을 미치므로, 키워드 선택 시 이를 고려해야 한다.

    ㉣ 긍정적 관심으로 인한 검색량 증가는 광고노출 및 클릭 증가가 더 많은 전환기회를 주는 반면, 사고 혹은 재해 같은 부정적 관심으로 인한 검색량 증가는 광고노출 및 클릭 증가가 비용만을 소진하고 전환은 발생시키지 않아 손해를 가지고 올 수 있다.

    ㉤ 따라서 동일한 키워드로 집행해도 효과는 매일 달라질 수 있다. 어제 노출이 없었던 키워드에서 전환이 발생되거나 꾸준하게 전환이 발생되었던 키워드에서 광고비 소진만 발생할 수도 있다.

    ㉥ 매일 효과분석을 하고 키워드 변화를 체크하여, 빠르게 대응해야 불필요한 광고비 소진을 막고 더 많은 전환 기회를 가져올 수 있다.

> **더 알아보기**
>
> 데이터랩
> - 네이버 데이터랩, 카카오 데이터 트렌드, 구글 트렌드 등 각 포털사이트에서는 해당 포털사이트의 검색 데이터를 이용해 인기 검색어를 검색할 수 있는 데이터랩을 제공하고 있다.
> - 기간, 기기, 인구통계 등을 기준으로 일간·주간·월간별 검색어의 추이를 확인할 수 있다.
> - 각 포털 데이터랩의 특징
>   - 네이버 데이터랩 : 검색어 트렌드·쇼핑인사이트·지역통계·댓글통계를 제공하며 댓글통계를 제외한 나머지 서비스는 검색어를 활용함
>   - 카카오 데이터 트렌드 : 다음 통합검색의 검색어 트렌드 확인 가능, 단일 검색어의 검색량 변화를 성별·연령별·지역별로 확인 가능하며 검색어를 추가한 비교 검색어를 통해 검색량 변화도 비교할 수 있음
>   - 구글 트렌드 : 전세계를 대상으로 검색어 동향 제공, 검색어뿐 아니라 주제별 트렌드도 확인 가능

② 실시간 광고분석이 가능하다.

    ㉠ 검색광고시스템은 실시간 광고 운영을 할 수 있으며, 매일 오늘자 광고지표 확인이 가능하다.

    ㉡ 키워드광고상품의 경우 매체사별로 각각 자사의 광고분석을 할 수 있는 여러 시스템이 구비되어 있으므로 이를 통해 실시간으로 효과분석을 할 수 있다.

    ㉢ 노출수, 클릭수, 총비용 등 지표와 전환지표 추이를 파악해 목표 및 예산에 맞는 탄력적 운영이 가능하다.

    ㉣ 예산 도달로 중단된 캠페인이나 그룹도 빠르게 대응할 수 있다.

    ㉤ 실시간 확인과 분석이 가능하므로 어떤 매체에서, 어떤 키워드가 더 효율적인지 가장 알맞은 방식으로 최적화할 수 있다.

③ 광고상품이 다양하게 존재한다.

    ㉠ 매체가 다양해지며 광고상품도 다양해졌다. 검색광고 매체의 경우, 네이버·카카오·구글이 있으며 네이버 검색광고의 경우에도 파워링크·쇼핑 검색광고·파워콘텐츠·브랜드검색/신

제품검색·플레이스광고·지역소상공인광고 등이 있는 것처럼 다양한 광고상품이 존재한다. 최근에는 오픈마켓 시장의 성장에 따라 오픈마켓 키워드광고의 중요성도 커지고 있다.

 ⓒ 디바이스별 광고상품 차이도 존재한다. PC에서는 파워링크가 최상단에 노출되고 있지만 모바일에서는 파워콘텐츠가 최상단에 노출되는 경우도 있는데, 이는 검색사용자의 편의를 위한 동적 노출 기능으로 항상 고정되어 있는 것은 아니다. 파워콘텐츠가 갑자기 상위에 노출되어 파워링크 성과가 급감하거나 반대의 경우가 발생할 수도 있다.

 ⓒ 상품 특성이 각각 다르며 예산은 한정돼 있으므로, 목표한 효과를 얻으려면 다양한 종류의 광고를 믹스하여 진행해보고, 매체·디바이스·상품·키워드 단위의 효과분석을 통해 그 결과의 효과분석을 통해 끊임없이 최적화하는 작업이 필요하다.

④ 실시간 입찰방식을 효과적으로 운영하기 위해 필요하다.

 ⓐ 검색광고는 실시간 입찰방식으로 광고가 노출되므로 시간을 많이 투자하여 세심한 운영을 할 필요가 있다.

 ⓑ 검색광고는 정해진 시간에 고정 노출되는 상품(⑩ 네이버 타임보드)과 달리 시간을 투자할수록 성과가 점점 개선되는 경향이 있기 때문이다.

제 2 절   효과분석을 위한 목표설정 방법

(1) 목표설정

① 검색광고를 통해 획득하고자 하는 목표가 무엇인지 구체적이고 명확해야 한다.

 ⓐ 목표가 명확해야 방안도 구체화시킬 수 있으며 캠페인 참여자들의 활동 방향을 제시할 수 있다.

 ⓑ 목표가 명확하지 않으면 효과분석의 기준 또한 불명확하여 문제점을 발견하기 힘들 것이다.

 ⓒ 명확한 목표 예시 : 클릭 수 20,000회, 전환율 7% 등

② 목표는 측정 가능한 것이어야 한다.

 ⓐ 목표는 수치화되어야 명확한 기준을 설정할 수 있다.

 ⓑ 측정가능한 목표 예시 : 클릭당 비용 100원, 전환당 비용 800원 등

(2) 세분화된 목표설정

① 검색광고의 세분화된 목표란 각 단계에 대한 개별 목표이다. 검색광고를 통해 달성하려는 최종 목표는 클릭부터 전환에 이르기까지 각 단계마다 세부적인 목표를 설정하여 이에 대한 효과 측정 및 개선 작업이 이루어져야 달성할 수 있다.

② 목표달성 과정에 대한 효과측정을 위해 구체적 목표를 기준으로 관리하는 것이 효과적이다. 구체적 목표로는 클릭당비용(CPC), 전환율(CVR), ROAS, 전환단가(CPA) 등이 있다.

③ 검색광고의 세분화된 목표설정 예시 : 사이트 방문을 위한 평균 CPC 150원, CVR 5%, ROAS 500%, CPA 40,000원

(1) 단계별 효과분석 방법

효과분석의 단계
노출(노출 수) → 클릭(클릭 수, 클릭비용, 클릭률) → 구매(전환수, 전환율, 전환비용)

① 노 출

㉠ 노출당 비용 = $\dfrac{총광고비}{노출수}$ (낮을수록 좋음)

- 노출당 광고비를 뜻한다.
- 광고비당 노출이 어느 정도 됐는지 분석한다.
- 동일한 광고비에 비해 노출수가 많은 것이 더 효과 있는 광고이다.
- CPT(노출 시간에 따라 광고비용이 정해지는 상품) 상품에서 효과적이다.

㉡ 클릭당 과금되는 검색광고의 경우, 노출수에 대한 별도 측정을 하지 않지만, 광고의 노출수는 클릭 단계 이전의 지표이다. 광고노출이 충분히 이루어져야 다음 단계인 클릭으로 이어진다.

㉢ 광고노출이 적다면 키워드순위 상향, 키워드 확장 등 조치를 취해야 하고 노출수 증감이 갑작스레 이루어진다면 키워드의 이슈에 대해 파악하고 대응해야 한다. (예 언론에서 특정 키워드가 이슈가 되는 경우 검색량이 크게 늘어 광고예산을 초과할 수도 있다.)

② 클 릭

㉠ CPC(클릭당 비용) = $\dfrac{총광고비}{클릭수}$ (낮을수록 좋음)

- 클릭당 비용(CPC ; Cost Per Click)은 검색광고를 통해 한 사람의 사용자가 사이트를 방문하는 데 투여된 비용을 말한다.
- 보통 '비용이 낮을수록', 혹은 '동일 광고비용을 사용했을 때 클릭률이 높을수록' 광고효과가 높다.

㉡ CTR(클릭률) = $\dfrac{클릭수}{노출수} \times 100$ (높을수록 좋음)

- 클릭률(CTR ; Click Through Rate)은 검색광고가 노출된 횟수 대비 클릭이 발생한 비율을 말한다.
- 보통 클릭률이 높을수록 광고효과가 높다.

㉢ CPC와 CTR의 계산

구 분	노출수(회)	클릭수(회)	총비용(원)	CPC(원)	CTR(%)
A	5,000	500	300,000	$\dfrac{300,000}{500} = 600$	$\dfrac{500}{5,000} \times 100 = 10$
B	30,000	4,000	450,000	$\dfrac{450,000}{4,000} = 112.5$	$\dfrac{4,000}{30,000} \times 100 = 13.3$
C	125,000	10,000	400,000	$\dfrac{400,000}{10,000} = 40$	$\dfrac{10,000}{125,000} \times 100 = 8$

- 노출수, 클릭수, 광고비 총비용 데이터를 통해 CPC(클릭당비용)와 CTR(클릭률)을 구할 수 있다.
- A업체의 경우 CPC(클릭당비용)가 600원으로 가장 높고, CTR(클릭률)은 10%로 비교적 무난한 편이다. 키워드 연관도를 점검하고 광고소재를 좀 더 개선할 필요가 있다.
- B업체의 경우 CPC(클릭당비용)가 112.5원, 클릭률은 13.3%로 가장 높은 효과를 보였다.
- C업체의 경우, CPC(클릭당비용)가 40원으로 가장 낮았지만 CTR(클릭률)도 8%로 다른 업체에 비해 낮은 편이다. 광고소재를 좀 더 점검해볼 필요가 있다.

③ 구 매

㉠ CVR(전환율) $= \dfrac{전환수}{클릭수} \times 100$(높을수록 좋음)

- 전환율(CVR ; Conversion Rate)은 검색광고를 통해 사이트에 방문한 고객이 특정한 전환 액션을 한 비율이다.
- 전환율이 높을수록 광고효과가 높다고 할 수 있다.

㉡ CPA(전환비용) $= \dfrac{총광고비}{전환수}$(낮을수록 좋음)

- 전환비용(Cost Per Action)은 검색광고를 통해 전환을 달성하는 데 투여된 비용이다.
- 전환비용은 낮을수록 광고효과가 높다고 할 수 있다.

㉢ CPS $= \dfrac{총광고비}{구매건수}$(낮을수록 좋음)

- CPS(Cost Per Sale)는 사용자가 검색광고를 통해 광고 게시자의 사이트를 방문하여 최종적으로 상품 및 서비스를 구매했을 때 게시자가 일정 비율의 금액을 수익으로 가져가는 것으로, 소비자들이 상품을 구매하면 발생되는 광고비용이다(예 오픈마켓, 공동구매, 몰에 지급하는 수수료 방식).
- 구매건당 비용이 낮을수록 효율적으로 광고가 집행되고 있다고 할 수 있다.
- 보통 CPA(전환비용)와 동일하다고 간주된다.

㉣ CVR(전환율)과 CPA(전환비용)의 계산

구 분	클릭수(회)	총비용(원)	전환수(회)	CVR(%)	CPA(원)
A	500	300,000	40	$\dfrac{40}{500} \times 100 = 8$	$\dfrac{300,000}{40} = 7,500$
B	4,000	450,000	500	$\dfrac{500}{4,000} \times 100 = 12.5$	$\dfrac{450,000}{500} = 900$
C	10,000	5,000,000	1,100	$\dfrac{1,100}{10,000} \times 100 = 11$	$\dfrac{5,000,000}{1,100} = 4,545$

- 클릭수, 총비용, 전환수 데이터를 통해 CVR 및 CPA를 구할 수 있다.
- A업체의 경우 전환율은 8%로 가장 낮고 전환비용은 7,500원으로 가장 높다. 키워드와 방문 페이지 개선이 필요하며, 예산이 적절한지 점검이 필요하다.
- B업체의 경우 전환율이 12.5%로 가장 높고 전환비용은 900원으로 가장 낮으므로 세 업체 중 가장 성과가 좋다고 할 수 있다.
- C업체의 경우 전환율은 11%로 무난하나, 전환비용은 4,545원으로 높은 편이므로 예산을 확인해 볼 필요가 있다.

(2) 광고비용 대비 효과분석

① 투자수익률(ROI ; Return On Investment) 분석

  ㉠ $ROI = \dfrac{광고를\ 통한\ 수익}{광고비} \times 100$

  ㉡ 투자대비 수익률 즉 투자수익률을 말하며, 가장 널리 사용되는 측정기준 중 하나이다.

  ㉢ 검색광고의 경우 광고를 통해 발생한 수익을 광고비로 나누어 계산한다(예 광고비 100만원 투자 시 수익이 300만원이라면 ROI는 300%가 됨).

  ㉣ ROI가 100% 이상이면 광고 집행의 효과가 있다고 볼 수 있으며, ROI가 높을수록 광고효과도 높다.

  ㉤ 전체수익과 매출 등 전체성과를 가지고 계산할 수도 있지만 매체, 캠페인, 그룹, 키워드 단위로 계산할 수도 있다.

② 광고를 통한 매출(ROAS ; Return On Advertising Spend) 분석

  ㉠ $ROAS = \dfrac{광고를\ 통한\ 매출}{광고비} \times 100$

  ㉡ 광고대비 매출액으로, 사용한 광고비를 통해 직접적으로 발생하는 매출액의 크기를 말한다.

  ㉢ 검색광고의 경우 광고로 얻은 매출액을 광고비로 나눈 값이다(예 광고비 100만원을 사용한 광고의 매출액이 300만원이라면 ROAS는 300%가 됨).

  ㉣ ROI와 마찬가지로 ROAS가 높을수록 광고효과도 높다고 할 수 있다.

  ㉤ 전체성과로 계산할 수도 있지만 매체, 캠페인, 그룹, 키워드 단위로 계산할 수도 있다.

③ ROI와 ROAS의 차이점

  ㉠ ROI는 광고를 통한 '수익' 분석이고, ROAS는 광고를 통한 '매출' 분석이다.

  ㉡ ROI는 수익, 즉 순이익을 투자액으로 나눈 값으로, 이는 경영성과를 측정하기 위한 것이다. 순이익은 매출액에서 비용을 뺀 값이므로 ROI는 $\left[\dfrac{(매출액 - 광고비)}{광고비} \times 100 \right]$ 로 계산할 수도 있다.

  ㉢ 반면 ROAS는 매출액 자체를 광고비로 나눈 $\left[\dfrac{매출액}{광고비} \times 100 \right]$ 값이다.

  ㉣ ROI는 경영적인 개념에 기반하여 운영에 적합한 지표로 활용할 수 있으며, ROAS는 매체별 개별 광고성과를 확인하기 쉬운 지표로 활용할 수 있다.

④ ROI와 ROAS 구하기

키워드	광고비	매출액	이익률	ROI	ROAS
A	1,243,000	11,992,990	25%	$\dfrac{(11,992,990 \times 0.25)}{1,243,000} \times 100 = 241\%$	$\dfrac{11,992,990}{1,243,000} \times 100 = 964\%$
B	370,050	1,250,723	70%	$\dfrac{(1,250,723 \times 0.7)}{370,050} \times 100 = 237\%$	$\dfrac{1,250,723}{370,050} \times 100 = 338\%$
C	490,288	2,796,250	55%	$\dfrac{(2,796,250 \times 0.55)}{490,288} \times 100 = 314\%$	$\dfrac{2,796,250}{490,288} \times 100 = 570\%$

  ㉠ 광고비, 매출액, 판매 이익률을 알면 ROI를 구할 수 있으며, 광고비와 매출액을 알면 ROAS를 구할 수 있다.

ⓛ A키워드의 경우 ROAS는 964%로 가장 높으나, ROI는 241%로 수익률은 낮은 편이다.

ⓒ B키워드의 경우 ROAS가 가장 낮으며, ROI도 가장 낮다.

ⓔ C키워드의 경우 ROAS는 A키워드보다 낮지만 ROI는 314%로, 세 키워드 중 광고비 대비 수익률이 가장 높다.

⑤ ROI와 ROAS의 관계

ⓐ ROI와 ROAS의 관계는 유사한 수치를 보이는 경우가 많지만 꼭 비례하지는 않는다.

ⓑ ROAS가 높으면 일반적으로 광고효과가 높다고 볼 수 있으나, 그렇다고 무조건 광고효과가 좋다고 판단할 수는 없다.

ⓒ 단, ROI의 경우 매출액에서 광고비를 비롯하여 제품 원가나 기타 부대비용을 모두 제외한 순이익을 광고주가 파악하기 힘들어 검색광고에서는 주로 ROAS 분석 방법을 활용한다.

더 알아보기

광고효과분석 흐름 정리

클 릭	CPC(클릭당 비용)	$\dfrac{총\ 광고비}{클릭수}$	낮을수록 좋음
	CTR(클릭률)	$\dfrac{클릭수}{노출수} \times 100$	높을수록 좋음
구 매	CVR(전환율)	$\dfrac{전환수}{클릭수} \times 100$	높을수록 좋음
	CPA(전환당 비용)	$\dfrac{총광고비}{전환수}$	낮을수록 좋음
투자수익률	ROI	$\dfrac{광고수익}{광고비} \times 100$	높을수록 좋음
	ROAS	$\dfrac{광고매출}{광고비} \times 100$	높을수록 좋음

(3) 광고효과분석 흐름

① 광고효과분석을 위한 용어와 그 산식

용 어	의 미	산 식
CPC (Cost Per Click)	클릭 당 비용	• $\dfrac{총광고비용}{클릭수}$ • 클릭수 = 방문수
CPS (Cost Per Sales)	구매전환당 비용	• $\dfrac{총광고비용}{구매건수(전환수)}$ • 구매건수(전환수) = 클릭수 × 구매전환율
CVR (Click Conversion Rate)	클릭 전환율	• $\dfrac{구매건수(전환수)}{클릭수} \times 100$ • 클릭전환율 = 구매전환율 = 전환율
CPA (Cost Per Action)	특정 액션당 비용 (CPS와 동일하다 간주)	• $\dfrac{총광고비용}{전환수}$ • 전환수 = 구매건수 = 구매전환수

PART 3

CTR (Click Through Ratio)	클릭률	$\dfrac{\text{클릭수}}{\text{노출 횟수}} \times 100$
ROAS (Return On Advertising Spend)	광고비 대비 매출	• $\dfrac{\text{전환매출}}{\text{총광고비용}} \times 100$ • 전환매출(광고를 통한 매출) = 전환수 × 물품의 판매단가
ROI (Return On Investment)	광고비(투자) 대비 이익률	• $\dfrac{\text{광고를 통한 이익}}{\text{총 광고비용}} \times 100$ • 광고를 통한 이익 = 전환매출 − 광고비용

② 광고효과분석 산식 적용

노출수	클릭수	전환수	광고비	물품의 단가
A	B	C	D	E

㉠ $CVR = \dfrac{C}{B} \times 100$

㉡ $CTR = \dfrac{B}{A} \times 100$

㉢ $CPC = \dfrac{D}{B}$

㉣ $CPS = \dfrac{D}{C}$

㉤ $ROAS = C \times \dfrac{E}{D} \times 100$(기타 조건이 없을 때)

㉥ $ROI = \dfrac{(C \times E - D)}{D} \times 100$(기타 조건이 없을 때)

(4) 광고효과분석 실제 예시

① 광고효과분석을 위한 산식 적용 실례

광 고			매 출	
광고비	클릭수	(구매)전환수	총매출	총이익
10,000,000	20,000	1,000	70,000,000	30,000,000

㉠ $CVR(\text{구매전환율}) = \dfrac{\text{전환수}}{\text{클릭수}} \times 100 = \dfrac{1,000}{20,000} \times 100 = 5\%$

㉡ $ROI = \dfrac{\text{광고이익(총이익)}}{\text{광고비}} \times 100 = \dfrac{30,000,000}{10,000,000} \times 100 = 300\%$

㉢ $ROAS = \dfrac{\text{광고매출(총매출)}}{\text{광고비}} \times 100 = \dfrac{70,000,000}{10,000,000} \times 100 = 700\%$

㉣ $CPC(\text{클릭당 비용}) = \dfrac{\text{광고비}}{\text{클릭수}} = \dfrac{10,000,000}{20,000} = 500\text{원}$

㉤ $CPS(\text{구매전환당 비용} ≒ CPA) = \dfrac{\text{광고비}}{\text{전환수}} = \dfrac{10,000,000}{1,000} = 10,000\text{원}$

② 광고효과분석

　　㉠ 총 광고비 10,000,000원을 사용하여 사이트에 20,000명의 방문자가 생겼다.

　　㉡ 방문자들은 총 1,000건의 물품을 구매하였으며, 이에 따라 방문이 구매로 전환된 구매전환율은
　　　 5%이다(CVR $= \dfrac{1,000}{20,000} \times 100 = 5\%$).

　　㉢ 클릭이 구매로 전환되는 데 발생한 비용은 1건당 10,000원이다(CPS $= \dfrac{10,000,000}{1,000} = 10,000$원).

　　㉣ 총 광고비 10,000,000원을 사용하여 총 매출금액은 70,000,000원, 총 이익은 30,000,000원
　　　 발생했다.

　　㉤ 건당 평균 판매단가(구매단가)는 70,000($\dfrac{총매출}{구매전환수}$)원이고, 건당 판매이익은 30,000
　　　 ($\dfrac{총이익}{구매전환수}$)원이다.

　　㉥ ROAS는 700%, ROI는 300% 달성했다.

제 4 절　실제 검색광고효과분석

(1) 광고효과분석

① 기본정보 분석

다음은 한 여성의류업체의 키워드 리포트이다. 실제로 집행한 집행 데이터를 보고 광고효과분석을
해보자.

키워드	노출수	클릭수	클릭률(%)	클릭비용	총비용
여성의류쇼핑몰	191,243	8,340	4.36	470	3,919,800
30대여성쇼핑몰	158,000	13,800	8.73	97	1,338,600
20대쇼핑몰	47,140	860	1.82	1,001	860,860
롱원피스	123,427	7,900	6.40	101	797,900
폴로가디건	290,170	2,740	0.94	1,002	2,745,480
여성의류	102,937	3,920	3.81	420	1,646,400
20대여자쇼핑몰	97,190	2,490	2.56	465	1,157,850
꽃무늬원피스	162,753	13120	8.06	79	1,036,480
셔츠원피스	87,243	4,070	4.67	326	1,326,820
라인원피스	243,170	24,800	10.20	77	1,909,600
여성의류브랜드	301,170	1,090	0.36	1,030	1,122,700
미니원피스	190,270	2,760	1.45	946	2,610,960
결혼식원피스	301,124	1,180	0.39	1,024	1,208,320

LINE원피스	8,927	660	7.39	100	66,000
미시옷	30,124	1,280	4.25	299	382,720
여성가을원피스	326	10	3.07	410	4,100
여성복쇼핑몰	19,201	740	3.85	301	222,740
데님원피스	260,072	4,210	1.62	821	3,456,410
여자옷	60,270	2,040	3.38	210	428,400
여자옷쇼핑몰	79,290	2,150	2.71	510	1,096,500
여성쇼핑몰	145,270	4,220	2.90	390	1,645,800
여름원피스	204,277	12,300	6.02	150	1,845,000
의류브랜드	90,247	2,030	2.25	447	907,410
패션브랜드	307,157	1,250	0.41	1,001	1,251,250
나시원피스	506,150	27,500	5.43	170	4,675,000
옷쇼핑몰	40,190	1,350	3.36	211	284,850
20대여성쇼핑몰	101,901	1,780	1.75	546	971,880
여성셔츠	605,290	15,500	2.56	511	7,920,500
합 계	4,754,529	164,090	3.74	468	46,840,330

㉠ 전체적인 광고 정보

광고비용	클릭수	노출수	클릭률(CTR)	방문당 광고비용(CPC)
46,840,330원	164,090	4,754,529	3.74%	468원

- 이 의류여성업체 광고주는 기준기간 동안 약 4,680만원의 광고비를 집행하였고, 그 결과 광고가 약 475만회 노출되었다.
- 광고를 통한 방문자의 방문 횟수(클릭 수)는 약 16만 4천회였고, 광고노출대비 클릭한 비율은 3.74%다.
- 방문당 광고비용은 468원을 사용했다.

㉡ 매출목표(광고주와 협의를 통해서 파악)

고객 1명이 주문하는 매출	평균이익 50%	광고를 통한 목표 구매 개수	주문 한 건당 비용(CPS) 목표
50,124원	25,062원	4,000개	12,531원

- 광고를 집행하면서 목표로 삼았던 매출금액, 구매개수, 이익 등에 관한 내용이다.
- 매출목표의 경우, 광고주와의 협의를 통해서 파악해야 하는 정보이다.

② 광고효과분석

㉠ 전체적인 효과분석

- 구매 및 총매출

항 목	구 매	총매출
결 과	3,460개	50,124원 × 3,460개 = 173,429,040원

- 광고를 통한 구매개수는 3,460개, 총매출은 173,429,040원 발생하였다.
- 평균 이익률인 50%를 고려하면, 이익은 173,429,040 × 50% = 86,714,520원 발생했다.

• 광고주가 목표로 한 ROAS와 ROI

목표 매출액	50,124원 × 4,000개 = 200,496,000원
목표 ROAS	$\dfrac{목표매출}{광고비} \times 100 = \dfrac{50,124 \times 4,000개}{46,840,330} \times 100 = 428\%$
목표 ROI	$\dfrac{목표이익}{광고비} \times 100 = \dfrac{25,062 \times 4,000개}{46,840,330} \times 100 = 214\%$

• 위 정보들을 종합해 계산된 광고목표 대비 달성 수준

달성한 ROAS	$\dfrac{총매출}{광고비} \times 100 = \dfrac{173,429,040}{46,840,330} \times 100 = 370\%$
달성한 ROI	$\dfrac{총매출 \times 이익률}{광고비} \times 100 = \dfrac{173,429,040 \times 50\%}{46,840,330} \times 100 = 185\%$
달성한 CPS	$\dfrac{총광고비용}{구매건수} = \dfrac{46,840,330}{3,460} = 13,538원$

– 계산된 광고 달성 수준을 판매 전에 잡은 매출목표와 비교해본다.
– 달성한 ROAS는 370%로 목표했던 428%보다 낮으며, ROI도 185%로 목표 ROI인 214%보다 낮다.
– CPS(주문 한 건당 비용)는 목표했던 12,531원보다 높은 13,538원이 발생하였다.
– ROAS 및 ROI는 목표 대비 낮고, CPS는 목표 대비 높은 비용이 발생하여 전체적인 광고효과가 좋지 않다고 판단할 수 있다.

ⓛ 전체적인 효과분석의 한계
• 전체 광고에 대한 매출 분석으로는 광고 개선안을 찾을 수 없다. 목표매출, ROAS, ROI, CPS를 모두 개선하기 위한 방법을 찾으려면 매체, 캠페인, 그룹, 키워드 단위의 효과분석이 필요하다.

달성한 ROAS	$\dfrac{총매출}{광고비} \times 100 = \dfrac{173,429,040}{46,840,330} \times 100 = 370\%$
달성한 ROI	$\dfrac{총매출 \times 이익률}{광고비} \times 100 = \dfrac{173,429,010 \times 50\%}{46,840,330} \times 100 = 185\%$
달성한 CPS	$\dfrac{총광고비용}{구매건수} = \dfrac{46,840,330}{3,460} = 13,538원$

• 위 결과에서 목표 금액인 200,496,000원을 달성하기 위한 방법으로는 광고비를 증액하여 노출 및 클릭을 증대시키는 방법이 있지만 광고비를 증액한다고 해서 ROAS, ROI, CPS를 달성한다고 볼 수는 없다.
• 반면 ROAS, ROI, CPS 수치를 목표대로 달성하려면 동일한 광고비로 방문자를 늘리는 방법이 있으며, 그 경우 클릭 비용을 낮추어서 운영하면 방문자가 증대하고 결국 구매 목표를 달성할 수 있다.
• 단, 두 번째의 경우처럼 클릭 비용을 낮출 경우 키워드 개별성과나 입찰경쟁에서 순위가 낮아져 광고가 아래 순위로 노출되거나 순위 밖에서 노출되지 않을 수도 있다. 노출이 충분하지 않을 경우 당연히 클릭 발생도 줄어들기 때문에 ROAS, ROI, CPS 목표 달성도 힘들어진다.

• 따라서 전체적인 상황을 판단하고 높은 성과를 올리려면 키워드별 효과분석을 통해 고객이 구매하는 데 기여한 키워드와 비용만 소진하고 있는 키워드, 적정한 CPC 등을 파악하여 실시간으로 반영할 수 있어야 한다.

(2) 키워드 분석

① 로그분석

㉠ 웹사이트를 방문한 사용자의 데이터를 수집하여 분석하는 도구를 말한다.

㉡ 사용자가 어디서 많이 유입되는지, 어떤 페이지를 많이 보는지, 어떤 페이지에서 이탈하는지 등의 확인을 통해 사이트 전체 현황 파악이 가능하다.

㉢ 로그분석을 통해 사용자가 어떤 키워드로 들어와 어떤 사이트를 보는지, 얼마나 오래 머무는지, 어떤 광고가 구매로 이어지고 그렇지 않은 광고는 무엇인지 등을 확인할 수 있고, 이 데이터를 바탕으로 광고의 효율을 개선할 수 있다.

㉣ 로그분석은 마케터가 상황을 판단하고 전략을 짜기 위한 데이터를 도출해내는 틀이라고 할 수 있다.

㉤ 대표적인 로그분석 예로는 구글 애널리틱스와 에이스카운터, 비즈스프링의 로거 등이 있다.

㉥ 네이버, 카카오, 구글 검색광고에서는 로그분석을 무료로 지원하고 있다.

네이버	[광고시스템 → 도구 → 프리미엄 로그분석]에서 비즈채널(등록한 홈페이지)이 '노출 가능' 상태인 경우 신청 가능
카카오	[광고 관리자센터 → 도구 → 픽셀 & SDK 연동 관리] ※ 카카오 모먼트의 경우 [모먼트 관리자센터 → 광고자산 관리 → 픽셀 & SDK 연동 관리]
구글	[도구 → 설정 → 연결된 계정 → 애널리틱스] 연결

㉦ 매체 제공 로그분석을 활용하면 별도 엑셀 작업 없이 캠페인, 그룹, 키워드별 전환 성과를 보고서와 함께 볼 수 있다.

㉧ 로그분석을 하려면 웹사이트에 전환추적 스크립트 삽입이 필요하다. 자가설치와 대행설치도 할 수 있다.

> **더 알아보기**
>
> 네이버 '프리미엄 로그분석'을 통한 사용방법 예시
> • 네이버 프리미엄 로그분석은 네이버 검색광고에서 무료로 제공하는 '자동추적(Auto Tracking)' 기능이다.
> • 프리미엄 로그분석 서비스 이용 시 보고서에서 전환 수를 비롯한 다양한 정보를 받을 수 있으며, 전환 수가 표시되려면 프리미엄 로그분석 서비스의 전환 스크립트를 설치해야 한다.
> • 프리미엄 로그분석 보고서 종류
>   – 네이버 검색광고의 광고별 체류시간, 페이지뷰(PV), 검색광고 전환 분석 보고서
>   – 사이트의 전체적인 유입, 방문, 페이지 분석 보고서 등의 웹 로그분석 보고서

• 검색광고 보고서에서 확인할 수 있는 광고별 전환 분석 및 광고별 방문/체류시간 보고서 항목

전환 수	• 전환 유형별로 발생한 전환 개수의 합 • 직접전환 수와 간접전환 수를 합한 수와 같음
직접전환 수	광고 클릭 이후 30분 내에 전환이 일어난 경우의 전환 수
간접전환 수	• 광고 클릭 이후 30분부터 전환 추적 기간 내에 발생한 전환 수 • 전환 추적 기간은 7~20일 사이의 기간으로 직접 설정할 수 있음
전환율	• 전환 수를 광고 클릭 수로 나눈 값(전환 수/광고 클릭 수) • 광고로 유입된 숫자(광고 클릭 수)에 비해 얼마나 전환이 발생되었는지(전환 수)를 비율로 나타낸 것 • 전환 수를 기준으로 광고 효율을 측정하는 지표 중 하나임
전환 매출액	• 각 전환별 전환 가치(또는 매출)의 합계 • 사전에 설명된 전환 별 전환 가치로 계산
직접 전환 매출액	직접 전환으로 인한 전환 매출액의 합
간접 전환 매출액	간접 전환으로 인한 전환 매출액의 합
전환당 비용	• 광고비를 전환 수로 나눈 값(광고비/전환 수) • 전환 1회당 사용된 평균 광고비
방문당 평균 페이지뷰	• 페이지뷰를 방문수로 나눈 값(페이지뷰/방문수) • 사용자가 사이트 방문 1회당 살펴본 페이지 수
방문당 평균 체류시간	• 체류시간을 방문수로 나눈 값(체류시간/방문수) • 사용자가 사이트 방문 1회당 사이트에 머문 시간
전환 수(네이버페이)	• 사용자가 검색광고를 통해 사이트에 방문하여 네이버페이로 결제한 경우의 전환 수 • 총 전환 수보다 항상 작음
전환 매출액(네이버페이)	네이버페이를 통해 발생한 전환 매출액의 합계
광고수익률	• 전환매출액을 총비용으로 나눈 값(전환매출액/총비용 × 100) • 단위 광고 비용당 전환 매출액으로, 사용한 광고 비용에 비해 어느 정도의 매출이 발생하였는지를 비율로 나타낸 것 • 전환 매출액을 기준으로 광고 효율을 측정하는 지표 중 하나

용어 해설

유입

사이트를 방문하기 전에 있었던 곳을 말한다. 웹사이트의 경우 보통 어딘가 거쳐 들어오기 때문에 만들어진 개념으로, 예를 들어 '오늘 네이버 검색광고 '원피스' 키워드를 통해 방문자 15명이 유입되었다'라고 표현할 수 있다.

방문/체류시간

1회 방문 시 머문 시간으로 방문 시작 시간부터 방문이 종료된 시간까지, 즉 방문이 지속된 시간을 말한다. 만약 해당 사이트에서 30분 동안 활동이 없으면 방문이 종료된 것으로 간주하며, 같은 방문자라도 30분 이후 활동이 발생하면 새로운 방문으로 간주한다.

② 보고서 분석

각 매체사별로 로그분석을 설치한 후에는 보고서와 광고관리 홈 화면에서 전환지표를 확인할 수 있다.

㉠ 네이버 보고서

• 광고시스템의 [보고서 → 다차원 보고서] 메뉴를 클릭하여 원하는 보고서 형태를 만들 수 있다.

– [보고서 → 다차원 보고서] 메뉴 클릭 후 [새 보고서] 드롭다운 목록 상자 클릭하여 원하는 보고서 형식을 선택한다. 항목에서 제공된 샘플 보고서는 자주 쓰는 보고서 형식 샘플로, 이를 그대로 저장하여 사용할 수 있다.

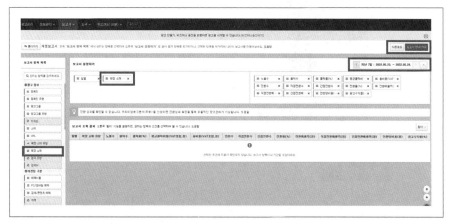

– 제공된 보고서 샘플에 항목을 추가·삭제, 혹은 항목 순서를 변경하여 나만의 맞춤 보고서를 만들 수도 있다. 화면 왼쪽 목록에서 원하는 항목을 더블 클릭하거나 오른쪽 영역으로 항목을 끌어와 추가할 수 있다.

– 상단 오른쪽 항목의 기간 설정을 통해 통계 기간을 설정할 수 있다. 단, 다차원 보고서에서는 '오늘 보고서'가 제공되지 않으므로 당일 광고성과는 [광고관리] 메뉴에서 확인한다.

– 만약 보고서 항목에 선택 불가 표시가 있다면 이미 함께 조회할 수 없는 항목이 선택되어 있거나 제공 가능한 통계기간이 길게 설정된 경우이므로, 선택된 항목 일부를 제거하거나 통계기간 조정을 통해 데이터를 확인할 수 있다.

– 오른쪽 상단의 [다운로드] 버튼 클릭 시 생성된 보고서를 Excel 파일로 다운로드할 수 있다.

- [보고서 형식 저장] 버튼을 통해 생성한 보고서를 저장할 수 있다. 다만 이 경우 보고서 형식(보고서 항목, 통계기간)만 저장되며 데이터 자체가 저장되지는 않으므로, 데이터를 저장하려면 [다운로드]를 통해 Excel 파일로 저장해야 한다.
- [광고관리] 메뉴에서 바로 광고성과를 확인할 수 있다.

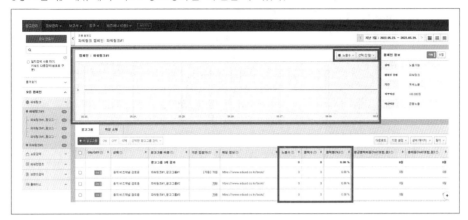

- [광고관리]에서 각 광고 구조별(캠페인, 광고그룹, 키워드, 소재) 광고성과를 한눈에 확인할 수 있다.
- 상단 그래프 오른쪽 위 드롭다운 목록에서 원하는 지표를 선택하면 성과 확인이 가능하며, 목록은 2가지까지 조회할 수 있다. 하단 광고리스트에서도 자세한 광고성과를 확인할 수 있다.

- 광고관리의 기본으로 설정된 성과 지표 외 추가로 확인하고 싶은 지표가 있으면 [광고관리 → 기본설정 → 새로운 사용자 설정] 메뉴에서 항목을 추가할 수 있다.

ⓒ 카카오 맞춤보고서
- 키워드광고 관리자센터에서 집행한 광고 결과를 원하는 항목별로 구성하여 확인할 수 있는 맞춤형 보고서이다.
- 광고계정, 캠페인, 광고그룹, 키워드, 소재별로 구분하여 보고서를 만들 수 있다.
- 노출수, 클릭수, 비용 등의 기본지표뿐 아니라 전환지표, 추가지표 등을 함께 확인할 수 있다.

• 맞춤보고서에서 제공하는 지표

카테고리	등록된 캠페인들 기준으로 광고그룹, 키워드·소재까지 필요한 사항 선택 가능
상 태	선택한 카테고리 리스트 기준으로 '전체' 혹은 'ON, OFF, 삭제' 등 필요한 상태 선택 가능
세부 항목	선택된 카테고리 기준으로 캠페인, 그룹 등 지정 가능
열 항목	• 보고서 지표에 항목을 추가하는 기능 • 기본지표 : 광고의 노출수, 클릭수, 비용, 클릭률 등 기본적인 지표 • 추가지표 : 시작일~종료일 동안의 전체 노출 수와 클릭비용, 평균 노출순위 • 픽셀&SDK 전환지표 : 연동된 픽셀&SDK의 지표

분석데이터	• 광고가 노출, 클릭된 매체유형, 디바이스, 시간대 선택 가능
	• '시간대' 항목 : 오늘 포함 최근 1개월(31)내로 조회 기간을 선택한 경우 제공 가능
	  – '일' 단위 : 조회 기간을 1개월(31일) 내로 선택할 경우 제공
	  – '주' 단위 : 조회 기간을 2개월(62일) 내로 선택할 경우 제공
	  – '월' 단위 : 조회 기간을 12개월 내로 선택할 경우 제공

기 간	맞춤보고서에 반영할 기간 설정
다운로드	설정한 지표 다운로드

• 맞춤보고서 작성 후 이름을 기재하고 [확인] 버튼을 클릭하면 설정된 내역들이 저장되며, 필요할 때마다 일부 수정하여 저장하거나 다운로드할 수 있다.
• 맞춤보고서 작성 방법
  – 광고계정, 캠페인, 광고그룹, 키워드, 소재별 기본단위에 따라 기본 지표, 추가 지표, 픽셀&SDK 전환 지표의 중복 선택이 가능하고 선택한 기본 단위에 따라 볼 수 있는 지표가 달라진다.

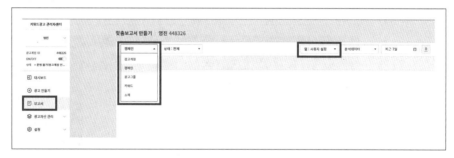

  – 광고계정, 캠페인, 광고그룹, 키워드, 소재별 단위로 보고서 작성이 가능하며, [상태] 창에서 원하는 상태값(ON/OFF/삭제)만을 모아 확인할 수 있는 필터 기능도 있다.
  – 캠페인 이하로 단위 설정 시 상단 오른쪽의 [열:사용자 설정] 창의 드롭박스에서 기본지표, 추가지표, 픽셀 및 SDK 전환지표 등을 추가하여 보다 자세한 광고성과를 확인할 수 있고, [분석데이터] 드롭박스를 통해 '매체유형·디바이스·시간대'를 기준으로 한 광고 효율을 분석할 수 있다.
③ 키워드 차원의 광고효과분석
  ㉠ 매체사의 로그분석을 통해 키워드별 전환 수, 전환율, 전환매출액, 전환당 비용, 광고수익률 등 해당 키워드의 광고효과를 확인할 수 있다.
  ㉡ 키워드 차원의 광고효과분석 진행 시 진행할 수 있는 개선작업
    • 저성과 키워드 제외 방법은 ROAS, CPS 목표 달성을 위한 가장 빠른 방법이다. 전환 수 및 매출액 감소가 일어날 수 있으나 ROAS 상승 및 CPS 절감 효과를 가져온다.
    • 저성과 키워드 제외 시 남은 광고비는 고성과 키워드 확장 및 신규 키워드 발굴에 사용한다.

- 전환율이 현저히 낮은 키워드는 키워드와 랜딩페이지가 광고와 연관성이 있는지, 광고에 적합한지 확인한다.
- 특정 기간별(요일별, 시간대별) 전환 데이터를 확인하면 보다 구체적이고 세심한 개선 방안을 찾을 수 있다.
- 키워드 차원의 광고효과분석은 네이버, 카카오에서는 가능하나 구글은 제공하지 않는다.

O · ✕ 문제

01 ☐○☐✕ 검색 사용자의 행동은 노출 → 클릭 → 구매의 3단계를 거친다.

02 ☐○☐✕ 어떤 이유로든 검색량이 증가면 더 많은 전환기회를 가져오므로 검색량을 증가하기 위한 전략을 짜는 것이 중요하다.

03 ☐○☐✕ 검색광고효과분석은 현재 상황에 맞게 광고를 최적화시키기 위한 중요한 과정이다.

04 ☐○☐✕ 검색광고효과 측정을 위한 구체적인 목표로는 클릭당비용(CPC), 전환율(CVR), ROAS, 전환단가(CPA) 등이 있다.

05 ☐○☐✕ CPC는 검색광고를 통해 한 사람의 사용자가 사이트를 방문하는 데 투여된 비용으로, 높을수록 좋다.

06 ☐○☐✕ 클릭수가 3,000이고 노출수가 50,000일 때 CTR은 약 17%이다.

07 ☐○☐✕ CPA는 낮을수록 좋다.

정답

01 ○

02 ✕ ▶ 부정적 관심으로 인해 검색량이 증가하면 광고노출 및 클릭 증가에 대한 비용만 소진되고 전환은 발생시키지 않아 손해가 생길 수 있다.

03 ○

04 ○

05 ✕ ▶ CPC는 클릭당 비용으로, 낮을수록 좋다.

06 ✕ ▶ $\dfrac{3,000}{50,000} \times 100 = 6\%$

07 ○

08 ⬜ ROAS는 광고를 통한 '수익' 분석이고, ROI는 광고를 통한 '매출' 분석이다.

09 ⬜ 매출액이 10,000,000원, 광고비가 1,200,000원, 이익률이 25%일 때 ROAS는 833%이다.

10 ⬜ 네이버 프리미엄 로그분석을 실행하려면 전환추적 스크립트 설치가 필요하다.

11 ⬜ 프리미엄 로그분석의 전환 추적 기간에는 한계가 없다.

12 ⬜ 네이버의 '다차원 보고서'에서는 오늘 보고서를 제공하여 당일 광고성과를 확인할 수 있다.

정답

08 ✕	▶ ROI는 광고를 통한 '수익' 분석이고, ROAS는 광고를 통한 '매출' 분석이다.
09 ○	
10 ○	
11 ✕	▶ 7~20일 사이의 기간을 설정할 수 있다.
12 ✕	▶ 다차원 보고서에서는 오늘 보고서가 제공되지 않으므로 당일 성과를 확인하려면 [광고관리] 메뉴를 확인한다.

01 다음 광고 결과 데이터를 통해 얻은 결과로 바르게 짝지어진 것은?

방문수	클릭률(%)	광고비(원)	물품단가(원)	전환 수
40,000	4%	10,000,000	50,000	1,200

① 노출수 = 1,000,000, CVR = 3.5%

② CVR = 3%, ROAS = 60%

③ ROAS = 600%, CVR = 3.5%

④ CVR = 3%, 노출수 = 1,000,000

🖊 **해설**

• 노출수 = $\dfrac{클릭수 \times 100}{클릭률}$ = $\dfrac{40,000 \times 100}{4}$ = 1,000,000

• CVR = $\dfrac{전환수}{클릭수} \times 100$ = $\dfrac{1,200}{40,000} \times 100$ = 3%

  (클릭수 = $\dfrac{노출수 \times 클릭률}{100}$ = $\dfrac{1,000,000 \times 4}{100}$ = 40,000)

• ROAS = $\dfrac{매 출}{광고비} \times 100$ = $\dfrac{50,000 \times 1,200}{10,000,000} \times 100$ = 600%

02 다음 중 검색광고에서 매일 효과분석을 해야 하는 이유로 옳지 않은 것은?

① 매일 발생하는 키워드의 양과 질이 다르다.

② 당일 실시간 성과 데이터 분석으로 유의미한 결과를 얻는 것은 어렵다.

③ 광고상품별로 성과가 다르므로 가장 효과적인 상품 조합을 찾아야 한다.

④ 검색 사용자가 능동적이고 유동적으로 검색을 하므로 동일한 키워드로 집행해도 효과는 매일 달라질 수 있다.

🖊 **해설**

동일한 키워드로 집행해도 효과는 매일 달라질 수 있으므로 매일 효과분석을 하고 키워드 변화를 체크하여 빠르게 대응해야 불필요한 광고비 소진을 막고 더 많은 전환 기회를 가져올 수 있다.

03 다음 중 네이버 검색광고에서 제공하는 프리미엄 로그분석에 대한 설명으로 틀린 것은?

① 유료로 제공하는 자동추적(Auto Tracking) 기능이다.
② 전환 수가 표시되려면 프리미엄 로그분석 서비스의 전환 스크립트를 설치해야 한다.
③ 별도의 엑셀 작업 없이 간편하게 기본 데이터와 전환 데이터의 분석이 용이하다.
④ 광고 관리 플랫폼 내에서 성과 데이터를 손쉽게 확인하며 빠르게 성과 개선 작업을 할 수 있다.

✏️ **해설**

네이버 프리미엄 로그분석은 별도의 비용없이 무료로 제공하는 기능이다.

04 다음 중 네이버와 카카오의 매체리포트에서 공통적으로 파악할 수 있는 지표로 틀린 것은?

① 노출수
② 총비용
③ ROI
④ CTR

✏️ **해설**

매체리포트에서 확인할 수 있는 정보는 노출수, 클릭수, 비용, 클릭률, 평균노출순위 등이 있다. ROI는 투자 수익률로 매체사가 파악하기 어려운 지표이다.

05 검색광고효과분석에 대한 설명으로 옳지 않은 것은?

① 검색광고효과는 실시간 광고분석이 불가능하다.
② 검색광고는 실시간 입찰방식으로 광고가 노출된다.
③ 계절이나 요일, 날씨에 따라 키워드 검색의 양과 질이 계속 변화된다.
④ 다양한 광고상품이 존재하고 있다.

✏️ **해설**

검색광고시스템에서는 매일 광고효과에 대한 데이터를 확인할 수 있어 실시간으로 광고분석이 가능하다.

정답 01 ④ 02 ② 03 ① 04 ③ 05 ①

06 다음 광고비용 대비 효과분석에 대한 설명 중 틀린 것은?

① 투자수익률을 ROI라고 하며, 광고를 통한 $\frac{수\ 익}{광고비} \times 100$으로 계산한다.

② 광고비 200만원을 투자하여 발생한 수익이 800만원이라면, ROI는 400%이다.

③ 광고비 100만원을 투자하여 발생한 매출액이 600만원이라면, ROAS는 600%이다.

④ 일반적으로 ROI가 높을수록 광고효과는 낮다고 할 수 있다.

✏️ **해설**

일반적으로 ROI가 높을수록 광고효과가 높다고 할 수 있다.

07 다음 중 검색광고효과분석에 대한 설명으로 가장 알맞은 것은?

① CPC는 낮을수록 광고효과가 좋다.

② CPS는 높을수록 광고효과가 좋다.

③ 노출당 비용은 높을수록 광고효과가 좋다.

④ 전환율은 낮을수록 광고효과가 좋다.

✏️ **해설**

② CPS는 판매당 가격으로 낮을수록 광고효과가 좋다.
③ 노출당 비용은 낮을수록 광고효과가 좋다.
④ 전환율은 높을수록 광고효과가 좋다.

08 다음의 검색광고 사례에서 CPC와 ROAS가 올바르게 계산된 것은?

> 광고주 A씨는 광고비 1,500,000원을 투자해 네이버에서 검색광고를 집행하였다. 1주 동안 50,000번의 노출과 3,000번의 클릭이 발생하였으며, 검색광고로 300번의 구매를 통해 6,000,000원의 매출이 발생하였다.

① CPC = 300원, ROAS = 400%

② CPC = 500원, ROAS = 400%

③ CPC = 400원, ROAS = 500%

④ CPC = 500원, ROAS = 600%

$$\bullet \ CPC = \frac{광고비}{클릭수} = \frac{1,500,000}{3,000} = 500원$$

$$\bullet \ ROAS = \frac{매\ 출}{광고비} \times 100 = \frac{6,000,000}{1,500,000} \times 100 = 400\%$$

09 다음 중 네이버의 검색광고 리포트에서 로그분석 없이 제공되는 기본 지표로 옳은 것은?

① ROI

② ROAS

③ CTR

④ CPA

✎ 해설

네이버의 맞춤보고서에서 제공하는 기본지표에는 노출수, 클릭수, 비용, 클릭률(CTR) 등이 있다.

10 다음 중 검색광고를 통해 한 명의 소비자가 랜딩사이트를 방문하는데 투여된 비용을 뜻하는 용어는 무엇인가?

① CPA

② CPC

③ CPM

④ CPS

✎ 해설

② CPC : 클릭당 비용으로 노출과 상관없이 클릭될 때마다 비용이 지출되며 금액은 매체, 광고상품, 입찰가에 따라 실시간으로 변동된다.

① CPA : 전환당 비용으로 소비자가 광고를 클릭하여 랜딩페이지에 연결된 후, 구매·장바구니·회원가입·설문조사 등 광고주가 원하는 특정 행동을 할 때마다 광고비가 지불되는 비용을 말한다.

③ CPM : 1,000회 노출당 비용으로 주로 배너와 같이 불특정 다수를 대상으로 하는 정액제 광고에서 쓰인다.

④ CPS : 구매당 비용으로 한 건의 주문을 만드는 데 투입된 광고 비용을 말한다.

정답 06 ④ 07 ① 08 ② 09 ③ 10 ②

11 다음 용어 설명 중 가장 적절하지 않은 것은?

① 컨버전(Conversion)은 광고를 통한 사이트 유입 후 구매·장바구니·회원가입·설문조사 등 특정 전환 행동을 취하는 것이다.
② 클릭률은 검색광고가 노출된 횟수 대비 클릭이 발생한 비율을 의미한다.
③ CVR은 검색광고를 통한 클릭 수 대비 전환 수 비율을 의미한다.
④ PV(페이지뷰)는 사용자가 특정 사이트에 방문하여 체류한 시간을 의미한다.

✎ **해설**

PV(페이지뷰)는 보통 웹사이트는 페이지 단위로 되어 있어 생겨난 개념으로, 웹사이트의 방문자가 해당 사이트의 페이지를 둘러본 횟수를 의미한다. 사용자가 특정 사이트에 방문하여 체류한 시간을 의미하는 용어는 DT(Duration Time)이다.

12 검색광고 단계별 효과분석 중 CPA에 대한 설명으로 옳지 않은 것은?

① 노출수, 클릭수가 높아지면 CPA는 항상 낮아진다.
② CVR이 높아질수록 CPA는 낮아진다.
③ 전환율이 좋은 매체와 키워드 등을 관리하여 CPA를 낮출 수 있다.
④ CPA는 전환당 비용(Cost Per Action)으로 하나의 전환이 이루어지는데 들어가는 비용이다.

✎ **해설**

노출수, 클릭수가 높아지면 광고비용이 늘어나기 때문에 CPA가 높아지는 것이 일반적이다.

13 기존의 ROAS가 200%, CPA가 10,000원인 사이트가 캠페인 최적화를 통해 구매율이 2배 상승하였다면, 이 때의 ROAS와 CPA의 변화로 옳은 것은?(단, 광고비 등 다른 요인은 변동이 없다고 가정한다)

① ROAS : 400%, CPA : 2,500원
② ROAS : 400%, CPA : 5,000원
③ ROAS : 200%, CPA : 2,500원
④ ROAS : 200%, CPA : 5,000원

✎ **해설**

광고비의 변동이 없이 구매율이 2배 상승했으므로 수익이 반영되는 광고대비 매출액(ROAS) 또한 2배 상승할 것이다. 이때 전환수도 2배 늘어나므로 전환당 비용(CPA)은 1/2로 줄어들게 된다.

14 ROI와 ROAS에 대한 설명으로 적절하지 않은 것은?

① ROI는 투자 대비 수익률, ROAS는 광고비 대비 매출액을 말한다.

② ROI가 100% 이상이면 광고 집행의 효과가 있다고 볼 수 있다.

③ ROAS가 높을수록 광고효과도 높다고 할 수 있다.

④ ROI와 ROAS은 전체성과로 계산할 수는 있지만 매체, 캠페인, 그룹, 키워드 단위로 계산할 수는 없다.

✏ 해설

ROI와 ROAS는 전체성과로 계산할 수도 있지만 매체, 캠페인, 그룹, 키워드 단위로 계산할 수도 있다.

15 아래와 같이 광고 데이터가 나왔을 경우, CVR은 얼마인가?

광고비	클릭수	전환수	노출수
80,000	200	10	4,000

✏ 해설

$$CVR = \frac{전환수}{클릭수} \times 100 = \frac{10}{200} \times 100 = 5\%$$

16 다음과 같이 설정하였을 경우, 모바일 통합검색 영역 노출 시 '주방가위' 키워드에 적용되는 입찰가는 얼마인가?

- 광고그룹 기본 입찰가 : 100원
- '주방가위' 키워드 입찰가 : 400원
- PC 입찰가중치 : 100%
- 모바일 입찰가중치 : 200%

✏ 해설

PC와 모바일의 입찰가중치는 기본 입찰가를 기준으로 PC와 모바일 영역의 입찰 가중치를 10~500%까지 입력할 수 있고 해당 영역에 포함되는 모든 매체의 입찰가로 적용된다. 400원 × 200% = 800원

정답 11 ④ 12 ① 13 ② 14 ④ 15 5% 16 800원

17 다음의 광고 결과 데이터를 활용해서, 고객 1인당 구매가(객단가)를 구하시오.

> • 광고를 통한 클릭 수 : 6,000건
> • 클릭률 : 5%
> • 광고비 : 6,000,000원
> • 전환율 : 5%
> • ROAS : 500%

✎ 해설

- 전환 수 = $\dfrac{클릭수 \times 전환율}{100}$ 이므로, 전환 수 = $\dfrac{6,000 \times 5}{100}$ = 300이다.

- ROAS = $\dfrac{매출}{광고비} \times 100$ 이므로, $500 = \dfrac{매출}{6,000,000} \times 100$ 이고 매출은 30,000,000원이다.

따라서, 객단가 = $\dfrac{매출}{객수}$ 이므로 $\dfrac{30,000,000}{300}$ = 100,000원이다.

18 검색광고를 집행하면서 1,000,000원의 광고비를 투자하여 1,200%의 ROAS를 획득하였을 때, 광고를 통해 발생한 전환매출은 얼마인가?

✎ 해설

ROAS = $\dfrac{매출}{광고비} \times 100 = \dfrac{매출}{1,000,000} \times 100 = 1,200\%$ 이므로,

전환매출 = $\dfrac{1,200 \times 1,000,000}{100}$ = 12,000,000이다.

19 다음 광고집행 데이터를 보고 구매전환율을 구하시오.

광고주	노출	클릭	클릭률 (CTR, %)	CPC	총비용(원)	구매전환 수
A	40,000	8,000	20%	400	3,200,000원	400

✎ 해설

구매전환율은 $\dfrac{전환수}{클릭수} \times 100$ 이므로, $\dfrac{400}{8,000} \times 100$ = 5%이다.

20 다음 광고집행 데이터를 보고 CPC를 구하시오.

광고비(원)	노출수	클릭수	구매수	수익(원)	이익(원)
3,000,000	2,000,000	50,000	500	50,000,000	15,000,000

✏️ 해설

클릭당 비용(CPC)은 클릭 수 대비 광고비이므로, CPC = $\dfrac{3,000,000}{50,000}$ = 60원이다.

21 전통적인 소비자 행동단계는 '인지 → 방문 → 구매'로 이어진다. 검색광고 소비자 행동의 3단계는 무엇인가?

PART 3

22 다음 〈보기〉에서 설명하는 것은 무엇인가?

─────── 〈보 기〉 ───────

- 웹사이트를 방문한 사용자의 데이터를 수집하여 분석하는 도구를 말한다.
- 사용자가 어떤 키워드로 들어와 어떤 사이트를 보는지, 얼마나 오래 머무는지, 어떤 광고가 구매로 이어지고 그렇지 않은 광고는 무엇인지 등을 확인할 수 있다.
- 예로 구글의 애널리틱스와 에이스카운터, 비즈스프링의 로거 등이 있다.

정답 17 100,000원(10만원) 18 12,000,000원 19 5% 20 60원 21 노출 → 클릭 → 구매 22 로그분석

02 사후관리

제 1 절 개 요

① 데이터 분석 후에는 사후관리가 필요하다.

② 사후관리는 '키워드 사후관리'와 '랜딩페이지 관리' 두 가지로 구분할 수 있으며, 두 가지를 함께 관리해야 고객유입율이 증가하고 이탈률은 줄어든다.

③ 키워드 사후관리를 통해 광고를 끊임없이 알맞게 하여 최적화해야 한다. 키워드 분석 후 더 적극적으로 투자할 것인지, 효과 없는 키워드는 삭제한 후 다른 키워드를 추가할 것인지, 어떤 키워드가 효과적일지를 고민해야 한다.

④ 랜딩페이지 관리를 통해 어렵게 방문한 고객들이 이탈하지 않고 전환까지 연결될 수 있도록 해야 한다. 랜딩페이지는 키워드와 연관성이 얼마나 있는지, 구매율을 높이기 위해 상세페이지를 어떻게 관리해야 하는지, 구매율을 높이기 위한 요소들로 어떤 게 있는지 고민해야 한다.

제 2 절 키워드 사후관리

(1) 의 미

① 키워드 사후관리에서 성과 향상을 위해 고려해야 할 지표로 CTR(클릭률)과 CVR(전환율)이 있다.

② CTR(클릭률)은 광고노출 횟수 대비 클릭을 받은 비율이다.

③ CVR(전환율)은 클릭을 통해 방문한 고객이 전환행동을 한 비율을 뜻한다.

(2) 지표에 따른 키워드 사후관리 방법

<table>
<tr>
<td rowspan="2">CTR, CVR이
모두 높은 경우</td>
<td colspan="2">
• 사이트 방문율(클릭률)도 높고, 방문한 이들의 전환 행동도 많은 상태이다.
• 최적의 광고 컨디션으로, 매우 적절한 홍보를 집행하고 있다는 의미이다.
• 키워드, 소재, 랜딩페이지 모두 매력적이며 잘 맞을 때 가능하다.
• 효과가 이미 검정된 고효율 키워드를 기반으로 연관키워드, 세부키워드를 확장하는 전략을 사용한다.
• 시즌 키워드 혹은 이슈 키워드의 확장도 좋은 전략이다.
</td>
</tr>
<tr></tr>
<tr>
<td rowspan="4">CTR은 높고
CVR은 낮은 경우</td>
<td colspan="2">
• 광고노출순위 및 소재는 매력적이라 사이트 방문율(클릭률)은 높으나 실제로 방문한 사이트에서 전환 행동이 거의 없는 상태이다.
• 이는 랜딩페이지에서 원하는 것을 발견하지 못하거나 콘텐츠가 적어 필요한 정보가 충분하지 않기 때문에 전환으로 이루어지지 못하고 이탈하는 것이다.
• 이런 경우 랜딩페이지 개선이 가장 필요하다.
• 랜딩페이지 개선 방법
</td>
</tr>
<tr>
<td>키워드 유형별 설정</td>
<td>• 콘텐츠 부족 혹은 찾는 정보가 없을 때 다른 사이트에서 구매할 가능성 높다.
• 따라서 고객의 검색의도를 파악, 가장 키워드에 적합한 페이지로 연결해야 이탈률이 감소한다.</td>
</tr>
<tr>
<td>광고소재별 설정</td>
<td>• 광고소재와 랜딩페이지 설정이 동일해야 한다.
• 광고소재에 게재된 이벤트 정보를 보고 방문하였으나 연결 페이지에서 이벤트 내용을 찾지 못한다면 전환이 일어나지 않는다.</td>
</tr>
<tr>
<td>사이트 편의성 및
전환단계 간소화</td>
<td>• 사이트에서 원하는 정보를 바로 찾을 수 있어야 한다.
• 전환 단계가 복잡하면 구매전환으로 이어지기 어렵다.</td>
</tr>
<tr>
<td rowspan="5">CTR, CVR이
모두 낮은 경우</td>
<td colspan="2">
• 사이트 방문자도 없고, 전환 행동도 거의 없는 상태이다.
• 키워드와 광고소재 모두 부적합하다는 의미이다.
• 따라서 키워드 및 광고소재가 모두 적합한지 다시 점검한 후 광고 중단을 고려해야 한다.
• 키워드 유지 혹은 중단 고려 상황
</td>
</tr>
<tr>
<td>키워드 유지</td>
<td>시즌 때, 혹은 콘텐츠 추가 시 키워드 유지</td>
</tr>
<tr>
<td>키워드 OFF</td>
<td>• 광고비 비중이 높으나 전환은 없는 키워드
• 사회적으로 부정적인 이슈가 있는 키워드
• 품절상품 키워드</td>
</tr>
<tr>
<td colspan="2">
• 키워드 중단 혹은 삭제 시에는 새로운 키워드 발굴 및 투자를 통한 추가적 전환기회 확대가 필요하다. 키워드 발굴 없이 중단만 있다면 광고의 클릭률이 떨어질 뿐만 아니라 매출액도 줄어들 수 있다.
• 키워드는 여러 이유로 항상 변화 가능성이 있으므로 효과분석 및 필터링 과정이 수시로 이루어져야 한다.
</td>
</tr>
<tr></tr>
<tr>
<td rowspan="3">CTR은 낮고
CVR은 높은 경우</td>
<td colspan="2">
• 사이트를 방문한 횟수(클릭률)는 낮지만 일단 방문한 고객의 전환 행동이 많은 상태이다.
• 첫 번째로 광고소재의 매력도가 낮은지, 두 번째로 키워드 입찰순위가 현저히 낮아서 클릭률이 낮은 것인지 확인해보아야 한다.
</td>
</tr>
<tr>
<td>관련성 있는 광고소재
사용</td>
<td>• 업종에 적합한 광고소재를 사용한다.
예 쇼핑 업종의 경우 트렌디한 광고소재를, 대형 마트는 구매 혜택을 강조, 전문제품은 제품 상세 설명이 있으면 클릭률이 더 올라간다.</td>
</tr>
<tr>
<td>타깃의 특성을 파악한
광고소재 사용</td>
<td>• 남녀별, 연령대별, 지역별 등 제품의 타깃 특성을 파악한 광고소재를 사용한다.
예 남성은 직관적인 광고소재, 여성은 감성적·구체적인 광고소재에 더 반응</td>
</tr>
</table>

차별화 부분 강조	경쟁사, 경쟁제품과 차별화되는 부분을 강조하면 고객의 이목을 끌 수 있다.	
다양한 확장소재 활용	• 예약기능, 위치, 이미지, 전화번호 정보 등 다양한 확장소재를 활용한다. 예 제품의 이미지나 홍보문구를 활용하여 이벤트나 할인혜택 노출, 가격링크로 가격 경쟁력 강조도 가능	

• 키워드 입찰순위 개선 : 검색광고에 모든 광고가 동일하게 노출되더라도 광고노출순위에 따라 클릭률 차이가 크다. 따라서 전환율이 높으나 클릭률이 낮다면 광고가 상위 순위에 노출될 수 있도록 키워드 입찰전략을 수정한다.

제 3 절 랜딩페이지 사후관리

(1) 랜딩페이지의 개념

① 사용자가 광고를 클릭하면 연결되는 웹페이지를 말한다.

② 랜딩페이지는 광고 웹사이트의 메인페이지일 수도 있고, 카테고리, 제품 상세 페이지, 혹은 이벤트 페이지가 될 수도 있다.

③ 보통 랜딩페이지의 URL은 광고의 최종 URL과 동일하다.

④ 랜딩페이지 관리는 검색광고 집행에 있어 '광고의 계획 → 운영 → 효과분석'에 이은 가장 마지막 단계이다.

(2) 랜딩페이지의 중요성

① 광고를 통해 방문한 페이지에서 찾으려던 제품이나 콘텐츠가 없으면 고객은 금방 포기하고 타 사이트로 이동한다.

② 방문자를 웹사이트로 유입시킬 때까지 많은 비용과 노력을 쏟았다 하더라도 전환이 일어나지 않고 랜딩페이지에서 이탈해버리면 아무 소용이 없다.

③ 때문에 랜딩페이지에 대한 만족도는 키워드의 품질평가점수를 결정하는 요소 중 하나이다.

④ 랜딩페이지는 고객이 전환을 선택할 수 있도록 방문한 순간부터 계속하여 고객을 설득해야 한다.

⑤ 고객의 검색의도와 일치하여 설득력이 높은(즉, 검색어와 정보의 관련성이 높고 게재된 정보가 유용하며, 사용자가 페이지를 탐색하기 쉬운) 페이지로 꾸며야 전환율이 높아진다.

⑥ 랜딩페이지 관리는 고객을 설득하는 과정일 뿐만 아니라 이를 통해 광고 효율을 극대화할 수 있는 장치이다.

(3) 반송률

① 랜딩페이지 효과를 객관적으로 분석하는 방법으로는 광고 전환 데이터 외에 로그분석의 여러 가지 지표(페이지뷰, 체류시간, 반송률 등)를 참조할 수 있다.

② 반송은 사이트 접속 후 사이트 내의 다른 페이지로 이동이 이루어지지 않고 바로 이탈한 경우를 말한다.

③ 반송률은 방문자수 대비 반송수의 비율 데이터($\frac{반송수}{방문자수} \times 100$)를 말한다.

④ 반송률은 방문품질을 측정하는 데이터로, 반송률이 지나치게 높은 것은 투자한 광고비용 대비 효율이 많이 떨어지는 광고라는 것을 의미한다.

⑤ 반송률이 높으면 보통 해당 랜딩페이지가 사이트 접속자들에게 효과적이지 않으며, 접속자들의 사이트 방문이 제품의 구매 등 전환으로 이어질 가능성이 낮다는 뜻이다.

> **더 알아보기**
>
> 페이지뷰와 방문자수로 알아보는 검색광고의 효율
>
> 1. 방문자수와 페이지뷰가 모두 증가하는 경우 : 사이트가 꾸준히 성장하고 있다는 의미로, 만약 높아진 방문자수가 신규 방문자 증가 때문이라면 광고 활동의 성공 때문이며 재방문자 증가로 방문자수가 높아졌다면 사이트의 콘텐츠가 매력적이기 때문이라고 할 수 있다.
> 2. 방문자수는 증가하였으나 페이지뷰는 감소하는 경우 : 광고를 통한 신규 방문객 수는 늘었지만 방문자들이 페이지를 거의 열어보지 않고 사이트를 이탈하고 있는 상태로 유입까지는 성공하였으나 랜딩페이지에 전환으로 이끌 만한 콘텐츠가 부족하다는 의미이다. 이런 경우 랜딩페이지를 점검해보아야 한다.
> 3. 방문자수는 감소하였으나 페이지뷰는 증가하는 경우 : 커뮤니티나 회원제 사이트 등 콘텐츠는 좋으나 기존 고객들만 자주 찾아가는 사이트일 가능성이 높으며, 이런 경우 신규 유입을 원한다면 사이트로 유입할 만한 채널을 다양하게 확보하는 것이 필요하다.
> 4. 방문자수와 페이지뷰 모두 감소하는 경우 : 방문자가 유입하는 채널이 축소되었거나 검색광고 경쟁이 심화되는 경우가 있을 수 있으며 방문자수 중 재방문이 감소한다면 사이트 콘텐츠의 신뢰도나 가격 경쟁력이 타 사이트에 비해 떨어지는 것일 수도 있다.

(4) 광고 극대화를 위한 랜딩페이지 구성 요소

① 광고 문구
  ㉠ 랜딩페이지에 키워드가 포함되어야 한다.
  ㉡ 광고에 노출되는 T&D에 약속된 정보는 랜딩페이지에도 표현되어야 하며, T&D와 랜딩페이지는 연관성이 높게 구성되어야 한다.
  ㉢ 노출된 검색광고 내용과 랜딩페이지에서 노출하는 내용을 일관성 있게 유지해야 한다.

② 광고 매체
  ㉠ 업종의 성격과 맞는 매체를 선택한다.
  ㉡ 다양한 디바이스 환경을 고려해야 한다. PC 노출과 모바일 노출에 따라 해당 디바이스 웹 환경에 맞게 랜딩페이지를 작업하여 노출해야 한다.

③ 광고의 특성 강조

    ㉠ 특별한 판매조건이나 구매결정을 바로 내릴 수 있는 혜택을 포함시킨다.

    ㉡ 특정한 타깃 혹은 시그널 이슈와 같이 세부적인 니즈에 따라 페이지를 별도 구성한다.

    ㉢ 상품 혹은 서비스의 장점에 대한 증거(제품 상세 설명이나 사용 후기 등)를 제시한다.

④ 페이지 구성

    ㉠ 직관적인 디자인과 UI, 잘 정리된 콘텐츠 구성이 필요하다.

    ㉡ 예상되는 고객들의 특성을 파악하여 디자인한다.

    ㉢ '상품 구매'나 '서비스 예약'과 같이 바로 전환 행동을 일으킬 수 있게 하는 요소가 랜딩페이지에 꼭 있어야 한다.

더 알아보기

랜딩페이지 최적화를 위한 체크 항목

① 랜딩페이지가 검색광고 및 키워드와 일치하는지 확인한다. 특히 광고문 안에 있던 클릭 유도 문구에 대응하는 내용이 있어야 한다.

② 페이지가 전체적으로 소비자가 무엇을 해야 할지 안내하듯 명확하게 구성되어야 한다.

③ 광고 문구는 강력한 유도 문구를 사용하여 명확하고 급박하게 나타낸다. 특히 목표가 즉각적인 구매행동 유발이라면 랜딩페이지에 급박한 메시지를 게재한 후 구매 페이지로 바로 이동하는 링크를 삽입할 수 있다.

④ 소비자가 원하는 정보나 중요한 정보는 가장 상단에 위치시킨다.

⑤ 사진, 글꼴, 색상 등 페이지 디자인은 브랜드와 상품의 특성을 잘 나타낼 수 있게 직관적으로 구성되어야 한다.

⑥ '주문하기', '장바구니', '구입', '전화걸기', '신청하기', '구독하기', '상담하기' 등 해당 페이지에서 목표하는 고객의 액션이 신속하게 쉽게 진행될 수 있도록 명확한 입력란을 설정해야 한다.

⑦ 사용자가 원하는 정보를 바로 찾을 수 있도록 사이트에 너무 많은 광고나 팝업을 추가하지 않는다.

⑧ 모바일 쇼핑 증가에 따라 웹사이트를 모바일 친화적으로 제작한다. 속도는 빠르게, 탐색은 간단하게, 고객문의는 편리하게 진행할 수 있도록 구성한다.

02 ○ · × 문제

01 ○× 검색광고 사후관리는 키워드 사후관리와 랜딩페이지 관리로 구분할 수 있다.

02 ○× 키워드 사후관리에서 성과 향상을 위해 고려해야 할 지표로 CPC와 ROI가 있다.

03 ○× CTR, CVR이 모두 높은 경우는 최적의 광고 컨디션으로, 홍보를 적절하게 잘 진행하고 있다는 의미이다.

04 ○× CTR은 낮고 CVR은 높은 경우는 사이트 방문율은 높으나 전환 행동이 거의 없는 상태이다.

05 ○× 사회적으로 부정적인 이슈가 있는 키워드가 있을 때는 키워드 OFF를 하는 것이 좋다.

06 ○× 광고소재에서 확장소재 사용 시 이용자들의 혼란을 줄이기 위해 한 광고당 하나의 확장소재만 사용하는 것이 좋다.

07 ○× 랜딩페이지 URL은 보통 광고의 최종 URL과 동일하다.

정답

01 ○
02 × ▸ CTR(클릭률)과 CVR(전환율)이 있다.
03 ○
04 × ▸ 사이트 방문 횟수(클릭률)는 낮지만 방문 고객의 전환 행동이 많은 상태이다.
05 ○
06 × ▸ 예약기능, 위치, 이미지, 전화번호 정보 등 다양한 확장소재를 활용하는 것이 좋다.
07 ○

08 ☐○☐× 반송률은 사이트 접속 후 바로 이탈한 수 대비 총 방문자수의 비율 데이터이다.

09 ☐○☐× 랜딩페이지 구성 시 해당 페이지는 제품에 대한 소개 및 장점 어필을 중점적으로 제작하며, 바로 전환 행동을 일으킬 수 있는 요소는 별도 페이지에 구성해야 한다.

10 ☐○☐× 랜딩페이지에 강력한 유도 문구를 삽입하면 보는 소비자가 부담을 느낄 수 있으므로 지양해야 한다.

정답

08 ✕ ▶반송률은 방문자수 대비 반송수의 비율 데이터($\frac{반송수}{방문자수} \times 100$)를 말한다.

09 ✕ ▶'상품 구매'나 '서비스 예약'과 같이 바로 전환 행동을 일으킬 수 있게 하는 요소가 랜딩페이지에 꼭 있어야 한다.

10 ✕ ▶광고 문구는 강력한 유도 문구를 사용하여 명확하고 급박하게 나타낸다. 특히 목표가 즉각적인 구매행동 유발이라면 랜딩페이지에 급박한 메시지를 게재한 후 구매 페이지로 바로 이동하는 링크를 삽입할 수 있다.

01 다음 중 키워드 차원의 광고효과분석을 할 때 개선 방법으로 가장 옳지 않은 것은?

① ROAS, CPS 목표 달성을 위한 가장 빠른 방법은 저성과 키워드 제외 방법이다.
② 전환율이 현저히 낮은 키워드는 키워드와 랜딩페이지가 광고와 연관성이 있는지 점검한다.
③ 저성과 키워드의 노출 점유율(노출순위)을 높일 수 있도록 입찰 단가를 높인다.
④ 저성과 키워드는 제외하고, 고성과 키워드 확장과 신규 키워드 발굴에 예산을 사용한다.

✏️ **해설**

광고의 효율성을 고려하여 저성과 키워드는 제외하는 것이 적절한 방법이다.

02 다음 중 검색광고효과분석 후 성과 개선을 하기 위한 행동으로 가장 적절하지 않은 것은?

① CVR이 높은 키워드는 세부키워드와 관련 키워드를 추가 설정한다.
② ROAS가 낮은 키워드는 입찰가를 높이거나 시간 설정을 하여 광고노출수를 늘린다.
③ CTR이 낮은 키워드는 광고소재와 확장소재를 점검하고 개선한다.
④ CVR이 낮은 키워드는 랜딩페이지 및 PV(페이지뷰), 체류시간을 파악하여 랜딩페이지를 개선한다.

✏️ **해설**

ROAS가 낮은 키워드는 입찰가를 낮추거나 시간 설정을 하여 광고노출수를 줄인다.

03 다음 중 검색광고효과의 극대화를 위한 랜딩페이지 운영 방법으로 가장 적절하지 않은 것은?

① 랜딩페이지에 키워드가 포함되어야 한다.
② 전환율이 낮을 때 랜딩페이지의 콘텐츠와 적절성을 점검하여 개선해야 한다.
③ 랜딩페이지에 전환 행동을 일으킬 수 있는 요소를 구성한다.
④ 키워드 클릭 수가 줄어들면 랜딩페이지를 변경하거나 개선한다.

✏️ **해설**

클릭 수가 감소하면 키워드와 소재의 적절성을 점검하고 개선하여야 한다.

정답 01 ③ 02 ② 03 ④

PART 3

04 다음 중 CTR을 개선하기 위한 전략으로 적절하지 않은 것은?

① 확장소재의 사용을 최소화한다.
② 업종 특성을 고려한 키워드와 광고소재를 사용한다.
③ 타깃의 특성을 이해한 키워드와 광고소재를 발굴한다.
④ 경쟁업체와 차별화되는 부분을 강조한 소재를 사용한다.

✎ **해설**

예약기능, 위치, 이미지, 전화번호 정보 등 다양한 확장소재를 활용하여 CTR을 개선할 수 있다.

05 다음 중 CTR과 CVR이 모두 높은 키워드에 대한 사후관리 방법으로 가장 적절하지 않은 것은?

① 검증된 고효율의 키워드이므로 연관 키워드, 세부키워드를 확장한다.
② ROAS를 확인하여 비용 대비 광고성과의 효율을 점검한다.
③ 시즌 키워드 혹은 이슈 키워드를 확장하는 전략을 사용한다.
④ 최적의 광고 컨디션이므로 추가적인 사후관리 작업을 진행할 필요가 없다.

✎ **해설**

광고 효율이 검증된 키워드를 사용하고 있더라도, 키워드를 확장하거나 광고수익률을 점검하는 등의 추가적인 전략이 필요하다. 검색광고 환경은 항상 변화하기 때문에 매일 효과분석을 하여 적절한 전략을 세우는 것이 권장된다.

06 CTR과 CVR이 모두 낮은 경우에 대한 설명으로 적절하지 않은 것은?

① 사이트 방문자와 전환 행동이 거의 없는 상태이다.
② 키워드와 광고소재가 모두 부적합하다는 의미이다.
③ 키워드와 광고소재의 적절성을 점검 후, 광고 중단을 고려해야 한다.
④ 키워드는 잘 변화하지 않으므로 효과분석과 필터링을 수시로 할 필요는 없다.

✎ **해설**

키워드는 여러 이유로 항상 변화 가능성이 있으므로 효과분석 및 필터링 과정이 수시로 이루어져야 한다.

07 ROI를 높이기 위한 CTR과 CVR의 변화에 대한 대응으로 옳지 않은 것은?

① CTR과 CVR이 모두 낮다면, 광고를 즉시 중단해야 한다.
② CTR과 CVR이 모두 높으면 지속적인 키워드 확장을 통해 광고 효율을 더 높인다.
③ CTR은 낮고 CVR은 높으면 광고소재를 개선하고 키워드 입찰순위를 점검하여 입찰 전략을 수정한다.
④ CTR이 높고 CVR이 낮다면, 랜딩페이지에 검색의도에 적합한 상품과 콘텐츠가 충분히 갖추어져 있는지 확인한다.

> ✎ **해설**
>
> CTR과 CVR이 모두 낮은 경우 키워드 및 광고소재가 모두 적합한지 다시 점검한 후에 광고 중단을 고려해야 한다.

08 다음 중 랜딩페이지의 성과분석을 위해 파악해야 하는 지표로서 가장 적절하지 않은 것은?

① 전환율
② 클릭률
③ 반송률
④ 방문당 체류시간

> ✎ **해설**
>
> 클릭률은 키워드나 소재의 성과분석을 위한 지표라고 할 수 있다.

09 랜딩페이지에 대한 설명으로 적절하지 않은 것은?

① 랜딩페이지는 키워드가 포함되어야 한다.
② 랜딩페이지에 대한 만족도는 키워드의 품질평가점수를 결정하는 요소 중 하나이다.
③ 메인페이지를 랜딩페이지로 설정하면 전환율이 떨어진다.
④ 랜딩페이지 관리는 검색광고 집행에 있어 '광고의 계획 → 운영 → 효과분석'에 이은 가장 마지막 단계이다.

> ✎ **해설**
>
> 메인페이지를 랜딩페이지로 설정한다고 해서 전환율이 떨어지는 것은 아니다. 랜딩페이지는 제품상세페이지나 이벤트페이지, 메인페이지 등 다양하게 설정할 수 있으며 검색광고의 내용과 랜딩페이지에서 노출하는 내용 간의 일관성이 유지하도록 해야 한다.

정답 04 ① 05 ④ 06 ④ 07 ① 08 ② 09 ③

10 반송률에 대한 설명 중 옳지 않은 것은?

① 반송은 사이트 접속 후 사이트 내의 다른 페이지로 이동이 이루어지지 않고 바로 이탈한 경우를 말한다.

② 반송률은 방문자수 대비 반송수의 비율 데이터($\frac{반송수}{방문자수} \times 100$)를 말한다.

③ 반송률이 높으면 랜딩페이지에 방문하여 사이트 서핑을 하는 사용자들이 많다는 뜻이다.

④ 반송률이 높으면 보통 해당 랜딩페이지가 사이트 접속자들에게 효과적이지 않으며, 전환으로 이어질 가능성이 낮다는 뜻이다.

✏ **해설**

반송률이 높다는 것은 랜딩페이지에 방문하여 사이트 서핑을 하는 사용자들이 적다는 뜻이다.

11 사이트 방문자수와 페이지뷰에 대한 설명으로 적절하지 않은 것은?

① 방문자수와 페이지뷰가 모두 증가하는 경우 사이트가 꾸준히 성장하고 있다는 의미이다.

② 방문자수는 늘었으나 페이지뷰는 감소하는 경우 키워드나 소재의 매력도가 부족하다는 의미이다.

③ 방문자수는 감소하였으나 페이지뷰는 증가하는 경우 사이트로 유입할 만한 다양한 채널을 확보하는 것이 필요하다.

④ 방문자수와 페이지뷰가 모두 감소하는 경우 검색광고 경쟁이 심화되었거나 사이트 콘텐츠의 신뢰도나 가격경쟁력이 타 사이트에 비해 떨어진다는 의미일 수 있다.

✏ **해설**

방문자수는 증가하였으나 페이지뷰는 감소하는 경우 사이트로의 유입은 늘었으나 방문자들이 페이지를 거의 열어보지 않고 사이트를 이탈하고 있는 상태로 랜딩페이지에 전환을 이끌 만한 콘텐츠가 부족한지 점검하고 랜딩페이지를 개선하여야 한다.

12 랜딩페이지 최적화를 위한 방법으로 옳지 않은 것은?

① 소비자가 원하는 정보나 중요한 정보는 가장 하단에 위치시킨다.

② 랜딩페이지가 검색광고 및 키워드와 일치하는지 확인한다.

③ 광고 문구는 강력한 유도 문구를 사용하여 명확하고 급박하게 나타낸다.

④ 사진, 글꼴, 색상 등 페이지 디자인은 브랜드와 상품의 특성을 잘 나타낼 수 있게 직관적으로 구성한다.

✏ **해설**

소비자가 원하는 정보나 중요한 정보는 가장 상단에 위치시켜 주목도를 높이는 것이 좋다.

13 랜딩페이지 구성 요소에 대한 설명으로 적절하지 않은 것은?

① T&D와 랜딩페이지는 연관성이 높게 구성되어야 한다.

② 업종의 성격과 맞는 광고 매체를 선택하고 다양한 디바이스 환경을 고려해야 한다.

③ 직관적인 디자인과 UI, 잘 정리된 콘텐츠 구성이 필요하다.

④ '상품 구매'나 '서비스 예약'과 같은 전환을 유도하는 요소는 사용자들에 혼란을 가중시킨다.

✎ **해설**

'상품 구매'나 '서비스 예약'과 같이 바로 전환 행동을 일으킬 수 있게 하는 요소가 랜딩페이지에 있으면 전환 행동을 유도할 수 있다.

14 다음에서 괄호 안에 들어갈 용어는 무엇인가?

검색광고 (   )은/는 입찰가와 품질지수를 고려하여 결정된다. 입찰가를 높게 설정하면 (   )이/가 상승하여 광고가 더 많이 노출되고 사이트 방문 고객 수도 증가하나, 광고 클릭이 많아지면 클릭당 광고비가 증가하므로 광고목표와 지불 가능한 광고예산을 고려하여 입찰가를 설정해야 한다.

✎ **해설**

검색광고에서 노출되고 있는 키워드의 CTR과 클릭 횟수가 낮을 경우, 광고소재에 대한 점검과 함께 입찰단가를 높여 노출순위를 조정해야 한다. 단, 입찰단가의 상승은 광고비의 증가로 이어지므로 광고목표와 지불가능한 광고예산을 고려해야 효율적인 광고 집행이 가능하다.

15 다음에서 (   ) 안에 들어갈 용어는 무엇인가?

검색광고 캠페인의 CTR은 낮고 CVR이 높은 키워드는 (   ) 점검과 함께 광고소재의 매력도를 개선해야 한다.

✎ **해설**

CTR은 낮고 CVR은 높은 경우 사이트를 방문한 횟수(클릭률)는 낮지만 일단 방문한 고객의 전환 행동이 많은 상태이다. 이런 경우 키워드 입찰순위와 광고소재를 점검하고 개선하여야 한다.

정답 10 ③   11 ②   12 ①   13 ④   14 노출순위(노출 점유율)   15 입찰순위

지식에 대한 투자가 가장 이윤이 많이 남는 법이다.

– 벤자민 프랭클린 –

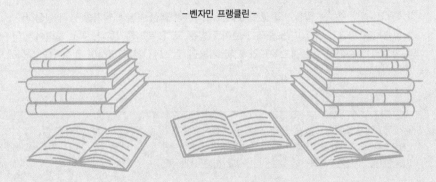

PART **4**

최신 기출동형문제

행운이란 100%의 노력 뒤에 남는 것이다.

– 랭스턴 콜먼 –

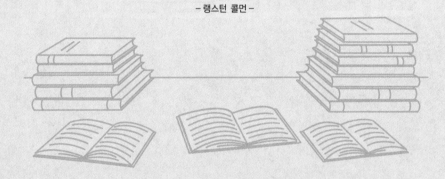

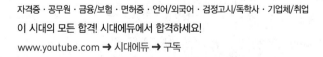

2023년 3월 기출동형문제

01 다음 중 온라인 비즈니스의 개념이 아닌 것은?

① 1997년 IBM이 주창한 개념으로, e-비즈니스라고도 한다.
② 인터넷을 이용하여 다양한 형태의 상품과 서비스를 제공하는 비즈니스 활동이다.
③ 무형의 상품을 제외한 물리적 상품을 거래의 대상으로 하는 비즈니스 영역이다.
④ 정보통신 기술을 이용하여 전자적으로 이루어지는 상거래와 이를 지원하는 경제 주체들의 활동이다.

02 다음 중 온라인 비즈니스 모델의 성공 요인이 아닌 것은?

① 경쟁자보다 빠른 시장 진입
② 특허를 통해 독점적 위치에 오른 상품
③ 매력적인 차별점을 가진 콘텐츠 및 서비스
④ 글로벌 고객을 대상으로 한 영어로 구성된 웹사이트

03 다음 중 마케팅 패러다임의 변화로 옳은 것은?

① 능동적 소비자 → 수동적 소비자
② 개인 맞춤형 광고 → 푸쉬형 광고
③ 반복 노출을 통한 효율적인 커뮤니케이션 → 상호작용 커뮤니케이션
④ 소셜 빅데이터를 통한 소비자 조사 → 설문조사 방식의 소비자 조사

04 다음 중 고객이 남기는 후기나 커뮤니티 게시물 등을 포함한 모든 종류의 퍼블리시티를 의미하는 디지털 미디어는 무엇인가?

① 지불 미디어(Paid Media)
② 획득 미디어(Earned Media)
③ 소유 미디어(Owned Media)
④ 트리플 미디어(Triple Media)

PART 4

05 다음 중 디지털 마케팅의 개념으로 틀린 것은?

① 디지털을 활용하여 수익을 얻고자 하는 전략적 활동을 의미한다.
② 전통 매체 중심의 판매 지향 마케팅을 의미한다.
③ 사이버 공간을 통해 수행되는 모든 마케팅 활동을 의미한다.
④ 온라인으로 소비자들에게 제품과 서비스를 알리는 것을 의미한다.

06 다음 중 디지털 마케팅의 목표가 옳게 설정된 것은?

① 고객 서비스 중심의 디지털 마케팅 : 구독, 광고, 매출
② 콘텐츠 서비스 중심의 디지털 마케팅 : 비용 절감, 고객 경험 개선
③ 리드 확보 중심의 디지털 마케팅 : 브랜드 인지, 브랜드 구매, 브랜드 호감
④ 온라인 커머스 중심의 디지털 마케팅 : 잠재고객 방문, 구매 전환율

07 다음 중 특정 광고 메시지가 한 번 이상 노출된 이용자의 수나 비율을 나타내는 광고 용어는?

① 도달률   ② 클릭률
③ 노출률   ④ 전환율

08 다음 중 검색광고의 단점을 보완한 관리 방법으로 적절하지 않은 것은?

① 무효 클릭을 방지하기 위해 의심되는 IP주소를 광고노출 진단 메뉴에 등록하였다.
② 관리 리소스가 많이 투여되기 때문에 권한설정을 통해 다른 회원과 함께 광고관리를 하였다.
③ 경쟁 심화로 비용이 많이 드는 것을 방지하기 위해 수익률이 높은 시간대 위주로 광고를 집행하였다.
④ 초기 브랜드의 경우 미디어믹스를 통해 광고를 효율적으로 집행할 수 있다.

09 다음 중 검색광고에 대하여 잘못 설명한 것은?

① 주요 포털사이트 3사는 자사 검색광고 플랫폼을 함께 운영하고 있다.
② 웹사이트 및 상품 등 홍보하고자 하는 콘텐츠를 검색엔진에 노출시키는 광고 기법이다.
③ 광고상품에 따라 키워드를 등록하지 않아도 검색어가 자동 매칭되어 광고가 노출된다.
④ 양질의 검색 결과를 제공하기 위해 광고 대행사 내부 기준에 의거하여 검수가 진행된다.

10 다음 중 사용자의 인구 통계적 특성을 활용한 분석 방법이 아닌 것은?

① 결혼 및 출산이 지속적으로 감소하고 있다.
② 네이버 모바일 이용 증가로 인해 모바일 쇼핑 매출액이 PC를 앞질렀다.
③ 고령화에 따라 노년 비중이 늘어나고 있다.
④ 한국농촌경제연구원의 통계에 의하면 반려동물 양육가구가 증가하고 있다.

11 다음 중 경쟁사 분석 방법으로 옳지 않은 것은?

① 동일 카테고리의 다른 브랜드를 분석한다.
② 다른 카테고리의 동일 브랜드를 분석한다.
③ 동일 카테고리는 아니지만, 고객 입장에서 동일한 편익을 줄 수 있는 대체 가능한 브랜드를 분석한다.
④ 광고하려는 웹사이트를 대표하는 키워드로 검색할 때 검색되는 업체나 브랜드를 분석한다.

12 다음 중 예산설정에 대한 설명으로 틀린 것은?

① 경쟁사 비교법 : 경쟁 브랜드 매출액의 일정 비율로 광고예산을 편성하는 방법이다.
② 광고-판매 반응함수법 : 과거 데이터를 통해 판매 반응함수가 존재할 경우 이익을 극대화할 수 있는 예산 편성 방법이다.
③ 가용예산법 : 기업이 다른 곳에 우선적으로 예산을 배정하고 남은 예산을 광고에 투입하는 방법이다.
④ 목표과업법 : 광고목표를 달성하기 위한 광고비 규모를 추정하여 예산을 편성하는 기법이다.

13 다음 중 네이버 검색광고상품이 아닌 것은?

① 스마트플레이스
② 콘텐츠검색광고
③ 신제품검색광고
④ 쇼핑검색광고-제품카탈로그형

14 다음 중 카카오 검색광고에서 비즈채널을 등록·선택하는 광고 단위는?

① 캠페인   ② 광고그룹
③ 키워드   ④ 소 재

15 다음 중 네이버 사이트검색광고에 대한 설명으로 틀린 것은?

① 키워드 검색 시 네이버 통합검색 및 다양한 노출 매체에 홈페이지와 홍보 문구가 노출된다.

② 광고 등록 시 '함께 찾은 파워링크'와 '지금 볼만한 파워링크' 영역에도 노출될 수 있다.

③ 광고는 언제든지 게재하고 중지할 수 있다.

④ 광고 등록에는 비용이 발생하지 않고, 광고노출 및 클릭 시에만 과금된다.

16 다음 중 네이버 키워드 도구에 대한 설명으로 틀린 것은?

① 키워드 도구를 통해 관련성 높은 키워드를 조회하여 추가할 수 있다.

② 키워드는 최대 1개까지 입력하여 연관키워드를 조회할 수 있다.

③ 키워드 도구를 통한 키워드 추가는 '파워링크 캠페인' 유형에 한해 지원된다.

④ 업종 및 시즌 월/테마 등의 옵션을 체크하여 연관키워드를 조회할 수 있다.

17 다음 중 경매(입찰) 방식으로 구매할 수 없는 광고상품은?

① 콘텐츠검색광고

② 지역소상공인광고

③ 신제품검색광고

④ 쇼핑검색광고-제품카탈로그형

18 다음 중 최소입찰가가 잘못 기재된 것은?

① 사이트검색광고 70원

② 콘텐츠검색광고 70원

③ 쇼핑검색광고-쇼핑몰 상품형 50원

④ 쇼핑검색광고-쇼핑 브랜드형 50원

19 다음 중 네이버 캠페인 수정에서 변경할 수 있는 항목이 아닌 것은?

① 캠페인 유형　　　　　　　　② 캠페인 하루예산 기능

③ 캠페인 이름　　　　　　　　④ 추적 기능

20 다음 중 카카오 캠페인 관리에 대한 설명으로 틀린 것은?

① 캠페인 수정 페이지에서 캠페인 이류, 일예산, 픽셀&SDK 연동 등을 변경할 수 있다.
② 캠페인 삭제 시 해당 캠페인 내 광고그룹/소재 등도 함께 삭제된다.
③ 개별 캠페인 일예산 변경 시, 대시보드의 '일예산' 항목을 변경할 금액을 입력한다.
④ 브랜드검색광고 캠페인 관리는 키워드광고 관리자 센터에서 가능하다.

21 다음 중 구글 입찰 통계에 표시되는 항목에 대한 설명으로 틀린 것은?

① 노출 점유율 : 광고주의 광고가 노출될 때 또 다른 광고주의 광고에는 얼마나 자주 노출이 발생했는지를 보여주는 빈도
② 높은 게재순위 비율 : 광고가 동시 노출이 발생했을 때 다른 광고주의 광고가 자신의 광고보다 더 높은 순위에 게재되는 빈도
③ 페이지 상단 게재율 : 광고주의 광고가 검색 결과의 페이지 상단에 게재되는 빈도
④ 페이지 상단 게재율(절댓값) : 노출수 중 자연 검색 결과 위에 첫 번째 광고로 게재되는 비율

22 다음 중 네이버 광고시스템 성과 지표 관리 기능에 대한 설명으로 틀린 것은?

① 광고관리 및 다차원 보고서에서 성과 지표를 엑셀 파일로 다운로드 받을 수 있다.
② 다차원 보고서에서 다운로드 받은 파일은 광고시스템 내 자동 저장되어 이후에도 확인할 수 있다.
③ 광고관리 및 다차원 보고서에서 필터를 활용하여 원하는 조건의 성과 지표만 조회가 가능하다.
④ 자주 사용하는 필터는 저장하여 간편하게 사용할 수 있다.

23 다음 중 네이버 키워드 확장에 대한 설명으로 옳은 것은?

① 네이버 검색 영역 및 콘텐츠 영역에 광고가 노출된다.
② 노출될 유의어에 대한 입찰가는 최소 노출 입찰가의 100%로 설정되며 변경 가능하다.
③ 키워드 확장의 입찰가는 등록 키워드에 적용되는 입찰가를 초과하지 않는다.
④ 키워드 확장의 입찰가는 원 단위로 입력하여 설정한다.

24 다음 중 네이버 광고시스템 그룹 상태가 '일부 노출 가능 : 모바일'일 때, 노출 가능 상태가 되기 위하여 해야 할 조치로 알맞은 것은?

① PC를 ON 상태로 변경한다.
② 모바일을 ON 상태로 변경한다.
③ 비즈채널 모바일 노출 제한인 경우, 가이드에 따라 수정 후 재검토를 요청한다.
④ 비즈채널 PC 노출 제한인 경우, 가이드에 따라 수정 후 재검토를 요청한다.

25 다음 중 네이버 파워링크 광고그룹 단위에서 관리 가능한 기능이 아닌 것은?

① 매체 설정
② 지역, 요일/시간대 등 타겟팅 설정
③ PC/모바일 입찰가중치 설정
④ 하루예산 균등배분 설정

26 다음 중 사이트검색광고 키워드 입찰 변경에 대한 설명으로 틀린 것은?

① 입찰가 변경 버튼 클릭 시, 일괄변경 또는 개별변경 선택이 가능하다.
② 순위별 평균 입찰가는 최근 1주간의 데이터를 기반으로 추정한 데이터이다.
③ 순위별 평균 입찰가는 PC/모바일 구분하여 조회할 수 있다.
④ 다수의 키워드의 입찰가 변경 시, 일정 비율 혹은 원 단위로 증/감액이 가능하다.

27 다음 중 일별 효과분석을 통한 개선 사항으로 적절하지 않은 것은?

① 매일 변화하는 키워드의 비용 효율성을 최적화 해나갈 수 있다.
② 다양한 검색광고상품의 결과를 매일 분석하여, 검색광고 최적화가 가능하다.
③ 직접 전환비용의 최적화는 어렵지만 클릭률은 빠르게 개선할 수 있다.
④ 계절, 요인, 날씨 등의 이유로 변하는 검색광고의 성과의 실시간으로 대응할 수 있다.

28 다음 중 검색광고 관련 용어에 대한 설명으로 옳지 않은 것은?

① ROAS : 검색광고비 대비 발생한 매출의 비율을 의미한다.
② CTR : 검색광고가 노출된 횟수 대비 클릭이 발생한 비율을 의미한다.
③ CPC : 검색광고 비용을 발생한 클릭수로 나누어 계산한다.
④ CVR : 검색광고에 노출된 소비자 중에서 전환 행동을 완료한 소비자의 비율이다.

29 광고 결과가 다음과 같을 때, CPC, CVR, ROAS가 옳게 짝지어진 것은?

> - 광고비 : 10,000,000원
> - 광고 클릭 횟수 : 20,000번
> - 광고를 통해 판매된 물품 수 : 400개
> - 광고를 통해 발생한 매출 : 20,000,000원

① CPC = 500원, CVR = 4%
② CPC = 400원, CVR = 2%
③ CPC = 400원, ROAS = 400%
④ CVR = 2%, ROAS = 200%

30 다음의 검색광고 사례를 읽고 올바르게 계산된 CVR은 무엇인가?

> 광고주가 카카오 검색광고에 500만원을 투자해 집행하였다. 2주 동안 노출클릭은 500번, 판매는 25번 발생하였다.

① CVR = 5%
② CVR = 10%
③ CVR = 15%
④ CVR = 20%

31 다음 중 검색광고와 관련된 설명으로 가장 적절한 것은?

① CVR이 높을수록 검색광고 전환 효과가 좋다.
② CPL이 높을수록 검색광고 전환 효과가 좋다.
③ CPC가 높을수록 검색광고 반응 효과가 좋다.
④ CPI가 높을수록 검색광고 전환 효과가 좋다.

32 2주간 운영한 캠페인의 결과 보고서를 바탕으로 다음 캠페인의 전략을 구상하고 있다. 다음 중 전략으로 가장 적절하지 않은 것은?

① 전환율을 증가시켜 CPA를 낮춘다.
② 클릭을 증가시켜 전환율을 높인다.
③ CPC를 낮추어 ROI를 높인다.
④ CPC를 낮추어 ROAS를 높인다.

33 다음 중 검색광고 리포트에서 기본적으로 파악할 수 있는 지표가 아닌 것은?

① 노출수
② CPC
③ CTR
④ ROI

34 다음 중 네이버의 프리미엄 로그분석에 대한 설명으로 옳은 것은?

① 직접 전환수는 광고 클릭 이후 15분 내 발생한 전환수를 의미한다.
② 간접 전환수는 광고 클릭 이후 15분부터 전환 추적기간 내에 발생한 전환수이다.
③ 전환당 비용은 광고비를 전환수로 나눈 값으로 전환 1회당 사용된 평균 광고비이다.
④ 전환 추적 기간은 20일로 변경은 불가능하다.

35 검색광고에서 키워드, 광고소재, 랜딩페이지가 효과적으로 실행되었을 때 기대결과로 가장 적절한 것은?

① CTR, CVR이 모두 낮다.
② CTR, CVR이 모두 높다.
③ CTR은 높지만, CVR은 낮다.
④ CTR은 낮지만, CVR은 높다.

36 다음 중 CTR은 낮고 CVR은 높은 키워드에 대한 개선 방향으로 옳지 않은 것은?

① 광고소재의 매력도 향상으로 소비자의 클릭을 유도한다.
② CVR이 높으므로 노출순위 상승으로 소비자의 클릭을 유도한다.
③ 광고소재보다 랜딩페이지의 시각적 효과, 효율성 개선에 집중해야 한다.
④ 업종 및 타깃의 특성을 고려한 광고소재를 개발하여 소비자의 클릭을 유도한다.

37 다음 중 검색광고 키워드의 CTR을 높이기 위한 방법으로 적절하지 않은 것은?

① 노출순위 입찰금액을 낮춰 광고노출 순위를 높인다.
② 다양한 확장소재를 적극 활용해 광고소재의 매력도를 높인다.
③ 연령, 성별 등 타깃의 특성을 반영한 광고소재를 사용한다.
④ 2개의 광고소재를 제작 A/B 테스트를 통해 더 매력적인 소재를 채택한다.

38 다음 중 랜딩페이지에 대한 설명으로 옳지 않은 것은?

① 일반적으로 랜딩페이지와 키워드의 연관성이 낮으면 반송률은 증가한다.
② 구매한 키워드와 랜딩페이지의 연관성이 높아야 품질점수를 향상시킬 수 있다.
③ 키워드광고의 랜딩페이지를 메인 페이지로 할 경우 회원가입 전환율이 가장 우수하다.
④ 메인 페이지, 카테고리 페이지, 상품 상세 페이지, 이벤트 페이지 등 다양하게 선택할 수 있다.

39 검색광고의 결과가 다음과 같을 때, ROAS가 가장 효율적인 키워드는 무엇인가?

키워드	클릭수	상품가격	CPC	전환수
A	3,000회	30,000원	500원	150회
B	3,000회	20,000원	500원	150회
C	3,000회	30,000원	400원	150회
D	3,000회	20,000원	400원	150회

① A
② B
③ C
④ D

40 다음 중 광고성과 극대화를 위한 랜딩페이지 전략으로 적절하지 않은 것은?

① 랜딩페이지에 검색광고 키워드와 구매 혜택이 포함되어야 한다.
② 단일 페이지로 구성된 랜딩페이지의 반송률에 근거한 랜딩페이지 개선 전략이 가능하다.
③ 개별적 이슈와 관련된 랜딩페이지의 관리는 어렵지만, 전환율 극대화를 위해 시도해야 한다.
④ 복수의 랜딩페이지가 운영 가능할 때 A/B 테스트 결과를 근거로 최종 랜딩페이지를 선택해야 한다.

41 디지털 마케팅 기법인 4P를 모두 기재하시오.　　　　　　(2점, 부분점수 없음)

42 다음에서 괄호 안에 들어갈 알맞은 단어는 각각 무엇인가?　(2점, 순서오류 시 0점, 부분점수 없음)

> 소비자의 디지털 정보처리 과정은 A(주목) → I(흥미) → S(　　) → A(구매) → S(　　)으로/로
> 진행되며, 소비자의 능동적 참여를 기반으로 소셜미디어를 통한 정보공유의 특징을 가진다.

43 다음에서 설명하는 디지털 광고 유형은 무엇인가?　　　　　　(2점)

> • 이용자가 경험하는 콘텐츠 일부처럼 보이도록 하여 이용자의 관심을 자연스럽게 이끄는 형태의
> 광고이다.
> • 콘텐츠 자체로의 가치가 충분하여 이용자에 의한 소비과정에서 거부 반응이 적다.
> • 콘텐츠 마케팅의 기법을 사용한다.
> • 대표적인 예로 인-피드광고, 기사 맞춤형 광고 등이 있다.

44 광고 클릭 이후 30분부터 전환 추적 기간 내에 발생한 전환을 무엇이라고 하는가?　　(2점)

45 다음은 네이버 검색광고 광고주 가입에 대한 설명이다. 괄호 안에 알맞은 숫자는 각각 무엇인가?
　　　　　　(2점, 순서오류 시 0점, 부분점수 없음)

> 네이버 검색광고 광고주 가입은 사업자의 경우 최대 (　　)개까지, 개인은 총 (　　)개까지 계정
> 을 생성할 수 있다. 가입 신청자가 약관 및 광고 운영 정책 위반으로 직권 해지된 이력이 있는 경우,
> 회원가입을 탈퇴 또는 직권 해지일로부터 (　　)개월간 제한할 수 있다.

46 네이버 검색광고의 광고상품을 결제하는데 사용되는 충전금을 무엇이라고 하는가? (2점)

47 구글 검색광고에서 맞춤법 오류, 동의어, 관련 검색어, 기타 관련성 있는 유사 구문 검색광고가 게재 될 수 있는 검색유형은 무엇인가? (2점)

48 다음에서 괄호 안에 알맞은 숫자는 각각 무엇인가? (2점, 순서오류 시 0점, 부분점수 없음)

카카오 검색광고의 입찰가는 최소 (   )원에서 최대 (   )원까지 10원 단위로 설정할 수 있다.

49 다음에서 설명하는 네이버 검색광고 시스템 기능은 무엇인가? (2점)

PC와 모바일이 통합된 캠페인의 경우 PC/모바일 구분 버튼을 통해 캠페인별 디바이스 성과 확인이 가능하다. 그 외 요일, 시간대, 지역, 검색/콘텐츠 매체를 구분하여 성과를 확인할 수 있다.

50 플레이스 광고 입찰가를 100원으로 설정하였을 때, 지도앱에서의 최대 클릭 비용은 얼마인가?
(2점, 단위누락 시 0점)

51 예산 내에서 최대한 많은 클릭이 발생하도록 입찰가를 자동으로 설정하는 구글의 입찰 전략 유형은 무엇인가? (2점)

52 사이트검색광고에서 PC/모바일 입찰가중치를 다음과 같이 설정하였을 때, 각 매체에 실제로 적용되는 입찰가(PC 적용입찰가, 모바일 적용입찰가)는 각각 얼마인가? (2점, 순서오류 시 0점, 부분점수 없음)

- '유치원생가방' 키워드 입찰가 100원
- PC 입찰가중치 50%
- 모바일 입찰가중치 200%
- PC 적용입찰가 (   )원, 모바일 적용입찰가 (   )원

53 광고성과가 우수한 소재를 우선적으로 노출시키는 소재 노출 방식은 무엇인가? (2점)

54 다음 괄호 안에 들어갈 알맞은 용어는 무엇인가? (2점)

검색광고에서 CTR은 높지만 (   )가/이 낮을 때, 검색어와 랜딩페이지 사이의 연관성, 구성, 매력도를 평가해서 개선 작업을 시행해야 한다.

55 다음에서 주어진 광고 결과 데이터를 활용하여 CTR을 구하시오. (2점, 단위누락 시 0점)

- 노출수 : 100,000회
- 광고비 : 1,000,000원
- CPC : 250원

56 다음에서 주어진 검색광고 결과 데이터를 활용하여 CPC를 구하시오 (2점, 단위누락 시 0점)

- 노출수 : 400,000회
- 클릭률 : 2.5%
- 광고비 : 5,000,000원

57 다음 데이터 표를 활용하여 구매전환율을 구하시오(단, 판매되는 제품은 한 가지이다). (2점, 단위누락 시 0점)

노출수	클릭수	CPC	판매가	ROAS
400,000회	6,000회	500원	50,000원	500%

58 광고주는 검색광고를 활용해 여성용 운동화 제품을 판매하고 있다. 다음 주어진 광고 결과 데이터를 활용하여 제품의 평균 판매 단가를 구하시오. (2점)

- 클릭 : 5,000회
- CPC : 1,000원
- 구매건수 : 100회
- ROAS : 500%

59 다음 데이터 표를 활용하여 ROAS를 구하시오. (2점, 단위누락 시 0점)

광고비	노출수	CTR	구매전환율	판매단가
5,000,000원	1,000,000회	1%	3%	50,000원

60 네이버 검색광고에서 최근 4주간 검색을 통해 노출된 모든 광고의 입찰가를 큰 순서대로 나열했을 때, 중앙에 위치한 값을 무엇이라고 하는가? (2점)

객관식 1~40번

01 다음 중 e-비즈니스의 장점이 아닌 것은?

① 고객관계 강화를 통해 고객가치를 증대시킬 수 있다.
② 초기 비용 및 진입장벽이 높아 경쟁이 치열하지 않다.
③ 기업은 가치사슬 재구축을 통한 경영의 효율화를 도모할 수 있다.
④ 새로운 비즈니스 모델의 창출을 통해 신규 수익원을 확보할 수 있다.

02 다음 중 디지털 마케팅의 등장 배경이 아닌 것은?

① 특정 기업 및 브랜드에 대한 충성도가 높아졌다.
② 산업화 사회에서 정보화 사회로 패러다임이 변화하였다.
③ 물리적 제품 중심에서 다양한 종류의 디지털 제품이 출시되었다.
④ 순수 온라인 기업 및 오프라인과 온라인을 병행하는 기업이 증대하였다.

03 다음 중 연회비 등을 지불하면 빠른 배송, 무료반품 등의 혜택을 제공하는 온라인 커머스 시장의 트렌드는?

① 온/오프를 통합한 록인 전략
② 온/오프를 통합한 옴니 채널 전략
③ 유료멤버십을 통한 록인 전략
④ 유료멤버십을 통한 옴니 채널 전략

04 다음 중 디지털 광고의 특성이 아닌 것은?

① 전달의 유연성
② 트래킹의 용이성
③ 양방향 커뮤니케이션
④ 불특정 다수의 광고 타깃

05 다음 중 검색광고 용어가 잘못 설명된 것은?

① PV : 방문자가 둘러본 페이지수이다.
② UV : 중복되지 않은 방문자 수치로 순 방문자 수를 의미한다.
③ 순위지수 : 게재된 광고의 품질을 나타내는 지수이다.
④ 시즈널 키워드 : 특정한 계절이나 시기에 따라 조회수와 광고효과가 급증하는 키워드이다.

06 다음 중 CPC 상품에 대한 설명으로 틀린 것은?

① 광고를 클릭했을 때 과금되는 방식이다.
② 자유로운 게재 및 중지로 광고를 탄력적으로 운영할 수 있다.
③ 실시간 광고 수정으로 광고 효율성을 높일 수 있다.
④ 대표키워드를 사용할수록 타깃이 명확하기 때문에 효율성이 높아진다.

07 다음에서 빈칸에 들어갈 수치로 옳은 것은?

키워드	노출수	클릭수	CPC	전환수	CVR
A	1,000,000회	10,000회	500원	400회	( )

① 0.04%
② 4%
③ 25%
④ 2,500%

08 다음 중 네이버 데이터랩에 대한 설명으로 틀린 것은?

① 키워드의 검색된 횟수 및 클릭량을 비교할 수 있다.
② 연령별, 성별 인기 검색어를 확인할 수 있다.
③ 주요 타깃의 선호하는 스타일과 키워드를 발굴할 수 있다.
④ 키워드별 월별 검색 수 추이와 PC/모바일 월간 검색 수 및 광고 경쟁 정도 등을 확인할 수 있다.

09 다음 중 광고 목표 수립에 대한 설명으로 틀린 것은?

① 매출액 증대와 같은 측정 가능한 목표를 설정하였다.
② 이벤트나 프로모션 활성화를 위한 유입 증대를 목표로 설정하였다.
③ 회원가입 및 상담신청 등은 매출액이 잡히지 않기 때문에 광고목표로 적절하지 않다.
④ 특정기간을 명시하지 않고 노출수·전환율 등의 목표를 설정하는 것은 적절하지 않다.

10 다음 중 매체믹스의 장점으로 옳지 않은 것은?

① 동일한 비용으로 더 많은 잠재고객에게 도달할 수 있다.
② 점유율이 가장 높은 매체 또는 대표 광고상품에 집중하여 클릭 수를 증가시킨다.
③ 특정 매체가 가지고 있는 단점을 보완하여 광고를 집행할 수 있다.
④ 다양한 전환 기획을 확보하여 광고 효과를 증가시킬 수 있다.

11 다음 중 네이버 검색광고의 비즈채널에 대한 설명으로 틀린 것은?

① '쇼핑몰' 비즈채널 등록 시, 쇼핑검색광고–쇼핑몰 상품형을 집행할 수 있다.
② '전화번호' 비즈채널 등록 시 확장소재로 활용할 수 있다.
③ '웹사이트' 비즈채널 등록 시, 파워링크와 파워콘텐츠를 집행할 수 있다.
④ '플레이스' 비즈채널 등록 시 플레이스 광고를 집행할 수 있다.

12 다음 중 네이버 검색광고의 캠페인에 대한 설명으로 틀린 것은?

① 광고목적에 따라 캠페인 유형을 선택할 수 있다.
② 광고의 운영과 효과분석, 입찰을 진행하는 단위이다.
③ 일련의 마케팅 활동을 목적기준으로 묶여서 관리하는 곳이다.
④ 캠페인 이름, 하루예산, 광고노출 기간을 설정할 수 있다.

13 다음 중 키워드 등록에 대한 설명으로 적절하지 않은 것은?

① 고객의 검색의도를 반영하여 키워드를 발굴한다.
② 주력 제품 및 서비스와 관련된 키워드를 선정한다.
③ 대표 키워드는 고객의 의도에 맞춘 수식어 및 지역명 등을 포함한 키워드이다.
④ 세부 키워드는 광고노출수 및 클릭수가 대표 키워드에 비해 적을 수 있다.

14 다음 중 네이버의 '함께 찾은 파워링크' 상품에 대한 설명으로 틀린 것은?

① 이용자가 최근에 둘러본 파워링크를 기반으로 선호할 만한 파워링크를 노출하는 반응형 광고 영역이다.

② 함께 찾은 파워링크 영역에 광고가 노출되려면 '파워링크 유형' 광고가 집행되고 있어야 한다.

③ '함께 찾은 파워링크(Beta)' 영역에는 최대 5개의 파워링크가 노출된다.

④ 기본 노출은 'OFF'이므로, 노출을 원하는 경우 [파워링크 캠페인 > 광고그룹 설정 > 매체 설정]에서 노출 매체를 설정해야 한다.

15 다음 중 네이버 플레이스 유형 광고에 대한 설명으로 틀린 것은?

① 네이버 스마트 스토어를 활용한 광고이다.

② 지역 소상공인을 위한 광고를 등록하는 캠페인이다.

③ 플레이스광고는 참여 광고주가 적은 검색 결과의 경우 모든 광고가 균등하게 랜덤 노출된다.

④ 지역소상공인광고는 여러 업체의 정보가 카드 슬라이딩 형태로 노출된다.

16 다음 중 사이트검색광고의 소재 등록에 대한 설명으로 틀린 것은?

① 제목, 설명, 연결 URL을 입력한다.

② 제목은 15자, 설명은 45자까지 입력이 가능하다.

③ 설명에만 키워드 삽입기능을 사용할 수 있다.

④ 가이드에 맞지 않다면 광고노출이 제한될 수 있다.

17 다음 중 클릭률을 높일 수 있는 소재 작성 팁이 아닌 것은?

① 표시 URL과 연결 URL을 동일하게 기재하였다.

② 키워드 삽입을 활용하였다.

③ 가격링크 등의 확장소재를 등록하였다.

④ 차별화된 이점을 강조하였다.

18 다음 중 네이버 검색광고 '자동규칙'이 수행할 수 있는 작업이 아닌 것은?

① 조건 달성 시, 이메일 받기

② 조건 달성 시, 입찰가 변경하기

③ 조건 달성 시, 특정 순위 진입하기

④ 조건 달성 시, 하루예산 변경하기

19 다음 중 네이버 검색광고시스템 '기본 설정'에서 확인 불가한 지표는 무엇인가?

① 광고수익률   ② 노출수

③ 클릭수   ④ 클릭률

20 다음 중 네이버 광고그룹 목록에서 확인 가능한 항목이 아닌 것은?

① ON/OFF 상태   ② 채널 정보

③ 품질지수   ④ 평균클릭비용

21 다음 중 네이버 광고시스템의 '다른 그룹으로 복사' 기능에 대한 설명으로 틀린 것은?

① 여러 키워드를 선택하여 복사할 수 있다.

② 키워드별 연결 URL 및 입찰가, 품질지수를 포함하여 복사할 수 있다.

③ 여러 소재를 선택하여 복사할 수 있다.

④ 새로 복사되는 키워드를 OFF 상태로 등록할 수 있다.

22 다음 중 네이버 파워링크 광고그룹 고급옵션 설정 기능이 아닌 것은?

① 노출 매체 개별 선택   ② 소재 노출 방식

③ 광고노출기간   ④ 키워드 확장

23 다음 중 네이버 광고시스템의 타기팅에 대한 설명으로 가장 옳은 것은?

① 매체, 지역, 요일·시간대, 성별, 연령대 총 5개의 타기팅 탭이 있다.

② 지역소상공인광고의 경우, 광고 등록 시 노출 지역 1개가 자동 설정된다.

③ 요일별로 입찰 가중치를 설정할 수 있다.

④ 성별 타기팅은 '남성, 여성' 총 2개의 광고 대상으로 구성되어 있다.

24 다음 중 네이버 광고시스템의 제외 키워드에 대한 설명으로 틀린 것은?

① 키워드 확장을 사용하는 경우, '확장 제외 키워드'를 통해 노출을 제한하고 싶은 키워드를 등록할 수 있다.

② '확장 제외 키워드'에 등록한 키워드는 확장 노출만 제한되는 것이며, 파워링크 노출에는 영향을 주지 않는다.

③ 쇼핑검색광고-쇼핑몰 상품형의 경우, '제외 키워드'를 통해 노출을 제한하고 싶은 키워드를 등록할 수 있다.

④ 쇼핑검색광고-쇼핑 브랜드형의 경우, '제외 키워드'를 통해 노출을 제한하고 싶은 키워드를 등록할 수 있다.

25 다음 중 카카오 광고그룹 관리에 대한 설명으로 틀린 것은?

① 캠페인 명을 클릭하면 해당 캠페인에 속한 그룹 목록을 확인할 수 있다.

② 광고그룹 목록에서 개별 키워드 입찰가와 일예산 수정이 가능하다.

③ 광고그룹 목록은 원하는 항목의 열 제목을 클릭하여 해당 항목 기준으로 정렬하여 볼 수 있다.

④ 광고그룹 목록에서 일예산, 집행일자, 노출수, 클릭수 등을 확인할 수 있다.

26 다음 중 구글 광고그룹 관리에 대한 설명으로 틀린 것은?

① 광고그룹 목록에서 확인되는 성과지표는 다운로드가 불가하다.

② 광고그룹 목록에서 광고그룹 유형, 평균 CPC, 전환당 비용 등을 확인할 수 있다.

③ 개별 그룹 체크 후 [수정]을 클릭하면 복사, 잘라내기, 붙여넣기 등이 가능하다.

④ 복사하려는 광고그룹을 체크한 뒤 Ctrl+C를 누르면 복사가 완료된다.

27 다음의 검색광고 사례를 읽고 올바르게 계산된 ROAS는 무엇인가?

광고주는 구글에서 검색광고를 집행하였고, 4주 동안 50,000회의 노출과 1,000회의 클릭이 발생하였다. 평균 CPC는 500원이었고, 검색광고로 100회의 구매가 발생했으며, 평균매출단가는 25,000원이다.

① 200%
② 250%
③ 400%
④ 500%

28 다음 중 검색광고에 투여된 비용을 구매 발생 건수로 나누어 계산하는 검색광고의 전환비용 효율성과 관련된 용어는 무엇인가?

① CPI
② CPS
③ CPC
④ CTR

29 다음 중 검색광고 효과분석에 대한 설명으로 가장 적절하지 않은 것은?

① 투자수익률은 ROI라고 하며 직접 전환 수익만을 계산에 사용한다.
② ROAS와 ROI가 높을수록 검색광고의 전환 효과가 높다고 할 수 있다.
③ 광고비 100만 원을 투자하여 발생한 수익이 500만 원이라면, ROI는 500%이다.
④ 광고비 100만 원을 지출하여 발생한 매출액이 500만 원이라면, ROAS는 500%이다.

30 다음의 검색광고 사례를 읽고 올바르게 계산된 CPC는 무엇인가?

> 광고주는 100,000원을 투자해 네이버에 검색광고를 집행하였다. 1주 동안 노출 10,000회와 클릭 500회가 발생하였다.

① CPC = 10원
② CPC = 20원
③ CPC = 100원
④ CPC = 200원

31 다음 중 검색광고의 목표를 설정할 때 고려 사항으로 가장 적절한 것은?

① 광고 목표는 추상적이고 형이상적 가치를 추구해야 한다.
② 광고 목표는 구체적이면서 측정 가능해야 한다.
③ 광고 목표는 무조건 30일을 기준으로 설정해야 한다.
④ 광고 목표는 노출, 도달률, 유효빈도를 구체적 명시해야 한다.

32 광고 실적이 다음과 같을 때 CVR이 가장 높은 그룹은 무엇인가?

광고그룹	노출 횟수	클릭률	구매 건수
A	50,000회	4%	100회
B	50,000회	5%	500회
C	100,000회	5%	500회
D	100,000회	5%	750회

① A
② B
③ C
④ D

33 다음 중 검색광고에 대한 설명으로 옳지 않은 것은?

① PC와 모바일 검색광고상품은 동일한 방식이다.
② 네이버 검색광고는 네이버의 검색결과 페이지에만 노출된다.
③ 검색광고의 결과 분석에 시간을 투자하면 성과를 개선할 수 있다.
④ 검색광고의 효율적인 운영을 위해 매체, 디바이스, 키워드 단위의 효과분석이 필요하다.

34 다음 중 로그분석에 대한 설명으로 옳지 않은 것은?

① 네이버, 카카오, 구글 검색광고에서 무료로 로그분석을 지원하고 있다.
② 로그분석은 광고주 웹사이트 방문자의 접속 경로, 접속 기기, 활동 데이터를 수집, 분석하는 도구이다.
③ 로그분석에 필요한 전환추적 스크립트는 광고주만 삽입할 수 있다.
④ 매체사에서 제공하는 로그분석을 사용할 경우 키워드별 전환 성과를 쉽게 파악할 수 있다.

35 다음 중 키워드 차원의 광고 효과분석으로 가능한 개선 작업으로 옳지 않은 것은?

① ROAS, CPS 목표 달성을 위해 전환 성과가 낮은 키워드의 광고를 중지한다.
② 전환 성과가 낮은 키워드는 랜딩페이지의 연관성을 점검한다.
③ 전환 성과가 낮은 키워드는 제외하고, 성과가 높은 키워드 확장에 예산을 사용한다.
④ 전환 성과가 낮은 키워드도 일단 유지하며 노출 순위 상승을 위해 입찰 금액을 높인다.

36 다음 중 CTR이 낮은 키워드를 개선시키기 위한 광고소재 전략으로 옳지 않은 것은?

① 노출 순위 1위를 점유하도록 입찰 금액을 최대한 높인다.
② 광고주의 업종 특성을 고려한 광고소재로 변경한다.
③ 광고소재의 매력도를 향상시키면 CTR을 올릴 수 있다.
④ 타깃의 특성을 반영한 광고소재를 활용하면 CTR은 상승할 수 있다.

37 다음 중 검색광고 결과 분석 후 성과개선을 위한 행동으로 가장 적절하지 않은 것은?

① CTR이 낮은 키워드는 소비자의 주목과 반응을 높일 수 있도록 광고소재를 변경한다.
② CVR은 높지만 클릭이 적게 발생하는 키워드는 유사키워드 확장을 시도할 수 있다.
③ CVR이 낮은 키워드는 랜딩페이지의 효율성을 점검, 개선 방안을 도출한다.
④ ROI가 높은 키워드는 광고를 중지하거나, 노출시간을 변경하여 비용을 최소화한다.

38 다음 중 검색광고 효과분석 후 가장 적절한 사후관리 전략은?

① CTR과 CVR이 모두 낮은 키워드는 광고 중지도 고려해야 한다.

② CTR은 높지만 CVR이 낮은 키워드는 광고소재와 확장소재를 변경한다.

③ CTR은 낮지만 CVR이 높은 키워드는 랜딩페이지 변경이나 수정을 할 수 있다.

④ CTR과 CVR 모두 높은 키워드는 노출 순위를 크게 하락시켜 비용을 절약한다.

39 다음 중 광고성과 극대화를 위한 랜딩페이지 전략으로 가장 적절한 것은?

① 랜딩페이지에 검색광고 키워드와 구매 혜택이 포함되어야 한다.

② 단일 페이지로 구성된 랜딩페이지의 반송률에 근거한 랜딩페이지 개선 전략이 가능하다.

③ 복수의 랜딩페이지가 운영 가능할 때 대부분 브랜드의 메인 페이지를 최종 랜딩페이지로 선택해야
한다.

④ 계절적 이슈와 관련된 랜딩페이지의 제작이 어렵기 때문에 무조건 회피해야 한다.

40 다음 중 키워드 차원의 효과분석 후 사후관리 방법으로 가장 적절한 것은?

① CVR이 낮은 키워드에 대해 노출 순위를 높인다.

② CVR이 낮은 키워드의 문구 수정을 위해 A/B 테스트를 실행한다.

③ CTR이 낮은 키워드의 랜딩페이지에 간편 결제 기능을 추가한다.

④ CTR과 CVR이 모두 높을 때 세부 키워드를 발굴하여 확장한다.

41 옴니채널의 확산을 통해 변화한 새로운 소비형태로, 매장에서 제품을 보고 구매는 온라인에서 하는 소비형태를 무엇이라고 하는가? (2점)

42 다음 괄호 안에 공통으로 들어갈 알맞은 단어는 무엇인가? (2점)

> • (　　　)는/은 특정한 기업의 제품 및 서비스를 식별하는데 사용되는 명칭·기호·디자인 등의 총칭을 의미한다.
> • 디지털 소비자는 인지 후에 감성이 생기는 것이 아니라, 감성이 생긴 후 (　　　)에 대한 정보를 탐색한다.
> • 광고의 역할은 제품에 대한 기능, 편익 전달을 넘어 (　　　)에 대한 느낌을 긍정적으로 변화시키는 것이다.

43 검색광고 성과지표가 다음과 같을 때 CPA를 구하시오. (2점, 단위 누락 시 0점)

노출수	클릭수	평균 클릭비용	전환수
12,000회	400회	200원	8회

44 다음은 쇼핑검색광고-쇼핑몰 상품형의 광고 등록 구조이다. 괄호 안에 알맞은 광고 단위를 각각 기재하시오. (2점, 순서오류 시 0점, 부분점수 없음)

> 광고주 계정 → 캠페인 → (　　　) → (　　　)

45 네이버 광고시스템에서 웹사이트, 쇼핑몰, 전화번호 등 잠재적 고객에게 상품정보를 전달하고 판매하기 위한 모든 경로를 의미하는 단어는 무엇인가? (2점, 정확한 명칭만 정답 인정)

46 구글애즈에서 검색 캠페인 유형을 선택할 수 있는 광고목표 세 가지는 무엇인가?

(2점, 부분점수 없음)

47 쇼핑검색광고-쇼핑몰 상품형 광고에 리뷰수, 구매수 등을 함께 노출할 수 있는 확장소재는 무엇인가?

(2점)

48 다음 괄호 안에 들어갈 용어는 무엇인가? (2점, 정확한 명칭만 답안 인정)

> • 네이버 검색광고는 핵심적으로 관리하는 광고그룹이나 키워드, 소재 등을 관리 목적에 따라 (   )을/를 설정할 수 있다.
> • (   ) 묶음은 총 10개가 제공되며, (   ) 이름은 변경할 수 있다.
> • 서로 다른 캠페인이나 광고그룹에 속해 있지만 하나의 (   ) 묶음에 추가한 광고그룹, 키워드, 소재 등은 한 눈에 성과 지표를 확인할 수 있다.

49 쇼핑검색광고-쇼핑 브랜드형에서 키워드별 검색량, 이용자의 반응 등을 종합적으로 고려하여 광고 노출 영역 중 상단에 노출될 수 있도록 책정된 금액을 무엇이라고 하는가?

50 다음 괄호 안에 들어갈 알맞은 숫자를 각각 기재하시오. (2점, 순서오류 시 0점, 부분점수 없음)

> 네이버 검색광고 품질지수는 총 (   )단계로 이루어져 있고, 카카오는 총 (   )단계, 구글은 총 (   )점으로 이루어져 있다.

51 네이버에서 과거 28일간 '핸드크림' 키워드로 4번의 검색이 이루어졌고 광고노출이 아래 표와 같이 발생하였다. 이때 '핸드크림' 키워드의 1위 평균 입찰가는 얼마인가? (2점)

노출된 광고순위	노출된 광고의 입찰가			
	검색 1	검색 2	검색 3	검색 4
1위	1,000원	1,000원	1,000원	1,000원
2위	500원	700원	300원	200원
3위	300원	500원	200원	190원
4위	70원	70원	190원	700원

52 다음은 검색광고를 기획하는 과정이다. 괄호 안에 알맞은 단계를 각각 기재하시오.
(2점, 순서오류 시 0점, 부분점수 없음)

환경분석 → (   ) → 매체전략 → (   ) → 예산책정

53 검색광고주는 광고를 클릭한 소비자가 도달하는 랜딩페이지를 단 하나의 웹페이지로 구성하였다. 광고주의 랜딩페이지의 반송률(이탈률)은? (2점, 단위누락 시 0점)

PART 4

54 다음 괄호 안에 들어갈 알맞은 숫자를 각각 기재하시오. (2점, 순서오류 시 0점, 부분점수 없음)

네이버 프리미엄 로그분석에서 간접 전환은 소비자의 광고 클릭 이후 (   )분부터 전환 추적 기간 내에 발생한 전환수이다. 전환 추적 기간은 7~(   )일 사이의 기간으로 직접 설정할 수 있다.

55 다음 괄호 안에 들어갈 알맞은 용어는 무엇인가? (2점)

(   )은/는 검색광고 비용 대비 발생한 수익의 비율에 대한 영어 약자로, 검색광고를 통해 발생한 수익을 광고비로 나눈 값이다.

56 다음에서 주어진 광고 결과 데이터를 활용하여 CPC를 구하시오.　　(2점, 단위누락 시 0점)

- 노출수 : 100,000회
- 클릭률 : 5%
- 전환율 : 10%
- 평균 구매 단가 : 20,000원
- ROAS : 500%

57 다음 데이터 표를 활용하여 ROAS를 구하시오.　　(2점, 단위누락 시 0점)

노출수	클릭수	전환수	광고비	평균판매단가
2,000,000회	30,000회	600회	3,000,000원	25,000원

58 다음 데이터 표를 활용하여 구매 전환율을 구하시오.　　(2점, 단위누락 시 0점)

광고비	노출수	CPC	평균 판매 단가	매출액
5,000,000원	1,000,000회	500원	30,000원	15,000,000원

59 다음 중 괄호 안에 들어갈 알맞은 용어는 무엇인가?　　(2점)

광고주는 네이버 프리미엄 로그분석을 사용해 전환 추적을 하려고 한다. 하지만, 광고주가 설정한 랜딩페이지는 네이버 카페로 HTML 코드를 수정하는 것이 불가능해서 결국 전환 추적 (　　)의 삽입에 실패했다.

60 광고주는 검색광고를 활용해 여성용 원피스 제품을 판매하고 있다. 다음 주어진 광고 결과 데이터를 활용하여 제품의 평균판매단가를 구하시오.　　(2점, 단위누락 시 0점)

- 클릭수 : 5,000회
- CPC : 500원
- 구매 건수 : 100회
- ROAS : 500%

객관식 1~40번

01 다음 중 대화형 AI 챗봇인 챗GPT 서비스의 온라인 비즈니스 유형은 무엇인가?

① 커뮤니티   ② 정보검색
③ 가상공간 제공   ④ 제품 및 서비스 판매

02 다음 중 디지털 마케팅에 대한 설명으로 가장 적절하지 않은 것은?

① 마케팅에 디지털 기술을 활용하는 활동을 의미한다.
② 디지털 마케팅의 핵심은 소비자의 욕구와 양방향 커뮤니케이션이다.
③ 전환수 등의 성과를 구체적으로 파악할 수 있다는 점은 아날로그 마케팅과 같다.
④ 전통적인 매체 광고보다 비교적 적은 예산으로도 다양한 광고를 집행할 수 있다.

03 다음 중 디지털 시대의 마케팅 커뮤니케이션으로 가장 적절하지 않은 것은?

① 제품에 대한 경험을 제공하는 것보다 기능적 특징과 정보를 전달하는 것이 효과적이다.
② 소비자는 다른 사람의 후기에서 제품에 호감을 느껴 그 브랜드에 대한 정보를 탐색하는 경우가
   많다.
③ 차별화를 위해서는 고객이 브랜드에 기대하는 것이 무엇인지를 정확히 파악해야 한다.
④ 다양한 디지털 채널을 통해서 소비자의 요구와 반응을 즉각적·지속적으로 피드백 받아야 한다.

04 다음 중 디지털 광고의 특징으로 볼 수 없는 것은?

① 회원가입 등의 단기성과를 이루는데 효율성이 높은편이다.
② 사용자가 광고를 거부하거나 회피하기가 쉽다.
③ 광고 클릭률 등의 고객 활동을 지표로 측정할 수 있다.
④ 스마트폰 확대로 미디어 접근시간이 많아지면서 파급력이 약화되고 있다.

PART 4

05 다음 중 직접 전환이 집계되는 시간으로 옳은 것은?

① 광고를 클릭한 사용자가 3분 이내에 회원가입이나 구매 등의 행동을 일으켰다.
② 광고를 클릭한 사용자가 30분 이내 회원가입이나 구매 등의 행동을 일으켰다.
③ 광고를 클릭한 사용자가 하루 이내 회원가입이나 구매 등의 행동을 일으켰다.
④ 광고를 클릭한 사용자가 3일 이내 회원가입이나 구매 등의 행동을 일으켰다.

06 다음 중 '경제 현황 및 시장 트렌드, 경쟁사 상황, 타깃 유저 등을 분석'하는 검색광고의 기획 프로세스 단계는 무엇인가?

① 목표설정 　　　　　　　　　 ② 환경분석
③ 매체전략 　　　　　　　　　 ④ 예산책정

07 다음 중 사용자의 트렌드를 활용한 패턴 분석이 아닌 것은?

① '숏패딩' 키워드는 20대에서 검색수가 높게 나오는 것을 확인하였다.
② 포털 사이트 중 네이버가 62.91%로 가장 높은 점유율을 보이는 것을 확인하였다.
③ 한 자녀 가정이 늘어나면서 자녀에 대한 소비가 고급화되는 경향을 보이고 있다.
④ 네이버 키워드 도구를 통해 '선풍기'와 관련하여 '차량용 선풍기, 무소음 선풍기' 등의 연관키워드를 확인하였다.

08 다음 중 경쟁사 분석 방법으로 적절하지 않은 것은?

① 경쟁사 광고에 노출되는 주요 이벤트 및 주력 상품을 확인한다.
② 경쟁사 브랜드명의 검색량을 확인하여 해당 브랜드의 인지도를 확인한다.
③ 경쟁사 광고의 설명 문안과 확장소재를 확인하여 자사 광고소재에 동일하게 반영한다.
④ 경쟁사의 주요 키워드 및 노출 순위 등을 모니터링하여 유사한 제품/서비스의 광고예산을 책정한다.

09 다음 중 네이버 검색광고 시스템에 대한 설명으로 틀린 것은?

① 클릭초이스상품광고는 종료되어 광고 집행이 불가하다.
② 클릭초이스플러스는 (구)광고관리시스템을 사용하여 등록 및 집행이 가능하다.
③ 플레이스광고는 광고시스템을 사용하여 등록 및 집행이 가능하다.
④ 네이버 아이디가 있더라도 네이버 검색광고 회원가입이 필요하다.

10 다음 중 제품 및 서비스를 지칭하는 일반 키워드로 검색했을 때 이미지, 동영상 등의 광고 콘텐츠를 네이버 모바일 통합검색 결과 상단에 노출하는 광고상품은?

① 사이트검색광고
② 브랜드검색광고
③ 신제품검색광고
④ 브랜드스토어광고

11 다음 중 네이버 쇼핑 브랜드형의 최소 입찰가로 옳은 것은?

① 50원
② 70원
③ 300원
④ 3,000원

12 다음 중 네이버 '키워드 도구'에 대한 설명으로 틀린 것은?

① 광고시스템의 '도구 〉 키워드 도구' 메뉴에서 이용할 수 있다.
② [다운로드] 버튼을 이용하여 조회된 연관 키워드 전체를 엑셀로 다운받을 수 있다.
③ 조회된 연관 키워드를 클릭하면 최근 1년간 월별 검색수 추이를 확인할 수 있다.
④ 월평균클릭수, 월평균클릭률, 월평균입찰가 등의 데이터가 제공된다.

PART 4

13 다음 중 네이버 플레이스 캠페인의 하루예산 상한 금액으로 옳은 것은?

① 3,000원
② 30,000원
③ 100,000원
④ 1,000,000원

14 다음 중 네이버 검색광고 검토에 대한 설명으로 적절하지 않은 것은?

① 광고를 등록하면 자동으로 검토가 진행되며 통과 시 비즈머니를 충전한다.
② 광고시스템 '검토 진행 현황'에서 검토 요청 또는 보류된 광고의 현황을 확인할 수 있다.
③ 비즈채널이 검토를 통과하지 못하면 키워드 및 소재 검토가 진행되지 않는다.
④ 노출제한 시 보류사유를 해결한 후 재검토를 요청할 수 있다.

15 다음 중 예산에 맞춰 시스템이 자동으로 광고노출을 조절하여 예상 소진으로 인한 광고 중단을 방지할 수 있는 기능은 무엇인가?

① 하루 예산
② 비즈머니
③ 자동 규칙
④ 예산 균등 배분

16 다음 중 네이버 검색광고 캠페인 상태에 대한 설명으로 잘못된 것은?

① 노출 가능 : 광고노출이 가능한 상태
② 중지 : 캠페인 OFF – 캠페인이 일시 중지된 상태
③ 중지 : 캠페인 예산도달 – 해당 캠페인에서 소진된 광고비가 캠페인 하루예산을 초과하여 캠페인이 중지된 상태
④ 중지 : 캠페인 기간 외 – 광고주가 설정한 광고노출 요일이 아니어서 캠페인이 중지된 상태

17 다음 중 카카오 캠페인에서 수정 가능한 항목이 아닌 것은?

① 일예산
② 전환추적
③ 추적 URL
④ 집행 기간

18 다음 중 네이버 쇼핑검색광고–쇼핑몰 상품형의 소재 관리에 대한 설명으로 옳지 않은 것은?

① 광고시스템에서 광고에만 노출되는 상품명을 등록할 수 있다.
② 광고시스템에서 광고에만 노출되는 상품 이미지를 등록할 수 있다.
③ 실시간으로 특정 순위에 진입할 수 있도록 도움을 주는 자동입찰 기능은 없다.
④ 순위별 평균 입찰가를 조회할 수 없다.

19 다음 중 카카오 검색광고 그룹당 최대로 등록 가능한 소재는 몇 개인가?

① 5개
② 20개
③ 50개
④ 100개

20 다음 중 구글의 스마트 자동입찰 전략에 해당하지 않는 것은?

① 타깃 광고 투자수익 ② 타깃 CPA
③ 클릭수 최대화 ④ 전환수 최대화

21 다음의 플레이스광고의 기본입찰가를 100원으로 설정했을 경우 지도앱에 광고노출 시 적용되는 입찰가(과금액)로 가장 알맞은 것은?

① 50원 ② 70원
③ 100원 ④ 110원

22 다음 중 확장 소재에 대한 설명으로 옳지 않은 것은?

① 미과금 영역으로 광고비를 절감할 수 있다.
② 사용자에게 풍부한 정보 전달이 가능하다.
③ 복수의 링크를 제공해 사용자 유입 경로를 확대시킨다.
④ 차별화된 소재로 주목도를 높일 수 있다.

23 다음 중 쇼핑검색광고 확장소재에 대한 설명으로 틀린 것은?

① 구매건수가 10 이상인 상품은 이미지 좌측 상단에 '구매건수 뱃지'가 노출된다.
② 리뷰 평점을 노출하기 위해서는 '쇼핑상품부가정보'를 등록해야 한다.
③ 추가홍보문구는 홍보 전략에 따라 광고그룹 또는 단위로 입력할 수 있다.
④ 추가홍보문구의 문구1과 문구2는 동시에 하나의 영역에 함께 노출된다.

24 다음 중 검색광고의 목표를 설정할 때 고려 사항으로 옳은 것은?

① 광고 목표는 브랜드 인지도, 브랜드 선호도 중심으로 설정해야 한다.
② 광고 목표는 무조건 7일, 14일 기준으로 설정해야 한다.
③ 광고 목표는 구체적이면서 측정 가능해야 한다.
④ 광고 목표는 노출, 유효도달률, 유효빈도를 구체적으로 명시해야 한다.

25 검색광고에 투여된 비용을 앱 설치(install) 횟수로 나누어 계산하는 검색광고의 전환비용 효율성과 관련된 용어는 무엇인가?

① CTR
② CPI
③ CPC
④ CPS

26 다음에서 설명하는 검색광고 관련 용어로 옳지 않은 것은?

① ROI는 검색광고비 대비 발생한 매출의 비율을 의미한다.
② CPC는 검색광고 비용을 발생한 클릭수로 나누어 계산한다.
③ CVR은 검색광고를 클릭한 소비자 중에서 전환 행동을 완료한 소비자의 비율이다.
④ CTR은 검색광고가 노출된 횟수 대비 클릭이 발생한 비율을 의미한다.

27 다음의 검색광고 사례를 읽고 올바르게 계산된 CPC는 무엇인가?

> 광고주는 100만원을 투자해 네이버에 검색광고를 집행하였다. 1주 동안 노출 20,000회와 클릭 4,000회가 발생하였다.

① CPC = 500원
② CPC = 250원
③ CPC = 125원
④ CPC = 50원

28 다음의 검색광고 사례를 읽고 올바르게 계산된 ROAS는 무엇인가?

> 광고주는 네이버에서 검색광고를 집행하였고, 2주 동안 25,000회의 노출과 1,000회의 클릭이 발생하였다. 평균 CPC는 500원이었고, 검색광고로 100회의 구매가 발생했으며, 평균 매출 단가는 3만원이다.

① 250%
② 450%
③ 500%
④ 600%

29 광고 실적이 다음과 같을 때 CVR이 가장 높은 그룹은 무엇인가?

광고그룹	노출 횟수	클릭률	구매 건수
A	50,000회	3%	150회
B	50,000회	2%	200회
C	100,000회	2.5%	250회
D	100,000회	2.5%	300회

① A   ② B
③ C   ④ D

30 2주간 운영한 캠페인의 결과 보고서를 바탕으로 다음 캠페인의 전략을 구상하고 있다. 다음 중 전략적으로 가장 옳지 않은 것은?

① CPC는 유지하며 전환율을 증가시켜 CPA를 낮춘다.
② 매출액은 유지하며 CPC를 낮추어 ROAS를 높인다.
③ 매출액은 유지하며 CPC를 낮추어 ROI를 높인다.
④ 클릭 횟수는 유지하며 전환 수를 증가시켜 CVR을 낮춘다.

31 다음 중 검색광고 리포트에서 기본적으로 피악할 수 있는 지표가 아닌 것은?

① 노출수   ② CTR
③ CPC   ④ CVR

32 다음 중 키워드 차원의 광고 효과분석으로 가능한 개선작업으로 옳지 않은 것은?

① ROAS, CPS 목표 달성을 위해 매출 전환 성과가 낮은 키워드의 광고를 일시 중지한다.
② 매출 전환 성과가 낮은 키워드와 랜딩페이지의 연관성을 점검한다.
③ 매출 전환 성과가 낮은 키워드는 중지하고, 성과가 높은 키워드 확장에 예산을 사용한다.
④ 매출 전환 성과가 낮은 키워드의 입찰 금액을 높여 노출 점유율을 극대화한다.

33 다음 중 로그분석에 대한 설명으로 옳지 않은 것은?

① 네이버, 카카오, 구글 검색광고에서 무료로 로그분석을 지원하고 있다.
② 로그분석은 광고주 웹사이트 방문자의 접속 경로, 사용기기, 활동 데이터를 수집, 분석하는 도구이다.
③ 로그분석에 필요한 전환추적 스크립트는 전문 광고대행사만 삽입할 수 있다.
④ 매체사에서 제공하는 로그분석을 사용할 경우 키워드별 전환 성과를 쉽게 파악할 수 있다.

34 다음 중 낮은 CTR을 위한 광고소재 전략으로 가장 옳지 않은 것은?

① 타깃의 특성을 반영한 광고소재를 활용한다.
② 광고주의 업종 특성을 고려한 광고소재로 변경한다.
③ 노출 순위 1위가 되도록 입찰 금액을 최대한 높인다.
④ 타깃에게 어필할 수 있도록 광고소재의 매력도를 향상시킨다.

35 다음 중 CTR과 CVR이 모두 높은 검색광고 키워드 관련 사후관리로 적합하지 않은 것은?

① 비용 효율성의 최적화를 지속적으로 점검해야 한다.
② 가장 최적의 컨디션이므로 추가적인 관리 및 개선이 필요하지 않다.
③ 효과가 검증된 키워드와 연관성이 높은 세부키워드를 발굴, 집행한다.
④ 소비자가 민감하게 반응하는 시즌 키워드나 이슈 키워드를 찾아 확장한다.

36 다음 중 검색광고 키워드의 CTR을 높이기 위한 방법으로 가장 적절하지 않은 것은?

① 다양한 확장소재를 적극 활용해 광고소재의 매력도를 높인다.
② 2개의 광고소재를 제작 A/B 테스트를 통해 더 매력적인 소재를 채택한다.
③ 업종과 계절의 특수성을 최대한 반영한 광고소재를 사용한다.
④ 입찰 금액을 낮춰, 노출 순위를 낮추고, 비용 효율성 최대화에 집중한다.

37 다음 중 키워드 차원의 효과분석 후 사후관리 방법으로 가장 적절하지 않은 것은?

① CVR이 낮은 키워드의 최우선 노출을 위해 입찰금액을 높인다.
② CVR이 낮은 키워드의 랜딩페이지에 간편 결제 기능을 추가한다.
③ CTR과 CVR이 모두 높을 때 세부키워드를 발굴하여 확장한다.
④ CVR이 낮은 키워드의 문구에 대하여 A/B 테스트를 실행하고, 랜딩페이지의 콘텐츠를 개선한다.

38 다음 중 랜딩페이지에 대한 설명으로 옳은 것은?

① 회원가입 전환율이 발생하는 메인페이지 관리에 집중해야 한다.
② 브랜드의 메인페이지에서는 반송률이 나오지 않으며, 상세페이지에서 반송률이 발생한다.
③ 일반적으로 랜딩페이지와 키워드의 연관성이 높으면 반송률은 증가한다.
④ 구매한 키워드와 랜딩페이지의 연관성이 높아야 품질점수를 향상시킬 수 있다.

39 다음 중 광고성과 극대화를 위한 랜딩페이지 운영전략으로 적절하지 않은 것은?

① CVR이 낮을 때 랜딩페이지를 변경하거나 개선한다.
② 키워드의 클릭수와 클릭률이 감소하면 랜딩페이지를 변경하거나 개선한다.
③ 특정한 타깃이나 시즈널 이슈 등 고객의 니즈에 따라 페이지를 별도 구성한다.
④ 랜딩페이지에 검색광고와 관련된 키워드가 반드시 포함되어야 한다.

40 다음 중 광고 키워드 발굴 방법으로 적절하지 않은 것은?

① 가구 업종의 경우 광고주 사이트 내 카테고리나 콘텐츠를 활용해 키워드를 발굴할 수 있다.
② 패션 업종의 경우 브랜드명을 활용하여 키워드를 발굴할 수 있다.
③ 의료 업종의 경우 타 병원명을 활용하여 키워드를 발굴할 수 있다.
④ 화장품 업종의 경우 제품 종류 및 용도, 성분, 효과에 대한 키워드를 발굴할 수 있다.

41 다음 괄호 안에 공통으로 들어갈 알맞은 것은? (2점)

> 전통적인 비즈니스에서는 제품을 생산하기 위해 원자재, 부품, 중간재가 투입되지만, 온라인 비즈니스에서는 제품을 생산하기 위해 디지털 형태의 (   )가 투입된다. 또한 전통적인 비즈니스에서는 간접재나 완제품 형태의 산출물이었다면, 온라인 비즈니스에서는 (   )나 지식재, 고객에게 제공되는 솔루션 등 다양한 형태의 산출물이 생산된다. (   )가 실물비즈니스를 이끌어가는 구조인 셈이다.

42 다음에서 설명하는 디지털 광고 유형은 무엇인가? (2점)

> • JPEG, Java 프로그램 등 신기술 및 고급기술을 적용시킨 배너광고이다.
> • 비디오, 오디오, 사진, 애니메이션 등을 혼합한 고급 멀티미디어 형식의 광고이다.
> • 사용자가 광고 위에 마우스를 올려놓으면 이미지가 변하여 주목도, 클릭률, 기억률을 높일 수 있다.

43 다음에서 설명하고 있는 디지털 미디어 서비스 명칭은 무엇인가? (2점)

> • TV, PC, 스마트폰, 태블릿 PC 등 콘텐츠를 소비하는 디바이스가 다양해지고 있음
> • 디바이스를 바꾸어도 로그인만 하면 콘텐츠를 이어서 볼 수 있게 해주는 서비스

44 검색광고에서 광고 입찰가와 품질지수를 고려하여 노출순위를 결정하는데 사용하는 기준은 무엇인가? (2점)

45 광고 다운로드 및 다수의 키워드나 소재를 등록/수정할 수 있는 네이버 광고시스템의 기능은 무엇인가? (2점)

46 다음은 카카오 키워드광고노출에 대한 설명이다. 괄호 안에 들어갈 알맞은 숫자를 각각 기재하시오. (2점, 순서오류 시 0점, 부분점수 없음)

- 카카오 키워드광고는 Daum, Nate 등에서 PC 통합검색 결과의 프리미엄링크 영역에 최대 (   )개의 광고가 노출된다. 또한 Daum, Nate 등 제휴된 다양한 모바일 웹/앱에서 모바일 검색 결과, 프리미엄링크 영역에 최대 (   )개의 광고가 노출된다.

47 다음과 같이 광고를 등록하였을 때 모바일 블로그 영역에서의 '이니셜팔찌' 관련 광고 입찰가는 얼마인가? (2점, 단위 누락 시 0점)

- '해피주얼리' 캠페인 : 하루예산 100,000원
- '이니셜팔찌' 광고그룹 : 기본입찰가 500원, 콘텐츠 매체 전용입찰가 100원, PC입찰가중치 100%, 모바일 입찰가중치 200%
- '이니셜팔찌' 키워드 : 키워드입찰가 1,000원

48 다음은 카카오 검색광고 품질지수에 대한 설명이다. 괄호 안에 알맞은 숫자를 기재하시오. (2점, 순서오류 시 0점, 부분점수 없음)

카카오 검색광고 품질지수는 (   )단계로 분류하여 막대의 형태로 보여준다. 최초 등록 시 (   )단계의 품질지수를 부여받으며, 상위 노출을 위해서는 입찰가뿐 아니라 품질지수를 올릴 수 있도록 광고를 운영해야 한다.

49 다음에서 설명하고 있는 구글애즈의 타깃 기능은 무엇인가? (2점, 정확한 명칭만 정답 인정)

고객의 특징, 관심분야 및 습관, 적극적으로 검색하고 있는 항목, 내 비즈니스와 그동안 어떻게 상호작용해 왔는지를 기준으로 광고 게재 타깃으로 고객을 설정할 수 있는 기능이다.

50 다음은 네이버 검색광고상품에 대한 설명이다. 해당 광고상품의 명칭을 기재하시오.

(2점, 정확한 명칭만 정답 인정)

> - 통합검색 결과 페이지에 상품을 상품 이미지, 가격정보와 함께 노출한다.
> - 네이버 PC 통합검색 페이지 오른쪽 상단 영역과 모바일 통합검색 페이지 상단 영역에 노출된다.
> - CPC 방식으로 과금된다.

51 키워드와 관련된 검색어에 광고가 게재될 수 있으며, 해당 키워드가 포함되지 않은 검색어도 포함되어 광고가 게재될 수 있는 구글의 키워드 검색 유형은 무엇인가?   (2점, 정확한 명칭만 정답 인정)

52 구글 광고그룹당 최대로 등록 가능한 텍스트 광고 개수는 몇 개인가?   (2점)

53 광고주는 12월 성탄절을 앞두고 검색광고를 위해 이벤트 설명 페이지와 이벤트 참여 완료 페이지를 제작했다. 12월 캠페인 기간 동안 30,000회의 노출, 1,500회 클릭이 발생하였다. 300명이 이벤트에 참여하여 완료 페이지에 접속하였고, 150명만 이벤트 참여를 완료하였다. 이벤트 설명 페이지에서 발생한 반송률(이탈률)을 기재하시오.   (2점, 단위 누락 시 0점)

54 다음 괄호 안에 들어갈 알맞은 내용은 무엇인가?   (2점, 단위 누락 시 0점)

> 네이버 프리미엄 로그분석에서 직접 전환수는 소비자의 광고 클릭 이후 (   ) 내에 전환이 일어난 경우의 전환수를 의미한다.

55 다음 설명에 해당하는 검색광고의 데이터 지표를 영어 약자로 기재하시오.   (2점)

> 구글과 네이버의 검색광고를 활용하고 있는 이미현씨는 클릭과 클릭률은 유지되고 있지만, 최근 판매가 하락하고 있는 상황을 발견하였다. 이미현씨는 이 문제를 해결하기 위해 구매 완료 페이지에 간편 결제 서비스를 삽입하였다. 1주일 후 이미현씨의 판매 (   )은/는 50%에서 70%로 상승하였다.

56 다음에서 주어진 광고 결과 데이터를 활용하여 CPC를 구하시오 (2점, 단위 누락 시 0점)

- 노출수 : 200,000회
- 클릭률 : 5%
- 전환율 : 10%
- 평균 판매 단가 : 10,000원
- ROAS : 500%

57 다음 표로 주어진 데이터는 단일 제품을 판매하는 광고주의 검색광고 결과이다. 주어진 데이터를 활용해서 ROAS를 구하시오. (2점, 단위 누락 시 0점)

광고비	노출수	CTR	구매 전환율	판매단가
10,000,000원	2,000,000회	2.5%	2%	50,000원

58 다음 검색광고 결과가 아래와 같을 때 발생한 총 전환수를 구하시오 (2점)

노출수	클릭수	광고비	평균 판매 단가	ROAS
2,000,000회	30,000회	3,000,000원	25,000원	500%

59 다음에서 괄호 안에 들어갈 알맞은 용어는 무엇인가? (2점)

네이버 검색광고에서 (   )을/를 네이버 블로그, 포스트, 카페로 설정한 경우 전환추적 스크립트 삽입이 불가능해서 전환 추적이 어렵다.

60 다음 데이터 표를 보고 구매전환율을 구하시오(단, 판매되는 제품은 한 가지이다). (2점, 단위 누락 시 0점)

노출수	클릭수	CPC	판매가	ROAS
40,000회	2,000회	500원	100,000원	500%

객관식 1~40번

01 다음 중 온라인 비즈니스의 특성으로 옳지 않은 것은?

① 인터넷을 통한 양방향 정보 교류를 통한다.
② 전통적인 비즈니스에 비해 변화의 속도가 빠르다.
③ 오프라인 매장에서는 온라인 비즈니스를 시작할 수 없다.
④ 물리적 상품 외 무형의 디지털 상품도 거래의 대상이 된다.

02 다음 중 온라인 포털에 대한 설명으로 옳지 않은 것은?

① 사용자가 인터넷을 사용할 때 관문 역할을 하는 웹사이트를 말한다.
② 사용자에게 다양한 서비스를 제공하여 많은 트래픽을 발생시킨다.
③ 많은 이용자를 대상으로 광고, 콘텐츠 판매 등 수익을 창출하는 비즈니스 모델을 실현한다.
④ 초기에는 커머스가 주 수익이었지만 최근 이용자와 웹사이트를 연결하는 중개자 역할로 발전되었다.

03 다음 중 소비자 행동 모델의 디지털 정보처리 과정으로 알맞은 것은?

① 흥미 → 욕구 → 기억 → 주목 → 구매
② 흥미 → 검색 → 주목 → 구매 → 공유
③ 주목 → 흥미 → 욕구 → 기억 → 구매
④ 주목 → 흥미 → 검색 → 구매 → 공유

04 다음 중 디지털 마케팅의 목표로 가장 적합하지 않은 것은?

① 리드 확보
② 구독과 광고 매출
③ 비용 절감과 고객 경험 개선
④ 반복 노출을 통한 커뮤니케이션 효과 제고

05 다음 중 디지털 시대의 마케팅 패러다임 변화로 가장 옳은 것은?

① 오프라인 행사와 대면 마케팅이 주요 판매 도구로 자리 잡았다.
② 소비자의 구매 판단이 온라인 데이터보다는 직접 경험을 통해 이루어진다.
③ 4대 매체의 광고 중심에서 기술의 발전에 따라 개인화된 디지털 마케팅으로 확대되고 있다.
④ 다(多)미디어 플랫폼 시대에서 단일 플랫폼 시대로 변화해가고 있다.

06 다음 중 디지털 광고의 유형에 대한 설명으로 옳지 않은 것은?

① 모바일광고 : 위치기반 지역 광고나 개인 맞춤형 광고로 진화하고 있다.
② 동영상광고 : 영상 시청 전 광고인 프리롤 광고, 시청 중간 광고인 미드롤 광고 등이 있다.
③ 소셜미디어광고 : 사용자의 메인 피드에 노출되는 스폰서 광고가 대표적인 유형이다.
④ 검색광고 : 가장 오래된 유형으로 제작이 용이하나 클릭률이 낮고 정보제공의 한계가 있다.

07 다음 중 검색광고의 정의로 옳은 것은?

① 이메일을 통해 사용자에게 직접 메시지를 전달하는 광고 방법이다.
② SNS 플랫폼을 통해 사용자와 직접 대면하여 제품·서비스를 홍보하는 전략이다.
③ 웹사이트의 배너나 사이드바에 광고를 배치하여 방문자에게 노출하는 광고 형식이다.
④ 검색 결과 페이지에 광고를 표시하여 사용자가 검색하는 키워드와 관련된 광고를 노출하는 마케팅 전략이다.

08 다음 중 검색광고의 단점에 대한 설명으로 옳지 않은 것은?

① 키워드를 검색한 유저에게만 광고가 노출되기 때문에 대형 포털의 배너광고에 비해 광고효과가 한정적이다.
② 실시간으로 광고를 운영하는 것에 대한 관리 리소스가 많이 투입될 수 있다.
③ 무효클릭으로 의심되는 IP에 광고 노출을 제한할 수 없어 무효클릭 방지가 어렵다.
④ 검색결과 상위에 노출하고자 하는 경쟁으로 입찰가가 과도하게 높아질 수 있다.

09 다음 중 CTR을 계산하는 방법으로 옳은 것은?

① CTR = (광고 클릭수 / 광고 노출수) × 100

② CTR = (광고 클릭수 / 광고 도달 범위) × 100

③ CTR = (광고 노출수 / 광고 클릭수) × 100

④ CTR = (광고 노출수 – 광고 클릭수) × 100

10 다음 중 검색 트렌드를 활용한 사용자 패턴분석으로 옳지 않은 것은?

① 디바이스별 검색량 및 이용 비중을 살펴보았다.

② 키워드도구를 통해 키워드별 연간 검색 수 추이를 확인하였다.

③ 대표키워드로 검색했을 때 리스팅되는 업체들을 확인하였다.

④ 네이버 데이터랩의 쇼핑인사이트 분야 통계에서 연령별·성별 인기 키워드를 확인하였다.

11 다음 중 네이버 키워드도구를 활용한 광고 기획 방법으로 옳지 않은 것은?

① 월별 검색 수 추이를 확인하여 시즌별 수요를 예측하였다.

② 월간 검색 수 사용자 통계를 확인하여 요일별로 입찰가를 다르게 설정하였다.

③ 월별 검색 수 추이를 확인하여 디바이스별 예산의 비중을 나누었다.

④ 월간 검색 수 사용자 통계를 확인하여 성별에 따른 소재를 기획하였다.

12 다음 중 마케팅 활동에 대한 목적을 기준으로 묶어서 관리하는 광고 전략 단위는 무엇인가?

① 캠페인   ② 광고그룹

③ 키워드   ④ 소 재

13 다음 중 구글 광고 운영시스템에 대한 설명으로 옳지 않은 것은?

① 로그인하면 '개요' 페이지가 가장 먼저 표시된다.

② '게재위치 제외 목록'에서 광고가 게재되지 않는 원인을 확인할 수 있다.

③ 달성하고자 하는 주요 목적(판매, 리드, 웹사이트 트래픽)에 부합하는 목표를 중심으로 캠페인을 생성한다.

④ 시간 절약을 위해 언제든지 편리하게 이용할 수 있는 '사전 정의 보고서'가 제공된다.

14 다음 중 네이버 사이트검색광고의 특징으로 옳지 않은 것은?

① 광고주가 직접 입찰가를 설정할 수 있다.

② 광고를 언제든지 게재하고 중지할 수 있다.

③ PC/모바일 및 디바이스 OS별 노출 타기팅을 설정할 수 있다.

④ 광고 등록 및 노출에는 비용이 발생하지 않는다.

15 다음 중 네이버 검색광고의 키워드 확장 기능에 대한 설명으로 옳지 않은 것은?

① 일치 선택 시, 등록한 키워드와 형태적으로 일치하는 검색 결과에 광고를 노출한다.

② 일치(유사검색어) 선택 시, 등록한 키워드와 유사한 의미를 가진 검색어에 광고를 노출한다.

③ 확장 선택 시, 등록한 키워드와 의미가 유사할 뿐 아니라 검색 의도 내에서 의미가 확장된 검색어에 광고를 노출한다.

④ 일치(유사검색어) 키워드의 입찰가는 등록된 광고그룹의 기본 입찰가와 동일하게 적용된다.

16 다음 중 쇼핑검색광고-제품카탈로그형에 대한 설명으로 옳지 않은 것은?

① 클릭 횟수만큼 과금되는 CPC 방식으로, 직접 입찰가를 설정할 수 있다.

② 네이버 쇼핑에 카탈로그 페이지가 생성되어 있어야 광고집행이 가능하다.

③ 카탈로그 페이지 내 판매처를 클릭했을 때 과금된다.

④ 통합검색 내 네이버쇼핑 영역 및 네이버쇼핑 검색결과에 광고가 노출된다.

17 다음 중 쇼핑검색광고-쇼핑브랜드형의 '내 브랜드 키워드'에 대한 설명으로 옳지 않은 것은?

① 브랜드 소유권을 가진 브랜드사가 등록할 수 있다.

② 상단 노출 기준을 충족할 경우, 상단에 단독 노출된다.

③ 상단 노출 기준을 미충족할 경우, 광고는 노출되지 않는다.

④ 브랜드명, 브랜드명 포함 키워드, 시리즈, 모델명 등을 포괄하는 키워드를 등록할 수 있다.

18 다음 중 카카오 검색광고 상품에 대한 설명으로 옳지 않은 것은?

① Daum 통합검색 결과의 프리미엄링크에 최대 10개의 광고가 노출될 수 있다.

② 광고 수요가 많은 키워드의 경우 Daum 통합검색 내 와이드링크에 최대 5개 광고가 추가될 수 있다.

③ 모바일 웹/앱의 프리미엄링크에 최대 6개의 광고가 노출될 수 있다.

④ 톡채널검색 키워드 구매시 카카오톡 대화방 내·검색결과 키워드 광고 탭에도 노출될 수 있다.

19 다음 중 네이버 '자동 규칙'에 대한 설명으로 옳지 않은 것은?

① 자동 규칙은 파워링크, 쇼핑검색, 파워컨텐츠 캠페인에서만 만들 수 있다.

② 파워링크의 경우 캠페인, 광고그룹, 키워드, 소재 중에서 규칙 대상을 선택할 수 있다.

③ 쇼핑검색의 경우 캠페인, 광고그룹, 소재 중에서 규칙 대상을 선택할 수 있다.

④ 이메일 받기, OFF 하기, 입찰가 변경하기, 하루예산 변경하기를 실행할 수 있다.

20 다음 중 네이버 검색광고 플랫폼에서 등록 후 수정이 불가능한 항목은?

① 캠페인 유형   ② 광고그룹 이름

③ 기본 입찰가   ④ 하루예산

21 다음 중 네이버 검색광고의 대량 관리에 대한 설명으로 옳지 않은 것은?

① 모든 캠페인 유형에 제공되는 대량 등록/수정/삭제 기능이 동일하다.

② 템플릿에 기재할 광고그룹 ID와 키워드 ID는 '광고 다운로드' 작업을 통해 확인할 수 있다.

③ CSV 형식의 파일만 업로드할 수 있다.

④ 키워드 입찰가 변경 시 입찰가는 '키워드 입찰가'로 저장되며, '기본 입찰가'가 있더라도 변경된 '키워드 입찰가'로 광고가 진행된다.

22 다음 중 네이버 파워링크 소재에 대한 설명으로 옳지 않은 것은?

① 파워링크 소재는 제목, 설명문구, 사이트 URL이 노출되며 영역에 따라 확장소재가 추가로 노출될 수 있다.

② 소재의 대표 URL은 다른 광고그룹으로 복사가 불가능하다.

③ 하나의 광고그룹에 소재는 최대 5개까지 등록 가능하다.

④ 제목은 최대 15자까지 입력할 수 있다.

23 다음 중 네이버 플레이스 광고 입찰가 설정 단위는?

① 캠페인   ② 광고그룹

③ 키워드   ④ 소 재

24 다음 중 네이버 검색광고 플랫폼의 이용자 세그먼트 타기팅에 대한 설명으로 옳지 않은 것은?

① 제공되는 상세 카테고리 중 광고그룹 당 최대 20개까지 선택하여 등록할 수 있다.

② 최초 설정 시 모든 이용자 세그먼트에 노출된다.

③ 특정 세그먼트에 광고 노출을 제외하고 싶은 경우, 해당 세그먼트를 리스트에서 삭제한다.

④ 삭제한 세그먼트에 해당하는 이용자의 지표는 '그 외 세그먼트'으로 집계된다.

25 다음 중 카카오 키워드광고의 캠페인 관리에 대한 설명으로 옳지 않은 것은?

① [선택한 캠페인 수정] 버튼을 클릭하여 전환추적, 추적URL, 일예산을 수정할 수 있다.

② 캠페인 이름을 클릭하면 캠페인에 속한 그룹 목록 확인이 가능하다.

③ 사용자 맞춤 설정을 통해 목록에서 제공되는 지표를 선택할 수 있다.

④ 캠페인 수정 페이지에서 비즈채널과 일예산, 픽셀&SDK를 수정할 수 있다.

26　다음 중 구글의 '최적화 점수'에 대한 설명으로 옳지 않은 것은?

① 점수는 0~100% 사이로 매겨진다.

② 다른 광고주와 비교해 내 광고 품질을 파악할 수 있는 진단 도구이다.

③ 각 캠페인을 최적화하는 데 도움이 되는 추천 목록이 표시된다.

④ 점수는 통계, 설정, 계정 및 캠페인의 상태, 사용 가능한 추천의 관련 영향 및 최근 추천 내역을 기반으로 실시간으로 계산된다.

27　광고 결과가 다음과 같을 때, CPC, CVR, ROAS가 옳게 짝지어진 것은?

> • 광고비 : 10,000,000원
> • 광고 클릭 횟수 : 20,000번
> • 광고를 통해 판매된 물품 수 : 1,000개
> • 광고를 통해 발생한 매출 : 30,000,000원

① CPC = 200원, CVR = 5%

② CPC = 500원, CVR = 4%

③ CPC = 500원, ROAS = 300%

④ CVR = 4%, ROAS = 200%

28　다음 중 검색광고의 목표를 설정할 때 고려 사항으로 가장 알맞은 것은?

① 광고 목표는 구체적 수치로 설정해야 하며, 측정 및 달성 가능해야 한다.

② 광고 목표는 무조건 7일, 14일, 28일 기준으로 설정해야 한다.

③ 광고 목표는 광고 도달률, 최초상기도 중심으로 설정해야 한다.

④ 광고 목표의 예상 전환수와 실제 전환수는 반드시 일치하여야 한다.

29　다음 중 검색광고에 투여된 광고 비용을 판매 횟수로 나누어 계산하는 판매 전환의 비용 효율성과 관련된 용어는 무엇인가?

① CTR　　　　　　　　　　　　② CPI

③ CPC　　　　　　　　　　　　④ CPS

30 다음 중 검색광고 관련 용어 설명으로 옳지 않은 것은?

① ROAS는 검색광고비용 대비 발생한 매출의 비율을 의미한다.

② CTR은 검색광고의 노출 횟수 대비 클릭이 발생한 비율을 의미한다.

③ CVR은 검색광고를 클릭한 소비자 중에서 전환 행동을 완료한 소비자의 비율을 의미한다.

④ CPC는 검색광고비용 대비 클릭이 발생한 비율을 의미한다.

31 다음 중 제시된 검색광고 사례의 CVR로 옳은 것은?

- 광고주 B씨는 500만원으로 카카오 검색광고를 집행하였다.
- 2주 동안 노출 클릭은 2,000번, 판매는 20번 발생하였다.

① CVR = 2% ② CVR = 1.5%

③ CVR = 1% ④ CVR = 0.5%

32 다음 중 검색광고의 일별 효과분석을 통한 개선 사항으로 옳지 않은 것은?

① 다양한 검색광고 상품의 결과를 매일 분석하여, 성과 최적화가 가능하다.

② 계절, 요일, 날씨 때문에 시시각각 변하는 광고 결과에 실시간으로 대응할 수 있다.

③ 매일 변화하는 키워드의 순위 및 비용 효율성을 개선할 수 있다.

④ 클릭률(CTR)의 향상은 가능하지만, 전환율(CVR)의 개선은 어렵다.

33 다음 중 검색광고 리포트에서 기본적으로 파악할 수 있는 지표가 아닌 것은?

① Click ② CPC

③ CTR ④ CPS

34 다음 중 검색광고 효과분석에 대한 설명으로 옳지 않은 것은?

① 광고에 의해 발생한 이익 ÷ 광고비 × 100 = ROAS이다.
② 광고비 100만원을 투자하여 발생한 매출액이 500만원이라면, ROAS는 500%이다.
③ 광고비 200만원을 투자하여 발생한 이익이 500만원이라면, ROI는 250%이다.
④ ROAS와 ROI가 높을수록 검색광고의 비용 대비 매출 전환 효율성이 높다고 할 수 있다.

35 다음 중 로그분석에 대한 설명으로 옳지 않은 것은?

① 네이버, 카카오, 구글의 검색광고에서 무료로 제공하는 자동 추적(auto tracking)기능이다.
② 로그분석은 광고주 웹 사이트 방문자의 유입경로, 활동 데이터를 수집, 분석하는 도구이다.
③ 로그분석에 필요한 전환 추적 스크립트 삽입 업무는 광고대행사와 서드파티 솔루션 업체의 역할이다.
④ 매체사에서 제공하는 로그분석을 사용할 경우 키워드별 전환 성과를 쉽게 파악할 수 있다.

36 다음 중 검색광고에서 키워드, 입찰 순위, 광고 소재, 랜딩페이지가 전략적으로 기획되고 효과적으로 실행되었을 때 기대 결과로 옳은 것은?

① 낮은 CTR, 낮은 CVR
② 낮은 CTR, 높은 CVR
③ 높은 CRT, 낮은 CVR
④ 높은 CTR, 높은 CVR

37 낮은 CTR의 키워드를 위한 광고 소재 전략으로 가장 적절하지 않은 것은?

① 광고주의 업종 특성을 고려한 광고 소재로 변경한다.
② 더 낮은 순위에 노출될 수 있도록 입찰 금액을 조정한다.
③ 계절별 특성을 고려한 광고 소재를 활용한다.
④ 타깃에게 어필할 수 있도록 광고 소재의 매력도를 향상시킨다.

38 다음 중 랜딩페이지에 도달한 소비자가 새로운 활동을 하지 않고 이탈하는 비율을 의미하는 용어는 무엇인가?

① 반송률
② 클릭률
③ 참여율
④ 전환율

39 다음 중 광고의 효과 극대화를 위한 랜딩페이지 운영 전략으로 옳은 것은?

① 키워드의 클릭률이 감소하면 랜딩페이지를 변경하거나 개선한다.
② 계절별 이슈를 고려하여 랜딩페이지를 수정하거나 변경한다.
③ CVR이 높을 때 랜딩페이지를 수정하거나 변경하여 CPA를 높인다.
④ 랜딩페이지에서 소비자의 행동 전환이 완료되도록 무조건 단일 페이지로 구성한다.

40 다음 중 키워드의 CTR을 향상시키기 위한 방법으로 옳지 않은 것은?

① 경쟁업체와 차별화되는 부분을 강조한 소재를 사용한다.
② 2개의 광고 소재를 제작 A/B 테스트를 통해 반응률이 높은 소재를 채택한다.
③ 입찰 금액과 노출 순위를 낮추어, 광고 노출량을 최소화한다.
④ 업종과 계절의 특수성을 최대한 반영한 광고 소재를 적극 사용한다.

41 다음에서 설명하는 온라인 동영상 콘텐츠 서비스의 이름은? (2점)

- 개방된 인터넷을 통하여 방송 프로그램, 영화 등 미디어 콘텐츠를 제공하는 서비스이다.
- 넷플릭스를 비롯하여, 구독 서비스 기반으로 국내에서도 티빙, 웨이브 등 통신사, 방송사 등 다양한 플레이어가 참여하고 있다.

42 다음에서 설명하고 있는 디지털 마케팅 소프트웨어의 명칭은? (2점)

- 인공지능 기반으로 고객과 온라인에서 텍스트 또는 음성 기반으로 실시간 대화를 할 수 있게끔 고안된 소프트웨어이다.
- 특히 메신저와 결합되어 메시징을 통해 다수 고객과 상시적 관계를 형성하고 유지한다.
- 호텔, 항공 예약 등 대화형 커머스 플랫폼의 중심으로 성장하고 있다.

43 다음에서 설명하고 있는 디지털 광고의 유형은? (2점)

- 인터넷 화면에 보이는 사각형 형태의 광고를 말한다.
- 웹사이트 트래픽 유도와 온라인 브랜딩 효과를 동시에 충족시킬 수 있다.
- 사용자와 다양한 상호작용이 가능한 인터렉티브 광고로 진화하고 있다.
- 동영상, 애니메이션, 사운드 등 멀티미디어를 활용하여 광고 메시지를 풍부하게 전달할 수 있는 리치 미디어 광고가 등장하였다.

44 다음 데이터 표를 활용하여 CPA를 구하시오. (2점, 단위 누락 시 0점)

노출수	클릭수	CPC	전환수
90,000회	7,200회	100원	480회

45 다음 설명에 해당하는 네이버 운영시스템 명칭은? (2점, 정확한 명칭만 정답 인정)

- 2023년 10월에 오픈된 네이버 광고 운영 시스템이다.
- 네이버 검색광고 및 성과형 디스플레이 광고를 통합 운영할 수 있는 계정관리 서비스이다.
- 네이버 아이디로 로그인 후 광고주 정보를 한 번만 입력하면, 회원가입부터 광고 플랫폼의 광고 계정까지 한 번에 쉽게 생성된다.

46 광고그룹 하위에 등록하지 않은 키워드도 등록한 키워드와 연관도가 있는 유의 키워드라면 자동으로 광고를 확장하여 노출시키는 카카오 키워드 광고의 기능은? (2점, 정확한 명칭만 인정)

47 다음 설명에 해당하는 네이버 광고 상품의 명칭은? (2점, 정확한 명칭만 정답 인정)

- 브랜드 관련 키워드를 검색했을 때 해당 브랜드와 관련된 최신 정보를 통합검색 결과의 상단에 노출한다.
- 주요한 이벤트나 주력 상품을 확인할 수 있어 경쟁사 광고 모니터링이 필수적이다.

48 다음에서 설명하고 있는 쇼핑검색광고 노출 영역 명칭은? (2점, 정확한 명칭만 정답 인정)

- '패션의류/패션잡화 일부 스포츠/레저 카테고리'의 연관 키워드를 검색했을 때, '모바일 통합검색 및 더보기'에서 노출되는 영역이다.
- 검색어와 연관된 상품 중 유사 스타일별로 상품을 모아 추천한다.
- 광고를 조회하는 고객의 개인 이력에 따라, 고객의 선호 상품 또는 동일 성별/연령대 인기 상품과의 유사도를 기반으로 상품 스타일이 구분된다.
- 해당 영역에 노출된 상품을 클릭하면 상품 상세 페이지로 이동되고, 클릭당 과금된다.

PART 4

49 네이버 플레이스광고에서 설정 가능한 최소입찰가와 최대입찰가를 각각 쓰시오.

(2점, 단위 누락 시 0점, 순서 오류 시 0점, 부분점수 없음)

- 최소 입찰가 : (   )
- 최대 입찰가 : (   )

50 다음 설명에 해당하는 네이버 검색광고 플랫폼의 기능은?

(2점)

- 클릭된 광고에 대한 정보를 URL 파라미터로 광고주에게 제공하는 기능이다.
- 전달되는 정보에는 검색어, 캠페인 유형 등이 포함된다.
- 자체 로그분석 도구를 사용하는 광고주와 프리미엄 로그분석을 사용하는 광고주 모두 유용하게 사용할 수 있다.
- 파워컨텐츠 캠페인 유형을 제외한 모든 캠페인 유형에서 활용할 수 있으며, 캠페인별로 설정해야 한다.

51 다음과 같이 네이버 검색광고 타기팅을 설정할 때, 경기도 지역에서 30~34세 남성 유저가 검색한 경우의 최종 입찰가를 쓰시오.

(2점, 단위 누락시 0점)

- 기본 입찰가 : 100원
- 경기도 지역 가중치 : 120%
- 남성 성별 가중치 : 110%
- 30~34세 연령대 가중치 : 150%

52 네이버 브랜드검색광고의 경우, 하나의 광고그룹 당 최대 몇 개까지의 소재 등록이 가능한가?

(2점)

53 네이버 검색광고 플랫폼에 광고 입찰가를 다음과 같이 설정하였을 때, '경주버스투어' 키워드를 네이버 모바일에 검색했을 때 적용되는 입찰가는? (2점, 단위 누락시 0점)

- 경주버스투어 광고그룹 기본 입찰가 : 500원
- 경주버스투어 광고그룹 모바일 입찰 가중치 : 150%
- 경주버스투어 키워드 개별 입찰가 : 1,000원

54 다음 괄호 안에 공통으로 들어갈 검색광고의 성과 지표 용어는? (2점)

네이버 검색광고를 활용하고 있는 광고주 A씨는 CTR(클릭률)은 높은 편이지만, 구매 완료 페이지에서 클릭 대비 구매 비율인 (   )이(가) 20%로 하락한 것을 확인하였다. A씨는 이 문제를 해결하기 위해 구매 완료 페이지에 간편 결제 기능을 추가하였으며, 2주일 후 구매 (   )이(가) 20%에서 40%로 상승한 것을 확인하였다.

55 다음 주어진 광고 결과 데이터를 활용해서 CTR을 구하시오. (2점, 단위 누락 시 0점)

- 노출수 : 50,000회
- 광고비 : 500,000원
- CPC : 500원

56 다음은 네이버 검색광고에서 제공하는 프리미엄 로그분석에 대한 설명이다. 괄호 안에 들어갈 알맞은 숫자를 쓰시오. (2점)

네이버의 프리미엄 로그분석은 전환을 직접 전환과 간접 전환으로 분류한다. 직접 전환은 소비자의 광고 클릭 이후 30분 이내에 전환이 일어난 경우이고, 간접 전환은 광고 클릭 이후 30분부터 7일~(   )일의 전환 추적 기간 내에 발생한 전환이다.

57 다음 표로 주어진 데이터는 단일 제품을 판매하는 광고주 H씨의 검색광고 결과이다. 주어진 데이터를 활용해서 ROAS를 구하시오. (2점, 단위 누락 시 0점)

광고비	노출수	CTR	구매 전환율	판매단가
10,000,000원	2,000,000회	2.5%	8%	10,000원

58 꽃을 판매하고 있는 L씨는 5월 8일 어버이날을 앞두고 온라인 이벤트를 기획하였고, 이벤트 설명 페이지와 이벤트 참여 완료 페이지를 제작하였다. 검색광고는 4월 10일부터 5월 2일까지 집행되었다. 검색광고를 통해 400,000번의 노출, 4,000번의 클릭이 발생하였다. 2,000명이 이벤트 참여 완료 페이지에 접속하였고, 1,200명이 참여를 완료하였다. 이벤트 설명 페이지에서 발생한 반송률 (이탈률)을 구하시오. (2점, 단위 누락 시 0점)

59 검색광고 결과가 다음과 같을 때 발생한 총 전환수를 구하시오. (2점)

노출수	클릭수	광고비	평균 판매 단가	ROAS
2,000,000회	30,000회	3,000,000원	20,000원	200%

60 다음 데이터 표를 활용해 구매전환율을 구하시오. (2점, 단위 누락 시 0점)

광고비	노출수	CPC	구매 완료 건수
5,000,000원	2,000,000회	2,000원	500

CHAPTER 05 2024년 9월 기출동형문제

 객관식 1~40번

01 다음 중 온라인 비즈니스에 대한 설명으로 옳지 않은 것은?

① 고객 중심의 비즈니스 구조이다.
② 일반적으로 말하는 인터넷 비즈니스, e-business와 유사한 개념이다.
③ 사회적 거리두기(Untact) 상황 때 기업 경쟁력의 핵심으로 부각되었다.
④ 인터넷 정보 교류를 통해 무형의 상품을 제외한 물리적 상품을 거래의 대상으로 한다.

02 다음 중 온라인 비즈니스의 중요성에 대한 설명으로 옳지 않은 것은?

① 고객과의 대면 만남을 통해 브랜드 인지도를 높이는 효과가 있다.
② 지리적 제약을 극복하고 글로벌 시장에 접근할 수 있는 기회를 제공한다.
③ 신속한 제품 개발과 테스트를 가능하게 하여 시장 반응을 신속히 반영할 수 있다.
④ 디지털 마케팅을 통해 효율적으로 타깃시장을 도달할 수 있어 비즈니스 성과를 높이는데 기여한다.

03 다음 중 마케팅 패러다임의 변화에 대한 설명으로 옳지 않은 것은?

① 소비자는 생산주체에서 수동적 소비자, 판매자, 광고 제작자로 진화하였다.
② 매체 영향력이 TV와 신문 중심에서 온라인과 모바일 광고로 변화하였다.
③ 해외 직구가 증가하면서 커머스 시장의 경쟁도 글로벌화되고 있다.
④ 개인화된 맞춤형 마케팅이 등장하였다.

04 다음 중 디지털 마케팅에 대한 설명으로 옳지 않은 것은?

① 능동적 소비자를 대상으로 양방향적 커뮤니케이션이 중심이다.
② 전통적 마케팅보다 정밀한 타기팅이 가능하다.
③ 주로 TV, 신문, 라디오, 잡지 미디어를 활용한다.
④ 실시간 데이터 분석과 피드백을 통해 전략을 조정할 수 있다.

05 다음 중 디지털 마케팅이 주목받게 된 배경으로 옳지 않은 것은?

① 인터넷과 모바일의 발전으로 소비자의 온라인 활동이 증가함에 따라 필요성이 대두되었다.
② 소비자 경험 지향에서 판매 지향으로 마케팅 패러다임이 변화하였다.
③ 적극적인 참여형 소비자로 진화함에 따라 디지털 기술을 활용한 소비자와의 상호작용적 커뮤니케이션이 필요하게 되었다.
④ 모바일과 인터넷으로 연결된 고객을 대상으로 온라인과 오프라인 경험의 조합이 마케팅의 중요한 과제가 되었다.

06 다음 중 온라인 광고의 특성으로 옳지 않은 것은?

① 사이트 방문자 추적 등의 트래킹이 용이하지 않다.
② 시공간의 제약이 없으므로 광고의 게재 속도가 빠르다.
③ 기업이 목표하고 있는 고객을 선별하여 광고를 노출할 수 있다.
④ 한 매체에서 상품 정보 검색, 구매 정보 공유 등 다양한 소비자의 행위가 동시에 이루어진다.

07 다음 중 검색광고의 정의로 옳지 않은 것은?

① 검색광고 운영 시스템에 광고를 등록해야 한다.
② 키워드광고, SEM, DA, Paid Search라고도 한다.
③ 검색 결과 상위에 노출하여 잠재 고객의 방문을 유도한다.
④ 광고 서비스 업체는 광고의 연관도와 콘텐츠, 업종별 등록 기준에 의거하여 검수한다.

08 광고 성과가 다음과 같을 때, 다음 중 CVR 값으로 옳은 것은?

노출수	클릭수	전환수	매출액	광고비
240,000회	18,000회	3,600회	48,600,000원	8,000,000원

① 0.05%
② 5%
③ 0.2%
④ 20%

09 검색광고 기획에서 '고객 여정 지도'의 주요 목적은 무엇인가?

① 다양한 키워드 선정
② 웹사이트 방문 트래픽 증가
③ 사용자의 검색 및 구매 과정 이해
④ 빠른 시일 내에 브랜드 인지도의 상승 유도

10 다음 중 입찰경쟁 및 구매 전환 경쟁을 해야 하는 업체들을 파악하는 방법으로 가장 옳은 것은?

① 네이버에서 경쟁자들의 브랜드검색광고 집행 여부를 확인한다.
② 검색엔진에서 자사 대표 키워드 검색 시 리스팅되는 업체를 확인한다.
③ 동일 카테고리의 다른 브랜드를 확인한다.
④ 동일 카테고리는 아니지만 대체될 수 있는 브랜드를 확인한다.

11 다음 중 검색광고에서 사용자의 인구통계적 특성을 활용한 분석 정보로 옳은 것은?

① 사용자의 연령, 성별, 지역
② 광고 문구와 디자인의 효과
③ 경쟁사의 광고 예산과 전략
④ 사용자의 검색 쿼리와 관련된 키워드

12 다음 중 사용자 패턴 분석을 통해 얻을 수 있는 정보로 가장 적절하지 않은 것은?

① 타깃 고객층의 연령, 성별, 지역
② 타깃 고객층의 관심사 및 검색 행동 패턴
③ 경쟁사의 집행상품 및 주요 키워드 집행 여부
④ 자사 웹사이트 방문자의 유입 경로 및 전환율

13 다음 중 검색광고에서 품질지수가 의미하는 평가 지표에 대한 표현으로 옳은 것은?

① 키워드의 수준
② 캠페인의 수명
③ 검색어의 인기도
④ 광고의 품질과 관련된 요소들

14 다음 중 네이버 검색광고 광고주 신규 가입에 대한 설명으로 옳지 않은 것은?

① 검색광고 신규 가입은 네이버 아이디로만 가능하다.
② 아이디 하나로 검색광고 성과형 디스플레이 광고 플랫폼 모두 이용할 수 있다.
③ 사업자 광고주는 네이버 아이디 총 5개 한도 내에서 가입이 가능하다.
④ 개인 광고주는 검색광고/네이버 아이디 각 1개씩 총 2개까지 가입이 가능하다.

15 다음 중 네이버 쇼핑검색광고의 '쇼핑상품부가정보' 확장소재를 등록하는 경로로 옳은 것은?

① 캠페인 > 확장소재 > 쇼핑상품부가정보
② 광고그룹 > 확장소재 > 쇼핑상품부가정보
③ 소재 > 상세보기 > 확장소재 > 쇼핑상품부가정보
④ 키워드 > 상세보기 > 확장소재 > 쇼핑상품부가정보

16 다음 중 등록한 제목과 설명문 등을 학습하여 높은 광고 효과가 기대되는 최적의 조합을 자동으로 구성해 주는 네이버 검색광고 소재는?

① 추가 설명
② 추가 제목
③ 반응형 소재
④ 반응형 광고

17 구글 검색광고에서 광고 확장 사용 시 제공되는 확장 유형이 아닌 것은?

① 브랜드 광고 확장
② 리드 양식 광고 확장
③ 콜아웃 광고 확장
④ 사이트 링크 광고 확장

18 다음 중 플레이스 광고의 '광고 태그'에 대한 내용으로 옳지 않은 것은?

① 업체와 직접적인 연관이 있는 정보만 광고 태그로 등록해야 한다.
② 광고 태그는 노출에 참고 정보로 사용되고 노출을 보장하지 않는다.
③ 광고 태그를 문장형태로 입력할 경우, 업체연관도 판단이 정확하지 않을 수 있다.
④ 소재별로 광고 태그를 입력할 수 있다.

19 다음 중 네이버 검색광고 타기팅에 대한 설명으로 옳지 않은 것은?

① 시간대별 입찰 가중치를 다르게 설정할 수 있다.

② 특정 성별만 노출하거나, 성별에 따라 입찰가 가중치를 다르게 설정할 수 있다.

③ 14세 미만은 타기팅 노출 설정 기능을 제공하지 않는다.

④ 쇼핑검색광고는 지역 타기팅이 불가하다.

20 다음 중 네이버 사이트검색광고의 예산 관리에 대한 설명으로 옳지 않은 것은?

① 캠페인과 광고그룹에서 하루예산을 설정할 수 있다.

② 균등배분이란 하루 예산을 하루 동안 고르게 배분하여 광고 노출을 조절하는 기능이다.

③ 캠페인과 광고그룹에서 균등배분을 설정할 수 있다.

④ 광고 등록 시 예산을 설정할 수 있고, 이후에도 언제든지 수정할 수 있다.

21 다음 중 네이버 사이트검색광고 노출 영역에 대한 설명으로 옳지 않은 것은?

① 키워드에 따라 통합검색 영역 내 파워링크 위치는 다를 수 있다.

② PC에서 '지금 볼만한 파워링크(Beta)' 영역이 노출되는 경우 비즈사이트는 비노출된다.

③ 이용자가 많이 찾지 않는 일부 키워드는 파워링크 광고가 최대 5개까지 노출될 수 있다.

④ 더보기 영역에서 광고집행기간이 표시된다.

22 다음 중 네이버 검색광고의 캠페인 관리에 대한 설명으로 옳지 않은 것은?

① '선택한 캠페인 관리'를 클릭하여 선택한 캠페인의 기간과 예산을 변경할 수 있다.

② '필터'를 클릭하면 원하는 조건을 설정하여 캠페인을 조회할 수 있으며, '추가' 버튼을 통해 필터를 추가할 수 있다.

③ '수정'을 클릭하면 기존에 설정한 캠페인 유형, 기간, 하루예산 등을 수정할 수 있다.

④ '상세 데이터' 버튼을 클릭하면, 설정한 기간 동안의 PC/모바일, 요일, 시간대, 지역별 광고 성과를 쉽게 확인할 수 있다.

23 네이버 광고 정책에서 '클릭 유도'에 대한 설명으로 옳지 않은 것은?

① 랜딩페이지와 관련 없는 클릭 유도는 금지된다.

② 과장되거나 허위 정보를 포함한 클릭 유도는 금지된다.

③ 사용자를 기만하거나 오해를 불러일으킬 수 있는 클릭 유도는 금지된다.

④ 사용자의 흥미를 유발하기 위한 자극적인 클릭 유도는 허용된다.

24 다음 중 네이버 검색광고 지역 설정에 대한 설명으로 옳지 않은 것은?

① PC와 모바일 모두 지역 타기팅 설정이 적용된다.

② 광고그룹 단위로 '지역' 탭을 추가하여 설정할 수 있다.

③ '국내−상세위치 확인 불가'의 경우, 해외에 위치하는 이용자인 경우이다.

④ 모든 지역으로 광고노출/광고 노출 지역/광고 노출 제외 지역을 선택하고 설정할 수 있다.

25 구글 검색광고에서 '품질 점수'를 높이기 위한 방안으로 가장 적절한 것은?

① 입찰 금액 증가

② 광고 노출 위치 변경

③ 다른 캠페인이나 계정으로 광고그룹을 이동

④ 키워드의 관련성 개선 및 랜딩페이지 업데이트

26 구글 검색광고에서 무효 클릭으로 인해 광고주에게 부과된 비용을 처리하는 방법은?

① 다음 달 광고 비용에서 차감된다.

② 구글이 자동으로 감지하여 환불 처리한다.

③ 광고주가 직접 환불 요청을 해야한다.

④ 광고주에게 환불되지 않는다.

27 다음 중 검색광고의 목표를 설정할 때 고려 사항으로 가장 적절하지 않은 것은?

① 전략에 따라 특정 기간 내 구체적 수치에 달성해야 한다.

② 측정 가능하고 달성할 수 있어야 한다.

③ 노출, 클릭, 전환까지 단계적으로, 세부적으로 설정하는 것이 좋다.

④ 노출, 유효도달률, 유효빈도를 구체적으로 명시해야 한다.

28 검색광고에서 노출과 상관없이 클릭될 때마다 지출되는 비용을 말하며, 금액은 매체, 광고상품, 입찰가에 따라 실시간으로 변동되는 것은?

① CPI   ② CPS

③ CPC   ④ CTR

29 다음 중 검색광고와 관련된 설명으로 가장 적절하지 않은 것은?

① CVR이 낮을수록 노출 대비 클릭률이 좋다.

② CPC가 낮을수록 비용 대비 클릭 효율성이 좋다.

③ CPA가 낮을수록 비용 대비 전환 효율성이 좋다.

④ CPI가 낮을수록 비용 대비 앱 인스톨 효율성이 좋다.

30 다음 중 광고효과 분석을 통한 개선 작업으로 옳지 않은 것은?

① CTR은 높지만 전환 성과가 낮은 키워드와 랜딩 페이지의 연관성을 점검한다.

② CTR과 전환 성과가 높은 키워드의 확장에 예산을 사용한다.

③ ROAS, CPS 목표 달성을 위해 매출 전환 성과가 낮은 키워드의 광고를 일시 중지한다.

④ 전환 성과가 낮은 키워드의 입찰 금액을 높여 노출 점유율을 극대화한다.

31 다음 중 제시된 검색광고 사례의 CPC로 옳은 것은?

> • 광고주 K씨는 200만원을 투자해 구글에 검색광고를 집행하였다.
> • 2주 동안 노출 20,000번과 클릭 4,000번이 발생하였다.

① CPC = 100원   ② CPC = 200원

③ CPC = 400원   ④ CPC = 500원

32 구매당 비용으로, 한 건의 주문을 만드는 데 투입된 광고 비용을 의미하는 용어로 옳은 것은?

① CPS   ② CTR

③ CPC   ④ CPV

33 다음 중 제시된 검색광고 사례의 ROAS로 옳은 것은?

> 광고기획자 Y씨는 2주 동안 네이버에서 검색광고를 집행하였다. 이 광고 캠페인으로 50,000번의 노출과 2,500번의 클릭이 발생하였다. 평균 CPC는 200원이었고, 검색광고로 200번의 구매가 발생했으며, 평균 매출 단가는 1만원이다.

① 350% ② 400%
③ 450% ④ 500%

34 다음 중 로그분석에 대한 설명으로 옳지 않은 것은?

① 광고주 웹 사이트 방문자의 유입 경로, 활동 데이터를 수집, 분석하는 도구이다.
② 네이버, 카카오, 구글 검색광고에서 무료로 지원하는 자동 추적(auto tracking) 기능이다.
③ 로그분석에 필요한 전환 추적 스크립트는 광고주만 삽입할 수 있다.
④ 매체사에서 제공하는 로그분석을 사용할 경우 별도의 엑셀 작업 없이 키워드별 전환 성과를 볼 수 있다.

35 광고 실적이 다음과 같을 때, CPC, CVR, ROAS를 옳게 짝지은 것은?

> • 광고비 : 5,000,000원
> • 광고 클릭 횟수 : 50,000번
> • 광고를 통해 판매된 물품 수 : 2,000개
> • 광고를 통해 발생한 매출 : 10,000,000원

① CPC = 100원, CVR = 2%
② CPC = 100원, CVR = 4%
③ CVR = 4%, ROAS = 100%
④ CPC = 500원, ROAS = 400%

36 다음 중 CTR과 CVR이 모두 높은 키워드의 관리 전략으로 옳지 않은 것은?

① 가장 최적의 컨디션이므로 추가적인 관리 및 개선 없이 지속적인 관찰만 필요하다.
② 클릭 및 비용 효율성의 최적화를 지속적으로 점검해야 한다.
③ 효과가 검증된 키워드이므로 연관성이 높은 세부 키워드의 확장 전략을 사용한다.
④ 소비자가 민감하게 반응하는 시즌 키워드나 이슈 키워드의 발굴 전략을 사용한다.

37 다음 중 검색광고 결과 분석 후 성과 개선 방안으로 가장 적절한 것은?

① CVR이 낮은 키워드는 입찰 금액을 높여 노출 순위를 상승시킨다.
② CVR이 낮은 키워드는 소비자의 관심도를 높일 수 있는 광고소재로 변경한다.
③ CVR은 낮지만, 클릭이 많이 발생하는 개별 키워드의 랜딩페이지를 점검한다.
④ CVR가 높은 키워드는 일시적으로 광고 집행을 중지하고 전환 과정을 점검한다.

38 다음 중 키워드 차원의 효과분석 후 사후관리 방법으로 가장 적절한 것은?

① CVR이 낮은 키워드의 문구 수정을 위해 A/B 테스트를 실행한다.
② CVR이 낮은 키워드 최우선 노출을 위해 입찰금액을 높인다.
③ CTR이 낮은 키워드의 랜딩페이지에 간편 결제 기능을 추가한다.
④ CTR과 CVR이 모두 높을 때 세부 키워드를 발굴하여 확장한다.

39 다음 중 반송률에 대한 설명으로 가장 적절하지 않은 것은?

① 반송은 사이트 접속 후 사이트 내의 다른 페이지로 이동없이 바로 이탈한 경우이다.
② 반송률은 방문자수 대비 반송수의 비율 데이터($\frac{반송수}{방문자수} \times 100$)를 말한다.
③ 반송률이 높으면 랜딩페이지에 방문하여 사이트 서핑을 하는 사용자들이 많다는 것이다.
④ 반송률이 높으면 랜딩페이지가 효과적이지 않으며, 전환으로 이어질 가능성이 낮음을 의미한다.

40 다음 중 검색광고의 랜딩페이지에 대한 설명으로 가장 적절한 것은?

① 랜딩페이지와 키워드 소재와의 연관성은 품질지수와 무관하다.
② 메인 페이지로 랜딩페이지를 설정할 경우 이탈률이 가장 높다.
③ 랜딩페이지와 키워드의 연관성이 높을수록 이탈률은 낮다.
④ 구매한 키워드와 랜딩페이지의 연관성이 높으면 품질 점수는 하락한다.

41 공급자와 수요자에 따라 분류되는 온라인 비즈니스 유형 중 소비자와 소비자 간의 거래를 의미하는 용어로 중고나라, 당근마켓과 같은 비즈니스 유형은 무엇인가? (2점)

42 다음에서 설명하고 있는 마케팅 전략은? (2점)

> • 상품 또는 서비스에 대한 홍보성 콘텐츠를 소비자들이 퍼담기, 공유 등을 통해 서로 퍼뜨리게 하는 마케팅 방식이다.
> • 바이러스(Virus)처럼 널리 퍼져나간다는 의미를 가진다.
> • 소비자들의 자발적인 제품홍보를 이용한 방식으로, 기업이 직접 광고를 하는 것보다 신뢰도가 높고 빠르게 퍼지며, 적은 비용으로 큰 효과를 올릴 수 있는 광고기법이다.

43 시장을 세분화하고 표적시장을 선정한 후 경쟁 제품과 다른 차별적 요소를 표적시장 내 목표 고객의 머릿속에 인식시키기 위한 활동을 무엇이라고 하는가? (2점)

44 광고 성과가 다음과 같을 때 CTR을 구하시오. (2점, 단위 누락시 0점)

노출수	클릭수	전환수	매 출	순이익	광고비
160,000	2,400	40	2,000,000원	600,000원	400,000원

45 검색광고와 함께 다른 온라인 광고 매체를 활용하여 전체 광고 캠페인의 효과를 극대화하는 집행 방식을 무엇이라고 하는가? (2점)

46 다음은 네이버 광고 매체 유형에 대한 설명이다. 괄호 안에 들어갈 적절한 단어를 쓰시오. (2점)

> • ( ) 매체에서는 ( )의 내용과 연관되거나 혹은 해당 매체의 이용자 관심사/위치정보 등
> 을 바탕으로 이용자가 관심 있어 할 만한 광고를 노출한다.
> • 네이버 블로그 포스팅 하단에 해당 ( )와 관련 있는 광고가 노출된다.
> • 네이버 지식 iN ( ) 하단에 질문/답변의 내용과 관련 있는 광고가 노출된다.

47 네이버 검색광고 광고그룹 단위의 기본 입찰가를 시스템이 조정해 주는 기능으로, 설정한 하루예산
내에서 클릭 및 전환이 향상되도록 기본 입찰가 및 입찰가 변경시점을 자동으로 결정하는 도구는?

(2점, 정확한 명칭만 인정)

48 다음은 네이버 검색광고의 종류이다. '△△△△△△△△' 안에 들어갈 상품의 명칭은?

(2점, 부분점수 없음, 정확한 명칭만 인정)

> • 사이트검색광고(파워링크 유형)
> • 쇼핑검색광고(쇼핑검색 유형)
> • 콘텐츠검색광고(파워콘텐츠 유형)
> • 브랜드검색광고(브랜드검색/신제품검색 유형)
> • 신제품검색광고(브랜드검색/신제품검색 유형)
> • 플레이스광고(플레이스 유형)
> • △△△△△△△△(플레이스 유형)

49 카카오 검색광고에서 설정 가능한 최소 기본 입찰가는 얼마인가?

(2점, 부가세 별도 금액으로 작성, 단위 누락 시 0점)

50 다음에서 설명하고 있는 것은? (2점, 부분 점수 없음)

> • 광고를 클릭했을 때 연결되는 웹사이트의 웹페이지, 즉 연결 URL을 말하며, 방문페이지라고도 한다.
> • 해당 페이지는 사이트의 메인 페이지나 관련 카테고리나 상품 상세페이지, 이벤트 페이지 등 광고주의 필요에 따라 다양하게 연결될 수 있다.

51 다음에서 설명하고 있는 것은? (2점, 부분점수 없음, 정확한 명칭만 인정)

> • 구글애즈 계정의 실적이 얼마나 좋은지를 추정한 수치이다.
> • 점수는 0~100% 사이로 매겨진다.
> • 점수와 함께 각 캠페인을 최적화하는 데 도움이 되는 추천 목록이 표시된다.

52 네이버 검색광고의 캠페인, 광고그룹, 키워드 등의 규칙 대상에 특정한 조건과 실행할 작업을 등록하면 조건이 만족했을 때, '이메일 받기, OFF 하기, 입찰가 변경하기, 하루 예산 변경하기' 등의 작업을 수행해 주는 기능은 무엇인가? (2점, 정확한 명칭만 인정)

53 다음은 각 매체별 검색광고 운영시스템의 광고그룹당 등록 가능한 소재 개수를 나타낸 것이다. 괄호 안에 알맞은 숫자를 쓰시오. (2점, 순서오류 시 0점, 부분점수 없음)

> • 네이버 콘텐츠검색은 광고그룹당 최대 (   )개,
> • 카카오 키워드광고는 광고그룹당 최대 (   )개,
> • 구글 텍스트 광고는 광고그룹당 최대 (   )개까지 등록 가능하다.

54 다음 괄호 안에 공통으로 들어갈 검색광고의 성과 지표 용어는? (2점)

- 검색광고의 (　　　)은 검색광고 비용 지출 대비 발생한 수익의 비율을 의미하는 영어 약자로, 검색광고를 통해 발생한 수익을 광고비로 나눈 값으로 계산된다.
- (　　　)가 100% 이상이면 광고 집행의 효과가 있다고 볼 수 있으며, (　　　)가 높을수록 광고효과도 높다.

55 다음 주어진 광고 결과 데이터를 활용해서 클릭률(CTR)을 구하시오. (2점, 단위 누락 시 0점)

- 노출수 : 20,000회
- 광고비 : 5,000,000원
- CPC : 1,000원

56 다음 주어진 광고 결과 데이터를 활용해서 CPC를 구하시오. (2점, 단위 누락 시 0점)

노출수	클릭률	전환율	평균 판매 단가	ROAS
500,000회	4%	10%	20,000원	500%

57 다음 괄호 안에 공통으로 들어갈 알맞은 용어는? (2점, 부분점수 없음)

- 네이버 프리미엄 (　　　)분석은 네이버 검색광고에서 무료로 제공하는 '자동추적(Auto Tracking)' 기능이다.
- 프리미엄 (　　　)분석 보고서를 통해 네이버 검색광고의 광고별 체류시간, 페이지뷰(PV), 전환수 등을 확인할 수 있다.

58   물놀이용품을 판매하고 있는 P씨는 본격적인 여름 휴가철을 앞두고 온라인 이벤트를 기획하였고, 이벤트 설명 페이지와 이벤트 참여 완료 페이지를 제작했다. 검색광고는 7월 1일부터 7월 15일까지 집행되었다. 검색광고를 통해 200,000번의 노출, 2,000명이 클릭하여 이벤트 설명페이지로 방문하였고, 여기서 1,200명이 이벤트 참여 페이지에 접속하여 600명이 이벤트 참여를 완료하였다. 이벤트 설명 페이지에서 발생한 반송률(이탈률)을 구하시오.   (2점, 단위 누락 시 0점)

59   다음 괄호 안에 공통으로 들어갈 알맞은 용어는?   (2점)

> 검색광고의 효과 분석에서 (   )과/와 CVR이 모두 높더라도, (   )을/를 더 높이기 위하여 다양한 확장소재를 적극 활용하고, 노출 순위를 조정해야 하며, CVR을 더 높이기 위하여 전환 효율성 극대화에 필요한 랜딩페이지의 점검 및 수정이 지속적으로 이루어져야 한다.

60   다음 데이터 표를 보고 구매 전환율을 구하시오.   (2점, 단위 누락 시 0점)

노출수	클릭수	CPC	판매가	ROAS
200,000	2,000	500	25,000원	500%

객관식 1~40번

01

정답 ③

온라인 비즈니스는 인터넷을 기반으로 쌍방향의 정보 교류를 통해 물리적 상품 외에도 무형의 디지털 상품 또한 거래의 대상으로 한다.

02

정답 ④

온라인 비즈니스 모델의 성공 요인
• 고객 관점과 고객 경험 : 온라인 비즈니스는 디지털 세대 고객의 관점과 경험에 초점을 맞춘 콘텐츠와 서비스를 제공한다.
• 차별화된 콘텐츠 : 차별화된 콘텐츠와 서비스로 고객의 충성도를 획득하여 수익 창출의 토대를 마련한다.
• 지속적인 수익 창출 : 성공하는 비즈니스 모델은 꾸준하게 수익을 창출할 수 있어야 한다.
• 새로운 아이디어와 기술로 빠른 시장 진입 : 온라인 비즈니스는 과거의 비즈니스 형태에 비해 변화의 속도가 빠르므로, 새로운 아이디어와 기술로 시장을 선점한다.
• 특허 등록 : 경쟁이 치열한 온라인 비즈니스 환경에서 특허는 기업의 자산 가치를 구현하여 시장에서 독점적 지위를 선점할 수 있도록 한다.

03

정답 ③

③ 현대의 마케팅 패러다임은 소비자에게 도달이나 노출을 중시하던 마케팅 커뮤니케이션에서 고객과의 상호작용적인 커뮤니케이션으로 변화되었다.

04

정답 ②

① 지불 미디어(Paid Media) : 기업이 대가를 지불하고 광고하는 매체이며, 디스플레이 광고, 검색광고, 브랜드 검색광고 등이 있다.
③ 소요 미디어(Owned Media) : 기업이 콘텐츠를 통제할 수 있는 커뮤니케이션 채널을 말하며, 그 예로 기업의 홈페이지나 제품 체험관이 있다.
④ 트리플 미디어(Triple Media) : Paid Media, Owned Media, Earned Media 세 미디어를 지칭하는 말로, POE로 불리기도 한다.

05

정답 ②

디지털 마케팅은 전통 매체((TV, 신문, 라디오, 잡지) 중심의 광고 집행에서 벗어나 온라인상에서 디지털 기술을 활용하여 수익을 얻고자 수행하는 모든 전략적·마케팅 활동으로 인터넷 마케팅, 블로그 마케팅, 소셜미디어 마케팅, 모바일 마케팅, 콘텐츠 마케팅 등이 있다.

06

정답 ④

① 고객 서비스 중심의 디지털 마케팅 : 비용 절감과 고객 경험 개선
② 콘텐츠 서비스 중심의 디지털 마케팅 : 구독과 광고 매출
③ 리드 확보 중심의 디지털 마케팅 : 리드란 연락 가능한 잠재 고객 정보, 이메일 주소, 전화번호, 소셜미디어 계정 등

07

정답 ①

② 클릭률 : 매체에 광고가 노출된 횟수 대비 클릭수 비율이다.
③ 노출률 : 광고 메시지가 노출된 비율을 말한다.
④ 전환율 : 클릭수 대비 전환수의 비율이다.

08

정답 ①

① 무효 클릭을 방지하기 위해 무효 클릭이 의심되는 IP 주소를 '노출 제한 IP'로 등록하여 해당 IP 주소에서 광고가 노출되지 않게 설정한다.

09

정답 ④

④ 네이버, 카카오, 구글 3사 모두 광고 연관도·콘텐츠·업종별 등록기준 등에 따라 검수의 과정을 거치며, 모든 광고 구성요소가 검토 대상이다.

10

정답 ②

② 사용자 검색 트렌드를 활용한 분석 방법 중 하나이다. 사용자의 인구 통계적 특성을 활용한 분석 방법은 웹사이트의 제품이나 서비스를 이용할 만한 사용자들을 정의하고 그 특성을 파악하여 분석하는 것을 말한다.

11

정답 ②

경쟁사 분석은 자사와 경쟁사를 비교·분석하여 기회요인을 발굴하고 위협요인을 줄이기 위함이다.
② 다른 카테고리의 동일 브랜드를 분석하는 것은 경쟁사 분석 방법으로 적절하지 않다.

12

정답 ①

① 경쟁사 비교법은 경쟁 브랜드의 광고예산을 토대로 광고예산을 편성하는 방법이다.

13

정답 ①

① 스마트플레이스는 지도 검색에 업체의 이름, 전화번호, 주소, 업종 등을 등록할 수 있는 무료 서비스이다.

14

정답 ①

카카오 검색광고의 캠페인 만들기 항목에서 캠페인 단위로 비즈채널을 등록/선택할 수 있다. 비즈채널을 선택하지 않으면 캠페인 생성이 불가능하다.

15

정답 ④

④ 네이버 사이트검색광고는 클릭당 과금이 발생하는 종량제(CPC) 상품으로, 광고 등록 및 노출 비용은 발생하지 않는다.

16

정답 ②

키워드는 최소 1개부터 최대 100개까지 입력하여 연관키워드를 조회할 수 있다.

17

정답 ②

② 지역소상공인광고(플레이스유형)는 광고가 실제 보여진 유효 노출 횟수에 따라 과금된다(유효노출당 0.5원/하루 최대 3만회).

18

정답 ④

④ 쇼핑검색광고-쇼핑 브랜드형 300원

19

정답 ①

[캠페인 정보] 영역에서 [수정]을 클릭하면 캠페인 이름, 하루예산, 기간, 추적 기능을 변경할 수 있다.

20

정답 ④

④ 카카오 브랜드검색광고 캠페인 관리는 브랜드검색광고 관리자 센터에서 가능하다.

21

정답 ①

① 광고주의 광고가 노출될 때 또 다른 광고주의 광고에는 얼마나 자주 노출이 발생했는지를 보여주는 빈도는 '중복률'이다.

PART 4

22

② 데이터를 저장하려면 [다운로드]를 통해 Excel 파일로 따로 저장해야 한다. [보고서 형식 저장] 버튼을 통해 생성한 보고서를 저장할 수 있지만, 이 경우 보고서 형식(보고서 항목, 통계기간)만 저장되며 데이터 자체가 저장되지는 않는다.

23

① 네이버 검색 영역에 광고가 노출된다.
② 노출될 유의어에 대한 입찰가는 중간 입찰가(다른 광고주들이 설정한 입찰가들의 중간값)의 100%로 설정되며 변경 가능하다.
④ 키워드 확장의 입찰가는 10원 단위로 입력하여 설정한다.

24

④ 모바일 매체만 노출 가능한 상태에 해당하므로, [정보관리 → 비즈채널 관리] 메뉴에서 비즈채널 PC 검토 결과 및 노출 제한 사유 확인 후 가이드에 따라 비즈채널을 수정한 뒤 재검토 요청한다.

25

④ '하루예산 균등배분' 설정은 등록된 '캠페인 수정'에서 관리 가능한 기능이다.

26

② 순위별 평균 입찰가는 지난 4주간의 노출된 광고들의 입찰가를 기반으로 통계적으로 계산된 값들로, 광고노출이나 특정 순위 노출을 보장하지 않는다.

27

③ 검색광고 성과의 실시간 대응으로 불필요한 광고비 소진을 막고, 직접 전환비용의 최적화 및 클릭률을 빠르게 개선할 수 있다.

28

④ CVR(전환율, 클릭전환율)은 검색광고를 통해 사이트에 방문한 고객(클릭수)이 특정한 전환 액션(전환수)을 한 비율이다.

29

- CPC $= \dfrac{광고비}{클릭수} = \dfrac{10,000,000}{20,000} = 500원$

- CVR $= \dfrac{전환수}{클릭수} = \dfrac{400}{20,000} \times 100 = 2\%$

- ROAS $= \dfrac{광고를\ 통한\ 매출}{광고비} \times 100 = \dfrac{20,000,000}{10,000,000} \times 100 = 200\%$

30
정답 ①

$$CVR(\text{전환율}) = \frac{\text{전환수}}{\text{클릭수}} \times 100 = \frac{25}{500} \times 100 = 5\%$$

31
정답 ①

① CVR(Conversion Rate)은 검색광고를 통해 사이트에 방문한 고객이 특정한 전환 액션을 한 비율로 전환율이 높을수록 광고효과가 좋다.

32
정답 ②

② 단순히 클릭수를 증가시키는 것으로는 전환율을 높일 수 없으며, 클릭수 대비 전환수를 증가시켜야 전환율을 높일 수 있다 ($\text{전환율} = \frac{\text{전환수}}{\text{클릭수}} \times 100$).

33
정답 ④

④ 검색광고 리포트에서 확인할 수 있는 정보는 노출수, 클릭수, 비용, 클릭률(CTR), 평균 노출 순위 등이 있다. ROI는 투자수익률로 매체사가 파악하기 어려운 지표이다.

34
정답 ③

① 직접 전환수는 광고 클릭 이후 30분 내에 전환이 일어난 경우의 전환 수이다.
② 간접 전환수는 광고 클릭 이후 30분부터 전환 추적 기간 내에 발생한 전환 수이다.
④ 전환 추적 기간은 7~20일 사이의 기간으로 직접 설정할 수 있다.

35
정답 ②

① CTR(클릭률), CVR(전환율)이 모두 낮은 경우는 사이트 방문자도 없고, 전환 행동도 거의 없는 상태이다.
③ CTR(클릭률)은 높지만, CVR(전환율)은 낮은 경우는 광고노출순위 및 소재는 매력적이라 사이트 방문율은 높으나 실제로 방문한 사이트에서 전환 행동이 거의 없는 상태이다.
④ CTR(클릭률)은 낮지만, CVR(전환율)은 높은 경우는 사이트를 방문한 횟수는 낮지만 일단 방문한 고객의 전환 행동이 많은 상태이다.

36
정답 ③

CTR(클릭률)은 낮고 CVR(전환율)은 높다면, 광고소재의 매력도가 낮은지, 키워드 입찰 순위가 현저히 낮아서 클릭률이 낮은 것인지 확인해봐야 한다.
③ 랜딩페이지의 시각적 효과, 효율성 개선에 집중해야 하는 경우는 CTR(클릭률)은 높고 CVR(전환율)은 낮은 경우에 해당한다.

PART 4

37

정답 ①

① 노출순위 입찰금액을 높여야 광고노출 순위를 높일 수 있다.

38

정답 ③

③ 키워드광고의 랜딩페이지를 메인 페이지로 할 경우가 회원가입 전환율이 가장 우수하다고는 볼 수 없다. 검색 키워드와 랜딩페이지의 연관성이 높고 빠르게 탐색이 가능해야 이탈률을 줄일 수 있다.

39

정답 ③

$ROAS = \dfrac{\text{광고를 통한 매출}}{\text{광고비}} \times 100$이며, ROAS가 높을수록 광고효과가 높다.

③ $CPC = \dfrac{\text{광고비}}{\text{클릭수}}$ 이므로 광고비는 CPC × 클릭수 = 400원 × 3,000회 = 1,200,000원이다.

매출은 전환수 × 물품의 판매단가이므로, $ROAS = \dfrac{(150 \times 30,000)}{1,200,000} \times 100 = 375\%$이다.

① A 키워드 $ROAS = \dfrac{(150 \times 30,000)}{1,500,000} \times 100 = 300\%$

② B 키워드 $ROAS = \dfrac{(150 \times 20,000)}{1,500,000} \times 100 = 200\%$

④ D 키워드 $ROAS = \dfrac{(150 \times 20,000)}{1,200,000} \times 100 = 250\%$

40

정답 ②

② 단일 페이지로 구성된 랜딩페이지의 경우 다른 페이지로 이동을 할 수 없으므로 반송률이 높을 수밖에 없다. 랜딩페이지에 전환을 이끌만한 콘텐츠 업그레이드 및 다양한 상세페이지 연결 등이 우선되어야 한다.

주관식 41~60번

41

정답 Product(제품), Price(가격), Place(유통 · 장소), Promotion(촉진)

마케팅 믹스 4P
- Product(제품) : 기업이 생산하는 제품이나 서비스 외에 디자인, 브랜드, 상징, 보증, 상품 이미지 등을 포함하여 포괄적으로 관리하는 전략이다.
- Price(가격) : 상품의 가치를 객관적이고 수치화된 지표로 나타내는 전략이다.
- Place(유통) : 상품의 판매를 촉진하기 위해 활용하는 공간의 배치와 고객과의 접촉이 이루어지도록 하는 유통경로의 관리를 포함하는 전략이다.
- Promotion(촉진) : 마케팅 목표 달성을 위하여 사용하는 광고, 판매활동, PR 등의 수단으로 소비자들의 의사소통을 통해 구매를 유도하는 전략을 말한다.

42

정답 검색, 공유

소비자의 디지털 정보처리 과정은 Attention(주목) → Interest(흥미) → Search(검색) → Action(구매) → Share(공유)로 진행되며, 소비자가 상품에 대한 정보를 직접 검색하고 서비스를 이용한 자신의 경험을 공유하는 등의 능동적인 참여를 한다(AISAS 모델).

43

정답 네이티브 광고

네이티브 광고
• 웹사이트의 주요 콘텐츠 형식과 비슷한 모양으로 제작한 광고이다.
• 사용자가 경험하는 콘텐츠의 일부처럼 보이도록 하여 자연스럽게 관심을 이끄는 형태이기 때문에 광고의 소비과정에서 회피 반응이 적다.
• 유형 : 인 피드(In-feed) 광고, 프로모티드 리스팅(Promoted listing), 기사 맞춤형 광고 등이 있다.

44

정답 간접전환(간접전환수)

간접 전환은 광고 클릭 이후 30분부터 7~20일 정도의 전환 추적 기간 내에 발생한 전환이며, 직접 전환은 광고 클릭 30분 이내에 마지막 클릭으로 발생한 전환을 말한다.

45

정답 5, 2, 6

네이버 검색광고주 계정은 사업자의 경우 최대 5개까지, 개인은 총 2개(네이버 검색광고 ID, 네이버 아이디)까지 생성이 가능하다. 네이버 검색광고는 안정적인 서비스 운영 및 검색 이용자의 보호를 위해 가입 신청자가 약관 및 광고운영정책 위반으로 직권 해지된 이력이 있는 경우, 가입 신청자가 약관 및 광고운영정책 위반으로 이용 정지된 상태에서 탈퇴한 이력이 있는 경우, 가입 신청자가 약관 및 광고운영정책을 중대하게 위반하는 행동을 한 후 자진하여 탈퇴한 이력이 있는 경우에 회원가입을 탈퇴 또는 직권 해지일로부터 6개월간 제한할 수 있다.

PART 4

46

정답 비즈머니

비즈머니는 네이버 검색광고상품을 결제하는 데 사용할 수 있는 충전금으로 모든 네이버 검색광고상품은 비즈머니로 구매가 가능하다.

47

정답 확장검색

확장검색은 직접적으로 키워드를 등록하지 않아도 광고그룹에 등록한 키워드와 유사한 의미를 가진 키워드에 자동으로 광고가 게재되는 것을 말한다.

48

정답 70원, 100,000원

카카오 검색광고의 기본입찰가는 입찰에 참여할 최대 금액으로 최소 70원~최대 100,000원까지 10원 단위로 설정할 수 있다.

49

상세 데이터

네이버 캠페인 관리 중 상세 데이터에서 캠페인 단위 광고성과를 확인할 수 있다. 'PC/모바일 구분' 버튼을 통해 캠페인별 디바이스 성과 확인이 가능하고, 요일·시간대·지역·검색 및 콘텐츠 매체를 구분하여 확인이 가능하다.

50

50원

플레이스 서비스 지면, 지도(앱/PC) 지면에 노출되는 경우이거나, 참여 광고수가 적은(노출 가능 광고수가 10개 미만) 검색 결과의 경우에는 입찰가와 관계 없이 모든 광고가 균등하게 랜덤 노출되며 최저가인 50원으로 고정 과금된다.

51

클릭수 최대화

예산 내에서 최대한 많은 클릭이 발생하도록 입찰가를 자동으로 설정하는 구글의 입찰 전략 유형은 '클릭수 최대화'이다. 이는 광고 클릭에 대해 입찰가를 설정하는 가장 간단한 방법으로, 클릭수 최대화 선택 시 광고주가 예산을 설정하기만 하면 Google Ads에서 입찰가를 자동으로 설정하고 관리한다. 따라서 광고주가 광고그룹, 키워드 또는 게재위치의 입찰가를 달리 지정하지 않아도 된다.

52

70원, 200원

PC와 모바일의 입찰가중치는 기본입찰가를 기준으로 PC와 모바일 영역의 입찰가중치를 10~500%까지 입력할 수 있고, 해당 영역에 포함되는 각 매체의 입찰가로 적용된다.
• PC 적용입찰가는 100원 × 50% = 50원이지만, 최소 기본입찰가보다 낮으므로 최소 기본 입찰가인 70원으로 적용된다.
• 모바일 적용입찰가는 100원 × 200% = 200원으로 적용된다.

53

성과 기반 노출

성과 기반 노출 적용 시, 시스템에서 일정 기간 동안 소재의 우열을 비교하는 AB테스트(소재 A와 B의 노출수와 클릭수 측정 및 클릭 확률 계산)를 빠르게 진행하여 성과가 더 우수한 소재 노출 비율을 자동적으로 조절한다.

54

CVR(전환율)

CTR(클릭률)은 높지만 CVR(전환율)이 낮은 경우는 랜딩페이지에서 원하는 것을 발견하지 못하거나 콘텐츠가 적어 필요한 정보가 충분하지 않기 때문에 전환으로 이루어지지 못하고 이탈하는 것으로 볼 수 있다. 따라서 이런 경우 랜딩페이지의 개선이 가장 필요하며, 고객의 검색 의도를 파악하여 가장 검색어에 적합한 페이지로 연결해야 고객의 이탈률을 감소시킬 수 있다.

55

4%

CPC(Cost Per Click)는 클릭당 비용이므로, $250원 = \dfrac{1,000,000}{클릭수}$ 이다. 따라서 클릭수는 4,000회이며, CTR(클릭률) = $\dfrac{4,000}{100,000}$ × 100 = 4%이다.

56

정답 500원

CTR(클릭률) = $\dfrac{\text{클릭수}}{\text{노출수}} \times 100$이므로, 클릭수는 $\dfrac{2.5 \times 400{,}000}{100} = 10{,}000$회이다.

CPC(클릭당 비용)는 $\dfrac{\text{총광고비용}}{\text{클릭수}}$이므로, CPC = $\dfrac{5{,}000{,}000}{10{,}000} = 500$원이다.

57

정답 5%

CPC 500원 = $\dfrac{\text{총광고비용}}{6{,}000(\text{클릭수})}$이므로, 총 광고비용은 3,000,000원이다.

ROAS 500% = $\dfrac{\text{전환매출}}{3{,}000{,}000(\text{총광고비용})} \times 100$이므로 전환매출은 15,000,000원이며, 전환매출 15,000,000원 = 전환수×50,000원 (물품의 판매단가)이므로 전환수는 300회이다.

따라서, 구매전환율은 $\dfrac{\text{구매건수(전환수)}}{\text{클릭수}} \times 100$이므로 $\dfrac{300}{6{,}000} \times 100 = 5\%$이다.

58

정답 250,000원(25만원)

CPC 1,000원 = $\dfrac{\text{총광고비용}}{5{,}000(\text{클릭수})}$이므로, 총광고비용은 5,000,000원이다.

또한 ROAS 500% = $\dfrac{\text{전환매출}}{5{,}000{,}000(\text{총광고비용})} \times 100$이므로 전환매출은 25,000,000원이다.

59

정답 300%

ROAS = $\dfrac{\text{전환매출}}{\text{총광고비용}} \times 100$이다.

CTR 1% = $\dfrac{\text{클릭수}}{1{,}000{,}000(\text{노출횟수})} \times 100$이므로, 클릭수는 10,000이며, CVR(구매전환율) 3% = $\dfrac{\text{전환수}}{10{,}000(\text{클릭수})} \times 100$이므로 전환수는 300이다.

따라서 전환매출 = 300(전환수)×50,000(물품의 판매단가)이므로 15,000,000이며,

ROAS = $\dfrac{15{,}000{,}000(\text{전환매출})}{5{,}000{,}000(\text{총광고비용})} \times 100$이므로 300%이다.

60

정답 중간 입찰가

중간 입찰가는 과거 4주간 검색을 통해 노출된 광고의 입찰가를 크기순으로 나열한 후 중간에 위치한 중앙값이다.

PART 4

객관식 1~40번

01
정답 ②

② e-비즈니스는 뛰어난 아이디어만 있으면 특별한 기반이나 조직력 없이도 누구나 할 수 있으므로 진입경쟁이 치열하다.

02
정답 ①

① 디지털 시대의 소비자는 참여적·능동적이기 때문에 특정 브랜드나 기업에 대한 충성도 유지 경향은 점차 줄어들고 있다.

03
정답 ③

온라인 커머스 시장에서 유료 멤버십을 통한 록인(Lock-in) 전략은 유료 회원 제도를 통해 이용자를 확보하는 것으로, 아마존의 '아마존 프라임'과 쿠팡의 '로켓와우'와 같은 멤버십이 대표적인 사례이다.

04
정답 ④

④ 디지털 광고는 기업이 목표하고 있는 고객을 선별하여 광고를 노출할 수 있다. 성별, 연령, 지역 등에 대해 타기팅할 수 있을 뿐 아니라 로그인 정보 등의 고객의 개별적인 특성을 반영하여 광고를 노출하여 타기팅의 정확도가 높아진다.

05
정답 ③

③ 순위지수(Ranking Index)는 광고의 노출 순위를 결정하는 지수이다. 게재된 광고의 품질을 나타내는 지수는 품질지수이다.

06
정답 ④

④ 세부키워드를 사용할수록 세부 타기팅이 가능하기 때문에 구매 및 서비스 이용으로 이어질 수 있는 확률이 높다.

07
정답 ②

CVR(전환율)은 $\frac{전환 수}{클릭 수} \times 100$이므로 $\frac{400}{10,000} \times 100 = 4\%$이다.

08

정답 ④

④ 키워드별 월별 검색 수 추이와 PC/모바일 월간 검색 수 및 광고 경쟁 정도 등을 확인할 수 있는 것은 네이버 검색광고 시스템 내의 '키워드 도구'이다.

09

정답 ③

③ 광고목표는 검색광고 활동을 통해 최종적으로 달성하고자 하는 구체적인 목표로, 대부분의 광고는 매출액 증대를 목표로 하지만, 기타 회원가입, 상담신청, 사이트 유입 증대 등도 목표로 설정할 수 있다.

10

정답 ②

② 매체믹스는 두 가지 이상의 매체(광고)를 섞어 광고를 집행하는 것으로, 점유율이 가장 높은 매체 또는 대표 광고상품에 집중할 경우 한정된 고객만 도달하는 단점을 보완할 수 있다.

11

정답 ③

③ 파워콘텐츠 광고를 집행하려면 콘텐츠 비즈채널(블로그, 포스트, 카페)을 추가해야 한다.

12

정답 ②

② 광고의 운영과 효과분석, 입찰을 진행하는 단위는 광고그룹이다.

13

정답 ③

③ 고객의 의도를 맞춘 수식어나 지역명 등을 포함한 키워드는 세부 키워드이다.

14

정답 ④

함께 찾은 파워링크(Beta) 영역의 기본 노출은 'ON'이며, 만일 노출을 원하지 않는 경우 [파워링크 캠페인 → 광고그룹 설정 → 매체 설정]에서 해당 매체를 노출 제한 매체로 설정해야 한다.

15

정답 ①

① 네이버 플레이스 유형 광고는 네이버 스마트 플레이스에 등록한 업체 정보를 바탕으로 광고를 집행한다.

16

정답 ③

③ 제목과 설명에 키워드 삽입기능을 사용할 수 있다. 소재에 키워드를 삽입하면 키워드에 볼드처리가 되어 주목도를 더욱 높일 수 있다.

17

정답 ①

① 표시 URL은 광고에 표시되는 URL로, 사이트 내 모든 페이지에서 공통으로 확인되는 최상위 도메인이며, 연결 URL은 광고를 클릭했을 때 연결되는 웹사이트의 웹페이지, 즉 랜딩페이지의 URL 주소로, 방문페이지라고도 한다. 따라서 연결 URL을 광고와 관련 있는 페이지로 설정해야 효율적인 광고소재가 될 수 있다.

18

정답 ③

③ 조건 달성 시, 특정 순위 진입하기는 자동 규칙에서 수행할 수 있는 작업에 해당하지 않는다.

자동 규칙 기능
• 캠페인, 광고그룹, 키워드 등의 규칙 대상에 특정한 조건과 실행할 작업(이메일 받기, OFF 하기, 입찰가 변경, 하루예산 변경)을 등록하면 조건이 만족했을 때, 이메일 받기, OFF 하기, 입찰가 변경하기, 하루 예산 변경하기 등의 작업을 수행해주는 기능이다.
• 설정 조건에 도달했을 때 자동으로 작업이 진행되므로 지속적인 관리가 필요한 캠페인·광고그룹·키워드 관리 시간을 단축하거나, 상대적으로 관리 시간이 부족했던 광고 대상을 관리할 수 있게 도와준다.

19

정답 ①

기본 설정에서 확인이 가능한 지표는 ON/OFF, 상태, 캠페인 이름, 캠페인 유형, 노출수, 클릭수, 클릭률(%), 평균클릭비용, 총비용, 하루예산이 있다.

20

정답 ③

네이버의 [광고관리] 메뉴에서 캠페인 이름을 클릭하면 해당 캠페인 하위에 등록된 전체 광고그룹의 목록을 조회할 수 있다. 여기에는 ON/OFF, 상태, 광고그룹 이름, 기본입찰가, 채널 정보(표시 URL), 노출수, 클릭수, 클릭률(%), 평균클릭비용, 총비용 지표가 제공된다.

21

정답 ②

② 키워드별 연결 URL 및 입찰가를 포함하여 복사할 수 있지만, 품질지수는 복사되지 않는다.

22

정답 ③

광고그룹 고급옵션에서는 광고를 노출할 매체, 콘텐츠매체 전용 입찰가, PC/모바일 입찰가 가중치, 키워드 확장(beta), 소재 노출 방식을 설정할 수 있다.
※ 현재는 키워드 확장(beta) 대신 확장 검색이 신규 제공되고 있다.

23

정답 ③

① 타기팅 탭으로는 지역, 요일·시간대, 성별, 연령대, 이용자 세그먼트(beta)가 있다.
② 광고시스템에서 광고노출을 원하는 지역을 읍면동(법정동) 단위로 최대 5개까지 선택할 수 있다.
④ 성별 타기팅은 '남성, 여성, 알 수 없음' 총 3개의 광고 대상으로 구성되어 있다.

24

④ 쇼핑검색광고-쇼핑 브랜드형의 경우, 광고를 노출할 세 가지 유형의 키워드(내 브랜드 키워드, 다른 브랜드 키워드, 일반 키워드)를 등록할 수 있으며, 노출을 희망하는 키워드에 입찰할 수 있다.

※ 쇼핑검색광고-쇼핑몰 상품형의 경우, 키워드를 선택할 필요 없이 등록한 상품이나 카테고리에 맞게 시스템에서 추천된 키워드가 자동으로 매칭되어 검색 결과에 광고가 노출되나, 노출을 원하지 않는 키워드가 있다면, '제외 키워드'로 등록할 수 있다.

25

② 개별 키워드 입찰가는 키워드 목록에서 수정이 가능하다.

26

① 광고그룹 목록에서 확인되는 성과지표는 다운로드가 가능하다.

27

$CPC = \dfrac{광고비}{클릭수}$이므로, 광고비는 CPC×클릭 수=500원×1,000회= 500,000원이다.

$ROAS = \dfrac{광고를\ 통한\ 매출}{광고비} \times 100$이며, 광고를 통한 매출은 전환수 × 물품의 판매단가이므로 $ROAS = \dfrac{(100 \times 25,000)}{500,000} \times 100 = 500\%$이다.

28

$CPS(판매\ 당\ 비용) = \dfrac{총광고비용}{구매건수}$으로, 구매건당 비용이 낮을수록 효율적으로 광고가 집행되고 있다고 할 수 있다.

29

① 투자수익률 $ROI = \dfrac{광고를\ 통한\ 수익}{광고비} \times 100$으로 나타내며, 이때 광고를 통한 수익은 직접전환 수익뿐만 아니라 간접 전환 수익도 포함한다.

30

$CPC(클릭당\ 비용) = \dfrac{광고비}{클릭수}$이므로, $\dfrac{100,000원}{500회} = 200원$이다.

31

① 광고목표는 구체적이고 명확해야 한다.

③ 광고목표는 달성 가능한 기간을 명시해야 하나, 무조건 30일을 기준으로 해야하는 것은 아니다.

④ 광고목표는 클릭당비용(CPC), 전환율(CVR), ROAS, 전환단가(CPA) 등과 같은 구체적 목표를 기준으로 관리하는 것이 효과적이다.

32

CVR(전환율)은 $\dfrac{\text{구매건수(전환수)}}{\text{클릭수}} \times 100$ 이며, 클릭수는 $\dfrac{\text{클릭률} \times \text{노출수}}{100}$ 이다.

- A : 클릭수는 2,000회, CVR(전환율)은 $\dfrac{100}{2,000} \times 100 = 5\%$

- B : 클릭수는 2,500회, CVR(전환율)은 $\dfrac{500}{2,500} \times 100 = 20\%$

- C : 클릭수는 5,000회, CVR(전환율)은 $\dfrac{500}{5,000} \times 100 = 10\%$

- D : 클릭수는 5,000회, CVR(전환율)은 $\dfrac{750}{5,000} \times 100 = 15\%$

33

② 네이버 검색광고는 검색 결과 페이지뿐만 아니라, 제휴를 맺고 있는 다양한 파트너사의 광고 영역에 광고가 노출된다.

34

로그분석을 하려면 웹사이트에 전환추적 스크립트 삽입이 필요하며, 자가설치와 대행설치 모두 가능하다.

35

④ 전환 성과가 낮은 키워드의 경우 광고를 중지하는 것이 적절하며, 전환 성과가 높은 키워드의 경우에 노출 순위 상승을 위해 입찰 금액을 높인다.

36

① 키워드 입찰순위가 현저히 낮아서 클릭률(CTR)이 낮은 것인지 확인하고, 광고노출 순위를 높이는 것은 바람직하지만, 반드시 노출 순위 1위를 점유하도록 해야하는 것은 아니다.

37

④ ROI(투자수익률)가 높을수록 광고효과가 높으므로 광고의 노출시간을 늘려야 하나 광고비용이 늘어날 수 있으므로 적절한 예산분배가 필요하다.

38

정답 ①

② CTR은 높지만 CVR이 낮은 키워드는 랜딩페이지 변경이나 수정을 할 수 있다.

③ CTR은 낮지만 CVR이 높은 키워드는 광고소재의 매력도가 낮은지 점검하고, 광고소재와 확장소재를 변경한다.

④ CTR과 CVR 모두 높은 키워드는 효과가 이미 검증된 고효율 키워드를 기반으로 연관키워드, 세부키워드를 확장하는 전략을 사용한다.

39

정답 ①

② 단일 페이지로 구성된 랜딩페이지의 경우 다른 페이지로 이동할 수 없어 반송률이 높을 수밖에 없다. 랜딩페이지에 전환을 이끌만한 콘텐츠 업그레이드 및 다양한 상세페이지 연결 등이 우선되어야 한다.

③ 복수의 랜딩페이지가 운영 가능하다면, 키워드와 연관성 높은 상세 페이지 및 이벤트 페이지 등을 랜딩페이지로 선택하는 전략도 가능하다.

④ 계절적 이슈와 관련된 랜딩페이지의 제작은 광고성과 극대화를 위한 랜딩페이지 전략이 될 수 있다.

40

정답 ④

①·② CVR이 낮은 키워드는 랜딩페이지 및 PV(페이지뷰), 체류시간을 파악하여 랜딩페이지를 개선한다.

③ CTR이 낮은 키워드는 광고소재와 확장소재를 점검하고 개선한다.

주관식 41~60번

41

정답 쇼루밍(showrooming)

쇼루밍(Showrooming)은 소비자가 전시장처럼 오프라인 상점에서 구경하고 구입은 가격이 더 싼 온라인에서 하는 것을 말한다. 스마트폰 가입자 증가 및 모바일 쇼핑몰의 성장에 따라 쇼루밍 고객이 모루밍(Morooming)화 되는 현상도 두드러지고 있다. 모루밍은 모바일(Mobile)과 쇼루밍(Showrooming)이 합쳐진 단어로 매장을 방문하여 제품을 체험한 후 모바일을 활용하여 보다 저렴하게 구매하는 고객이 늘어나면서 생긴 신조어다.

42

정답 브랜드

브랜드는 특정한 기업의 제품 및 서비스를 식별하는데 사용되는 명칭·기호·디자인 등의 총칭을 의미하며, 디지털 소비자는 제품의 기능에 대해 잘 아느냐 하는 인지적 요인보다 해당 브랜드에 대해 어떻게 느끼느냐 하는 감성적인 요인을 중요시한다.

43

정답 10,000원

- CPA(Cost Per Action) : 전환당 비용으로, 행동당 단가라고도 한다. 소비자가 광고를 클릭하여 랜딩페이지에 연결된 후, 구매·장바구니 넣기·회원가입·설문조사 등 광고주가 원하는 특정한 액션을 할 때마다 광고비가 지불되는 과금방식이다.

- $CPA = \dfrac{광고비}{전환수} = \dfrac{클릭수 \times 클릭비용}{전환수} = \dfrac{400 \times 200}{8} = 10,000원$

44

정답 광고그룹, 소재

쇼핑검색광고-쇼핑몰 상품형의 광고 등록 구조는 광고주 계정 → 캠페인 → 광고그룹 → 소재 순이다. 쇼핑검색광고-쇼핑몰 상품형의 경우, 키워드를 선택할 필요 없이 이미 네이버 쇼핑에 노출되고 있는 상품을 쇼핑 상위 영역에 노출하는 광고이다.

45

정답 비즈채널

웹사이트, 쇼핑몰, 전화번호, 위치정보, 네이버예약 등 잠재적 고객에게 상품 정보를 전달하기 위한 모든 채널을 의미하는 것은 비즈채널이다. 네이버 광고시스템에서 광고 집행을 하려면 캠페인에 맞는 비즈채널을 반드시 등록해야 한다.

46

정답 판매, 리드, 웹사이트 트래픽

광고주가 달성하고자 하는 주요 목표(판매, 리드, 웹사이트 트래픽)를 중심으로 [목표 → 유형]의 선택을 통해 다양한 캠페인을 구성할 수 있다.

47

정답 쇼핑상품부가정보

쇼핑검색광고-쇼핑몰 상품형 광고의 경우, 확장소재로 추가홍보문구나 쇼핑상품부가정보를 등록할 수 있다. 이 중 쇼핑상품부가정보를 등록하면 구매건수, 리뷰 평점, 찜수 등이 함께 노출된다.

48

정답 즐겨찾기

네이버 검색광고 관리시스템에는 '즐겨찾기' 기능이 있다. 관리 목적에 따라 즐겨찾기를 설정하면 효율적인 광고관리가 가능하다.

49

정답 상단 노출 입찰가(상단 노출 가능 입찰가)

[캠페인 > 광고그룹 > [키워드] 탭 클릭 > 키워드 선택 > 입찰가 변경]에서 내 브랜드 키워드, 일반 키워드 유형으로 등록한 키워드 중 입찰가를 상단 노출 가능 입찰가보다 높게 설정된 경우에 상단에 노출될 수 있으며, 상단 노출 가능 입찰가보다 적은 금액으로 입찰된 키워드는 키워드 유형 구분 없이 하단에 노출된다.

50

정답 7, 7, 10

네이버와 카카오의 품질지수는 7단계로 분류하며 막대의 형태로 보여준다. 한편 구글은 품질평가점수의 경우 키워드 단위로 평가되며, 1~10점으로 산정된다.

51

정답 1,000원

순위별 평균 입찰가는 과거 4주간 해당 순위에 노출되었던 입찰가를 평균한 값이다. 따라서 '핸드크림' 키워드의 1위 평균 입찰가는 (1,000원 + 1,000원 + 1,000원 + 1,000원) ÷ 4 = 1,000원이다.

52

정답 목표설정, 일정계획

검색광고 기획은 환경분석 → 목표설정 → 매체전략 → 일정계획 → 예산책정의 과정으로 이루어진다.

53

정답 100%

반송률은 방문자수 대비 반송수의 비율 데이터($\frac{반송수}{방문자수} \times 100$)를 말한다. 랜딩페이지가 하나의 웹페이지로 구성되었기 때문에 반송률은 100%이다.

54

정답 30, 20

간접 전환은 광고 클릭 이후 30분부터 전환 추적 기간 내에 발생한 전환 수를 의미하며, 전환 추적 기간은 7~20일 사이의 기간으로 직접 설정할 수 있다.

55

정답 ROI

ROI(Return On Investment, 투자수익률) = $\frac{광고수익}{총광고비용} \times 100$

56

정답 400원

- 클릭률 5% = $\frac{클릭수}{100,000(노출수)} \times 100$이므로, 클릭수는 5,000이다. 또한 전환율 10% = $\frac{전환수}{5,000(클릭수)} \times 100$이므로 전환수는 500이다.
- 전환 매출은 전환수 × 물품의 판매단가이므로 500 × 20,000원 = 10,000,000원이며, ROAS 500% = $\frac{10,000,000(전환매출)}{총광고비용} \times 100$이므로 총광고비용은 2,000,000이다.
  따라서, CPC(클릭당 비용)는 $\frac{총광고비용}{클릭수}$이므로, CPC = $\frac{2,000,000}{5,000}$ = 400원이다.

57

정답 500%

전환매출 = 전환수 × 물품의 판매단가이므로, 전환매출은 600회 × 25,000원 = 15,000,000원이다.
ROAS = $\frac{전환매출}{총광고비용} \times 100$이므로, $\frac{15,000,000}{3,000,000} \times 100$ = 500%이다.

PART 4

58

구매전환율은 $\dfrac{\text{구매건수(전환수)}}{\text{클릭 수}} \times 100$ 이다.

CPC 500원 = $\dfrac{5,000,000\text{(총광고비용)}}{\text{클릭수}}$ 이므로, 클릭수는 10,000이며, 광고 매출액 15,000,000원 = 전환수 × 30,000(물품의 판매 단가)이므로 전환수는 500이다.

따라서, 구매전환율은 $\dfrac{500}{10,000} \times 100 = 5\%$이다.

59

전환 추적을 하려면 프리미엄 로그분석 서비스의 전환 추적 스크립트(Script)를 설치해야 하지만, 네이버 검색광고에서 랜딩페이지 (Landing Page)를 네이버 블로그, 포스트, 카페로 설정한 경우 전환추적 스크립트 삽입이 불가능하므로 전환 추적이 어렵다.

60

CPC 500원 = $\dfrac{\text{총광고비용}}{5,000\text{(클릭수)}}$ 이므로, 총 광고비용은 2,500,000원이며,

ROAS 500% = $\dfrac{\text{전환매출}}{2,500,000\text{(총광고비용)}} \times 100$ 이므로, 전환매출은 12,500,000원이다.

따라서 전환매출 12,500,000원 = 100회(전환수) × 제품의 판매단가이므로, 제품의 판매단가는 125,000원이다.

객관식 1~40번

01
정답 ②

② 대화형 AI 챗봇인 챗GPT 서비스는 방대한 정보 중 고객이 필요한 정보를 선별하는 제공하는 정보 검색 유형에 해당한다.

02
정답 ③

③ 디지털 마케팅은 아날로그 마케팅과는 다르게 노출수, 클릭수, 클릭률, 전환비용 등과 같은 데이터를 통한 성과분석이 용이하다.

03
정답 ①

① 디지털 시대의 소비자는 상품에 대한 정보를 직접 검색하고, 서비스를 이용한 자신의 경험을 공유하는 등의 능동적인 참여를 한다. 따라서 기능적 특징과 정보를 전달하는 것보다는 고객의 관점과 경험에 초점을 맞춘 콘텐츠와 서비스를 제공하는 것이 더 효과적이다.

04
정답 ④

④ 스마트폰 확대로 미디어 접근시간이 많아지면서 디지털 광고의 파급력이 강화되고 있다.

05
정답 ②

② 직접 전환은 광고 클릭 30분 이내에 마지막 클릭으로 발생한 전환(회원가입이나 구매 등의 행동)을 말한다.

06
정답 ②

검색광고 기획의 단계

환경분석	현재 시장 분위기, 경쟁사 상황, 타깃 유저 등을 분석한다.
목표설정	검색광고를 통해 최종적으로 얻고자 하는 구체적 목표를 세우는 것이다.
매체전략	설정한 목표 달성을 위한 구체적 전략으로 크게는 검색광고상품부터 작게는 노출 지면, 키워드, 소재, 시간대 전략 등을 말한다.
일정계획	검색광고 노출 등을 포함하여 전체적인 일정에 대한 계획이다.
예산책정	목표 달성을 위해 필요한 예산을 정하는 것이다.

07

정답 ③

③은 사용자의 '인구통계적 특성'을 활용한 패턴 분석이다.

08

정답 ③

③ 경쟁사 광고의 설명 문안과 확장소재를 분석하여 자사의 차별화된 강점을 강조한다.

09

정답 ②

② 클릭초이스플러스 및 클릭초이스상품광고는 (구)광고관리시스템을 사용하여 등록 및 집행이 가능하였으나, 현재 (구)광고관리시스템 서비스가 종료되어 집행이 불가하다.

10

정답 ③

③ 네이버 검색광고 종류 중 신제품검색광고는 모바일 통합검색에서 제품 및 서비스를 지칭하는 일반 키워드로 검색했을 때, 검색 결과 상단에 신규(리뉴얼) 출시 상품 관련 이미지와 동영상, 설명 등을 노출하는 광고상품이다.

11

정답 ③

네이버 '쇼핑 검색광고-쇼핑 브랜드형'의 기본 입찰가는 최소 300원부터 최대 10만원까지 설정 가능하다.

12

정답 ④

④ 조회된 연관 키워드에는 '월간검색수, 월평균클릭수, 월평균클릭률' 등 상세 데이터가 같이 제공되나, '월평균입찰가' 데이터는 제공되지 않는다.

13

정답 ②

플레이스 캠페인의 하루예산은 기본 설정이 3,000원으로 되어 있으며, 하루에 지불할 최대 금액을 직접 설정하여 광고를 노출할 수도 있다. 이때 하루예산은 50원에서 최대 30,000원까지 10원 단위로 입력이 가능하다.

14

정답 ①

① 네이버는 비즈머니를 충전해야 등록한 광고의 검토가 진행된다.

15

정답 ④

④ 예산 균등 배분을 체크하면 하루 예산에 맞춰 시스템이 광고노출을 자동으로 조절하게 되어 예산에 맞는 광고비 지출을 할 수 있다.

16

④ '중지 : 캠페인 기간 외'는 광고주가 설정한 캠페인의 광고노출기간이 종료되어 캠페인이 중지된 상태이다. 이때 다시 노출 가능 상태가 되기 위해서는 캠페인 종료 날짜를 재설정하거나 캠페인 기간을 '오늘부터 종료일 없이 계속 노출'로 변경한다.

17

④ 카카오 캠페인의 [선택한 캠페인 수정]을 통해 전환추적, 추적URL, 일예산을 변경할 수 있다.

18

④ 네이버 쇼핑검색광고–쇼핑몰 상품형의 소재 관리 시 '입찰가 변경' 메뉴를 통해 입찰가 변경을 할 수 있으며, 이때 순위별 평균 입찰가를 조회하여 선택한 소재의 입찰가를 변경할 수 있다.

19

② 카카오 검색광고의 경우, 광고그룹당 최대 20개의 소재를 등록할 수 있다.

20

구글의 스마트 자동입찰 전략에 해당하는 것은 타깃 CPA, 타깃 광고 투자수익(ROAS), 전환수 최대화, 전환가치 극대화이다.

21

① 지도(앱/PC) 지면에 광고가 노출되는 경우 입찰가와 관계없이 모든 광고가 균등하게 랜덤 노출되며, 최저가인 50원으로 고정 과금된다.

22

① 확장소재를 활용하면 고객과의 추가 연결 통로를 확보할 수 있으며, 이는 과금 영역에 포함된다.

23

④ 추가홍보문구의 문구1과 문구2는 하나의 영역에 함께 노출되지 않으며, 노출 공간에 따라 둘 중 하나가 노출되게 된다.

추가홍보문구
• 문구1(필수)은 최소 1자부터 10자까지 입력할 수 있으며, 문구 2(선택)는 최대 30자까지 입력할 수 있다.
• 문구2 미입력 시에는 문구1이 기본으로 노출된다.
• 1개 이상의 추가홍보문구를 등록하고, 요일/시간 등의 설정을 하지 않은 경우 등록된 추가홍보문구는 번갈아가며 노출된다.

24

① 광고의 목표가 제품에 대한 정보 제공인지, 소비자를 설득하기 위한 것인지, 자사 상표를 기억하게 하기 위한 수단인지 등에 따라 광고 목표는 다르게 설정해야 한다.

② 광고 목표는 달성 가능한 기간을 명시해야 하나, 무조건 7일, 14일 기준으로 해야하는 것은 아니다.

④ 광고 목표는 클릭당비용(CPC), 전환율(CVR), ROAS, 전환단가(CPA) 등과 같은 구체적 목표를 기준으로 관리하는 것이 효과적이다.

25

② CPI(Cost Per Install) : 다운로드 발생 건마다 비용이 발생하며, 설치당 가격이라고도 한다. 게임이나 앱 어플 등에서 주로 많이 사용한다.

26

① 검색광고비 대비 발생한 매출의 비율을 의미하는 것은 ROAS이다.

27

CPC(클릭당 비용) $= \dfrac{\text{광고비}}{\text{클릭수}}$ 이므로, $\dfrac{1,000,000}{4,000} = 250$원이다.

28

• CPC 500원 $= \dfrac{\text{광고비}}{1,000}$ 이므로, 광고비는 500,000원이다.

• ROAS $= \dfrac{\text{광고를 통한 매출(전환수} \times \text{판매단가})}{\text{광고비}} \times 100$ 이므로, $\dfrac{(100 \times 30,000)}{500,000} \times 100 = 600\%$이다.

29

CVR(전환율)은 $\dfrac{\text{구매건수(전환수)}}{\text{클릭수}} \times 100$이며, 클릭수는 $\dfrac{\text{클릭률} \times \text{노출수}}{100}$이다.

• A : 클릭수는 1,500회, CVR(전환율)은 $\dfrac{150}{1,500} \times 100 = 10\%$

• B : 클릭수는 1,000회, CVR(전환율)은 $\dfrac{200}{1,000} \times 100 = 20\%$

• C : 클릭수는 2,500회, CVR(전환율)은 $\dfrac{250}{2,500} \times 100 = 10\%$

• D : 클릭수는 2,500회, CVR(전환율)은 $\dfrac{300}{2,500} \times 100 = 12\%$

30

④ 클릭 횟수는 유지하고, 전환수를 증가시키면 CVR(전환율)은 높아진다. CVR(전환율)을 높여야 광고 효율이 높다.

31

검색광고 리포트에서 확인할 수 있는 기본지표는 노출수, 클릭수, 비용(CPC), 클릭률(CTR), 평균 노출 순위 등이다.

32

④ 매출 전환 성과가 낮은 키워드는 중지하고, 매출 전환 성과가 높은 키워드의 입찰 금액을 높여 노출 점유율을 높인다.

33

③ 로그분석에 필요한 전환추적 스크립트는 자가설치와 대행설치가 모두 가능하다. 따라서 전문 광고대행사만 삽입할 수 있는 것은 아니다.

34

③ CTR(클릭률)이 낮을 경우 우선 광고소재가 적합한지 점검해야 하며, 입찰 금액을 높여 광고노출 순위도 높아질 수 있게 한다(반드시 노출 순위 1위가 되도록 해야하는 것은 아니다).

35

② 가장 최적의 컨디션이므로, 지속적으로 유지될 수 있도록 추가적인 관리 및 개선이 필요하다.

36

④ 키워드의 CTR(클릭률)을 높이기 위해서는 입찰 금액을 높여 광고가 상위 순위에 노출될 수 있도록 키워드 입찰순위를 개선한다.

37

① CVR(전환율)이 높은 키워드의 최우선 노출을 위해 입찰금액을 높인다.

38

① 메인페이지뿐만 아니라 상세페이지 및 이벤트 페이지 등도 관리에 집중해야 한다.
② 브랜드의 메인페이지가 매력적이지 않다면 반송률이 발생한다.
③ 랜딩페이지와 키워드의 연관성이 높으면 반송률은 감소한다.

39

정답 ②

② 클릭수와 클릭률이 감소하면 키워드와 소재의 적절성을 점검하고 개선하여야 한다.

40

정답 ③

③ 의료 업종의 경우 타 병원명을 활용하여 연관 키워드 조회, 키워드 삽입 등 키워드를 발굴할 수 없다.

 주관식 41~60번

41

정답 정보

온라인 비즈니스는 전통적 비즈니스와 달리, 디지털 세대 고객의 관점과 경험에 초점을 맞춰 디지털 형태의 정보나 지식재 등 다양한 콘텐츠와 서비스를 생산한다.

42

정답 리치미디어 광고

리치미디어 광고
텍스트 위주의 콘텐츠를 넘어 JPEG, DHTML, Javascript, Shock wave, Java 프로그래밍과 같은 신기술 및 고급 기술을 적용한 인터넷 광고이다. 소비자가 광고 위에 마우스 커서를 올려놓거나 클릭하면 이미지가 변하거나 동영상이 재생되는 등 주목을 유도할 수 있다.

43

정답 N–스크린(N-screen)

클라우드 컴퓨팅의 본격화로 하나의 디지털 콘텐츠를 여러 스마트 기기를 넘나들며 이어서 볼 수 있는 N–스크린(N-screen) 서비스가 가능하게 되었다.

44

정답 순위지수

광고 입찰가와 품질지수를 고려하여 노출순위를 결정하는 데 사용하는 기준은 순위지수(Ranking Index)이다.

45

정답 대량 관리

대량 관리 기능
• 등록하려는 키워드나 소재가 많으면 '대량 관리 기능'을 사용한다.
• 대시보드 상단의 [도구 → 대량 관리]로 접속한다.
• '광고 다운로드, 대량 등록 · 수정, 대량 광고그룹 복사, Easy 대량 관리(beta)' 기능을 제공한다.
• 대량 광고그룹 복사에서는 광고그룹을 원하는 캠페인에 대량 복사할 수 있으며, 복사 시 소재 · 확장소재도 포함할 수 있다.

46

정답 10, 6

• Daum, Nate 등에서 PC 통합검색 결과 최상단인 프리미엄링크 영역에 최대 10개의 광고가 노출되며, 광고 수요가 많은 키워드의 통합검색 결과에는 와이드링크 영역에 최대 5개 광고가 추가로 노출된다.

• Daum, Nate 등 제휴된 다양한 모바일 웹·앱에서 모바일 검색 결과, 프리미엄링크 영역에 최대 6개의 광고가 노출되며, 카카오톡 대화방 내·검색결과 키워드광고 탭에도 노출된다.

47

정답 200원

모바일 블로그 영역에 노출할 광고이므로, 콘텐츠 매체 전용입찰가 100원에 모바일 입찰가중치 200%를 적용하면 된다. 따라서 광고 입찰가는 200원이다.

48

정답 7, 0

카카오 검색광고 품질지수는 네이버와 마찬가지로 7단계로 구분하여 막대 형태로 보여준다. 최초 등록 시 0단계에서 시작하며, 초록색이 많을수록 상대적 품질이 높다는 의미이다.

그룹 내의 키워드는 개별 그룹의 품질지수에 영향받아 순위가 결정되므로 한 그룹 내에서 서로 관련성 있고 성과가 높은 키워드를 넣으면 품질지수가 높아질 수 있다.

49

정답 잠재고객

구글애즈의 경우, 인구통계학적 타겟팅, 리마케팅, 맞춤 잠재고객, 관심분야 잠재고객 같은 잠재고객 타기팅을 설정하여 광고노출전략을 관리할 수 있다.

50

정답 클릭초이스 상품광고

클릭초이스 상품광고는 상품을 통합검색 결과 페이지에 상품이미지, 가격정보와 함께 노출해주는 '상품단위' 광고상품이다. 사이트 단위로 광고하는 다른 검색광고와 달리 '상품'에 최적화·맞춤화된 광고형태(UI)를 선보이며, 미리보기 화면을 제공하여 상품에 대하여 다양하게 정보를 전달할 수 있다(현재 네이버 클릭초이스 상품광고는 종료되었다).

51

정답 확장 검색

키워드 검색 유형 설정 시 일치검색, 구문검색, 제외어 검색으로 지정하지 않으면 기본적으로 확장검색 유형으로 설정된다. 확장검색을 사용하면 키워드 목록에 없는 유사어에 대해서도 광고가 자동으로 게재된다. 일반적으로는 보다 많은 검색어에 대해 광고 게재가 가능하여 방문자 유입을 늘릴 수 있는 확장검색 키워드를 사용하는 것이 유리하나, 확장검색 키워드 관련 검색어가 너무 많으면 품질평가지수가 낮아질 수도 있다.

52

정답 50개(50)

구글은 광고그룹당 텍스트 광고를 50개까지 포함 가능하다.

53

반송률은 방문자수 대비 반송수의 비율 데이터($\frac{반송수}{방문자\ 수} \times 100$)를 말한다.

따라서 이벤트 설명 페이지에서 발생한 반송률은 $\frac{1,200}{1,500} \times 100 = 80\%$

54

네이버 프리미엄 로그분석에서 직접 전환수는 광고 클릭 이후 30분 내에 전환이 일어난 경우의 전환수를 말하며, 간접 전환수는 광고 클릭 이후 30분부터 전환 추적 기간 내에 발생한 전환 수를 말한다.

55

클릭수 대비 판매(구매)건수가 하락하는 상황에서, 간편 결제 서비스 삽입으로 판매(구매)건수를 늘리는 전략을 사용하였다. 따라서 구매전환율(CVR, $\frac{구매건수(전환수)}{클릭수} \times 100$)이 상승하였다.

56

- 클릭률 5% = $\frac{클릭수}{200,000(노출수)} \times 100$이므로, 클릭수는 10,0000이다. 또한 전환율 10% = $\frac{전환수}{10,000(클릭수)} \times 100$이므로 전환수는 1,000이다.

- 전환 매출은 전환수 × 물품의 판매단가이므로 1,000 × 10,000원 = 10,000,000원이며, ROAS 500% = $\frac{10,000,000(전환매출)}{총광고비용} \times 100$이므로 총광고비용은 2,000,0000이다.

  따라서, CPC(클릭당 비용)는 $\frac{총광고비용}{클릭수}$이므로, CPC = $\frac{2,000,000}{10,000} = 200$원이다.

57

ROAS = $\frac{전환매출}{총광고비용} \times 100$이다.

CTR 2.5% = $\frac{클릭수}{2,000,000(노출횟수)} \times 100$이므로, 클릭수는 50,0000이며, CVR(구매전환율) 2% = $\frac{전환수}{50,000(클릭수)} \times 100$이므로 전환수는 1,000이다.

따라서 전환매출 = 1,000(전환수) × 50,000(물품의 판매단가)이므로 50,000,0000이며,

ROAS = $\frac{50,000,000(전환매출)}{10,000,000(총광고비용)} \times 100$이므로 500%이다.

58

정답 600회(600)

ROAS 500% = $\dfrac{전환매출}{3,000,000(총광고비용)}$ × 100이므로, 전환매출은 15,000,000원이다.

전환 매출은 전환수 × 물품의 판매단가이므로 15,000,000원 = 전환수 × 25,000원이다.
따라서 전환수는 600회이다.

59

정답 랜딩페이지(Landing Page)

네이버 블로그, 카페, 포스트 서비스는 일반 홈페이지와는 다르게 정책상 개별적인 로그분석 프로그램 사용이 제한되어 있다.
따라서 네이버 검색광고에서 랜딩페이지(Landing Page)를 네이버 블로그, 포스트, 카페로 설정한 경우 전환추적 스크립트 삽입이
불가능하므로 전환 추적이 어렵다.

60

정답 2.5%

CPC 500원 = $\dfrac{총광고비용}{2,000(클릭수)}$이므로, 총 광고비용은 1,000,000원이다.

ROAS 500% = $\dfrac{전환매출}{1,000,000(총광고비용)}$ × 100이므로 전환매출은 5,000,000원이며, 전환매출 5,000,000원 = 전환수 × 100,000원
(물품의 판매단가)이므로 전환수는 50회이다.

따라서, 구매전환율은 $\dfrac{구매건수(전환수)}{클릭수}$ × 100이므로 $\dfrac{50}{2,000}$ × 100 = 2.5%이다.

객관식 1~40번

01

정답 ③

오프라인 매장에서도 온라인 비즈니스를 시작할 수 있다. 온라인 서비스와 오프라인 매장을 유기적으로 연계하여 운영하는 옴니채널(Omni-channel) 전략이나 온라인과 오프라인을 연결하는 IT 마케팅인 O2O(Online to Offline) 등이 모두 온라인 비즈니스의 유형에 해당한다.

02

정답 ④

초기에는 검색 및 디렉토리 서비스가 포털 시장을 점유하였지만, 최근에는 커머스와 웹툰 등 다양한 콘텐츠에서 많은 수익이 발생하고 있는 추세이다.

03

정답 ④

AISAS 모델의 소비자 정보처리 과정

Attention(주목) → Interest(흥미) → Search(검색) → Action(구매) → Share(공유)

※ AISAS 모델
  • 일본의 종합광고 대행회사 덴츠(Dentsu)에서 발표한 현대적 소비자 구매 패턴 모델이다.
  • 소비자가 상품에 대한 정보를 직접 검색하고 서비스를 이용한 자신의 경험을 공유하는 등의 능동적인 참여를 한다.
  • 디지털 사회 소비자의 주된 정보처리 과정이라고 볼 수 있다.

04

정답 ④

④ 반복 노출 대신 잠재고객의 방문 및 구매 전환율 제고와 같은 온라인 커머스 중심의 디지털 마케팅 목표가 필요하다.

05

정답 ③

③ 4대 매체(TV, 라디오, 신문, 잡지)의 광고 중심에서 소셜미디어 등을 통한 개인화된 디지털 마케팅으로 확대되고 있다.

06

정답 ④

가장 오래된 유형으로 제작이 용이하나, 클릭률이 낮고 정보제공의 한계가 있는 것은 배너광고이다.

07

정답 ④

검색광고는 키워드 광고라고도 부르며, 검색 결과 페이지에 광고를 표시하여 사용자가 검색하는 키워드와 관련된 광고를 노출하는 마케팅 전략이다.

08

정답 ③

무효클릭으로 의심되는 IP에 광고가 노출되지 않도록 제한할 수 있다.

09

정답 ①

CTR(Click Through Rate)은 클릭률을 말하며, 매체에 광고가 노출된 횟수 대비 클릭수의 비율이다.

따라서, CTR은 $\dfrac{클릭수}{노출수} \times 100$으로 계산한다.

10

정답 ③

③ 대표키워드로 검색했을 때 리스팅되는 업체들을 확인하는 것은 경쟁사 분석에 해당한다. 사용자 패턴분석은 사용자의 인구통계학적 특성 및 사용자의 검색 트렌드를 확인한다.

11

정답 ②

월간 검색 수 사용자 통계를 통해 연령·성별 등에 따른 소재 기획은 가능하지만, 요일별 입찰가 설정에는 활용할 수 없다.

12

정답 ①

캠페인에 대한 설명이다.

13

정답 ②

② '광고 미리보기 및 진단 도구'를 통해 광고가 어떻게 게재되는지, 게재되지 않는 이유에 대해 확인할 수 있다.

14

정답 ③

③ PC/모바일 매체 및 세부 매체 유형별 노출 타기팅을 설정할 수 있다.

15

정답 ④

④ 키워드 확장으로 노출될 유의어는 중간 입찰가의 100%로 설정되며, 등록 키워드 입찰가를 초과하지 않는다.
※ 현재는 키워드 확장(beta) 대신 확장 검색이 신규 제공되고 있다.

16
정답 ③

③ 검색결과에서 광고를 클릭했을 때 과금되며, 카탈로그 페이지(가격비교페이지)로 잠재 소비자 방문을 유도한다.

17
정답 ③

상단 노출 기준을 미충족할 경우, 광고는 하단에 다른 브랜드와 함께 노출된다.

18
정답 ④

톡채널검색 시 카카오톡 검색 서비스 지면에 노출된다. 카카오톡 검색 서비스 지면은 카카오톡 친구탭, 채팅탭, 더보기 탭에서 돋보기 모양의 검색 버튼을 클릭했을 때 진입하는 화면이다.

19
정답 ②

파워링크의 경우 캠페인, 광고그룹, 키워드 중에서 규칙 대상을 선택할 수 있다.

20
정답 ①

캠페인 등록 후에는 유형 변경이 불가능하다.

21
정답 ①

캠페인 유형에 따라 제공되는 대량 등록/수정/삭제 기능이 다르다.

22
정답 ②

소재의 대표 URL은 다른 광고그룹으로 복사가 가능하다. [소재] → [선택한 소재 관리] → [다른 그룹으로 복사] 기능을 사용하면 된다.

23
정답 ②

네이버 플레이스 광고는 광고그룹 단위로 입찰가를 설정하는 상품이다.

24
정답 ③

특정 세그먼트에 광고 노출을 제외하고 싶은 경우, 노출 제외를 원하는 이용자 세그먼트를 관리화면에서 선택하고, [노출 제외]를 선택하면 된다.

25

정답 ④

캠페인 수정 페이지에서는 캠페인 이름, 픽셀&SDK 연동, 추적URL, 일예산 설정을 변경할 수 있다. 캠페인에 연결된 비즈채널은 변경되지 않는다.

26

정답 ②

최적화 점수는 내 계정의 실적을 파악할 수 있는 수치이며, 다른 광고주와 비교했을 때의 내 광고 품질을 파악할 수 있는 진단 도구는 품질평가점수이다.

27

정답 ③

- CPC $= \dfrac{광고비}{클릭수} = \dfrac{10,000,000}{20,000} = 500원$

- CVR $= \dfrac{전환수}{클릭수} \times 100 = \dfrac{1,000}{20,000} \times 100 = 5\%$

- ROAS $= \dfrac{광고를\ 통한\ 매출}{광고비} \times 100 = \dfrac{30,000,000원}{10,000,000원} \times 100 = 300\%$

28

정답 ①

② 광고 목표는 달성 가능한 기간을 명시해야 하나, 무조건 7일, 14일, 28일 기준으로 해야하는 것은 아니다.
③ 광고 목표는 제품에 대한 정보 제공인지, 소비자를 설득하기 위한 것인지, 자사 상표를 기억하게 하기 위한 수단인지 등에 따라 다르게 설정해야 한다.
④ 광고 목표의 예상 전환수와 실제 전환수가 반드시 일치해야 하는 것은 아니다.

29

정답 ④

CPS(판매 당 비용) $= \dfrac{총광고비용}{구매(판매)건수}$ 으로, 판매건당 비용이 낮을수록 효율적으로 광고가 집행되고 있다고 할 수 있다.

30

정답 ④

CPC는 클릭당 비용으로, 클릭 횟수 대비 검색광고에 들어간 비용을 의미한다.

31

정답 ③

CVR $= \dfrac{구매건수(전환수)}{클릭수} \times 100 = \dfrac{20}{2,000} \times 100 = 1\%$

32

정답 ④

검색광고 성과의 실시간 대응으로 불필요한 광고비 소진을 막고 더 많은 전환 기회를 가져오게 함으로써, 클릭률(CTR) 및 전환율(CVR)을 빠르게 개선할 수 있다.

33

정답 ④

검색광고 리포트에서 확인할 수 있는 기본지표는 노출수, 클릭수, 비용(CPC), 클릭률(CTR), 평균 노출 순위 등이다.

34

정답 ①

① 광고에 의해 발생한 이익 ÷ 광고비 × 100 = ROI이다.

35

정답 ③

로그분석을 하려면 웹사이트에 전환추적 스크립트 삽입이 필요한데, 이는 자가설치와 대행설치 모두 가능하다.

36

정답 ④

키워드, 입찰 순위, 광고 소재, 랜딩페이지가 전략적으로 기획되고 효과적으로 실행되었다면, CTR(클릭률)과 CVR(전환율)이 모두 높은 결과를 기대할 수 있다.

37

정답 ②

더 높은 순위에 노출될 수 있도록 입찰 금액을 높인다.

38

정답 ①

반송률은 방문자수 대비 반송수의 비율($\frac{반송수}{방문자수} \times 100$)을 말한다.

39

정답 ②

① 클릭률이 감소하면 키워드와 소재의 적절성을 점검하고 개선하여야 한다.
③ CVR(전환율)이 낮을 때 랜딩페이지를 수정하거나 변경하여 개선한다.
④ 랜딩페이지에 전환 행동을 일으킬 수 있는 다양한 요소를 구성한다.

40

정답 ③

③ 키워드의 CTR(클릭률)을 높이기 위해서는 입찰 금액을 높여 광고가 상위 순위에 노출될 수 있도록 키워드 입찰순위를 개선한다.

41

OTT(Over The Top)는 인터넷을 통해 다양한 플랫폼으로 사용자가 원할 때 방송을 보여주는 VOD 서비스로, TV를 대체하고 있다.

42

챗봇(Chatbot)은 텍스트 또는 음성을 기반으로 인간과의 대화를 통해 특정한 작업을 수행하도록 제작된 소프트웨어이다. 최근에는 AI 챗봇인 ChatGPT의 등장으로 단순한 소통 목적이 아닌 검색 엔진을 넘보는 기술로까지 발전하였다.

43

배너광고는 디지털 광고 중 가장 오래된 유형으로, 초기에는 사각형 모양의 단순한 텍스트 유형으로 시작하였으나, 최근에는 동영상, 플래시 등 다양한 기법을 활용하여 광고의 내용을 풍부하게 전달할 수 있게 되었다.

44

$$\text{CPA(전환당 비용)} = \frac{\text{총광고비}}{\text{전환수}} = \frac{\text{클릭수} \times \text{CPC(클릭당 비용)}}{\text{전환수}} = \frac{7,200 \times 100}{480} = 1,500원$$

45

검색광고와 성과형 디스플레이 광고 계정을 네이버 아이디 하나로 편리하게 관리하도록 통합 운영되고 있는 시스템이다.

46

광고그룹 하위에 키워드 확장을 설정하면 등록된 키워드 외에 연관된 키워드에 자동으로 광고를 확장하여 노출할 수 있다.

47

네이버 검색광고 종류 중 브랜드검색광고는 브랜드 관련 키워드 검색 시 해당 브랜드와 관련된 최신 정보를 통합검색 결과의 상단에 노출하는 콘텐츠형 상품이다.

48

네이버 쇼핑검색광고 중 스타일추천은 '모바일 통합검색 및 더보기'에서 노출되는 영역으로, 패션의류/패션잡화 일부 스포츠/레저 카테고리의 연관 키워드를 검색했을 때 검색어와 연관된 상품 중 유사 스타일별로 상품을 모아 추천한다.

49

플레이스광고는 별도의 키워드를 지정하지 않으므로, 광고그룹 단위로 입찰가를 설정할 수 있으며, 입찰가 설정 [광고그룹_고급옵션 > 기본입찰가] 메뉴를 통해 진행이 가능하다. 입찰가는 최소 50원에서 최대 5,000원(VAT 미포함)까지 10원 단위로 설정할 수 있으며, 별도 입찰가를 설정하지 않은 경우, 최저가 50원(VAT 미포함)으로 입찰에 참여하게 된다.

50

추적기능은 클릭된 광고에 대한 정보(검색어, 캠페인 유형 등)를 URL 파라미터로 광고주의 사이트에 전달하는 기능으로, 자체 로그분석 도구를 사용하는 광고주는 물론 프리미엄 로그분석을 사용하는 광고주에게도 유용한 기능이다.

51

기본 입찰가에 지역, 성별, 연령대 가중치를 적용했을 때 최종 입찰가는 100원 × 1.2 × 1.1 × 1.5 = 198원이다.

52

광고그룹 당 소재는 최대 5개까지 등록 가능하다.

53

네이버 모바일에 검색했을 때, '경주버스투어' 키워드에 적용되는 입찰가는 1,000원 × 150% = 1,500원이다.

54

클릭 대비 구매 비율을 나타내는 것은 CVR(전환율)이다. 랜딩페이지의 개선은 CVR(전환율)을 높이는데 도움을 줄 수 있다.

55

- CPC(클릭당 비용)는 $\frac{총광고비용}{클릭수}$ 이므로, 500원 = $\frac{500,000}{클릭수}$ 이다. 따라서 클릭수는 1,000회이다.
- CTR(클릭률) = $\frac{클릭수}{노출수}$ × 100% = $\frac{1,000}{50,000}$ × 100 = 2%이다.

56

간접 전환은 광고 클릭 이후 30분부터 전환 추적 기간 내에 발생한 전환 수를 의미하며, 전환 추적 기간은 7~20일 사이의 기간으로 직접 설정할 수 있다.

57

정답 400%

- CTR(클릭률) 2.5% = $\dfrac{\text{클릭수}}{2,000,000(\text{노출수})} \times 100$이므로, 클릭수는 50,000이다. 또한 구매 전환율 8% = $\dfrac{\text{전환수}}{50,000(\text{클릭수})} \times 100$이므로, 전환수는 4,000이다.
- 전환매출은 전환수 × 물품의 판매단가이므로 4,000 × 10,000 = 40,000,000이다.

따라서, ROAS = $\dfrac{\text{전환매출}}{\text{총광고비용}} \times 100$이므로, $\dfrac{40,000,000}{10,000,000} \times 100$ = 400%이다.

58

정답 50%

반송률은 방문자수 대비 반송수의 비율 데이터($\dfrac{\text{반송수}}{\text{방문자수}} \times 100$)를 말한다.

검색광고를 통해 이벤트 설명 페이지로 4,000번의 클릭이 발생하였고, 이중 2,000명만 이벤트 참여 완료 페이지에 접속하였으므로, 이벤트 설명 페이지에서 발생한 반송률은 $\dfrac{2,000}{4,000} \times 100$ = 50%이다.

59

정답 300

ROAS 200% = $\dfrac{\text{전환매출}}{3,000,000(\text{총광고비용})} \times 100$이므로, 전환매출은 6,000,000원이다.

전환매출은 전환수 × 물품의 판매단가이므로 6,000,000원 = 전환수 × 20,000원이다.
따라서 전환수는 300회이다.

60

정답 20%

CPC 2,000원 = $\dfrac{5,000,000(\text{총광고비용})}{\text{클릭수}}$이므로, 클릭수는 2,500이다.

구매전환율은 $\dfrac{\text{구매건수(전환수)}}{\text{클릭수}} \times 100$이므로, $\dfrac{500}{2,500} \times 100$ = 20%이다.

객관식 1~40번

01

정답 ④

④ 온라인 비즈니스는 무형의 상품을 포함한 다양한 형태의 상품과 서비스를 제공하며, 그와 관련된 모든 거래 행위와 가치를 창출할 수 있는 비즈니스 활동을 말한다.

02

정답 ①

온라인 비즈니스는 고객과 직접 대면하지 않고도 가상공간에서 고객과 양방향 비즈니스가 가능하며, 디지털 세대 고객에게 빠르고 차별화된 콘텐츠를 제공함으로써 브랜드 인지도를 높이는 효과가 있다.

03

정답 ①

디지털 시대의 소비자는 능동적 소비자로 진화하였다.

04

정답 ③

주로 TV, 신문, 라디오, 잡지 미디어를 활용하는 것은 전통적 마케팅에 해당한다.

05

정답 ②

판매 지향 마케팅에서 소비자가 경험하고 정보를 생산하여 커뮤니케이션하는 양방향적 의사소통 방식으로 패러다임이 변화하였다.

06

정답 ①

온라인(디지털) 광고는 트래킹이 용이하다. 즉, 고객의 클릭수, 구매 등 고객의 반응을 보다 빠르고 정확하게 측정할 수 있는 것이 장점이다.

07

정답 ②

② 검색광고를 키워드광고, SEM(Search Engine Marketing), SA(Search Ad), Paid search(유료 검색광고)라고도 한다. DA는 Display Ad로, 배너광고이다.

08

정답 ④

- CVR(전환율) $= \dfrac{\text{구매건수(전환수)}}{\text{클릭수}} \times 100 = \dfrac{3,600}{18,000} \times 100 = 20\%$
- 전환율(CVR)은 검색광고를 통해 사이트에 방문한 고객이 특정한 전환 액션을 한 비율이다.
- 전환율이 높을수록 광고효과가 높다고 할 수 있다.

09

정답 ③

고객 여정(Customer Journey)은 소비자가 브랜드를 알게 되는 순간부터 구매하게 되는 순간까지의 소비자 경험을 말한다. 그리고 구매 후 시간이 지남에 따라 리뷰 작성, 제품 재구매 등의 활동까지도 포함하며, 고객 여정 지도(Customer Journey Map)는 이러한 과정을 시각화한 자료이다.

고객 여정 지도를 통해 고객 여정 전체에 대한 데이터를 수집하고 분석함으로써 사용자의 검색 및 구매 과정에 대해 이해할 수 있으며, 이를 바탕으로 업체는 고객에게 최적의 온라인 경험을 제공할 수 있다.

10

정답 ②

입찰경쟁 및 구매 전환 경쟁을 해야하는 경쟁사들을 분석할 경우, 검색엔진에서 자사 대표 키워드로 검색했을 때 리스팅되는 업체들을 확인한다.

11

정답 ①

사용자의 연령, 성별, 지역에 대한 정보는 사용자의 인구통계적 특성을 활용한 분석 정보에 해당한다. 인구통계학적 특성 조사는 사업 타깃층의 동향을 파악할 수 있기 때문에 매우 중요하다.

12

정답 ③

경쟁사의 집행상품 및 주요 키워드 집행 여부는 경쟁사 분석을 통해 얻을 수 있는 정보이다.

13

정답 ④

품질지수(Quality Index)는 광고의 품질을 나타내는 지수로, 키워드의 클릭률, 키워드와 소재 연관도, 그 외 광고에서 획득한 성과 등을 종합한 지표이다.

14

정답 ④

④ 사업자 등록을 하지 않은 개인 광고주는 네이버 아이디로 총 2개까지 가입이 가능하다.

PART 4

15

정답 ③

쇼핑검색광고-쇼핑몰 상품형 광고의 경우, 확장소재로 추가홍보문구나 쇼핑상품부가정보를 등록할 수 있는데, 이는 '소재 > 상세보기 > 확장소재 > 쇼핑상품부가정보' 경로 순으로 이동하여 등록하면 된다.

16

정답 ③

반응형 소재에 대한 설명이다. 네이버는 사이트 검색광고의 신규 소재로, 네이버가 가지고 있는 머신러닝, AI 등을 이용하여 최적의 소재를 구성해주는 반응형 소재 서비스를 2024년 5월부터 도입하였다.

17

정답 ①

브랜드 광고 확장은 구글의 광고 확장에 해당하지 않는다.

구글의 광고 확장 종류
사이트링크 광고 확장, 콜아웃 광고 확장, 구조화된 스니펫 광고 확장, 이미지 광고 확장, 전화번호 광고 확장, 리드 양식 광고 확장, 위치 광고 확장, 제휴사 위치 광고 확장, 가격 광고 확장, 앱 확장, 프로모션 광고 확장

18

정답 ④

④ 광고그룹별로 광고 태그를 입력할 수 있으며, 광고그룹당 최대 50개까지 광고 태그를 등록할 수 있다.

19

정답 ④

• 쇼핑검색광고에서 지역 타기팅을 설정할 수 있다. [광고그룹명] 클릭 → [+ 타기팅 탭 추가] 클릭 → [지역] 선택 → [지역타기팅 변경] 클릭 과정을 통해 광고노출 지역 설정 혹은 노출 제외 지역을 설정할 수 있다.
• 플레이스광고 상품의 경우, 노출 제외 지역 설정 기능을 제공하지 않는다.

20

정답 ③

하루예산은 캠페인과 광고그룹에서 설정할 수 있으나, 균등배분 옵션은 캠페인의 하루예산 설정에서만 설정이 가능하다.

21

정답 ③

이용자가 많이 찾지 않는 일부 키워드는 파워링크 광고가 최대 3개까지 노출될 수 있다.

22

정답 ③

'수정'을 클릭했을 때, 캠페인 유형을 바꿀 수는 없다. '수정'을 클릭하면 기존에 설정한 캠페인 이름, 하루예산, 기간 등을 수정할 수 있다.

23

정답 ④

사용자의 흥미를 유발하기 위한 자극적인 클릭 유도는 금지된다.

24

정답 ③

'국내-상세위치 확인 불가'의 경우, 기술적으로 대한민국에 위치하는 이용자인 것은 확인 가능하지만, 시/도, 시/군/구, 읍/면/동의 상세위치에 대한 확인이 불가능한 경우이다.

25

정답 ④

구글의 품질평가점수는 CTR(예상클릭률), 광고 및 키워드 관련성, 방문 페이지 만족도의 실적을 통합적으로 고려하여 산출되므로, 품질평가점수를 높이기 위한 방안으로 '키워드 관련성 개선 및 랜딩페이지의 업데이트'가 가장 적절하다.

26

정답 ②

구글 시스템에서는 자동 감지 시스템으로 무효 클릭 및 노출을 파악하고 계정 데이터에서 삭제한다. 또한 시스템상에서 무효 클릭으로 확인되면 해당 클릭에 대해 비용이 청구되지 않게 보고서 및 결제 금액에서 해당 클릭이 자동 필터링된다.

27

정답 ④

④ 검색광고의 목표는 클릭당비용(CPC), 전환율(CVR), ROAS, 전환단가(CPA) 등과 같은 구체적 목표를 기준으로 관리하는 것이 효과적이다.

28

정답 ③

클릭당 비용 즉, CPC(Cost-Per-Click)를 말한다.

29

정답 ①

① CVR(전환율)이 낮을수록 클릭 대비 전환 행동이 적다.

30

정답 ④

④ 전환 성과가 낮은 키워드는 집행을 중지하고, 전환 성과가 높은 키워드의 입찰 금액을 높여 노출 점유율을 높인다.

31

정답 ④

$$CPC(클릭당\ 비용) = \frac{총광고비}{클릭수} = \frac{2,000,000원}{4,000번} = 500원$$

32

CPS(구매당 비용) $= \dfrac{광고비}{전환수}$이다. CPS가 낮을수록 효율적으로 광고가 집행되고 있다고 할 수 있다.

33

정답 ②

- CPC 200원 $= \dfrac{총광고비용}{2,500(클릭수)}$이므로, 총 광고비용은 500,000원이다.
- 전환 매출은 전환수 × 물품의 판매단가이므로, 200번 × 10,000원 = 2,000,000원이다.

따라서, ROAS $= \dfrac{전환매출}{총광고비용} \times 100 = \dfrac{2,000,000}{500,000} \times 100 = 400\%$이다.

34

정답 ③

로그분석을 하려면 웹사이트에 전환추적 스크립트 삽입이 필요하며, 자가설치와 대행설치 모두 가능하다.

35

정답 ②

- CPC $= \dfrac{광고비}{클릭수} = \dfrac{5,000,000}{50,000} = 100원$
- CVR $= \dfrac{전환수}{클릭수} = \dfrac{2,000}{50,000} \times 100 = 4\%$
- ROAS $= \dfrac{광고를 통한 매출}{광고비} \times 100 = \dfrac{10,000,000}{5,000,000} \times 100 = 200\%$

36

정답 ①

광고 효율이 검증된 키워드를 사용하고 있더라도, 키워드를 확장하거나 광고수익률을 점검하는 등의 추가적인 전략이 필요하다. 검색광고 환경은 항상 변화하기 때문에 매일 효과분석을 하여 적절한 전략을 세우는 것이 권장된다.

37

정답 ③

①, ② CVR이 낮은 키워드는 랜딩페이지 및 PV(페이지뷰), 체류시간을 파악하여 랜딩페이지를 개선한다.
④ CVR가 높은 키워드는 세부키워드와 관련 키워드를 추가 설정한다.

38

정답 ④

①・② CVR이 낮은 키워드는 랜딩페이지 및 PV(페이지뷰), 체류시간을 파악하여 랜딩페이지를 개선한다.
③ CTR이 낮은 키워드는 광고소재와 확장소재를 점검하고 개선한다.

39

정답 ③

③ 반송률이 높다는 것은 랜딩페이지에 방문하여 사이트 서핑을 하는 사용자들이 적다는 뜻이다.

40

정답 ③

①·④ 일반적으로 랜딩페이지와 키워드 소재와의 연관성이 높을수록 품질지수가 높아진다.
② 메인 페이지로 랜딩페이지를 설정한다고 반드시 이탈률이 가장 높은 것은 아니다.

주관식 41~60번

41

정답 C2C(Customer to Customer)

소비자와 소비자 간의 전자상거래로, 중고나라나 당근마켓과 같은 온라인 비즈니스 유형을 C2C(Customer to Customer)라고
한다.

42

정답 바이럴 마케팅(Viral Marketing)

바이럴 마케팅(Viral marketing)
• 소비자에게 마케팅 메시지를 다른 소비자들에게 퍼뜨리도록 하는 마케팅 전략이다.
• 소비자에게 광고주의 제품을 제공하고 체험 후기 등을 콘텐츠 형태로 게재하도록 유도하는 방법을 많이 사용한다.
• 다수의 팔로워와 유튜버에 대한 신뢰가 구매로 연결되게 하여 구매 상승효과를 기대하는 마케팅 기법이다.

43

정답 포지셔닝

시장을 세분화하고 표적시장을 선정한 후 경쟁 제품과 다른 차별적 요소를 표적시장 내 목표고객의 머릿속에 인식시키기 위한
활동은 포지셔닝(Positioning)이다. 디지털 마케팅에서는 소비자의 긍정적인 경험을 향상시키기 위한 포지셔닝이 중요하다.

44

정답 1.5%

$$CTR(클릭률) = \frac{클릭수}{노출수} \times 100 = \frac{2,400}{160,000} \times 100 = 1.5\%$$

45

정답 미디어 믹스(매체 믹스)

두 가지 이상의 매체를 섞어 광고를 집행하는 것을 미디어 믹스(매체 믹스)라고 한다. 이를 활용하면 더 다양한 잠재 고객에게
도달할 수 있어 전체 광고 캠페인의 효과를 극대화할 수 있다.

46

정답 콘텐츠

네이버는 네이버 블로그, 네이버 지식iN 등 콘텐츠 매체에 해당 콘텐츠와 관련 있는 검색광고를 노출한다.

47

정답 자동입찰

자동입찰에 대한 설명이다. 자동입찰의 기본 입찰가는 머신러닝 알고리즘을 통해 시스템이 결정하므로 광고노출이나 성과향상을 보장하지는 않는다.

48

정답 지역소상공인광고

네이버 검색광고 종류에는 사이트검색광고, 쇼핑검색광고, 콘텐츠검색광고, 브랜드검색광고, 신제품검색광고, 플레이스광고, 지역소상공인광고가 있다.

49

정답 70원

카카오 검색광고에서 설정 가능한 최소 기본 입찰가는 70원이다.

50

정답 랜딩페이지

랜딩페이지에 대한 설명으로, 연결 URL을 광고와 관련 있는 페이지로 설정해야 효율적인 광고소재가 될 수 있다.

51

정답 최적화 점수

• 최적화 점수는 통계, 설정, 계정 및 캠페인의 상태, 사용 가능한 추천의 관련 영향 및 최근 추천 내역을 기반으로 실시간으로 계산된다.
• 검색, 디스플레이, 쇼핑 캠페인에서만 표시되며 품질평가점수에서는 사용되지 않는다.
• 최적화 점수는 내 계정의 실적을 파악할 수 있고, 품질평가점수는 다른 광고주와 비교했을 때의 내 광고품질을 파악할 수 있다.

52

정답 자동 규칙

자동 규칙 기능
• 캠페인, 광고그룹, 키워드 등의 규칙 대상에 특정한 조건과 실행할 작업(이메일 받기, OFF 하기, 입찰가 변경, 하루 예산 변경)을 등록하면 조건이 만족했을 때, 이메일 받기, OFF 하기, 입찰가 변경하기, 하루 예산 변경하기 등의 작업을 수행해 주는 기능이다.
• 설정 조건에 도달했을 때 자동으로 작업이 진행되므로 지속적인 관리가 필요한 캠페인·광고그룹·키워드 관리 시간을 단축하거나, 상대적으로 관리 시간이 부족했던 광고 대상을 관리할 수 있게 도와준다.

53

정답 5, 20, 50

- 네이버 : 광고그룹당 소재를 최대 5개까지 등록 가능
- 카카오 : 광고그룹당 소재를 최대 20개까지 등록 가능
- 구글 : 광고그룹당 텍스트 광고를 최대 50개까지 등록 가능

54

정답 ROI

검색광고를 통해 발생한 수익을 광고비로 나누어 계산하는 것은 ROI(Return On Investment)이다. 즉, ROI는 투자수익률을 말하며, 전체 성과를 가지고 계산할 수도 있지만 매체, 캠페인, 그룹, 키워드 단위로 계산할 수도 있다.

55

정답 25%

CPC(클릭당 비용) = $\dfrac{\text{총광고비}}{\text{클릭수}}$ 이므로, 클릭수는 $\dfrac{5{,}000{,}000}{1{,}000}$ = 5,000회이다.

CTR(클릭률) = $\dfrac{\text{클릭수}}{\text{노출수}} \times 100 = \dfrac{5{,}000}{20{,}000} \times 100$ = 25%

56

정답 400원

- 클릭률 4% = $\dfrac{\text{클릭수}}{500{,}000(\text{노출수})} \times 100$이므로, 클릭수는 20,000이다. 또한 전환율 10% = $\dfrac{\text{전환수}}{20{,}000(\text{클릭수})} \times 100$이므로, 전환수는 2,000이다.
- 전환매출은 전환수×물품의 판매단가이므로 2,000 × 20,000원 = 40,000,000원이며, ROAS 500% = $\dfrac{40{,}000{,}000(\text{전환매출})}{\text{총광고비용}} \times 100$이므로, 총광고비용은 8,000,000원이다.

  따라서, CPC(클릭당 비용)는 $\dfrac{\text{총광고비용}}{\text{클릭수}}$ 이므로, CPC = $\dfrac{8{,}000{,}000}{20{,}000}$ = 400원이다.

57

정답 로그

프리미엄 로그분석에 대한 설명으로, 광고 효과를 측정하는데 유용하다.

58

정답 40%

반송률은 방문자수 대비 반송수의 비율($\dfrac{\text{반송수}}{\text{방문자수}} \times 100$)을 말한다. 검색광고를 통해 2,000명이 클릭하여 이벤트 설명 페이지로 방문하였고, 이 중 1,200명만 이벤트 참여 페이지에 접속하였다. 따라서 반송수는 800명이며, 이벤트 설명 페이지에서 발생한 반송률은 $\dfrac{800}{2{,}000} \times 100$ = 40%이다.

PART 4

59

CTR(클릭률), CVR(전환율)이 모두 높아 광고 효율이 검증된 키워드를 사용하고 있더라도 세부 키워드를 확장하거나 랜딩페이지를 점검하는 등의 추가적인 전략이 필요하다.

60

- CPC(클릭당 비용) 500원 = $\dfrac{총광고비용}{2,000(클릭수)}$ 이므로, 총광고비용은 1,000,000원이다.

- ROAS 500% = $\dfrac{전환매출}{1,000,000(총광고비용)} \times 100$ 이므로, 전환매출은 5,000,000원이다. 또한 전환매출 5,000,000원 = 전환수 $\times$ 물품 판매가(25,000원)이므로, 전환수는 200회이다.

  따라서, 구매 전환율은 $\dfrac{구매건수(전환수)}{클릭수} \times 100$ 이므로, $\dfrac{200}{2,000} \times 100 = 10\%$ 이다.

PART **5**

부 록

또 실패했는가? 괜찮다. 다시 실행하라. 그리고 더 나은 실패를 하라!

– 사뮈엘 베케트 –

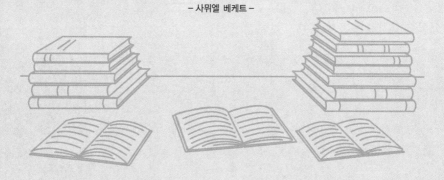

구글의 검색광고마케팅 추천전략

1 Google Ads에서 광고를 운영하는 데 도움이 되는 12가지 팁

대부분의 광고주가 Google Ads를 사용하는 주된 이유는 지출한 광고비로 최대한의 효과를 거두기 위해서입니다. 다음은 Google Ads 커뮤니티 전문가가 알려주는 Google Ads를 이용해 효과적으로 광고하기에 관한 팁입니다.

(1) 광고목표에 집중

Google Ads 캠페인을 만들기 전에 마케팅 목표를 정하세요. 캠페인을 만들기 전에 목표를 미리 결정 해야 타겟팅, 예산 및 형식을 효과적으로 최적화하고 각 캠페인 설정을 통해 현실적인 목표를 세울 수 있습니다.

(2) 실적에 따라 예산 할당

캠페인을 여러 개 관리하는 경우, 실적이 우수하고 비즈니스 목표 달성에 도움이 되는 캠페인에 예산 을 많이 할당하고 실험 중이거나 ROI가 낮은 캠페인에는 예산을 적게 할당하세요.

(3) 잠재고객 이해

효과적인 광고를 만들려면 광고를 보여주어 반응을 유도하려는 대상에 관해 진지하게 고려해야 합니 다. 이러한 잠재고객이 구체적으로 무엇을 필요로 할지, 어떤 점을 궁금해할지 생각해 보고 제품 정보, 광고문안, 기타 애셋을 이용해 잠재고객의 궁금증과 요구사항을 해결하세요.

(4) 가능한 경우 위치 타겟팅 사용

캠페인 생성 도중 및 이후에 고급 위치 옵션을 사용하여 최적의 위치 타겟팅을 적용하고 캠페인 실적 을 개선하세요.

(5) 과도한 광고노출 방지

최대 게재빈도 설정(디스플레이 및 동영상 캠페인에서 사용 가능)을 사용하여 동일한 사용자에게 광고 가 게재되는 횟수를 제한하세요. 이렇게 하면 고객과 잠재고객에게 광고가 과도하게 노출되는 일을 방지할 수 있습니다.

(6) 관련성 높은 타겟팅

키워드, 게재위치 또는 주제 타겟팅 등을 사용하는 콘텐츠 타겟팅을 통해 고객과 잠재고객이 시청 중인 콘텐츠와 관련성이 높은 광고를 표시할 수 있습니다. 규모를 확장하고 싶다면 페이지 콘텐츠가 아닌 고객을 타겟팅하는 인구통계학적 타겟팅, 리마케팅, 맞춤 잠재고객, 관심분야 잠재고객 같은 잠재고객 타겟팅을 사용하세요.

(7) 관찰을 통한 최적화

가능하다면 관찰 설정을 활용하세요. 관찰 설정은 광고를 보는 대상이나 광고가 게재되는 위치에 영향을 주지 않지만, 이 설정을 사용하면 캠페인이 운영되는 동안 선택 게재위치, 주제 또는 잠재고객에 대한 광고 실적을 모니터링할 수 있습니다. 이러한 보고서의 데이터를 사용하면 광고 실적을 최적화할 수 있습니다.

(8) 단순화

가능하다면 유형이 같은 캠페인을 통합하여 관리 및 모니터링해야 하는 캠페인 수를 줄이고 예산 할당을 최적화할 수 있도록 캠페인을 구성하세요.

(9) 캠페인 유형을 전략적으로 사용

여러 유형의 광고를 여러 위치에 게재하는 경우에는 다양한 캠페인 유형을 사용하는 것이 비즈니스 목표 달성에 도움이 됩니다. 사용할 수 있는 다양한 캠페인 유형을 확인하여 마케팅 목표에 가장 적합한 유형을 선택할 수 있습니다.

(10) 목적에 맞는 입찰

가능하다면 스마트 자동 입찰을 사용하세요. 검색 캠페인의 경우 검색어 수준에서 실시간으로 스마트 자동 입찰의 입찰가가 설정되며, 다른 캠페인 유형의 경우 최적 입찰가를 설정하는 데 수십 개의 신호가 사용됩니다.

(11) 전환 추적을 통한 품질 최적화

전환 추적과 오프라인 전환 추적을 사용하면 전환 품질을 최적화할 수 있습니다. 오프라인 전환 추적을 사용하면 리드가 판매 유입경로의 다음 단계에 도달할 때 전환을 추적할 수 있습니다. 또한 Google Ads와 Google 애널리틱스를 함께 사용하면 더욱 유용한 정보를 얻을 수 있습니다.

(12) 반복해서 테스트 실시

테스트를 반복해 결과를 확인한 다음 최적화하세요. 예를 들어 동일한 제품에 다양한 광고문안을 적용하여 광고를 게재하면 가장 효과적인 텍스트 또는 이미지를 파악할 수 있습니다. 다양한 타겟팅 유형을 테스트할 수도 있습니다. 그런 다음 테스트 결과를 바탕으로 실적이 가장 우수한 애셋을 포함하도록 광고를 최적화하세요.

2 **효과적인 검색광고 만들기**

> 주요 도움말 3가지
> 1. 광고 그룹당 광고 효력이 '좋음' 또는 '아주 좋음'인 반응형 검색 광고를 1개 이상 구현하세요. 반응형 검색 광고의 광고 효력을 '나쁨'에서 '아주 좋음'으로 개선한 광고주의 경우 전환수가 평균 12% 증가했습니다. 광고 효력을 개선하려면 자동으로 생성된 확장 소재를 사용해 보세요.
> 2. 고유한 이미지 확장 소재를 4개 이상 추가합니다. 이미지 확장 소재를 사용하면 제품 및 서비스와 관련된 이미지를 표시하여 사용자가 검색 광고를 통해 쉽게 내 비즈니스에 대해 알아보고 조치를 취할 수 있습니다.
> 3. 비즈니스 로고와 비즈니스 이름을 포함합니다. 검색 광고에 비즈니스 로고와 이름을 사용하는 광고주는 비슷한 전환당 비용으로 전환수를 평균 8% 늘릴 수 있습니다.

(1) 눈길을 사로잡는 독창적인 광고 문구 작성하기

① 사용자 혜택에 초점을 맞춰 메시지를 작성하세요.

이유 : 사용자는 자신이 필요로 하는 사항을 언급하는 광고에 반응합니다.

② 광고 제목과 설명 입력란 메시지를 키워드와 연관 지어 작성하세요.

이유 : 사용자는 자신의 검색어와 관련성이 높은 광고에 반응하는 경향이 있습니다.

③ 광고 문구에는 일반적인 표현 대신 구체적인 클릭 유도 문구를 사용하세요.

이유 : 일반적인 클릭 유도문구를 이용하면 광고 참여도가 하락하는 경우가 많습니다.

④ 광고 효력에서 광고에 대한 사용자의 반응을 확인하세요.

이유 : 광고 효력은 반응형 검색 광고의 확장 소재가 실적 증가와 관련된 속성을 얼마나 밀접하게 반영하는지에 대한 미래 지향적인 의견을 제공합니다.

⑤ 캠페인 수준의 확장소재 보고를 검토하세요.

이유 : 이 보고서를 통해 고객의 공감을 가장 많이 끄는 확장소재를 파악할 수 있습니다.

(2) 브랜드 및 제공하는 제품과 서비스를 나타내는 메시지 작성하기

① 모든 기기에서 사용자의 관심을 끄는 광고문안을 작성하세요.

이유 : 한 기기에서 눈길을 끈 클릭 유도문안은 다른 기기에서도 눈길을 끌 가능성이 높습니다.

② 다양한 길이의 광고 제목을 사용해 보세요.

이유 : 다양한 길이의 광고 제목을 사용하면 브랜드에 대한 고객의 친숙도에 따라 서로 다른 고객의 공감을 이끌어낼 수 있습니다.

③ 자동으로 생성된 확장 소재를 사용하여 추가 광고 제목과 내용 입력란을 만들어 보세요.

이유 : 자동으로 생성된 확장 소재를 사용하면 광고의 고유한 맥락을 기반으로 맞춤 광고 제목과 내용 입력란을 생성하여 관련성이 높은 광고를 게재할 수 있습니다.

(3) 효과적인 광고 설정하기

① 고유한 광고 제목과 설명을 최대한 많이 추가하세요.

이유 : 고유한 광고 제목과 설명을 추가하면 시스템에서 더 많은 광고 조합을 수집할 수 있습니다.

② 관리해야 할 광고가 많으면 키워드 삽입과 광고 맞춤설정 도구를 이용하세요.

이유 : 적은 관리 비용으로 사용자의 검색에 맞게 광고소재 메시지를 맞춤 설정할 수 있습니다.

③ 반응형 검색광고를 스마트 자동 입찰 및 확장검색 키워드와 함께 사용하세요.

이유 : 검색어별로 적절한 입찰가를 자동으로 설정하면서 최대한 많은 수의 관련성 높은 사용자에게 적절한 메시지를 표시할 수 있습니다.

(4) 최대한 많은 확장소재 유형 사용하기

① 비즈니스에 적합한 모든 확장소재 유형을 사용 설정하세요.

이유 : 다양한 유형의 확장소재를 사용하면 마케팅 목표를 달성하는 데 도움이 되는 동시에, 보다 유용하고 사용자의 눈길을 끄는 광고를 만들 수 있습니다.

② 최대한 양질의 확장소재를 만드세요.

이유 : 확장소재는 이전 실적, 사용자의 상황, 여유 공간 등의 요인에 따라 자동으로 선택됩니다.

(5) 광고소재 메시지 테스트 및 최적화하기

① 광고 버전을 사용하여 광고소재 메시지를 테스트하고 반복하세요.

이유 : 사용자가 선호하는 사항을 파악한 후 그에 맞춰 광고문안, 특히 제목을 수정하여 실적을 높일 수 있습니다.

② 광고그룹과 캠페인에서 발생하는 노출수, 클릭수, 전환수의 증가분을 토대로 광고 실적을 평가하세요.

이유 : 반응형 검색광고를 사용하면 더 많은 입찰에 참여할 수 있으므로 클릭률, 전환율 등의 광고 수준 실적과 측정항목은 전체적인 실적을 제대로 보여주지 못할 수 있습니다.

캠페인을 만들면서 캠페인 최적화

캠페인을 만드는 도중에 선택한 설정에 따라 알림이 표시될 수 있습니다. 이러한 알림을 통해 실적을 저조하게 만들거나 캠페인을 게시하지 못할 만큼 중대한 문제를 알 수 있습니다.

캠페인을 만들 때 표시되는 캠페인 만들기 탐색 메뉴를 통해 구성 진행 상황을 전체적으로 확인할 수 있으며 해결해야 할 알림을 확인할 수 있습니다. 탐색 메뉴의 단계를 이동하여 타겟팅, 입찰, 예산 또는 기타 캠페인 설정의 잠재적인 문제를 쉽게 검토하고 해결할 수 있습니다.

---

3 **Google Ads의 효과적인 AI 활용을 위한 권장사항 : 광고 소재 실적을 위한 권장사항**

(1) 광고 소재 실적 정보

좋은 실적을 내기 위해 그 어느 때보다 광고 애셋이 중요해졌습니다. NCS에 따르면 광고 소재가 광고의 총 매출 영향 중 49%를 차지합니다. 그리고 모든 터치 포인트에서 소비자는 자신이 상호작용하는 브랜드로부터 관련성 높은 개인 맞춤 경험을 기대합니다.

AI 기반 솔루션을 사용하면 오늘날 고객의 공감을 이끌어내기 위해 필요한 속도, 품질, 수량에 맞춰 광고 소재의 변형을 제공할 수 있습니다.

아래의 권장사항에 따라 광고 소재를 최대한 활용하세요.

(2) 품질 및 수량 모두 충족시키기

어떤 확장 소재가 효과적인지 파악할 수 있도록 Google에 다양한 정보를 제공해 주세요. 실적이 좋은 웹사이트부터 이미지 확장 소재 또는 비즈니스 로고에 이르기까지 브랜드의 다양한 광고 소재 요소를 공유하세요.

① 브랜드에 대한 정보의 출처 역할을 하는 다양하고 관련성 높은 방문 페이지로 웹사이트를 구축하세요. 검색 및 실적 최대화 캠페인은 비즈니스 로고 및 이름, 시각 자료 등의 정보를 가져와서 새로운 광고 애셋을 만들 수 있습니다. 오래된 정보는 캠페인의 실적을 저하시킬 수 있으므로 웹사이트에서 정확하고 구체적인 최신 정보를 입력하는 것이 중요합니다.

② 확장 소재의 품질 및 수량을 늘리는 것에 집중하세요.
Google AI가 다양한 조합을 테스트하여 가장 효과적인 조합을 찾을 수 있도록 다양한 광고 제목과 내용 입력란을 포함하세요. 이렇게 하면 검색 캠페인의 각 광고그룹에 광고 효력이 '좋음' 또는 '매우 좋음'인 반응형 검색광고를 하나 이상 둘 수 있습니다.

③ 제품을 시각적으로 보여주는 이미지 확장 소재를 검색광고에 추가하거나 동적 이미지 확장 소재를 사용 설정하여 Google AI를 통해 방문 페이지에서 가장 관련성이 높은 이미지를 자동으로 선택하여 광고에 추가하세요.

(3) 확장 소재를 대규모로 생성하기

Google AI를 사용하면 더 나은 확장 소재를 더 빠르게 대규모로 구축할 수 있습니다. Google AI 기반 솔루션으로 광고 소재 구축 과정을 단축하세요.

[새로 생성]

① 검색 캠페인과 실적 최대화 캠페인 모두에서 자동으로 생성된 확장 소재를 사용 설정하여 관련성 높은 광고를 게재하세요.
자동으로 생성된 확장 소재를 사용하면 비즈니스와 제품 및 서비스에 충실하면서 고객의 고유한 상황과 의도에 더 적합한 새로운 광고 제목과 내용 입력란을 지속적으로 생성할 수 있습니다.

② 실적 최대화 캠페인에서 새로운 확장 소재 생성 및 생성형 AI 기능을 사용하세요.
내 비즈니스와 관련이 있고 고유한 새로운 광고 제목, 내용 입력란, 라이프스타일 이미지를 Google Ads UI에서 바로 생성할 수 있습니다.

③ Google Ads의 대화형 환경에서 채팅을 통해 키워드, 광고 제목, 이미지 등에 대한 AI 생성 추천을 포함하는 검색 캠페인을 만드세요.

[기존 확장 소재 개선]

① 동영상 제작 도구를 사용하여 모든 방향의 동영상을 만드세요(세로, 가로, 정사각형 동영상 각각 1개 이상).

Google AI는 원본 동영상 형식을 지능적으로 뒤집어서 새로운 가로세로 비율의 동영상을 만들며 동영상 자르기 도구를 사용하면 긴 클립을 통해 범퍼 광고를 제작할 수 있습니다.

② Merchant Center Next에서 Product Studio를 사용해 기존 제품 이미지를 개선하세요.

제품 이미지를 다양한 고객, 제품, 광고 형식에 따라 맞춤화하는 간편한 방법으로 제품 이미지를 업데이트할 수 있습니다.

(4) 평가 및 최적화하기

실적을 파악하고 재조정하여 효과적인 광고 소재의 사용을 늘리세요. 올바른 통계를 사용하면 잠재고객의 공감을 이끌어내는 광고 소재를 제대로 파악할 수 있습니다.

① 실적이 우수한 콘텐츠와 애셋별 잠재고객 통계를 크리에이티브팀과 공유하여 적극적으로 시작하세요. 크리에이티브팀과 Google AI 모두가 이러한 정보를 사용하여 테스트할 새 확장 소재를 만듭니다.

② 퍼스트 파티 데이터와 Google AI를 함께 사용하면 더 유용한 광고 소재 통계를 기반으로 확장 소재 품질을 개선하여 실적을 높일 수 있습니다. 예를 들어 구매자가 위치한 구매 유입경로 단계나 광고를 보고 있는 현재 지역에 맞게 광고 소재를 조정하면 광고 소재의 실적이 올라갈 수 있습니다.

③ 광고 효력을 주시하세요. 광고 효력은 광고가 최적의 실적을 위한 권장사항을 잘 따르고 있는지와 권장사항을 개선하는 데 필요한 조치를 보여주는 미래 지향적인 의견을 제공합니다.

④ 통계 페이지에서 새로운 실적 추세를 파악하고 새 아이디어에 대한 실험을 실행하세요. 이렇게 하면 상시 광고 소재와 시즌성 광고 소재 모두에서 브랜드가 항상 최적의 실적을 내는 데 도움이 됩니다.

4 Google 검색 네트워크를 통해 관련성 높은 고객에게 도달하기 – AI 기반 검색을 사용하여 더 많은 타겟 고객에게 관련성 있는 메시지를 전달하기 위한 Google Ads 권장사항

더 나은 비즈니스 결과를 얻을 수 있는 가장 좋은 방법은 AI를 적극 활용하여 작업하는 것입니다. Google Ads는 비즈니스 목표를 달성하는 데 도움이 되도록 설계되었습니다. 이를 위해 확장검색, 스마트 자동 입찰, 반응형 검색 광고를 함께 사용하는 것이 좋습니다.

(1) 키워드 전략에 맞춰 입찰하기

① 입찰 목표를 기준으로 캠페인을 그룹화한 후 키워드 검색 유형을 선택합니다.

이유 : 입찰 목표에 따라 가장 적합한 키워드 검색 유형이 결정됩니다. 전환수를 정확하게 측정하고 타겟 CPA로 전환수 최대화 또는 타겟 광고 투자수익(ROAS)으로 전환 가치 극대화와 같은 전환 기반 스마트 자동 입찰 전략을 사용할 수 있는 경우, 확장검색을 통해 목표 내에서 최대의 도달 범위와 전환 수를 얻을 수 있습니다. 실제로 스마트 자동 입찰을 사용하는 광고주의 62%가 확장검색을 기본 검색 유형으로 사용합니다. 타겟 노출 점유율과 같은 다른 입찰 목표가 있는 경우 구문검색 또는 일치검색을 사용하는 것이 좋습니다.

(2) 채택 AI 기반 검색 캠페인을 통해 광고의 도달범위, 관련성, 실적 극대화

① 가치 기반 입찰 전략을 구현하여 실적을 높입니다.

이유 : 이러한 전환수뿐만 아니라 나에게 중요한 전환 가치(예 평생 가치, 수익 또는 이익)를 측정하여 광고 캠페인이 비즈니스에 미치는 실제 영향을 더 정확하게 최적화할 수 있습니다. 이렇게 하면 스마트 자동 입찰에서 전환 가치를 극대화하고 타겟 ROAS에 도달할 수 있습니다. 입찰 전략을 타겟 CPA에서 타겟 ROAS로 전환하는 광고주는 유사한 광고 투자수익으로 14% 더 높은 전환 가치를 얻을 수 있습니다.

② 스마트 자동 입찰과 함께 확장검색을 사용하면 목표 내에서 실적을 낼 것으로 예상되는 비즈니스에 대해 좀 더 관련성 높은 검색에 도달할 수 있습니다.

이유 : 확장검색은 Google Ads에서 제공하는 모든 신호를 사용하여 사용자 검색과 키워드의 의도를 이해하는 동시에 유연성을 활용해 실적을 낼 것으로 기대되는 가장 관련성 높은 일치 항목을 찾을 수 있도록 해주는 유일한 검색 유형입니다. 스마트 자동 입찰은 확장검색으로 도달 가능한 모든 관련 검색어에 대해 적절한 입찰에서 적합한 사용자를 대상으로만 경쟁할 수 있도록 합니다. 타겟 CPA를 사용하는 캠페인에서 일치검색 키워드를 확장검색으로 업그레이드하는 광고주의 경우, 전환 수가 평균 35% 증가할 수 있습니다.

③ 추천 페이지에서 확장검색 키워드를 간편하게 테스트하세요.

이유 : 테스트를 실행하여 확장검색이 캠페인 실적을 개선하는지 확인합니다. 스마트 자동 입찰을 사용 중인 경우 확장검색으로 추가하면 실적을 개선할 수 있는 기존 키워드를 식별하고 계정의 추천 페이지에 이러한 추천을 자동으로 표시합니다. 추천에서 바로 원클릭 실험을 만들어 확장검색 키워드의 실적을 테스트할 수도 있습니다.

④ 확장검색 및 스마트 자동 입찰과 함께 반응형 검색 광고를 사용하여 더 많은 고객에게 도달하고 소비자 행동의 변화에 맞춰 조정하세요.

이유 : 이 조합으로 사용자의 검색 방법에 관계없이 적절한 메시지를 통해 적절한 비용으로 적합한 고객에게 도달할 수 있습니다. 확장검색에서는 일치검색 및 구문검색이 도달할 수 있는 모든 검색뿐 아니라 그 외의 범위에도 도달합니다. 반응형 검색 광고는 이러한 각 검색어에 대해 관련성 높은 광고를 자동으로 만듭니다. 그 뿐만 아니라 스마트 자동 입찰은 키워드뿐만 아니라 모든 검색어에 대해 입찰가를 맞춤 설정합니다.

(3) 계정 구조 간소화

① 스마트 자동 입찰과 확장검색만 사용하는 캠페인을 통해 계정을 간소화하세요.

이유 : 스마트 자동 입찰은 목표에 맞춰 최대한 유연하게 캠페인을 최적화할 수 있는 경우에 가장 효과적입니다. Google Ads 입찰 알고리즘이 키워드 수준이 아닌 검색어 수준에서 학습하기 때문에 검색어가 캠페인의 다른 부분에 있는 키워드와 이미 매칭되어 있는 경우 Google이 학습한 내용을 계정에 적용할 수 있습니다. 즉, 실적 기반 키워드에 확장검색을 사용하여 계정을 간소화할 수 있습니다.

② 키워드를 유사한 테마의 광고그룹과 캠페인으로 그룹화하세요.

이유 : 이를 통해 Google에서 키워드를 이해하고, 가장 적합한 키워드를 선택하고, 각 검색어에 게재할 광고를 결정할 수 있습니다.

구글의 광고 정책

1 Google Ads 정책

(1) 정책 개요

Google에서는 믿을 수 있고 투명하며 사용자, 광고주, 게시자 모두에게 적합한 건전한 디지털 광고 생태계를 지원하고자 합니다. 이 도움말의 목적은 아래에 안내된 Google 광고 정책에 부합하는 Google Ads 캠페인을 구축하도록 돕는 데 있습니다. 이러한 정책은 법률을 준수할 뿐만 아니라 사용자에게 안전하면서 만족도 높은 광고를 게재하기 위해 마련되었습니다. 즉, Google 정책에 따라 사용자 및 전체 광고 생태계에 유해한 것으로 생각되는 콘텐츠는 금지됩니다.

Google에서는 광고가 이러한 정책을 준수하도록 하기 위해 Google AI와 검토자에 의한 직접 평가 방식을 복합적으로 사용합니다.

① 금지된 콘텐츠 : Google 네트워크에서 광고할 수 없는 콘텐츠

　㉠ 위조품

　　Google Ads에서는 모조품의 판매 또는 프로모션을 금지하고 있습니다. 모조품에는 진품과 동일하거나 매우 흡사한 상표권 또는 로고가 사용됩니다. 위조업자는 브랜드의 특징을 모방하여 모조품을 해당 브랜드 소유권자의 진품으로 위장합니다. 이 정책은 광고와 웹사이트 또는 앱의 콘텐츠에 적용됩니다.

　㉡ 위험한 제품 또는 서비스

　　Google은 온라인 환경과 오프라인 환경 모두에서 사용자에게 안전한 환경을 제공하고자 손상, 손해 또는 부상을 입힐 수 있는 제품이나 서비스의 홍보를 허용하지 않습니다.

　　• 위험한 콘텐츠의 예 : 기분전환용 약물(화학 물질 또는 천연 성분), 향정신성 물질, 약물 사용을 돕는 장치, 무기, 탄약, 폭발물 및 폭죽, 폭발물 등 유해한 물품의 제조법, 담배 제품

　㉢ 부정 행위 조장

　　Google은 정직과 공정을 중요하게 여기며, 이에 따라 정직하지 못한 행동을 유도하는 제품이나 서비스의 홍보를 허용하지 않습니다.

　　• 부정 행위를 조장하는 제품이나 서비스의 예 : 해킹 소프트웨어 또는 해킹 방법 안내, 광고나 웹사이트 트래픽을 인위적으로 늘리기 위한 서비스, 위조 문서, 학력 위조 서비스

　㉣ 부적절한 콘텐츠

　　Google은 다양성과 타인에 대한 존중을 중요하게 여기며 사용자가 불쾌감을 느끼지 않도록 노력하고 있습니다. 따라서 충격적인 콘텐츠가 포함되어 있거나, 증오, 편협, 차별 혹은 폭력을 조장하는 광고 또는 도착 페이지를 허용하지 않습니다.

　　• 부적절하거나 불쾌감을 주는 콘텐츠의 예 : 특정 개인이나 집단을 괴롭히거나 위협하는 콘텐츠, 인종차별, 혐오 단체 관련 용품, 적나라한 범죄현장 또는 사고현장 이미지, 동물 학대, 살인, 자해, 갈취 또는 협박, 멸종위기 동물의 판매 또는 거래, 욕설을 포함하는 광고

② **금지된 행위** : Google을 통해 광고하려는 경우 허용되지 않는 행위

　㉠ 광고 네트워크 악용

　　Google에서는 Google 네트워크에 게재되는 광고가 사용자에게 유익하고 안전하며, 다양하고 관련성 높은 정보를 제공할 수 있기를 바랍니다. Google에서는 광고주가 광고 심사 절차를 속이거나 우회하려는 광고, 콘텐츠 또는 대상을 운영하는 것을 허용하지 않습니다.

　　• 광고 네트워크 악용의 예 : 멀웨어가 포함된 콘텐츠의 홍보, 실제 사용자가 방문하게 되는 페이지를 숨기는 '클로킹(Cloaking)' 등 기법의 사용, '아비트리지(Arbitrage)' 또는 광고 게재가 유일한 혹은 주된 목적인 웹사이트의 홍보, 사용자를 다른 곳으로 보내기 위해 만들어진 '브릿지' 또는 '게이트웨이' 페이지의 홍보, 사용자로부터 소셜 네트워크상의 공개적 지지를 얻는 것이 유일한 혹은 주된 목적인 광고, Google의 정책 검토 시스템을 회피하기 위한 설정 조작

　㉡ 데이터 수집 및 사용

　　Google에서는 사용자의 정보를 소중하게 생각하고 적절한 방식으로 관리하고 있다는 신뢰를 주기 위해 노력하고 있습니다. 이에 따라 광고 파트너는 이러한 정보를 오용하거나 불분명한 목적을 위해, 혹은 적절한 공개 또는 보안 조치 없이 수집해서는 안 됩니다.

　　리마케팅 및 맞춤 잠재고객을 포함하는 개인 맞춤 광고를 사용하는 경우 추가 정책이 적용됩니다. 개인 맞춤 광고 타겟팅 기능을 사용하는 경우 개인 맞춤 광고 데이터 수집 및 사용 정책을 검토하시기 바랍니다.

　　• 취급 시 주의해야 하는 사용자 정보의 예 : 성명, 이메일 주소, 우편 주소, 전화번호, 국적, 연금, 주민등록번호, 세금 ID, 건강보험 또는 운전면허증 번호, 생년월일, 재정 상태, 정치적 준거 집단, 성적 지향, 인종 또는 민족, 종교

　　• 무책임한 데이터 수집 및 사용의 예 : 비보안 서버를 통한 신용카드 정보 수집, 사용자의 성적 지향 혹은 재정 상태를 알고 있다는 식의 홍보, 관심 기반 광고 및 리마케팅에 적용되는 Google 정책의 위반

　㉢ 허위 진술

　　Google에서는 사용자가 Google 플랫폼을 신뢰하기를 바라며, 이를 위해 광고를 통해 사용자가 정보를 바탕으로 결정을 내리는 데 필요한 명확하고 정직한 정보를 제공하고자 노력하고 있습니다. Google에서는 관련성이 높은 제품 정보를 제외하거나 제품, 서비스 또는 비즈니스에 관한 오해의 소지가 있는 정보를 제공하여 사용자를 기만하려는 광고 또는 대상을 허용하지 않습니다.

　　• 허위 진술의 예 : 대금 청구 방법/금액/시기 등과 같은 결제 세부정보의 누락 또는 불명확한 표기, 이자율/수수료/위약금과 같은 금융 서비스 관련 비용의 누락 또는 불명확한 표기, 사업자등록번호/통신판매업신고번호/연락처 정보/사업장 주소(해당하는 경우)의 미표기, 실제로 구매 또는 이용할 수 없는 상품, 서비스, 거래 제안, 체중 감량이나 금융 소득과 관련하여 비현실적이거나 오해의 소지가 있는 주장, 허위 기부금 및 물품 모집, '피싱(Phishing)', 즉 사용자의 중요한 개인 정보나 금융 정보를 빼내기 위해 유명 회사를 사칭하는 행위

③ 제한된 콘텐츠 및 기능 : 제한적으로만 광고할 수 있는 콘텐츠

아래의 정책은 법적, 문화적으로 민감할 수 있는 콘텐츠와 관련이 있습니다. 온라인광고는 고객에게 도달하기 위한 효과적인 방법이지만, Google에서는 민감한 콘텐츠의 경우 부적절하게 보일 수 있는 시기와 위치에 광고가 게재되지 않도록 필요한 조치를 취하고 있습니다.

이에 따라 아래의 콘텐츠는 제한적으로만 광고가 허용됩니다. 일부 지역의 일부 사용자는 이러한 광고를 보지 못할 수 있으며, 광고주는 광고를 운영하기 전 추가적인 요건을 충족해야 할 수도 있습니다. 일부 광고 제품, 기능, 네트워크에서는 아래의 제한된 콘텐츠를 지원하지 않을 수 있다는 점에 유의하시기 바랍니다. 더 자세한 내용은 정책 센터에서 참고할 수 있습니다.

㉠ 기본 광고 처리

Google에서는 모든 사용자에게 안전하고 신뢰할 수 있는 광고 경험을 제공하기 위해 최선을 다합니다. 이를 위해 Google에서는 로그인하지 않은 혹은 만 18세 이상임이 확인되지 않은 사용자에게 특정 유형의 광고 카테고리를 게재하는 것을 제한합니다.

㉡ 성적인 콘텐츠

광고는 사용자 환경설정을 존중하고 법적 규정을 준수해야 합니다. Google에서는 광고 및 도착 페이지에 포함된 특정 종류의 성적인 콘텐츠를 제한하여 사용자 검색어, 사용자 연령, 광고가 게재되는 지역의 현지 법규에 따라 제한된 시나리오에서만 게재됩니다. 광고가 미성년자를 타겟팅해서는 안 됩니다.

• 제한된 성적인 콘텐츠의 예 : 생식기 및 여성 가슴 노출, 번개 만남, 성인용품, 스트립 클럽, 외설적인 실시간 채팅, 선정적인 자세를 취한 모델

㉢ 주 류

Google은 현지 주류 관련 법규 및 업계 표준을 준수하므로 주류 관련 광고는 허용하지 않습니다. 주류 및 주류와 유사한 음료 모두가 이에 해당합니다. 일부 유형의 주류 관련 광고는 허용됩니다. 단, 아래의 정책에 나온 요건을 충족해야 하고, 미성년자를 타겟팅하지 않으며, 주류 광고를 명시적으로 허용하는 국가만 타겟팅해야 합니다.

• 광고가 제한되는 주류의 예 : 맥주, 와인, 사케, 증류주 또는 독주, 샴페인, 강화 와인, 무알코올 맥주, 무알코올 와인, 무알코올 증류주

㉣ 저작권

Google은 현지 저작권법을 준수하고 저작권 보유자의 권리를 보호하므로 무단으로 저작권 보호 콘텐츠를 사용하는 광고를 허용하지 않습니다. 저작권 보호 콘텐츠를 사용할 법적 권한이 있는 경우 광고를 게재하려면 승인을 신청하세요. 승인되지 않은 콘텐츠가 표시되면 저작권 관련 이의신청서를 제출하세요.

㉤ 도박 및 게임

Google은 책임감 있는 도박 광고를 지원하고 현지 도박 관련 법규 및 업계 표준을 준수하므로 특정 유형의 도박 관련 광고를 허용하지 않습니다. 도박 관련 광고는 아래의 정책을 준수하고 광고주가 적절한 Google Ads 인증을 취득한 경우 허용됩니다. 도박 광고는 승인된 국가를 타겟팅하고, 책임감 있는 도박에 대한 정보를 표시하는 방문 페이지를 보유해야 하며, 미성년자를 타겟팅하지 않아야 합니다. 타겟팅하려는 지역의 현지 규정을 확인하세요.

- 광고가 제한되는 도박 관련 콘텐츠의 예 : 오프라인 카지노, 사용자가 포커/빙고/룰렛/스포츠 게임에 내기를 걸 수 있는 사이트, 국영 또는 민간 복권, 스포츠 배당률 애그리게이터 사이트, 도박 사이트의 보너스 코드 또는 프로모션 혜택을 제공하는 사이트, 카지노 기반 게임에 관한 온라인 교육 자료, '재미로 하는 포커' 게임을 제공하는 사이트, 카지노 이외의 현금 게임 사이트

ⓗ 헬스케어 및 의약품

Google은 건강 관리 및 의료에 대한 광고 규정을 준수하기 위해 최선을 다하고 있으므로 광고 및 대상은 관련 법규 및 업계 표준을 준수해야 합니다. 일부 건강 관리 관련 콘텐츠는 전혀 광고할 수 없으며, 광고주가 Google 인증을 받았고 승인된 국가만 타겟팅하는 경우에만 광고를 게재할 수 있습니다. 타겟팅하려는 지역의 현지 규정을 확인하세요.

ⓢ 정치 관련 콘텐츠

모든 정치 광고 및 대상은 광고가 타겟팅하는 모든 지역의 현지 캠페인 및 선거법을 준수해야 합니다. 이 정책에는 법적으로 규정된 선거 운동 '금지 기간'이 포함됩니다.

- 정치 관련 콘텐츠의 예 : 정당 또는 후보 홍보, 정치 사안 지지

ⓞ 금융 서비스

Google에서는 사용자가 적절하고 정확한 정보를 바탕으로 재무적 결정을 내릴 수 있도록 돕기 위해 노력하고 있습니다. Google의 정책은 사용자에게 금융 상품 및 서비스와 관련된 비용을 검토할 수 있는 정보를 제공하고, 유해하거나 기만적인 금융 상품 판매로부터 사용자를 보호하기 위해 마련되었습니다. 이 정책에서 금융 상품 및 서비스라 함은 맞춤 재무 컨설팅을 포함한 자금 및 암호화폐의 관리 또는 투자와 관련된 상품 및 서비스를 가리킵니다.

금융 상품 및 서비스를 홍보하는 경우 광고가 타겟팅하는 지역의 중앙 및 지방 정부 규정(예: 현지법에서 요구하는 특정 공개사항 포함)을 준수해야 합니다. 자세한 내용은 국가별 요건(모든 요건이 포함되어 있지는 않음)을 참조하세요. 하지만 광고주는 광고가 타겟팅하는 모든 지역의 현지 규정에 대한 자체 조사를 해야 합니다.

ⓩ 상 표

Google 광고에 상표를 사용할 수 있는 경우를 결정하는 요소로는 여러 가지가 있습니다. 정책 센터에 설명된 바와 같이 본 정책은 상표 소유자가 Google에 유효한 상표권 침해 신고서를 제출한 경우에만 적용됩니다.

ⓩ 현지법규

광고주는 광고가 게재되는 모든 지역에서 Google 광고 정책뿐 아니라 모든 관련 법률 및 규정을 항상 준수해야 합니다.

ⓚ 기타 제한된 비즈니스

일부 유형의 비즈니스는 사용자 피해를 방지하기 위해 Google 광고 서비스 이용이 제한될 수 있습니다. 이때 이 비즈니스가 다른 Google 정책을 준수하는지는 고려되지 않습니다. Google에서는 지속적인 자체 검토와 사용자, 규제 기관 및 소비자 보호 당국의 의견을 바탕으로 악용되기 쉬운 제품 또는 서비스를 찾아내기도 합니다. 특정 유형의 비즈니스가 사용자의 안전 또는 환경에 부당한 위험을 주는 것으로 판단되면 Google에서는 관련 광고의 게재를 제한 또는 중지할 수 있습니다.

ⓔ 제한된 광고 형식 및 기능

Google 광고의 고급 광고 형식 및 기능에 대한 액세스를 결정하는 여러 가지 요소가 있습니다. 모든 광고주는 특정 요구 사항을 충족하거나 인증 절차를 완료할 때까지 특정 광고 형식을 사용할 수 없습니다.

ⓟ 아동용 콘텐츠 요건

광고주는 아동용으로 설정된 콘텐츠에 개인 맞춤 광고를 게재하지 않을 수 있습니다.

ⓗ 광고 게재와 관련한 아동 및 청소년 보호 정책

Google 제품의 광고 환경은 아동 및 청소년을 포함한 모든 사용자에게 유용하고 유익하며 무엇보다 안전해야 합니다. Google의 아동 광고 정책 및 청소년 광고 정책은 만 18세 미만의 사용자를 보호하기 위해 광고 개인 최적화 사용 중지 및 민감한 광고 카테고리 제한과 같은 보호 장치를 시행합니다.

㉮ 광고 게재 제한

Google은 Google Ads 생태계의 무결성을 보호하기 위해 광고 네트워크를 악용하거나 부정적인 사용자 경험을 유발할 가능성이 높은 광고의 경우 노출을 제한하고 있습니다. 이처럼 특정한 경우에는 요건을 갖춘 광고주만 노출 제한 없이 광고를 게재할 수 있습니다.

④ 광고소재 및 기술 : 광고, 웹사이트, 앱이 충족해야 하는 품질 기준

Google에서는 불편함이나 번거로움을 주지 않으면서 사용자의 관심을 끌 수 있는 광고를 제공하기 위해 노력하고 있습니다. 이에 광고주가 효과적인 광고를 만드는 데 도움을 주고자 광고소재 요건을 개발했습니다. 또한 사용자와 광고주가 Google에서 제공하는 다양한 광고 형식을 충분히 활용할 수 있도록 기술 요구사항도 마련했습니다.

㉠ 광고소재

Google에서는 만족스러운 사용자 환경을 제공하기 위해 모든 광고, 광고확장, 도착 페이지에 엄격한 전문성 및 광고소재 표준을 적용하고 있습니다. 이에 따라 Google 네트워크에 게재되는 광고는 전문적이고 명확해야 하며, 사용자를 관련성 있고 유용하면서 쉽게 이용할 수 있는 광고로 유도해야 합니다.

• 광고소재 및 전문성 관련 요건을 충족하지 못하는 프로모션의 예
 - '여기서 제품을 구매하세요'와 같은 모호한 문구가 포함된 지나치게 광범위한 광고
 - 단어, 숫자, 문자, 구두점, 기호를 반복적으로 또는 교묘하게 사용하는 광고(예 FREE, f-r-e-e, Fr€€!!)

㉡ 도착 페이지 요건

Google에서는 고객이 광고를 클릭할 때 만족스러운 경험을 할 수 있기를 바랍니다. 따라서 도착 페이지는 사용자에게 가치 있는 정보를 제공하고, 정상적으로 작동하고, 유용하고, 쉽게 탐색할 수 있어야 합니다.

• 도착 페이지 요건을 충족하지 못하는 프로모션의 예
 - 'google.com'을 입력했는데 'gmail.com'으로 이동하는 등 표시 URL이 방문 페이지의 URL을 정확하게 반영하지 못하는 광고
 - 미완성되었거나, 도메인이 선점되었거나, 작동하지 않는 사이트나 앱
 - 일반적으로 사용되는 브라우저로 볼 수 없는 사이트
 - 브라우저의 '뒤로' 버튼을 사용할 수 없는 사이트

ⓒ 기술 요구사항

　명확하고 기능적인 광고가 게재될 수 있도록 광고주는 특정 기술 요건을 충족해야 합니다.

ⓔ 광고 형식 요건

　광고주가 만족스러운 사용자 환경을 제공하고 매력적이고 전문적인 광고를 게재할 수 있도록 Google에서는 각 광고에 적용되는 특별한 요건을 준수한 광고만 허용합니다. 사용하는 광고 형식에 적용되는 요건을 자세히 살펴보시기 바랍니다.

- 참고 : 이미지 광고, 동영상 광고를 비롯해 텍스트 광고가 아닌 형식으로 된 비가족용 광고는 금지됩니다.

- 광고 형식 요건의 예 : 광고 제목 또는 본문의 글자 수 제한, 이미지 크기 요건, 파일 크기 제한, 동영상 길이 제한, 가로 세로 비율

네이버 검색광고 운영정책

1 계정 생성

(1) 계정 생성

① 네이버 검색광고는 '네이버 통합 광고주센터'에 접속하여 통합회원으로 가입한 후(이하 기존 검색광고센터를 통해 가입한 검색광고 회원 및 통합회원을 통칭하여 "회원"이라고 함), 검색광고 계정(이하 "계정"이라고 함) 생성 절차를 거쳐 이용하실 수 있습니다.

② 이미 사업자 등록을 하신 분은 사업자 회원으로, 아직 사업자 등록을 마치지 못하신 분은 개인회원(「민법」상 성년에 한함)으로 가입하실 수 있고, 개인 회원으로 가입을 하신 후 사업자 등록을 하신 경우에는 검색광고회원계정(이하 '회원계정'이라고 함) 정보변경을 통하여 사업자 회원으로 전환하실 수 있습니다.

③ 계정 생성은 원칙적으로 회원 자신의 사이트를 광고하기 위한 목적으로 하셔야 하고, 만약 '권한설정'에 따른 적법한 권한의 위탁 없이 다른 '광고주' 회원의 사이트를 광고하기 위해 사용하실 경우엔 네이버 검색광고 서비스의 이용이 제한되거나 거부될 수 있습니다.

(2) 계정 생성의 제한

① 네이버 검색광고는 안정적인 서비스 운영 및 검색 이용자의 보호를 위해 다음과 같은 경우에 계정 생성을 탈퇴 또는 직권 해지일로부터 6개월간 제한할 수 있습니다.

  ㉠ 생성 신청자가 약관 및 광고운영정책 위반으로 직권 해지된 이력이 있는 경우
  ㉡ 생성 신청자가 약관 및 광고운영정책 위반으로 이용정지된 상태에서 탈퇴한 이력이 있는 경우
  ㉢ 생성 신청자가 약관 및 광고운영정책을 중대하게 위반하는 행동을 한 후 자진하여 탈퇴한 이력이 있는 경우

2 회원계정의 권한설정

(1) 권한설정 및 권한종류

① 회원은 회원계정에 접속하여 회원이 지정하는 다른 회원에게 해당 회원의 회원계정에의 접근 및 관리 권한의 일부 또는 전부를 위탁하는 권한설정을 할 수 있습니다.

② 회원이 특정 회원에게 권한을 위탁한 상태에서, 해당 회원에게 다른 종류의 권한을 중복하여 위탁할 수 없습니다.

③ 권한설정을 통해 다른 회원에게 위탁할 수 있는 권한의 종류는 다음과 같이 구분됩니다.

권한 기능	광고관리	광고관리/세무	광고관리/로그분석	성과조회	성과조회/세무	성과조회/로그분석	광고관리/로그분석/세무	성과조회/로그분석/세무
광고정보 및 보고서 조회	O	O	O	O	O	O	O	O
대량 보고서 생성	O	O	O	×	×	×	O	×
광고관리 (등록/수정/삭제)	O	O	O	×	×	×	O	×
세금계산서 확인 및 출력	×	O	×	×	O	×	O	O
API 라이선스 관리	×	×	×	×	×	×	×	×
네이버애널리틱스 신청	×	×	O	×	×	×	O	×
네이버애널리스틱 보고서 조회	×	×	O	×	×	O	O	O

(2) 권한설정 방법

① 권한을 위탁할 회원의 아이디와 권한의 종류를 선택하여 권한설정을 요청하고, 권한을 위탁받을 회원이 수락(동의)하는 경우에 양 회원계정 간 권한설정이 됩니다.

② 권한설정의 처리 결과는 광고관리시스템을 통해 확인하실 수 있으며, 시스템상 처리 결과가 반영되는 데에는 수분에서 최대 20분가량의 시간이 소요될 수 있습니다.

(3) 권한설정 철회 방법

① 권한을 위탁한 회원이 권한설정 철회를 원하는 경우, 위탁한 권한을 철회할 회원의 아이디를 선택하여 철회를 요청하면 양 회원계정 간 권한설정은 철회됩니다.

② 권한을 위탁받은 회원이 권한설정 철회를 원하는 경우, 위탁받은 권한을 철회할 회원의 아이디를 선택하여 철회를 요청하면 양 회원계정 간 권한설정은 철회됩니다.

③ 권한설정 철회의 처리 결과는 광고관리시스템을 통해 확인하실 수 있으며, 시스템상 처리 결과가 반영되는 데에는 수분에서 최대 20분가량의 시간이 소요될 수 있습니다.

(4) 이용제한 또는 탈퇴 시의 권한설정 처리

① 권한설정을 이용 중인 회원이 이용정지 제재를 받은 경우, 해당 회원이 권한설정을 통해 위탁하거나 위탁받은 권한의 이용이 제한됩니다.

② 이용정지 제재 상태의 회원은 권한설정을 통해 해당 회원에게 권한을 위탁한 다른 회원의 회원계정 접근이 제한됩니다.

③ 이용정지 제재 상태의 회원으로부터 기존에 권한설정을 통해 권한을 위탁받은 다른 회원은 제재 상태 회원의 회원계정 접근이 제한됩니다.

④ 이용정지 제재에 따른 권한 이용의 제한 처리 결과는 광고관리시스템을 통해 확인하실 수 있으며, 시스템상 처리 결과가 반영되는 데에는 수분에서 최대 20분가량의 시간이 소요될 수 있습니다.

⑤ 권한설정을 이용 중인 회원이 회원탈퇴를 하거나 또는 직권해지 제재를 받은 경우, 권한설정을 통해 해당 회원이 위탁하였거나 또는 위탁받은 권한설정은 철회됩니다.

3 **회원계정 정보변경**

(1) '통합회원' 정보의 변경은 '네이버 통합 광고주센터'에 접속하여 직접 변경하시거나 [온라인 고객센터]를 통하여 변경을 요청할 수 있습니다. '광고 계정' 정보의 변경은 '네이버 검색광고'에 접속하여 직접 변경하시거나 검색광고 [온라인 고객센터] 또는 광고영업 담당자를 통하여 요청하실 수 있습니다.

(2) 다만, 사업자 광고주에서 개인 광고주로 변경하시는 경우에는 네이버 검색광고에 접속하여 계정 정보를 변경하실 수 없습니다. 이 경우 원칙적으로 개인 광고주의 정보로 새로운 '광고 계정'을 생성하여야 합니다.

(3) 회원계정의 정보변경이 완료된 계정에 등록된 사이트에 대해서는 사이트 검수를 실시하여 관련 법령, 약관, 검수기준, 이용안내 등에 부합하지 않는 경우 광고 게재를 제한할 수 있습니다.

(4) 매월 첫 영업일로부터 3일 동안은 세금계산서 발행업무로 인하여 정보변경이 불가하며, 따라서 이 기간에 접수된 정보변경 요청은 세금계산서 발행업무 종료 후에 처리됩니다.

4 **세금계산서 수정 재발행**

(1) 세금계산서의 수정재발행이 필요한 회원은 직접 네이버 검색광고에 접속하여 세금계산서의 수정재발행을 신청하시거나 검색광고 [온라인 고객센터] 또는 광고영업 담당자를 통하여 요청하셔야 합니다.

(2) 세금계산서의 수정재발행은 해당 분기에 발행된 세금계산서를 대상으로 해당 분기의 '분기 마감' 이전에 신청하셔야 하며, 해당 분기에 발행된 세금계산서를 대상으로 하지 않거나 해당 분기의 '분기 마감' 이후에 신청하신 경우에는 원칙적으로 처리가 불가합니다.

(3) 회사는 매 분기마다 '분기 마감'에 앞서 회원에게 약관 제13조에 따른 방법으로 '분기 마감'을 통지합니다.

5 **광고 게재**

(1) **광고 게재**

① 회원은 네이버 검색광고 플랫폼을 통해 관련 법령, 약관, 검수기준, 이용안내 등에 부합하는 검색광고 게재 신청을 하셔야 합니다.

② 회사는 회원이 게재를 신청한 검색광고의 키워드, 제목, 설명 등에 대해 일정한 방식으로 심사를 하여 게재 여부를 결정하고, 게재 여부에 대해 회원에게 약관 제13조에 따른 방법으로 통지합니다.

③ 회사가 회원의 광고 게재 신청을 승낙한 것이 해당 검색광고 또는 해당 검색광고의 대상이 된 사이트 등이 위법하지 않거나 약관, 검수기준, 이용안내 등에 적합함을 최종적으로 보증하거나 보장하는 것은 아니며, 따라서 광고 게재를 승낙한 이후에도 검색광고 또는 해당 검색광고의 대상이 된 사이트 등이 관련 법령 또는 약관, 검수기준 등을 위반하는 것이 확인될 경우 회원에게 수정을 요청하거나 광고 게재 중단, 서비스 이용정지, 회원 직권 해지 등의 조치를 취할 수 있습니다.

(2) 광고 수정요청 및 재게재

① 회사는 검색광고 또는 해당 검색광고의 대상이 된 사이트 등이 관련 법령 또는 약관, 검수기준 등을 위반하는 것이 확인될 경우 회원에게 일정한 기간을 정하여 수정을 요청할 수 있습니다.

② 수정 요청을 받은 회원은 정해진 기간까지 검색광고 또는 해당 검색광고의 대상이 된 사이트 등이 관련 법령 또는 약관, 검수기준 등을 위반하지 않도록 수정을 해주셔야 하며, 수정하지 않으셔서 발생하는 불이익은 광고주님께서 부담하셔야 합니다.

③ 관련 법령 또는 약관, 검수기준 등을 위반하는 사유를 해소하신 회원은 네이버 검색광고를 통해 검색광고 게재신청을 하실 수 있으며, 회사는 해당 검색광고의 게재 여부에 대해 회원에게 약관 제13조에 따른 방법으로 통지합니다.

6 광고 게재제한

일정한 검색광고가 다음의 각 항목 중 어느 하나에 해당할 경우, 해당 검색광고의 게재를 제한하거나 게재되는 검색광고의 수를 제한할 수 있습니다.

(1) 광고 게재제한 사유

① 회사에 법률적 또는 재산적 위험을 발생시키거나 발생시킬 우려가 있는 경우

　㉠ 검색광고가 관련 법령을 위반하는 사이트로 연계됨으로써 회사가 민·형사적 책임을 부담할 가능성이 있는 경우

　㉡ 검색광고가 관련 법령을 위반하는 회원의 영업행위 등에 연계됨으로써 회사가 민·형사적 책임을 부담할 가능성이 있는 경우

> **대표적 사례들**
> • 온라인 도박 서비스 제공 확인 시 광고 게재제한
> • 이미테이션 제품 판매 확인 시 광고 게재제한
> • 웹하드등록제에 따른 미등록 P2P 사이트로 확인 시 광고 게재제한
> • 흥신소/심부름센터 사이트 내에서 개인사생활 조사 등의 서비스 제공 확인 시 광고 게재제한
> • 출장 안마/마사지 서비스 제공 확인 시 광고 게재제한(성매매 연계 개연성)
> • 경마/경정/경륜 경주에 대한 예상정보 제공 확인 시 광고 게재제한(불법 사설경주 운영 개연성)
> • 의료기관이 아닌데 문신/반영구 시술 서비스 제공이 확인되는 경우 광고 게재제한

② 회사 및 광고매체의 명예·평판·신용이나 신뢰도를 훼손하거나 훼손할 우려가 있는 경우

　㉠ 검색광고가 관련 법령을 위반하지는 않더라도 도의적으로 비난의 대상이 되거나 사회 일반의 정서에 반하는 회원의 영업행위에 연계됨으로써 회사의 명예·평판·신용·신뢰도가 훼손될 가능성이 있는 경우

　㉡ 검색광고가 관련 법령을 위반하지는 않더라도 도의적으로 비난의 대상이 되거나 사회 일반의 정서에 반하는 광고주의 영업행위에 연계됨으로써 회사의 명예·평판·신용·신뢰도가 훼손될 가능성이 있는 경우

ⓒ 검색광고가 관련 법령을 위반하지는 않더라도 도의적으로 비난의 대상이 되거나 사회 일반의 정서에 반하는 사이트에 연계됨으로써 광고매체의 명예·평판·신용·신뢰도가 훼손될 가능성이 있는 경우

ⓓ 검색광고가 관련 법령을 위반하지는 않더라도 도의적으로 비난의 대상이 되거나 사회 일반의 정서에 반하는 회원의 영업행위에 연계됨으로써 광고매체의 명예·평판·신용·신뢰도가 훼손될 가능성이 있는 경우

> **대표적 사례들**
> • 자위기구 판매 광고로 확인 시 광고 게재제한
> • 유흥업소 직업정보 제공 광고로 확인 시 광고 게재제한
> • 성인화상채팅 서비스 제공 확인 시 광고 게재제한
> • 애인대행 서비스 제공 확인 시 광고 게재제한
> • 흥신소 및 심부름센터 광고의 네이버 웹툰/블로그 광고노출 제한

③ 검색광고, 서비스 또는 광고매체의 품질을 저하시키거나 저하시킬 우려가 있는 경우
  ㉠ 검색광고가 관련성이 지나치게 떨어지는 사이트에 연계됨으로써 검색광고 서비스의 품질을 떨어뜨릴 가능성이 있는 경우
  ㉡ 검색광고가 관련성이 지나치게 떨어지는 사이트에 연계됨으로써 광고매체의 서비스 품질을 떨어뜨릴 가능성이 있는 경우
  ㉢ 검색광고로 신청된 키워드 자체가 회원들의 사이트나 영업행위 등에 관련성 있게 연계될 가능성이 거의 없는 경우
  ㉣ 검색광고가 게재되는 키워드와 광고소재, 키워드와 랜딩페이지, 광고소재와 랜딩페이지, 키워드와 광고소재와 랜딩페이지 간 관련성이 낮아 검색광고 서비스의 품질을 떨어뜨릴 가능성이 있는 경우
  ㉤ 검색광고가 게재되는 키워드와 광고소재, 키워드와 랜딩페이지, 광고소재와 랜딩페이지, 키워드와 광고소재와 랜딩페이지 간 관련성이 낮아 광고매체의 서비스 품질을 떨어뜨릴 가능성이 있는 경우
  ㉥ 검색광고가 게재되는 키워드에 대한 검색사용자의 탐색 니즈와 해당 키워드에 게재된 검색광고의 업종/카테고리 등 간의 관련성이 낮아 검색광고 서비스의 품질을 떨어뜨릴 가능성이 있는 경우
  ㉦ 검색광고가 게재되는 키워드에 대한 검색사용자의 탐색 니즈와 해당 키워드에 게재된 검색광고의 업종/카테고리 등의 관련성이 낮아 광고매체의 서비스 품질을 떨어뜨릴 가능성이 있는 경우

> **대표적 사례들**
> • 구매한 키워드와 관련된 상품, 서비스, 정보 등에 관한 단순 소개(예 명칭, 이미지, 연락처 등의 나열 등)만 확인되는 경우
> • 구매한 키워드와 광고소재, 랜딩페이지 간의 충분한 관련성이 확인되지 않는 경우
> • 구매한 키워드에 대한 검색사용자의 탐색 니즈 등 고려 시, 업종/카테고리 등의 관련성이 낮은 경우

④ 검색광고의 효과가 현저히 떨어지는 경우
  ㉠ 검색광고가 광고매체에서 노출되는 횟수가 지나치게 적은 경우
  ㉡ 검색광고가 광고매체에서 노출되기는 하나 광고매체 이용자의 클릭률이 지나치게 낮은 경우

⑤ 광고매체의 운영 주체가 정당하고 합리적인 이유를 근거로 자신의 광고매체에서의 검색광고 게재 제한 등을 요청하는 경우

(2) 광고 게재제한 절차

① 회사는 광고매체의 요청에 의해 일정한 검색광고의 게재제한 등을 하는 경우 회원에게 약관 제13조에 따른 방법으로 통지합니다.

② 광고매체의 요청에 의해 일정한 검색광고의 게재제한 등을 하는 경우 원칙적으로 검색광고 게재제한 등의 조치를 취하기 전에 회원에게 통지하며, 다만 광고매체가 긴급한 사정을 이유로 시급히 요청해 왔을 경우에는 부득이 게재제한 등의 조치를 취한 후에 회원에게 통지할 수 있습니다.

7 이용제한

(1) 이용제한 조치

① 회사는 회원이 관련 법령 및 약관 또는 광고운영정책에 따른 의무를 위반하는 경우 검색광고 게재 신청 제한, 검색광고 게재제한, 검색광고 서비스 이용 정지, 검색광고 이용계약 해지, 검색광고 회원 및 광고 계정 직권 해지 등을 할 수 있습니다.

ㄱ 검색광고 게재제한(광고에 대한 제한)

광고 제목 및 문안 등이 법령, 약관, 광고운영정책 및 검수기준에 부합하지 않는 광고에 대한 노출제한 조치를 의미한다.

> **대표적 사례들**
> • 광고 제목 및 문안 등이 법령 등에 위배되거나 제3자 권리를 침해하는 경우
> • 검색어와 광고 랜딩페이지 간의 연관성이 적은 경우
> • 광고 제목 및 문안 상에 특수문자 기재 및 글자수 제한 초과하는 경우
> • 회사의 다른 서비스에서 운영정책 위반 등으로 이용 제한을 받은 경우
>   예 쇼핑 서비스에서 트래픽 어뷰징으로 패널티를 부여받은 경우 등

ㄴ 검색광고 게재 신청 제한(사이트에 대한 제한)

광고를 불허하는 업종의 사이트임이 확인되거나 해당 사이트가 약관, 광고운영정책, 검수기준 및 관련 법령에 부합하지 않는 경우, 해당 사이트에 대한 광고제한 조치를 의미한다.

> **대표적 사례들**
> • 사이트의 내용이나 운영 등이 법령 등에 위배되거나 제3자의 권리를 침해하는 경우
>   예 웹하드등록제 미등록 P2P 사이트, 불법 사행행위 관련 사이트, 최음제판매 사이트, 성매매 알선 사이트, 자위기구 판매(연계) 사이트, 사기행위 관련 사이트 등 해당 사이트가 약관(운영정책 및 검수 기준 포함) 위반 또는 불법적 사이트임이 확인된 경우 1회 적발 시 즉시 광고제한 조치를 취함 (서비스 이용정지 조치 병행)
>   예 기타 법령위반 및 제3자침해 내용을 포함하는 경우
> • 불법 사이트는 아니나 약관, 광고운영정책 및 검수기준을 반복적으로 위반하는 사이트의 경우

ⓒ 검색광고 서비스 이용정지(검색광고 회원 및 광고 계정에 대한 제한)

중대한 법령 위반 사실이 확인되거나 약관, 광고운영정책 및 검수기준의 위반이 지속적으로 확인되는 경우 등 일정 기간 서비스 이용을 제한해야 하는 경우의 서비스 이용정지 조치를 의미한다.

> **대표적 사례들**
> - 무효클릭 경고를 일정 수 이상 받은 경우
>   예 3회의 경고를 받은 경우 7일의 이용정지 조치가 취해지며, 그 이후 추가로 적발되는 경우 1개월의 이용정지 조치가 취해짐
> - 회원의 광고행위에서 중대한 법령 위반 사실이 확인되는 경우
>   예 웹하드등록제 미등록 P2P 사이트, 불법 사행행위 관련 사이트, 최음제판매 사이트, 성매매 알선 사이트, 자위기구 판매(연계) 사이트, 사기행위 관련 사이트 등 회원의 사이트가 불법적 사이트임이 확인된 경우(사이트 제한 조치 병행)
> - 회원이 허위정보를 기재하였거나 휴폐업자로 확인되는 경우
> - 사이트에 대한 광고제한 조치를 받은 회원이 반복하여(추가로) 사이트 광고제한 조치를 받은 경우

ⓓ 검색광고 이용계약 해지 및 회원 직권해지

회원의 행위가 법령과 약관 및 운영정책의 심각한 위반 등에 해당하여 객관적으로 회사와 회원 사이의 신뢰관계의 회복이 어려운 정도의 현저한 것일 경우, 회사는 검색광고 이용계약을 해지 하고 회원 지위를 박탈하는 행위를 할 수 있다.

> **대표적 사례들**
> - 회원의 사이트에서 회사의 서비스를 방해하는 어뷰징 프로그램 등을 배포하는 경우
>   예 설치 시 네이버 페이지에 광고를 끼워 넣는 프로그램, 팝업을 띄우는 프로그램, 네이버 툴바 등을 무력화시키는 프로그램 등
> - 무효클릭 행위를 반복적, 지속적으로 하는 경우

② 회사가 이용제한을 하는 경우 회원이 회사와 이용계약을 체결하여 이용하고 계시는 회사의 다른 서비스(지역광고, 지식쇼핑, 부동산 서비스 등)에 대하여도 이용을 제한하거나, 이용계약을 해지 할 수 있습니다.

(2) 이용제한 절차

① 회사는 이용제한을 하는 경우 회원에게 약관 제13조에 따른 방법으로 통지합니다.

② 회사는 전항의 통지를 하는 경우 회원에게 원칙적으로 3영업일 이상의 기간을 정하여 이의신청의 기회를 부여하며, 다만 별도의 사전 이의신청 기회를 부여하지 않겠다는 뜻을 약관 제13조에 따른 방법으로 통지하였거나 회원의 관련 법령, 약관, 광고운영정책 등 위반행위가 중대하거나 고의적 이라고 판단될 경우에는 이의신청 기회를 부여하지 않을 수 있습니다.

③ 회사는 정액제 검색광고에 대해 이용제한을 하는 경우 남은 계약기간만큼의 서비스 이용료를 비즈 머니로 환급해 드립니다.

④ 이용제한 조치에 대하여 궁금한 점이나 이의가 있으신 회원은 검색광고 [온라인 고객센터] 또는 광고영업 담당자를 통하여 해당 내용을 문의하시거나 이의를 제기하실 수 있습니다.

⑤ 이용제한 조치와 관련된 회원의 문의 및 이의가 접수될 경우, 회사는 해당 내용을 검토하고 처리하며 약관 제13조의 방법에 따라 회원에게 그 결과를 통지합니다.

⑥ 이용제한 사유를 확인하고 해소한 회원은 검색광고 [온라인 고객센터] 또는 광고영업 담당자를 통해 이용제한 철회 요청을 하실 수 있으며, 회사는 해당 이용제한의 철회 여부를 검토하고 처리하며 약관 제13조의 방법에 따라 광고주님께 그 결과를 통지합니다.

8 검색광고 회원 탈퇴 및 계정 삭제

(1) 검색광고 회원 탈퇴

① 통합회원이 아닌 검색광고 회원은 언제든지 회사의 고객센터로 요청하거나 직접 네이버 검색광고센터에 접속하여 회원 계정의 탈퇴를 신청할 수 있으며, 회사는 관련 법령 등이 정하는 바에 따라 이를 즉시 처리합니다.

② 회원 계정의 탈퇴가 완료되는 경우, 관련 법령 및 개인정보처리방침에 따라 보유하는 정보를 제외한 모든 회원의 정보 및 회원이 검색광고 게재를 위해 등록한 키워드, 사이트, 제목, 설명 등의 데이터는 즉시 삭제됩니다.

③ 회원 계정의 탈퇴가 완료된 회원은 더 이상 네이버 검색광고센터 및 네이버 검색광고 서비스를 이용하실 수 없습니다.

(2) 검색광고 회원 탈퇴와 재가입 제한

① 통합회원이 아닌 검색광고 회원 탈퇴를 하신 경우 탈퇴한 계정 정보(사업자등록번호 등)로는 원칙적으로 탈퇴일로부터 30일간 다시 회원으로 가입하실 수 없습니다.

② 회사는 안정적인 서비스 운영 및 검색 이용자의 보호를 위해 다음의 경우 탈퇴 또는 직권 해지일로부터 6개월간 회원가입을 제한할 수 있습니다.

　㉠ 약관 및 광고운영정책 위반으로 직권해지된 이력이 있는 경우

　㉡ 약관 및 광고운영정책 위반으로 이용정지된 상태에서 탈퇴한 이력이 있는 경우

　㉢ 약관 및 광고운영정책에 중대하게 어긋나는 행동을 한 후 자진하여 탈퇴한 이력이 있는 경우

(3) 검색광고 계정 삭제

① 회원은 언제든지 회사의 고객센터로 요청하거나 직접 네이버 검색광고에 접속하여 검색광고 계정의 삭제를 신청할 수 있으며, 회사는 관련 법령 등이 정하는 바에 따라 이를 즉시 처리합니다.

② 광고계정의 삭제가 완료되는 경우, 관련 법령 및 개인정보처리방침에 따라 보유하는 정보를 제외한 모든 계정의 정보 및 회원이 검색광고 게재를 위해 등록한 키워드, 사이트, 제목, 설명 등의 데이터는 즉시 삭제됩니다.

③ 광고계정의 삭제가 완료된 회원은 더 이상 네이버 검색광고 및 네이버 검색광고 서비스를 이용하실 수 없습니다.

(4) 검색광고 계정 삭제와 재생성 제한

① 검색광고 계정을 삭제하신 경우 삭제한 계정 정보(사업자등록번호 등)로는 원칙적으로 탈퇴일로부터 30일간 다시 검색광고 계정을 생성하실 수 없습니다.

② 회사는 안정적인 서비스 운영 및 검색 이용자의 보호를 위해 다음의 경우 계정 삭제 또는 직권해지일로부터 6개월간 회원 가입을 제한할 수 있습니다.

    ㉠ 약관 및 광고운영정책 위반으로 직권해지된 이력이 있는 경우

    ㉡ 약관 및 광고운영정책 위반으로 이용정지된 상태에서 탈퇴한 이력이 있는 경우

    ㉢ 약관 및 광고운영정책에 중대하게 어긋나는 행동을 한 후 자진하여 탈퇴한 이력이 있는 경우

---

9 광고문안과 권리보호

(1) 광고문안과 사이트의 연관성

① 제목, 설명 등에는 해당 사이트 내에서 확인되는 내용을 기재하는 것을 원칙으로 합니다.

② 제목에 기재된 광고주명, 사이트명, 수식어나 설명 등에 기재된 표현 등은 사이트 내에서 확인되는 한 원칙적으로 게재를 허용하며, 네이버 검색광고는 해당 회원에게 사용권한이 있는지에 대해 사전에 심사하지 않습니다.

③ 제목에 기재된 광고주명, 사이트명, 수식어나 설명 등에 기재된 표현 등이 사이트 내에서 확인되지 않을 경우 해당 광고의 게재를 중단할 수 있습니다.

(2) 상표권/서비스표권의 보호

① 회사는 상표권/서비스표권의 존재 여부 및 효력범위에 관하여 임의로 판단하지 않으며, 아울러 상표권/서비스표권을 사전에 보호하거나 대신 행사하지 않습니다.

② 상표권/서비스표권을 보유한 자는 자신의 권리가 침해되었을 경우 먼저 침해한 자를 상대로 광고 게재 중지요청, 권리침해에 해당하는 기재의 삭제요청 등의 권리행사를 해야 합니다.

③ 회사는 자신의 상표권/서비스표권이 침해되었음을 주장하면서 일정한 광고의 게재중단을 요청해오는 경우, 해당 요청인에게 상표권/서비스표권의 침해를 소명할 수 있는 서류 등의 제출을 요청할 수 있습니다.

④ 회사는 요청인이 자신의 상표권/서비스표권의 침해를 소명하였을 경우, 요청인이 자신의 권리를 침해하고 있다고 지적한 회원에게 해당 광고의 게재 또는 해당 기재가 적법한 권리 또는 권한에 의해 행해졌다는 것을 소명할 수 있는 서류 등의 제출을 요청할 수 있습니다.

⑤ 회사는 요청인의 권리를 침해하고 있다고 지적된 회원이 해당 광고의 게재 또는 해당 기재가 적법한 권리 또는 권한에 의해 행하여진 것임을 소명하지 못했을 경우 해당 광고의 게재를 중단할 수 있으며, 만약 소명하였을 경우라면 임의로 해당 광고의 게재를 중단하는 대신 지체 없이 요청인에게 이러한 사정을 통지할 것입니다.

⑥ 회사는 특정 광고나 광고의 대상이 되는 영업이 타인의 상표권/서비스표권을 침해하거나 침해할 우려가 있다는 법원의 판결/결정/명령문, 기타 관련 국가기관의 유권해석 등이 제출되는 경우, 지체 없이 해당 광고의 게재를 중단할 수 있습니다.

(3) 기타 권리의 보호

회사는 광고 게재와 관련하여 상표권/서비스표권 이외의 권리에 대한 침해가 문제되는 경우에도 상표권/서비스표권에 대한 보호기준을 준용합니다.

(4) 부정경쟁행위의 금지

① 회사는『부정경쟁방지 및 영업비밀의 보호에 관한 법률』상의 '부정경쟁행위'의 존재 여부 및 그 범위에 관하여 임의로 판단하지 않으며, 아울러 부정경쟁행위로부터 회원 등을 사전에 보호하거나 동 행위의 중단을 요청하지 않습니다.

② 회사는 일정한 회원의 광고 게재 등이 부정경쟁행위에 해당한다는 법원의 판결문, 기타 관련 국가기관의 유권해석 등이 제출되는 경우 지체 없이 해당 광고의 게재를 중단할 수 있습니다.

[부칙]
1. 본 운영정책은 2023년 10월 11일부터 시행됩니다.
2. 2023년 10월 5일부터 시행되던 종전의 운영정책은 본 운영정책으로 대체됩니다.

네이버 검색광고 등록기준

네이버는 광고주와 이용자 모두에게 양질의 서비스를 제공하기 위해 노력하고 있습니다. 광고주는 부적절한 내용으로 광고하지 않도록 주의하여야 하며, 네이버 검색광고 광고등록기준 등에서 요구하는 사항을 준수해야 합니다. 일반적으로 다음의 경우 부적절한 광고로 보며 광고가 일부 또는 전부 제한될 수 있습니다.

1 관련 법령을 위반하는 경우

네이버는 법령을 준수하기 위해 노력합니다. 서비스 이용에 제한을 받지 않도록 광고하는 내용이 혹시 관련법에 저촉되지 않는지 꼭 확인해주세요.

(1) 통신판매업신고, 의료기관 개설신고 등 업종별 인/허가를 받지 않거나 또는 등록/신고 없이 광고하는 경우

(2) 담배, 의약품, 주류, 콘텍트렌즈 등 온라인 판매가 제한되는 상품 또는 서비스를 제공하는 경우

(3) 모조품 판매, 상표권 침해 등 제3자의 권리 침해가 확인되는 경우

(4) 사이트 내에 성인콘텐츠가 있음에도 성인인증 등의 법령에 따른 청소년 보호조치를 취하지 않은 경우 등

2 이용자 피해를 유발하거나 광고매체 신뢰도 등을 저해할 우려가 있는 경우

(1) 타인의 명칭을 도용하는 등의 방법으로 이용자의 오인/혼동을 유발할 수 있는 경우

(2) 검수를 받은 사이트와 다른 사이트로 광고를 연결하는 경우

(3) '100% 효과 보장 등' 허위/과장된 내용으로 광고하는 경우

(4) 이용자의 동의없이 Active-X 등을 설치하는 등의 방법으로 이용자의 웹서비스 이용을 방해하는 경우

(5) 약정 사항의 미이행, 배송지연, 부당한 환불거절, 연락두절 등에 따라 이용자 피해가 우려되는 경우 등

3 **광고품질이 심각하게 저하되는 경우**

(1) 사이트가 접속되지 않거나 완성되지 않은 경우

(2) 등록한 사이트와 관련성이 낮은 키워드/광고소재로 광고하는 경우

4 **기타 네이버 검색광고 광고등록기준 상 광고를 허용하지 않는 경우**

다음에 해당하는 경우 원칙적으로 광고등록이 거절됩니다.

(1) 단란주점, 룸살롱, 가라오케 등의 유흥업소 사이트 및 해당 업소의 직업정보 제공 사이트

(2) 성인화상채팅 및 애인대행 서비스 제공 사이트

(3) 브랜드제품의 정보만을 제공하는 사이트

(4) 총포・도검・화약류 등의 판매/정보제공 사이트

(5) 인터넷을 통하여 유틸리티, 멀티미디어, 드라이버 등의 각종 프로그램이나 파일을 제공하는 등의 공개
자료실 사이트 등

※ 부적절한 내용으로 광고할 경우, 광고효과가 저하됨은 물론 이용자 피해 등에 따른 책임을 질 수 있습니다.
※ 네이버는 광고주님의 광고를 검토하여, 문제가 발견되는 경우 언제든지 수정을 요청하거나 또는 광고의
노출을 중단할 수 있습니다.

카카오 검색광고 등록가이드

1 카카오 키워드광고 기본 소개

(1) Kakao 키워드광고는 주요 검색 지면인 프리미엄 링크 영역에 동시 노출되며, 키워드 검색으로 사용자의 의도를 파악하여 광고를 통해 원하는 정보를 전달할 수 있습니다.

(2) 단 한 번의 광고 등록으로 주요 포털 검색 및 제휴 매체와 각종 모바일 앱에도 광고가 노출되어 폭넓은 마케팅이 가능한 광고상품입니다.

(3) 변경된 키워드광고 관리자센터에서는 좀 더 쉽고 직관적인 사용자 인터페이스가 가능하며, 다차원 보고서 제공으로 상세한 지표 분석이 가능합니다.

참고 카카오 키워드광고 주요 특징

(1) 카카오 계정 기반
카카오 계정으로 광고 집행이 가능합니다. 카카오톡 계정이 있다면 별도의 회원가입 없이 편리하게 광고를 운영할 수 있습니다.

(2) 픽셀 & SDK
쉽게 설치 가능한 효율 분석 도구를 제공하여 캠페인 단위로 광고 효율 파악이 가능합니다.

(3) 현실적인 광고노출 지표
키워드를 검색한 사용자에게 광고가 노출되는 시점에 노출수가 카운팅됩니다.

(4) 대량 관리
대량의 키워드, 소재를 등록하거나 입찰가, 일예산, ON/OFF 상태 등을 대량 변경할 수 있습니다. 뿐만 아니라 캠페인, 광고그룹, 키워드 등의 정보 및 등록된 소재를 CSV 형식 파일로 대량 다운로드도 가능하여 운영효율성을 높였습니다.

(5) 편리한 소재 생성
기본 소재 등록 시 확장소재의 필요 요소만 선택하여 함께 생성 가능합니다. 생성된 소재는 라이브러리에 저장되어 광고그룹에서 상시 사용 가능합니다.

(6) 다차원보고서
광고계정, 캠페인, 광고그룹, 키워드, 소재 단위의 다차원 보고서를 제공하여 광고성과분석이 용이합니다.

(7) 광고그룹 입찰가
광고그룹 단위로 입찰가 설정이 가능합니다. 1개의 광고그룹에서 디바이스별로 입찰가중치를 설정하여 디바이스별 광고그룹 분리 없이 광고를 운영할 수 있습니다. 또한, 콘텐츠 매체 입찰가를 개별로 설정할 수 있어 1개의 광고그룹에서 목적에 따라 입찰가를 구분하여 운영할 수 있습니다.

(8) 높은 커버리지
단 한 번의 광고 등록으로 주요 포털검색 및 제휴매체와 각종 모바일 앱에도 광고가 노출되어 폭넓은 마케팅이 가능합니다.

---

(9) 정교한 노출방식

입찰가 및 품질 지수에 따라 광고노출 순위가 결정되어 노출됩니다.

(10) 합리적인 광고비용

광고노출 여부와 상관없이 고객이 클릭하여 사이트를 방문한 경우에만 비용을 지불하는 클릭당 과금방식입니다.

2 노출 영역과 과금 방식

(1) 노출 영역

키워드광고는 운영 목적에 맞게 Daum PC, 모바일 검색 결과, 콘텐츠 영역에 노출됩니다.

① PC 검색 매체

Daum을 포함한 주요 포털 사이트에 노출됩니다. Daum, Nate 등에서는 통합검색결과 프리미엄링크 영역에 최대 10개의 광고가 노출됩니다. 광고 수요가 많은 키워드의 Daum 통합검색결과에는 와이드링크 영역에 최대 5개 광고가 추가로 노출됩니다.

② 모바일 검색 매체

모바일 인터넷 검색 시 검색결과에 노출되는 Kakao 키워드광고로 Daum, Nate 등 모바일 검색에서 노출됩니다. Daum, Nate 등 제휴된 다양한 모바일 웹/앱에서 모바일 검색결과, 프리미엄링크 영역에 최대 6개의 광고가 노출됩니다. 카카오톡 대화방 내 #검색결과 키워드광고 탭에도 노출됩니다.

③ PC 콘텐츠 매체

PC 검색 결과 외의 다양한 PC 콘텐츠 영역에 사용자가 검색한 키워드 및 카카오 서비스에서 소비한 콘텐츠를 바탕으로 연관도 높은 광고를 노출합니다. 텍스트 및 확장소재 썸네일 이미지가 결합된 배너형태로 노출됩니다(단 확장소재 미등록 시 텍스트만 노출됩니다). Daum 메인 및 내부 지면, 카페, 뉴스 및 카카오톡 등의 카카오 내부 지면 및 언론사, 커뮤니티 등의 카카오와 제휴를 맺고 있는 외부 지면에 노출됩니다.

④ 모바일 콘텐츠 매체

모바일 검색 결과 외의 다양한 모바일 콘텐츠 영역(앱, 웹)에 사용자가 검색한 키워드 및 카카오 서비스에서 소비한 콘텐츠를 바탕으로 연관도 높은 광고를 노출합니다. 텍스트 및 확장소재 썸네일 이미지가 결합된 배너형태로 노출됩니다(단, 확장소재 미등록 시 텍스트만 노출됩니다). Daum 메인 및 내부 지면, 카페, 뉴스 및 카카오톡 등의 카카오 내부 지면 및 언론사, 커뮤니티 등의 카카오와 제휴를 맺고 있는 외부 지면에 노출됩니다.

(2) 과금 방식

키워드광고는 이용자가 광고를 클릭하여 사이트에 방문하는 경우에만 과금되는 CPC(Cost Per Click)의 광고상품입니다. 클릭당 단가는 키워드별 입찰가, 광고 진행 과정에서 얻은 품질 지수 등을 반영하여 실시간으로 결정됩니다.

> **참고 품질지수**
>
> 키워드에 노출된 광고의 상대적 품질에 대한 수치입니다. 일정 기간 동안 등록한 키워드 단위로 평가되며, 키워드의 클릭률, 키워드와 소재 연관도, 그 외 광고에서 획득한 성과 등을 종합한 지표입니다.

(3) 초과 과금

초과 과금이 발생할 수 있는 마이너스 잔액 및 일예산 초과 케이스는 키워드광고에서 정상 과금으로 판단하고 있으며, 광고비가 소진되니 광고 운영에 참고바랍니다.

① 마이너스 잔액

광고주님의 계정 내 충전된 유상캐시가 모두 소진될 때 광고가 자동으로 중단되기까지 일정 시간이 소요됩니다. 해당 시간 동안 노출된 광고로부터 유효한 클릭이 발생하거나 또는 특정 시점 광고 노출 및 소진량이 증가하면서 예측된 광고 종료 지점에 비하여 빠르게 소진되어 마이너스 잔액이 발생될 수 있습니다. 설정하신 일예산 금액대로 광고가 노출되었으나, 잔액 부족 시점 경에 발생한 유효한 노출 및 클릭에 대해서는 정상 과금될 수 있습니다.

② 일예산 초과

광고그룹에 있는 소재 중 설정한 일예산 대비 입찰가가 높은 경우 일예산을 초과하는 과금액은 커질 수 있습니다.

또한 다음과 같은 경우 일예산을 초과한 과금은 발생할 수 있습니다.

㉠ 과금액이 설정된 허용예산에 근접했을 때, 순간적으로 많은 양의 노출/클릭 등이 발생하는 경우

㉡ 일 예산이 다 소진되어 광고노출을 중단하는 프로세스 진행 중에 노출/클릭 등이 발생하는 경우

3 광고 집행

(1) 직접 집행

Kakao 키워드광고 플랫폼에 접속해 광고를 직접 집행하실 수 있습니다.

(2) 대행사를 통한 집행

만약 직접 운영하기 어려우시다면, 공식 대행사의 도움을 받을 수 있습니다.

(3) 불법영업 피해방지 안내

카카오광고를 운영하고자 하는 광고주를 대상으로 본사직원 또는 카카오와 제휴관계(공식대행사 등)임을 사칭하여 광고상품의 구매를 유도하거나, 카카오에서 공식적으로 판매하지 않는 상품과의 결합 상품을 판매하는 등 상품 변형 판매 등의 불법영업 행위가 증가하고 있습니다.

신고된 바에 따르면, 위와 같은 업체들은 클릭당 과금 상품(CPC)을 월정액 상품으로 변형하여 실제 광고 집행 금액 대비 과도한 계약금이나 수수료를 요구한다거나 환불이나 계약해지 요청 시 연락을

받지 않고 계약해지 거부/과다 위약금을 공제하는 등 광고주님의 금전적 피해를 야기하는 것으로 확인되어 각별한 주의가 요구됩니다.

불법영업 행위로 인한 주요 광고주 피해 사례 및 예방방법을 참고하시어 불법영업으로 인한 피해를 방지하시길 바랍니다.

① 영업행위로 인한 주요 광고주 피해 사례

    ㉠ 홈페이지/블로그 제작 등 Kakao 키워드광고상품인 것처럼 허위 안내 후 실제 Kakao 키워드광고상품과 결합하여 판매

    카카오에서는 홈페이지/블로그 제작 관련한 상품을 판매하거나 제작 지원해 드리지 않습니다. 카카오의 주요 상품은 키워드광고, 메시지광고, 디스플레이광고 등이 있으며 홈페이지/블로그, 소재 제작과 연계한 상품은 판매하지 않으니 카카오 상품 소개는 광고안내페이지에서 확인해 주시기 바랍니다.

    ㉡ 공식대행사 또는 카카오 내부 관리 직원을 사칭하여 광고상품 가입 또는 연장을 제안하거나, 할인 쿠폰 제공 및 프로모션 대상자로 안내 후 결제를 유도하는 경우

    카카오는 공식대행사와의 계약을 통해 광고영업정책 준수를 의무화하고 있으며, 광고주님이 보다 공정하고 안전한 환경에서 관리받으실 수 있도록 광고영업정책을 배포하고 있습니다. 광고주님께서 카카오와 제휴 또는 계약되지 않은 업체에 의한 인한 피해가 발생할 경우, 카카오와 해당 업체 간의 계약관계가 성립하지 않기 때문에 즉각적이고 직접적인 강제 활동을 진행하기 어려울 수 있습니다.

    ㉢ 바로가기 혹은 사이트 등록 서비스를 유료 서비스로 제안하는 경우

    바로가기 서비스나 사이트 등록 서비스는 카카오에서 판매하는 광고상품이 아니며 검색 서비스입니다.

    • 사이트 등록 서비스 : 사이트 등록은 무료 서비스이며 사용자가 직접 등록 가능합니다.

    • 바로가기 서비스란? Daum 검색의 기준에 따라 해당 사이트가 대표성이 있을 때 노출되며, 주기적으로 검토하여 등록/수정/삭제를 진행하고 있는 검색 서비스로써 외부의 요청에 의해서 바로 대응되거나 유료로 판매되지 않습니다.

    ㉣ Kakao 키워드광고상품 최상단 고정노출 제안

    프리미엄링크는 실시간 입찰에 따라 광고를 클릭한 경우에만 과금되는 CPC 키워드광고상품입니다. 실시간 노출순위 결정에는 입찰가 외에도 성과 및 품질 등이 고려된 품질지수가 함께 반영되기 때문에 최상단에 고정으로 노출되기는 매우 어렵습니다.

② 불법영업행위로 인한 피해 예방 및 대처방법

    ㉠ 광고 대행사의 업체명과 담당자 성명, 연락처를 확인해 주세요.

    ㉡ 과도한 혜택을 안내하는 경우 '공식대행사' 여부 및 계약서를 상세히 확인해 주시는 것이 좋습니다.

    ㉢ 상품 및 플랫폼에 대한 광고주의 지식이 많을수록 불법영업 업체의 사기행각이 보입니다.

    ㉣ 불법영업행위로 인한 피해 상담 및 구제방법

    • 한국인터넷광고재단과 한국인터넷진흥원은 인터넷광고 관련 중소상공인의 피해에 대해 상담, 피해구제 및 분쟁조정 등 법률 지원을 하고 있습니다.

카카오 검색광고 심사가이드

1 집행기준

(1) 용어의 정의

① 본 문서에서 별도로 명시하지 않는 한, 비즈채널은 사이트를 뜻합니다.

② 연결화면 : 랜딩페이지, 광고소재에 등록한 '랜딩URL'로 연결되는 페이지를 뜻합니다.

③ 키워드 : 키워드광고를 진행하기 위해 구매하는 키워드를 뜻합니다.

④ 광고소재 : 광고를 구성하는 모든 요소를 의미합니다.

(2) 집행기준

① 광고주의 사이 및 광고주가 제작한 광고소재를 검토하여 'Kakao 키워드광고 심사정책'에 맞지 않을 경우 수정을 요청할 수 있으며, 당사 정책에 따라 특정 광고주의 가입 요청 또는 특정 광고물의 게재 요청을 거절할 수 있습니다.

② 법정사전심의 대상인 광고는 해당기관의 사전심의를 받은 경우에만 광고집행이 가능합니다.

③ 사회적인 이슈가 될 가능성이 있거나 이용자의 항의가 심할 경우, 집행 중인 광고라도 수정을 요청하거나 중단할 수 있습니다.

④ 원칙적으로 한글과 영어로 구성된 사이트만 광고할 수 있으며, 그 외의 언어로 구성된 사이트는 광고가 제한될 수 있습니다.

⑤ 광고주는 'Kakao 키워드광고 심사정책'을 준수하여 운영해야 하며, 위배되는 내용이 있을 경우 카카오는 수정을 요구하거나 광고 집행을 제한할 수 있습니다.

⑥ 카카오에서 제공하는 개별 서비스의 운영원칙/약관에 따라 특정 광고주의 가입 또는 특정 광고물의 게재가 제한될 수 있습니다.

(3) 광고심사

① 카카오는 광고 정책 및 시스템 로직을 통해 광고주가 등록한 비즈채널(사이트), 키워드, 광고소재(이미지, 문구, 연결화면 등)의 유효성과 적합성 여부를 판단하며, 연결화면에서의 여러 행위들이 정상적으로 작동하고 있는지 등을 확인할 수 있습니다.

② 카카오는 광고주가 입력한 정보와 실제 정보의 일치 여부, 업종별 서류 확인, 기타 여러 운영정책에서 정하는 바를 검토할 수 있습니다.

③ 광고주가 등록한 키워드 및 광고소재와 연결화면의 연관성, Kakao 키워드광고 심사정책 준수 여부 등을 검토하여 가이드에 맞지 않을 경우 수정을 요구할 수 있으며, 당사 내부 정책에 따라 광고 집행을 제한할 수 있습니다.

④ 광고 심사는 광고의 최초 등록 시 및 광고소재 수정 시 실시될 수 있으며, 심사 승인 이후에도 Kakao 키워드광고 심사정책 및 개별 서비스 운영원칙/약관에 따라 광고노출이 보류, 중단될 수 있습니다.

⑤ 선정성, 불쾌감, 공포감, 폭력성 등과 같이 구체적인 가이드를 제공하기 어려운 경우가 있으며, 이에 따라 심사 결과의 편차가 발생할 수 있습니다.

⑥ 증오, 혐오표현은 증오발언 근절을 위한 카카오의 원칙 및 한국인터넷자율정책기구(KISO)의 [혐오표현 자율정책 가이드라인]을 준수합니다.

⑦ 심사 승인된 광고소재와 연결화면 등이 현행 법령, kakao 키워드광고 심사정책, 운영정책 등에 적합함을 최종적으로 보증하거나 보장하는 것은 아닙니다. 광고주는 kakao 키워드광고 심사정책, 이용약관, 운영정책, 현행 법령 등을 숙지하고 준수해야 할 책임이 있습니다. 현행 법령, 광고정책 등을 준수하지 않을 경우 카카오는 광고 게재 중단 및 수정을 요구할 수 있으며, 발생된 불이익에 대해서는 광고주에게 책임이 있습니다.

(4) 광고 금지 행위

① 다음 금지 행위가 확인되는 경우 당사 정책 및 기준, Kakao 키워드광고 심사정책 위반 여부와 상관없이 광고에 대하여 임의 수정, 취소, 중단 등의 조치를 취할 수 있습니다.
  ㉠ 카카오에서 제공하는 방식이 아닌, 다른 방식으로 서비스에 접속하여 이용하는 행위
  ㉡ 노출/클릭과 같이 광고의 성과를 변경하거나 부정하게 생성시키는 경우
  ㉢ 회사의 이익에 반하는 광고 등을 노출하여, 회사에 피해를 발생시키는 경우
  ㉣ '카카오 키워드광고 심사정책', 개별 서비스 운영 원칙/약관, 관계 법령을 빈번하고 상습적으로 위반하는 경우
  ㉤ 카카오의 정당한 광고수정 등에 응하지 않는 경우
  ㉥ 고의적으로 Kakao 키워드광고 심사정책, 개별 서비스 운영원칙/약관, 관계 법령을 악용하는 경우
  ㉦ 기타 카카오가 판단함에 있어 서비스의 이용을 방해하는 경우

② ①항의 내용이 확인되어 광고주의 이용 자격이 제한되는 경우 면책을 주장할 수 없으며, 집행된 기간에 상응한 환불, 보상 또는 광고기간의 제공을 요구할 수 없습니다.

2 카카오 서비스 보호

(1) 카카오 서비스 및 디자인 모방/침해 금지

① 카카오 서비스의 이미지를 손상시킬 수 있는 내용의 경우 광고집행이 불가합니다.

② 카카오의 로고, 상표, 서비스명, 저작물 등을 무단으로 사용하는 경우 광고집행이 불가합니다(단, 카카오와 사전협의 후 사용한 경우에는 광고집행이 가능합니다).

③ 광고가 아닌 카카오 서비스 내용으로 오인될 가능성이 높은 내용은 광고집행이 불가합니다.

(2) 업무방해

① 본인 또는 제3자를 광고하기 위해 카카오의 이용약관, 개별 서비스의 운영원칙/약관 등에 위반하는 행위를 하거나 이를 유도하는 경우에는 광고집행이 불가합니다.

② 관련 법령, 카카오의 이용약관, 개별 서비스의 운영원칙/약관 등을 위반하여 카카오 서비스에 부당하게 영향을 주는 행위를 하거나 이를 유도하는 사이트는 광고집행이 불가합니다.

3 인터넷/모바일 이용자의 사용성

(1) 인터넷/모바일 이용자 방해

다음과 같이 인터넷/모바일 이용자의 인터넷 이용을 방해하거나 혼동을 유발할 수 있는 경우 광고집행이 불가합니다.

① 이용자의 의도와 상관없이 사용자의 환경을 변화시키는 경우

② 사이트 또는 어플이 정상적으로 종료가 되지 않은 경우

③ 사이트를 종료하면 다른 인터넷 사이트로 연결하는 경우

④ 사이트 접속 시 Active X 등 기타 프로그램 유포를 통하여 팝업 광고 및 사이트로 연결되는 경우

⑤ 스파이웨어를 통한 개인정보의 수집, 사용자 디바이스에 대한 임의의 행위를 일으키는 경우

⑥ 사이트로부터 본래의 인터넷 사이트로 되돌아가기를 차단하는 경우

⑦ 특정 컴퓨터 또는 모바일 디바이스 환경에서(특정 프로그램을 설치해야)만 그 내용을 확인할 수 있는 경우

⑧ 인터넷 이용자의 동의 없이 바로가기를 생성하는 경우

⑨ 시각적 피로감을 유발할 수 있는 과도한 떨림 또는 점멸효과를 포함하는 경우

⑩ 시스템 또는 네트워크 문제나 오류가 있는 것처럼 표현한 경우

⑪ 과도한 트릭으로 인터넷 이용자가 혼란을 일으킬 수 있는 경우

⑫ 클릭을 유발하기 위한 허위 문구 및 기능을 사용하는 경우(마우스포인트, 사운드/플레이 제어 버튼 등)

⑬ 카카오 서비스의 접속 등 통상적인 서비스 이용을 방해하는 경우

⑭ 이용자의 개인정보를 강제로 수집하는 경우

(2) 인터넷/모바일 이용자 피해

다음과 같이 인터넷/모바일 이용자에게 피해를 주는 경우 광고집행이 불가합니다.

① 사이트의 관리/운영자와 연락이 되지 않는 등 상당한 기간 동안 정상적으로 운영되지 않는 사이트

② 신용카드 결제나 구매 안전 서비스에 의한 결제가 가능함에도 현금 결제만 유도/권유하는 사이트

③ 상당한 기간 내에 상품/서비스를 제공하지 않거나, 정당한 이유 없이 환불을 해주지 않는 사이트

④ 국가기관이나 한국소비자원, 서울특별시 전자상거래센터 및 이에 준하는 기관과 언론사에서 이용자에게 피해를 유발하고 있다고 판단하거나 보도한 사이트

⑤ 카카오 이용자로부터 피해 신고가 다수 접수된 업체 및 사이트

4 현행법 및 윤리 기준 준수

(1) 카카오 이용자가 제품이나 서비스에 대한 올바른 정보를 제공받지 못하여 합리적인 구매 행위를 하지 못할 뿐만 아니라, 구매 행위를 하지 않더라도 광고 자체의 내용을 잘못 받아들일 가능성이 있는 표현이 확인되는 경우 광고집행이 불가합니다.

① [표시·광고의 공정화에 관한 법률] 제3조 및 동법 시행령 제3조에 따라 공정한 거래 질서를 해칠 우려가 있는 광고는 광고집행이 불가합니다.

② Kakao 키워드광고 심사정책은 한국온라인광고협회의 [인터넷광고심의규정] 제6조에 따라 인간의 생명, 존엄성 및 문화의 존중을 위한 온라인광고 자율권고 규정을 준수하며 이를 위반하는 경우 광고집행이 불가합니다.

③ 다음에 해당하는 콘텐츠/상품/서비스가 비즈채널, 광고소재 또는 연결화면에서 확인되는 경우 광고집행이 불가합니다.

(2) 현행법 및 주요 권고 사항

① 카카오 서비스 이용자의 안전과 정서를 해치는 광고로서 현행 법령에 위배되는 내용은 광고집행이 불가합니다.

② 광고 사이트 및 실제로 판매하는 제품, 제공되는 서비스는 관련된 모든 법률과 규정을 준수해야 합니다.

③ 정부기관 및 이에 준하는 협회/단체의 주요 권고사항에 의거하여 특정 광고를 제한할 수 있습니다.

④ 소송 등 재판에 계류 중인 사건 또는 국가기관에 의한 분쟁조정이 진행 중인 사건에 대한 일방적 주장이나 의견은 광고집행이 불가합니다.

(3) 선정/음란 광고

① 과도한 신체의 노출이나 성적 수치심을 불러일으킬 수 있는 음란/선정적인 내용은 광고집행이 불가합니다.

② 강간 등 성폭력 행위를 묘사하는 내용은 광고집행이 불가합니다.

(4) 폭력/불쾌/공포/비속 광고

① 폭력, 살인, 학대, 협박이나 공포스러운 표현을 통해 지나친 불안감을 조성할 수 있는 내용은 광고집행이 불가합니다.

② 폭력, 범죄 등의 반사회적 행동을 권유, 유도, 조장, 방조하는 내용과 이를 암시하는 내용은 광고집행이 불가합니다.

③ 불쾌감을 불러 일으킬 수 있는 내용은 광고집행이 불가합니다.
(예 오물, 수술장면, 신체 부위 일부를 확대하는 경우 등)

④ 과도한 욕설, 비속어 및 저속한 언어를 사용하여 불쾌감을 주는 내용은 광고집행이 불가합니다.

(5) 혐오표현/차별/증오

① 인종·국가·민족·지역·나이·장애·성별·성적지향이나 종교·직업·질병 등(이하 '특정 속성'이라 한다)을 이유로, 특정 집단이나 그 구성원에 대하여 차별 또는 편견을 정당화·조장·강화하거나 폭력을 선전·선동하는 혐오표현을 포함한 내용은 광고 집행이 불가합니다.

　　㉠ 성별·연령·직업·외모 등에 대한 비교, 비하, 차별 내용을 광고에 표기하거나 암시하는 경우

　　㉡ 특정 집단이나 그 구성원을 육체적, 정신적으로 해를 입혀야 한다고 주장하는 표현하는 경우

② 증오, 혐오표현은 증오발언 근절을 위한 카카오의 원칙 및 한국인터넷자율정책기구(KISO)의 [혐오표현 자율정책 가이드라인]을 준수합니다.

(6) 허위/과장 광고

① '허위/과장 광고'란 광고하는 내용과 제품, 서비스의 실제 내용이 다르거나 사실을 지나치게 부풀림으로써 소비자의 합리적인 선택을 방해하는 광고를 의미합니다.

② 허위의 사실로서 사회적 혼란을 야기할 수 있는 내용은 광고집행이 불가합니다.

③ 거짓되거나 확인되지 않은 내용을 사실인 것처럼 표현하는 내용은 광고집행이 불가합니다.

④ 중요한 정보를 생략하거나, 부분적인 사실을 강조하여 사람들을 잘못 오인하게 할 수 있는 내용은 광고집행이 불가합니다.

⑤ 광고주 및 캠페인 목적과 관련성이 낮은 내용을 통해 이용자를 유인하는 경우는 광고집행이 불가합니다.

⑥ 인터넷 이용자가 실제 발생한 사실로 오인할 수 있도록 하는 표현은 광고집행이 불가합니다.

(7) 기만적인 광고

① '기만적인 광고'란 소비자에게 알려야 하는 중요한 사실이나 정보를 은폐, 축소하는 등의 방법으로 표현하는 광고를 의미합니다.

② 소비자가 반드시 알아야 할 정보 등 소비자의 구매 선택에 있어 중요한 사항에 관한 정보의 전부 또는 일부에 대하여, 소비자가 인식하지 못하도록 표기하거나, 아예 누락하여 표기하지 않은 경우 광고집행이 불가합니다.

③ 소비자가 반드시 알아야 할 정보를 은폐 또는 누락하지 않고 표시하였으나 지나치게 생략된 설명을 제공하는 방법으로 표시한 경우 광고집행이 불가합니다.

④ 광고 내용이 사실과 다르거나, 이벤트가 종료된 후에도 계속해서 집행하는 경우는 허용되지 않습니다.

(8) 부당한 비교 광고

① '부당한 비교 광고'란 비교 대상 및 기준을 명시하지 아니하거나 객관적인 근거 없이 자신 또는 자신의 상품, 용역을 다른 사업자(사업자 단체, 다른 사업자 등 포함)의 상품 등과 비교하여 우량 또는 유리하다고 표현하는 광고를 의미합니다.

② 비교 표시 광고의 심사기준은 공정거래위원회 예규 제153호를 기준으로 심사하며, 해당 기준에 위배되는 경우 광고집행이 불가합니다.

(9) 비방 광고

① '비방 광고'란 다른 사업자, 사업자 단체 또는 다른 사업자 등의 상품/용역에 관하여 객관적인 근거가 없는 내용으로 광고하거나, 불리한 사실만을 광고하여 비방하는 것을 의미합니다.

② 사실유무와 관계없이 다른 업체의 제품을 비방하거나, 비방하는 것으로 의심되는 경우 광고집행이 불가합니다.

(10) 추천/보증 광고

① 추천·보증 등을 포함하는 콘텐츠 사용하는 경우 공정거래위원회의 「추천·보증 등에 관한 표시·광고 심사지침」을 반드시 준수해야 합니다.

② 추천·보증 등의 내용이 '경험적 사실'에 근거한 경우에는 당해 추천·보증인이 실제로 경험한 사실에 근거해야 합니다.

③ 광고주와 추천·보증인 사이의 경제적 이해관계가 있는 경우 이를 명확하게 표시해야 합니다.

④ 표시 문구(추천·보증 광고 표시, 광고주와의 고용 관계 및 경제적 이해 관계 표시)를 적절한 문자 크기, 색상 등을 사용하여 소비자들이 쉽게 인식할 수 있는 형태로 표현해야 합니다.

⑤ 이외 내용은 '공정거래위원회'의 「추천·보증 등에 관한 표시·광고 심사지침」을 따릅니다.

(11) 타인 권리 침해

① 개인정보 유포 등 사생활의 비밀과 자유를 침해할 우려가 있는 내용은 광고할 수 없습니다.

② 지적 재산권(특허권/실용신안권/디자인권/상표권/저작권 등) 및 초상권 등 타인의 권리를 침해하는 경우 광고집행이 불가합니다.

③ 다음의 경우 타인의 권리를 침해하는 광고로 판단합니다.

　㉠ 해당 연예인과의 계약관계 또는 동의 없이 사진 또는 성명 등을 사이트 또는 광고소재에 사용하는 경우

　㉡ 저작권자와의 계약관계 또는 동의 없이 방송, 영화 등 저작물의 캡쳐 이미지를 사이트 또는 광고소재에 사용하는 경우

　㉢ 저작물 콘텐츠의 무단 복제 및 컴퓨터 프로그램의 크랙(Crack) 등을 제공하거나 판매하는 경우

　㉣ 이용자의 행위 없이 자동으로 게임을 실행할 수 있도록 도와주는 오토마우스(오토플레이) 프로그램을 판매하거나 관련 정보를 공유하는 경우

　㉤ 위조상품(이미테이션)을 판매하는 경우

　㉥ 기타 타인의 권리를 침해하는 경우

④ 화폐도안을 사용하는 경우 한국은행의 「한국은행권 및 주화의 도안 이용기준」을 반드시 준수해야 합니다.

⑤ 성별, 인종, 민족, 종교, 신념, 나이, 성적 정체성, 정치 성향, 재정적 곤란, 가족관계, 신체적 또는 정신적 질병 및 장애, 신체조건 등 개인적인 특성을 언급 또는 암시하거나 민감한 정보를 포함하여 직/간접적으로 타인을 암시함으로써 타인에 대한 명예훼손, 모욕 또는 수치심을 유발하는 등 타인의 권리를 침해할 수 있는 내용은 광고 집행이 불가합니다.

(12) 이용자(소비자)가 오인할 수 있는 표현

① 성분, 재료, 함량, 규격, 효능 등에 있어 오인하게 하거나 기만하는 내용

② 부분적으로 사실이지만 전체적으로 인터넷 이용자가 오인할 우려가 있는 내용

③ 객관적으로 인정받지 못하거나 확인할 수 없는 최상급의 표현

④ 난해한 전문용어 등을 사용하여 인터넷 이용자를 현혹하는 표현

⑤ 제조국가 등에 있어서 인터넷 이용자가 오인할 우려가 있는 표현

⑥ 영업망, 지점 등에서 광고를 진행하는 경우 본사에서 직접 진행하는 광고로 오인되는 표현은 광고 집행이 불가합니다.

⑦ 국가 또는 공공기관이나 기타 관련 단체가 직접 진행하거나 연관된 내용이 아님에도, 이용자를 오인시킬 우려가 있거나 정부의 서비스 및 정책 등을 활용하여 유인하는 경우 광고 집행이 불가합니다.

⑧ 특정 유명인(공인), 브랜드, 조직 등이 연관된 내용이 아님에도, 정당한 권한 없이 관련 이미지, 로고, 유사 명칭 등을 사용하거나 제휴, 지지 등을 사칭 또는 허위로 암시하여 이용자를 오인시킬 우려가 있는 경우 광고 집행이 불가합니다.

(13) 보편적 사회정서 침해

① 인간의 생명 및 존엄성을 경시하는 내용은 광고집행이 불가합니다.

② 공중도덕과 사회윤리에 위배되는 내용은 광고집행이 불가합니다.

③ 국가, 국기 또는 문화유적 등과 같은 공적 상징물을 부적절하게 사용하거나 모독하는 표현은 광고 집행이 불가합니다.

④ 도박, 또는 지나친 사행심을 조장하는 내용은 광고집행이 불가합니다.

⑤ 미신숭배 등 비과학적인 생활 태도를 조장하거나 정당화하는 내용은 광고집행이 불가합니다.

⑥ 의학 또는 과학적으로 검증되지 않은 건강비법 또는 심령술은 광고집행이 불가합니다.

⑦ 자살을 목적으로 하거나 이를 미화/방조하여 자살 충동을 일으킬 우려가 있는 내용은 광고집행이 불가합니다.

⑧ 범죄, 범죄인 또는 범죄단체 등을 미화하는 내용은 광고집행이 불가합니다.

⑨ 용모 등 신체적 결함 및 약점 등을 조롱 또는 희화화하는 내용은 광고집행이 불가합니다.

⑩ 다른 민족이나 다른 문화 등을 모독하거나 조롱하는 내용은 광고집행이 불가합니다.

⑪ 사회 통념상 용납될 수 없는 과도한 비속어, 은어 등이 사용된 내용은 광고집행이 불가합니다.

⑫ 저속/음란/선정적인 표현이 포함되거나 신체 부위를 언급하는 방법 등으로 성적 충동을 유발할 수 있는 내용은 광고집행이 불가합니다.

⑬ 기타 보편적 사회정서를 침해하거나 사회적 혼란을 야기할 우려가 있는 내용은 광고집행이 불가합니다.

(14) 청소년 보호

① [청소년 보호법]에 따라 '청소년 유해 매체물' 및 '청소년 유해 약물'로 고시된 사이트, 매체물은 청소년 유해 매체물의 표시방법 및 청소년접근제한조치(성인인증 절차)에 따라 연령 확인을 통하여 미성년자가 구매할 수 없어야 합니다.

ⓐ 청소년유해매체물이란 여성가족부가 청소년에게 유해한 것으로 결정하여 고시한 사이트 및 매체물을 뜻합니다(청소년 보호법 제7조 및 제9조).

　ⓑ 청소년 유해 매체물로 고시되지 않았다 하더라도 해당 사이트 접근 시 청소년접근제한조치(연령 확인 및 청소년 이용 불가 표시)가 확인되는 경우 청소년 유해 매체물로 판단하여 본 기준을 적용합니다.

② 청소년 유해 매체물의 표시방법(방송통신위원회 고시 제2015-17호 참조)

　ⓐ 청소년 유해 문구
　　• 정보통신망 이용촉진 및 정보보호 등에 관한 법률 및 청소년 보호법에 따라 19세 미만의 청소년이 이용할 수 없습니다.

　ⓑ 청소년 유해로고
　　• 컬러 매체의 경우 적색 테두리의 원형 마크 안에 '19'라는 숫자를 백색 바탕에 흑색으로 표시
　　• 흑백 매체의 경우 흑색이 아닌 바탕에 흑색 테두리의 원형 마크 안에 '19'라는 숫자를 흑색으로 표시

　ⓒ 유해 로고와 유해 문구는 화면 전체의 1/3 이상의 크기로 상단에 표시해야 합니다.

　ⓓ 일반 사이트로 연결되는 19세 미만 나가기 기능을 구비해야 합니다.

　ⓔ 청소년 보호법 제17조 규정에 의한 상대방 연령 및 본인 여부 확인 기능을 구비해야 합니다.

카카오 검색광고 등록기준

1 비즈채널 등록기준

(1) 비즈채널 등록 기본 기준

① 사이트는 완성된 홈페이지여야 하며, 사용자 환경과 무관하게 항상 접속이 가능해야 합니다. 수정 중인 사이트나 일부 메뉴가 활성화되지 않은 사이트는 광고할 수 없습니다.

② 충분한 자체 콘텐츠를 가진 사이트만 광고를 진행할 수 있으며, 콘텐츠가 충분하지 않을 경우 광고 집행이 제한될 수 있습니다.

③ 사이트 내 연결화면에는 광고소재의 의미를 나타내는 명확하고 실질적인 내용이 포함되어야 합니다.

④ 연결화면과 광고소재에 관한 콘텐츠를 충분히 제공하더라도, 사이트에서 제공하는 다른 상품 또는 서비스가 '카카오 광고 심사정책'에 위반되면 광고 게재 및 가입이 제한될 수 있습니다.

⑤ 상호명, 주소, 연락처 등과 같이 소비자들이 공신력을 인정할 수 있는 내용을 표시하여야 합니다. 그 밖에 관련 등록기관이 있는 경우에는 등록번호를 함께 표시해야 합니다.

⑥ 성인을 대상으로 하는 업종, 콘텐츠 등을 제공하는 사이트의 경우 [청소년 보호법]에 의해 청소년 접근제한 조치가 있어야 합니다(단, 카카오 개별 서비스의 운영원칙/이용약관에 따라 해당 조치가 존재할지라도 광고집행이 불가할 수 있습니다).

⑦ 대다수의 사용자가 이해할 수 있는 수준의 적절한 단어와 문장을 사용하여야 합니다.

⑧ 회원제로 운영되는 사이트를 등록할 경우에는 심사용 ID와 Password 제공이 필요합니다.

(2) 도메인 등록기준

① 비즈채널 도메인 형식

　㉠ 한글/영문 형식의 도메인으로 광고 등록이 가능합니다.

　㉡ 도메인에 비속어, 은어 등이 포함될 경우 광고 등록이 불가합니다.

　㉢ 랜딩URL에 표시URL이 포함되어 있지 않으면 포워딩으로 간주되어 광고 등록이 불가합니다.

　㉣ IP 주소를 랜딩URL로 사용할 수 없습니다.

　㉤ 한글 ↔ 영문 URL의 상호 리다이렉션은 허용됩니다.

　㉥ 비즈채널은 대표도메인URL 등록을 권장합니다. 비즈채널URL이 긴 경우 광고노출 시 URL이 일부 노출되지 않을 수 있습니다.

(3) 커뮤니티사이트 등록기준

① 광고 집행 기준

㉠ 카페, 블로그, 미니홈피 등을 커뮤니티 사이트라 합니다.

㉡ 영리성 커뮤니티 사이트는 사업자 정보 기재 조건을 충족하여야 합니다.

㉢ 사업자 정보는 커뮤니티, 게시글이 아닌 커뮤니티 사이트 첫 페이지 고정 영역에 확인하기 쉽게 기재해야 합니다.

㉣ 사이트 정체성, 콘텐츠 목적성 및 사이트 소유주 판명이 어려운 개인 커뮤니티 및 개인 SNS 사이트인 경우 광고 등록이 불가합니다.

(4) 통신판매 사이트 등록 기준

① 광고 집행 기준

㉠ 통신판매업 사이트는 [전자상거래 등에서의 소비자 보호에 관한 법률] 제12조에 따라, 통신판매업 신고를 한 후에 광고할 수 있습니다.

㉡ [전자상거래 등에서의 소비자 보호에 관한 법률] 및 이에 따른 [통신판매업 신고 면제 기준에 대한 고시]에 의해 통신 판매법 신고 면제 대상에 해당하는 경우, 해당 내용을 소명한 후 광고할 수 있습니다.

㉢ 필수 기재사항

• 통신판매업 사이트는 [전자상거래 등에서의 소비자 보호에 관한 법률] 제10조 및 제13조, 동법 시행규칙 7조에 따라 다음의 정보를 쇼핑몰 초기 화면에 반드시 표기해야 합니다.
  – 상호(업체명)
  – 대표자 성명
  – 사업장 주소
  – 전화번호 또는 전자우편 주소
  – 사업자등록번호
  – 통신판매업 신고번호
• 모바일 페이지에서는 현재 표시되는 화면으로부터 버튼 또는 화면 등을 누르는 등의 행위에 의해 직접 연결되는 다른 화면을 통해 해당 정보를 제공할 수 있습니다.
• 선불식(선지급식) 온라인 쇼핑몰의 경우 신용카드 및 구매 안전서비스에 따른 결제수단(에스크로, 채무지급보증, 소비자피해보상보험 등)을 모두 제공해야 하며, 쇼핑몰의 초기화면에 구매 안전서비스의 가입 여부를 표시해야 합니다.

(5) 국외 결제 및 배송 업체 등록 기준

① 필수 기재 사항

㉠ 상호, 사업장소재지(주소) 또는 사업자등록번호, 이용약관 또는 개인정보 보호방침, 전화번호 또는 이메일주소를 쇼핑몰 초기 화면에 반드시 표기해야 합니다.

㉡ Cybertrust, Truste, Verisign 등 소비자 금융 보호 장치 인증을 표시해야 합니다.

(6) 기타 제출 서류

① 통신판매업 신고 면제에 대한 소명서
② 저작권, 불법행위에 대한 사이트운영준수 확약서

2 키워드 등록기준

(1) 키워드 공통 등록기준

① 집행하는 사이트와 관련성이 있는 키워드에 한하여 광고등록이 가능합니다.
② 비속어, 은어, 성인사이트의 일반키워드 구매, 무리한 축약어, 띄어쓰기 등의 키워드는 등록이 불가합니다.
③ 키워드에 특수문자 및 기호가 포함된 경우 광고등록이 불가합니다.
④ 일부 키워드 및 기관/단체를 지칭한 최상급 키워드에 대해 증빙서류를 요구할 수 있습니다.
⑤ 비방성 키워드, 사회적 이슈 키워드는 광고등록이 불가합니다.
⑥ 키워드 등록 시 띄어쓰기는 삭제해 주시기 바랍니다.

(2) 단독 지역명 키워드 등록기준

① 지역정보, 지역행사, 관광명소, 여행, 숙박시설, 부동산, 맛집 등 지역에 관한 정보로 구성된 사이트 광고 시 단독 지역명 또는 단독 장소명 키워드 등록이 가능합니다.
② 단순 특정 지역명이 웹사이트에 언급된다고 하여 해당 지역명 키워드를 사용할 수는 없습니다.
③ 통상적으로 연관되는 특산품 사이트의 경우 단독 지역명 키워드광고 등록이 가능합니다.

(3) 인물명 키워드 등록기준

① 유명인(연예인)이 실제 해당 홈페이지를 운영하는 경우 해당 유명인명 키워드 사용이 가능합니다.
② 유명인(연예인명)이름으로 제품을 판매하거나 광고 및 홍보하는 경우, 제휴사실 확인 후 키워드 사용이 가능합니다.
③ 유명인(연예인명)이 단순 제품모델로 활동하고 있는 경우, 제휴사실 확인 후 키워드 사용이 가능합니다.
④ 도서 판매 사이트의 저자명 키워드 콘텐츠 확인 시 등록이 가능합니다.
⑤ 직업명/직책/소속이 포함된 일반인명 광고등록이 가능합니다.

(4) 저작물 키워드 등록 기준

① 드라마명, TV프로그램명, 영화명 등 저작물의 직접적인 콘텐츠 확인 시 해당 저작물 관련 키워드의 광고등록이 가능합니다.
② 도서명, 공연명, 음반명, 음원명 키워드 콘텐츠 확인 시 광고등록이 가능합니다.
③ 단, 저작물 키워드의 경우 상표등록 및 문제제기 시 광고가 취소될 수 있습니다.

(5) 타업체명 키워드 등록 기준

① 의류/의류잡화 업종은 타업체명 키워드로 광고할 수 있습니다. 단, 제목 및 설명문구에는 다른사업자 사이트명(상호명)을 작성할 수 없습니다.

> **참고** 다른 사업자의 사이트명(상호명)을 사용했다 하더라도 일반적인 단어 또는 다른 의미로 사용되거나, 관련성이 있는 경우 작성할 수 있습니다.

(6) 구매금지된 키워드 등록 기준

검색 이용자들의 광고 만족도 향상과 검색 품질 조정을 위해 키워드 구매가 일부 제한될 수 있습니다.

① 사회 미풍양속을 해치거나 불법의 소지가 있는 키워드 또는 욕설, 혐오나 공포를 조장하는 키워드
② 검색 사용자의 검색 의도에 부합하지 않거나 검색 연관성이 낮은 광고의 노출 키워드
③ 해당 키워드는 내부 기준에 의해 상시 변동될 수 있으며, 별도 공지되지 않습니다.

3 소재별 등록기준

(1) 공 통

① 카카오 광고 등록기준에 따라 내용은 편집, 보류, 삭제될 수 있습니다.
② 등록된 사이트와 관련성이 있는 문안에 한하여 광고 등록이 가능합니다.
③ 일부 홍보문구 및 기관/단체를 지칭한 최상급 표현에 대해 증빙서류를 요구할 수 있습니다.
④ 비교/비방 또는 허위/과장 문구 등은 광고 등록이 제한될 수 있습니다.
  ㉠ 비교/비방 문구 작성 기준
   - 다른 업체와 다른 업체 상품을 비교하는 문구 작성 시 객관적인 근거 없이 유리하다고 표현하는 비교 문구는 작성할 수 없습니다.
   - 다른 업체와 다른 업체 상품을 객관적인 근거가 없는 내용으로 불리한 내용을 작성할 수 없습니다.
   - 다른 업체와 다른 업체 상품의 비교가 아닌 차별성을 나타내는 경우 사이트 내 객관적인 콘텐츠가 확인될 시 작성할 수 있습니다.
  ㉡ 허위/과장 문구 작성 기준
   - 서비스의 실제 내용이 다르거나 사실을 지나치게 부풀림으로써 이용자의 선택을 방해하는 문구는 작성할 수 없습니다.
   - 거짓되거나 확인되지 않는 내용을 사실인 것처럼 표현하는 문구는 작성할 수 없습니다.
   - 이용자에게 반드시 알려야 하는 중요한 사실을 누락하는 문구는 작성할 수 없습니다.
   - 폭력적, 선정적인 표현 또는 불법/유해 표현 문구는 작성할 수 없습니다.
   - 관련 법령 또는 선량한 풍속, 기타 사회질서에 위배 또는 위배하는 행위를 지칭하는 문구는 작성할 수 없습니다.

(2) 제 목

① 제목은 사이트명 및 상호명으로 작성해야 합니다. 제목에 작성된 상호명이 확인된 명칭과 다른 경우 광고 불가합니다.

② 제목에 간단한 수식어를 추가할 수 있습니다.

　㉠ 제목에 수식어를 작성하는 경우 사이트명(상호명)과 수식어 사이에 띄어쓰기를 해야 합니다.

　㉡ 제목은 서술형으로 작성할 수 없습니다.

　㉢ 제목은 최대 15자까지 작성할 수 있습니다.

　㉣ 제목에는 문장부호 등을 작성할 수 없습니다. 제목에는 원칙적으로 마침표, 쉼표, 물음표 등 문장부호를 작성할 수 없으나, 수식어를 구분하는 쉼표 또는 의미 전달에 필요한 경우에 한하여 작성할 수 있습니다.

　㉤ 제목에 전화번호, 주식 종목코드, 인터넷주소, SNS계정, 아이디, 이메일 등을 작성할 수 없습니다.

　㉥ 제목은 한글 또는 영문으로 작성할 수 있으며, 기타 외국어는 작성할 수 없습니다.

　㉦ 제목에 다른 사업자 사이트명(상호명)을 작성할 수 없습니다. 다른 사업자의 사이트명(상호명)을 사용했다 하더라도 상호명 이외의 일반적인 단어 또는 다른 의미로 사용되거나, 관련성이 있다고 판단되는 경우 작성할 수 있습니다.

　㉧ 상표권 침해 소지가 있는 경우 편집 혹은 등록이 거부될 수 있으며, 진행 중인 광고가 상표권 침해 문제가 발생하는 경우 진행 중인 광고가 제한될 수 있습니다.

(3) 설명문구

① 설명문구는 최대 45자까지 작성할 수 있습니다.

② 설명문구는 일반적인 국문 표기법을 준수하여 작성해야 합니다.

③ 설명문구에 문장부호를 작성할 수 있습니다.

　㉠ 설명에는 의미 전달이 필요한 경우에만 작성할 수 있습니다.

　㉡ 문장부호는 의미 전달이 아닌 반복 등 과도하게 작성할 수 없습니다.

　㉢ 설명문구에 전화번호, 주식 종목코드, 인터넷주소, SNS 계정, 이메일 등을 작성할 수 없습니다.

④ 설명문구는 광고주의 광고하는 상품 및 서비스 등 관련된 정보로 작성해야 합니다.

　㉠ 사이트에서 확인되는 내용의 정보성 문구를 기본으로 하되, 간단한 홍보문구를 추가할 수 있습니다.

　㉡ 사실을 지나치게 부풀려 이용자를 속이거나 이용자로 하여금 잘못 알게 하는 내용은 작성할 수 없습니다.

　㉢ 설명문구에 작성한 내용이 허위/과장이라는 신고가 접수된 경우 관련 내용을 확인할 수 있는 소명 자료를 제출할 수 있으며, 허위/과장 문구로 밝혀질 경우 광고할 수 없습니다.

　㉣ 설명문구에 다른 사업자 사이트명(상호명) 을 작성할 수 없습니다. 다른 사업자의 사이트명(상호명)을 사용했다 하더라도 상호명 이외의 일반적인 단어 또는 다른 의미로 사용되거나, 관련성이 있다고 판단되는 경우 작성할 수 있습니다.

⑤ 설명문구에 한글 또는 영문으로 작성할 수 있으며, 기타 외국어는 작성할 수 없습니다.

(4) 연결화면

① 연결화면은 해당 광고상품의 판매 페이지 혹은 해당 상품의 리스트 페이지로 이동해야 하며, 연결 화면과 무관한 내용의 소재는 노출이 불가합니다.

② 광고와 사실 보도를 혼동할 수 있는 뉴스나 기사, 기타 보도를 하는 언론사 페이지는 연결화면으로 사용할 수 없습니다.

③ 연결화면은 언론/방송 등이 사실 보도한 것으로 소비자가 오인할 수 있는 페이지는 연결화면으로 사용할 수 없습니다.

④ 시작페이지 변경, 툴바 설치 등 인터넷 이용자의 컴퓨터 환경 변화를 유도하는 경우 광고가 중단될 수 있습니다.

⑤ 인터넷 이용자가 종료할 수 없는 형태로 연결화면이 구성되는 경우 광고 집행이 불가합니다.

⑥ 연결화면을 종료한 후에 다른 페이지로 연결되거나, 일정시간이 경과한 후에 다시 열리게 하는 경우 광고 집행이 불가합니다.

⑦ 연결화면이 미완성 또는 수정 중이거나 사이트 일부가 활성화되지 않은 경우 광고 집행이 불가합니다.

⑧ 회원제 사이트는 심사용 ID와 PW를 제공해야 합니다.

⑨ 연결페이지는 카카오광고의 '비즈채널 등록기준'을 따릅니다.

4 확장소재 등록기준

(1) 추가제목

① 광고주가 제공하는 상품 또는 사이트 연관성이 있는 설명을 추가할 수 있습니다.

② 사이트 내에서 확인되거나, 객관적이고 인정할 수 있는 사실로 작성해야 합니다.

③ 제목은 키워드광고 기본 소재의 제목과 동일한 문구를 중복하여 기재할 수 없습니다.

④ 랜딩URL은 키워드광고 기본 소재의 랜딩URL로 동일하게 연결됩니다.

⑤ 병/의원 업종은 추가제목 노출이 제한됩니다.

(2) 부가링크

① 광고주가 제공하는 사이트 내 링크를 활용하여 추가할 수 있습니다.

② 부가링크는 최소 3개에서 최대 4개까지 등록할 수 있습니다.

③ 제목은 공백을 포함하여 최대 6자까지 등록할 수 있으며, 등록한 제목은 합산 최대 22자까지 등록 가능합니다.

④ 제목은 랜딩페이지에서 제공하는 서비스와 일치하는 내용으로 기재해야 합니다.

⑤ 랜딩URL은 사이트 연관성있는 사이트/페이지로 연결되어야 합니다.

⑥ 부가링크에 광고주의 공식 SNS를 등록할 경우, 제목에 SNS임을 명시해야 합니다.
　　예 카카오스토리

⑦ 부가링크가 앱스토어로 연결될 경우, 제목에 iOS/Android 각각의 앱스토어 명을 명시해야 합니다 (OS 별로 자동 분기가 되는 경우에도, 앱 다운로드임을 제목에 명시해야 합니다).

⑧ 병/의원 등 업종은 의료광고사전심의 면제 대상에 해당하는 내용만 부가링크로 등록할 수 있습니다(게재 이후라도 사전 면제대상이 아닌 경우, 관련 법령 등에 부합하지 않은 경우, 정부기관 및 유관기관 등의 시정 명령 등이 전달된 경우 광고가 제한될 수 있습니다).

(3) 가격테이블

① 광고주가 제공하는 상품 또는 서비스의 주요 가격정보를 추가할 수 있습니다.

② 가격테이블은 최소 1개에서 최대 3개까지 등록할 수 있습니다.

③ 제목은 공백을 포함하여 최대 9자까지 등록할 수 있습니다.

④ 연결URL은 등록된 사이트URL(세부 랜딩 포함) 내에서만 설정할 수 있습니다.

⑤ 가격은 랜딩페이지에서 가격정보가 확인되는 페이지로 연결되어야 합니다.

⑥ 가격테이블의 가격표시단위는 '원', '원까지', '원부터' 선택이 가능하며, 가격란에는 숫자만 입력 가능합니다.

⑦ 가격정보를 허위작성하여, 적발될 경우 광고가 제한될 수 있습니다.

⑧ 병/의원 업종은 가격테이블 노출이 제한됩니다.

(4) 이미지타입

① 썸네일이미지 등록기준

　㉠ 광고주가 제공하는 주된 상품 또는 서비스를 대표할 수 있는 이미지를 추가할 수 있습니다.

　㉡ 노출되는 광고소재(제목, 설명)와 관련이 있어야 합니다.

　㉢ 랜딩URL은 키워드광고 기본 소재 제목과 동일한 랜딩URL로 연결됩니다.

　㉣ 실제 촬영한 사진 또는 이미지만 등록할 수 있습니다.

　㉤ 해상도가 높고 초점이 정확한 품질 높은 이미지를 사용해야 합니다.

　㉥ 다음과 같은 이미지는 사용할 수 없습니다.
　　• 사이트 및 업체와 관련이 낮은 이미지
　　• 일러스트 및 그래픽으로 구성된 이미지 : 업체의 공식 마스코트로 확인되는 경우 일러스트/그래픽 이미지를 사용할 수 있습니다.
　　• 화질이 낮은 저해상도 이미지, 과도한 보정으로 실체 확인이 어려운 이미지
　　• 테두리, 흐림, 블러, 모자이크 등 기타 효과를 사용한 이미지
　　• 합성/분할 이미지, 비율이 동일하지 않거나, 이미지 외 여백이 있는 이미지
　　• 로고/CI/텍스트가 삽입된 이미지
　　　예 연락처, 이메일, 소개글, 업체명 등 : 로고/CI에 한하여, 이미지 품질을 저하하지 않는 수준일 경우 사용할 수 있습니다.
　　• 폭력적, 선정적(선정 내용 연상), 청소년에게 유해한 영향 또는 혐오감을 조성할 수 있는 이미지
　　• 관련 법령이나 미풍양속, 기타 사회질서에 반하거나 우려되는 이미지

　㉦ 제3자의 권리(저작권, 초상권 등) 관련된 사진 또는 이미지를 사용할 경우 권리자에게 사전 승낙을 얻어야 하며, 권리침해 분쟁이 있을 경우 노출이 제한될 수 있습니다.

　㉧ 그 외 관리자가 광고 품질이 저하된다고 판단되는 경우 광고가 제한될 수 있습니다.

ⓩ 성인, 병/의원 업종은 이미지 확장소재 노출이 제한됩니다.

ⓩ 이미지 설명문구는 집행하는 광고와 관련되는 문구로 작성해주시기 바랍니다.

② 멀티썸네일 등록기준

ㄱ 이미지는 광고주의 사이트와 광고소재와의 연관성이 확인되어야 합니다.

ㄴ 이미지 및 내용은 중복하여 등록할 수 없습니다.

ㄷ 랜딩URL은 등록된 사이트의 URL(세부페이지 포함) 내에서만 설정할 수 있습니다.

ㄹ 랜딩URL은 중복하여 등록할 수 있습니다.

ㅁ 멀티썸네일은 썸네일이미지 기본 등록기준에 따릅니다.

ㅂ 성인, 병/의원, 금융 업종은 멀티썸네일 노출이 제한됩니다.

(5) 말머리형

① 광고주가 제공하는 프로모션(할인/이벤트)과 공인정보(인증/연관기사) 중에서 선택하여 추가할 수 있습니다.

② 말머리형은 할인/이벤트/인증/연관기사의 4종류 중 1개만 선택할 수 있습니다.

③ 내용은 말머리형과 충분한 관련이 있는 문구로 구체적이고 명확하게 표현해야 합니다.

ㄱ 할인 예시 : APP 첫 구매 시 10% 할인!

ㄴ 이벤트 예시 : 매일 3만원 APP 쿠폰 증정

ㄷ 인증 예시 : 미국 농무부 유기농 인증 USDA 획득

ㄹ 연관기사 : 키워드광고 확장소재 말머리형 출시

④ 이용자에게 충분한 정보를 제공하지 않는다고 판단되는 경우 노출이 제한될 수 있습니다.

⑤ 선택한 말머리 종류는 내용 맨 앞에 자동으로 추가되어 노출됩니다.

⑥ 랜딩URL은 말머리형에 작성한 내용과 관련이 있는 페이지로 연결되어야 합니다.

⑦ 랜딩URL은 등록된 사이트의 URL(세부페이지 포함) 내에서만 설정할 수 있습니다.

⑧ 연관기사의 경우 반드시 사이트 내 보도자료 콘텐츠가 확인되어야 합니다.

⑨ 병/의원 업종은 말머리 노출이 제한됩니다.

(6) 계산하기

① 보험/대출 업종에 한하여 노출할 수 있습니다.

② 랜딩URL은 등록된 사이트URL(세부 랜딩 포함) 내에서만 설정할 수 있습니다.

③ 랜딩URL 내 가격 계산 시뮬레이션이 가능한 기능이 제공되어야 합니다.

(7) 전화하기

광고주와 관련성이 있는 전화번호만 등록할 수 있습니다.

(8) 톡채널

비즈채널에 연동된 톡채널 1개를 등록할 수 있습니다.

온라인광고 용어 사전

가상계좌

네이버 검색광고 광고비를 입금할 수 있는 개인별 고정 계좌번호로 네이버 검색광고 가입 시 광고주의 주거래 은행을 선택하면 광고주만의 고유한 계좌번호가 발급되는데 이를 가상계좌라 한다. 가상계좌에 광고비를 입금하면 입금 내용이 광고주의 계정에 실시간으로 반영되어 입금 확인 시간을 단축시키며 광고주의 개인정보를 보호할 수 있다.

검색광고

사용자가 인터넷 검색 사이트에서 특정 키워드를 검색한 결과 페이지에 광고를 노출하여 광고주의 웹 페이지로의 유입을 유도하고 광고매체 이용자에게 광고를 보여주는 광고 수단이다.

검색 네트워크

광고가 게재될 수 있는 모든 검색 관련 웹페이지를 말한다.

검색 알고리즘

이용자가 수백에서 수천억 개의 웹페이지로부터 검색한 자료를 이용자의 목적에 알맞게 나열해주는 전략적 실행방안으로, 웹페이지의 검색을 통해 최선의 답을 찾는 검색시스템이다.

검토(검수)

광고를 신규로 등록하거나 기존 광고를 수정할 경우 광고물에 법적·사회적 이슈가 없고, 광고등록 기준에 부합하는지 검토하고 수정하는 과정을 말한다. 키워드와 소재, 비즈채널의 연관도를 확인하고, 검색사용자의 검색의도에 부합하는지, 사이트는 적법한지 등을 확인한다.

광고 문구

검색 결과로 노출되는 광고형식을 뜻하며, 제목과 설명문구, 부가정보, URL로 구성된다. T&D, 광고소재, 리스팅과 혼용되어 쓰인다.

광고소재(문안)

검색광고 결과 페이지에 노출되는 메시지를 의미한다. 제목(Title), 설명문구(Description), URL이 나열된 형태가 대표적이며 이미지, 동영상, 텍스트 등 다양한 유형이 될 수 있다.

경쟁현황

해당 키워드를 광고에 등록한 광고주의 수를 의미한다.

계 정

네이버 검색광고에 회원으로 가입할 경우, 광고 집행을 위해 제공되는 최상위 단위를 나타내는 말이다. 사업자번호 또는 개인 식별번호를 기준으로 생성된 집합을 이르며, 계정의 하위 단위로는 캠페인, 광고그룹, 키워드와 소재가 있다.

광고노출제한

광고가 노출되지 않기를 희망하는 IP주소를 등록하여 광고노출을 제한하는 기능이다. 광고노출제한 IP로 등록하면 등록한 해당 IP에서는 광고주의 광고노출을 제한한다. 그러나 광고노출 제한된 IP로 등록을 하더라도, 광고노출 제한된 사용자가 즐겨찾기, 사이트 URL, 직접입력, URL 복사 등을 통해 사이트로 접속을 한 경우 접속 로그는 남을 수 있으나 과금되지 않는다.

광고 더보기

노출순위 밖에 있는 광고를 노출해주는 광고 영역이다. 검색사용자가 광고 영역 하단 '더보기'를 클릭하면 더보기 페이지에서 광고가 노출된다.

구매전환율 CVR ; Conversion Rate

광고를 클릭한 후 유입되어 회원가입을 하거나 제품을 구매하는 등의 광고주가 원하는 행위로 이어지는 비율을 말한다.

그리드 컴퓨팅 Grid computing

네트워크로 PC나 서버, PDA 등 모든 컴퓨팅 기기를 연결해 컴퓨터 처리능력을 한 곳으로 집중할 수 있는 기술이다. 클라우드 컴퓨팅과 비슷한 개념이나 더욱 강력한 병렬을 실시한다.

낙 찰

광고를 구매할 수 있는 권리가 주어진 상태를 의미한다. 입찰방식의 광고상품을 구매하기 위해 지불할 금액을 산정하여 입찰 신청을 하는데, 입찰가가 높은 순으로 낙찰 여부가 결정된다.

네이티브 광고 Native advertisement

웹사이트나 애플리케이션의 성격에 맞추어 기획된 광고를 말하는데. 배너광고가 이용자들에게 큰 거부감을 주어 오히려 광고효과가 떨어진다는 한계점이 나오자 대안으로 떠오른 기법이다. 배너광고와 달리 콘텐츠의 일부처럼 디자인하여 거부감을 최소화시킨다.

노 출

사용자에게 광고가 보여지는 것 또는 검색사용자에게 광고가 노출된 횟수를 의미한다.

노출당 지불 CPM ; Cost Per Mille

온라인광고의 가격을 책정하는 방법 중 하나로 1,000회 광고노출을 기준으로 가격을 책정하는 과금 체계이다(Mille는 라틴어로 1천을 의미함). 노출 기준의 광고비용으로 광고 효율성 분석 시 지표로 활용된다.

뉴미디어 New media

전통적인 매체에 네트워크 기술이 접목되어 '상호작용성'을 갖춘 다양한 미디어를 가리킨다.

대표키워드 Head keyword

분야를 대표하여 포괄적인 의미를 나타내는 키워드이다. 검색량이 높은 편으로 노출수가 높아 키워드로 등록 시 가격이 높게 책정되어 있는 경우가 많다.

대체키워드

키워드 등록 세팅 시 키워드가 삽입되었을 때 제목 또는 설명이 글자 수를 초과하거나 미달되는 경우에 노출되도록 설정하는 키워드이다.

도달률 Reach

일정기간 동안 특정 사이트를 방문한 모든 이용자 중 광고에 노출된 이용자의 비율을 의미한다.

Duration Time DT

사용자가 사이트에 들어와 떠날 때까지의 체류시간으로 페이지뷰와 더불어 고객 충성도를 나타내는 지표이다.

디스플레이 광고

웹사이트에서 볼 수 있는 그래픽 이미지나 동영상 형태의 막대 모양의 광고로 배너광고로도 불린다. 클릭 생성, 트래픽 유도와 온라인 브랜딩 효과를 동시에 누릴 수 있다.

디지털 네이티브 Digital native

어린 시절부터 디지털 환경에서 성장한 세대를 뜻하는 말로, 스마트폰과 컴퓨터 등 디지털 기기를 원어민처럼 자유자재로 활용하는 세대라는 의미가 있다. 미국의 교육학인 마크 프렌스키가 2001년 발표한 'Digital natives, Digital immigrants'라는 논문에서 처음 사용한 개념으로, 통상 1980~2000년 사이에 태어난 세대를 일컫는다.

디지털 노마드 Digital nomad

첨단 기술을 의미하는 '디지털(Digital)'에 유목민을 뜻하는 '노마드(Nomad)'를 합성한 말로 휴대폰과 노트북, 디지털 카메라 등과 같은 첨단 디지털 장비를 활용하여 장소에 구애받지 않고 일하는 사람들을 의미한다.

디지털 디바이드 Digital divide

디지털 기기의 소유 유무에 따라 정보접근 격차가 커져 경제적 어려움으로 인해 디지털 기기를 소유하지 못한 이들의 사회 전반적인 경쟁력이 떨어지고 사회 분리가 일어나는 현상이다.

디지털 발자국 Digital footprint

홈페이지 로그인, 결제정보 입력 등 온라인 활동을 하며 남긴 구매 패턴·구매 이력, SNS나 이메일·홈페이지 등의 방문 기록, 검색어 기록 등 사람들이 인터넷을 사용하면서 온라인상에 남겨 놓는 다양한 디지털 기록을 말한다.

디지털 부머 Digital boomer

디지털 시대에 디지털 제품의 소비 확산을 주도하는 디지털 신인류로, 이들은 자신과 비슷하거나 공감대가 비슷한 사람들과의 커뮤니케이션을 위해 디지털 매체와 서비스를 소통 채널로 이용한다. 스마트폰 등 디지털 매체를 이용해 패션이나 연예 정보를 공유하고, 대중문화 활동에 적극적으로 참여하며 유행에 열광하는 모습을 보인다.

디지털 아카이브 Digital archive

시간이 지날수록 손상되거나 질이 떨어질 우려가 있는 정보들을 디지털화하여 보관할 수 있는 시설로, 디지털상에 조성된 데이터 저장고를 가리킨다. 백업과 달리 원본 그대로 보관하기보다는 보관의 가치와 목적을 따져 색인하기 쉽도록 변환하여 보관한다.

디지털 컨버전스 Digital convergence

디지털 기술의 발전으로 유선과 무선, 방송과 통신, 통신과 컴퓨터 등 기존의 기술·산업·서비스·네트워크의 구분이 모호해지면서 이들 간에 새로운 형태의 융합상품과 서비스들이 등장하는 현상이다. 디지털 컨버전스 현상은 정보통신 분야뿐만 아니라 사회, 경제의 모든 분야에서 주목받고 있으며 유비쿼터스 사회로 진입하기 위한 핵심적인 전제이다.

디지털 화폐 Digital currency

금전적 가치가 전자 형태로 저장·이전·거래될 수 있는 통화로, IC(직접회로) 카드 형태로 만들어 휴대하거나 디지털 정보를 컴퓨터 속에 보관한 상태로 결제 서비스를 이용한다. 크게 암호화폐(Cryptocurrency), 스테이블 코인(Stable Coin), 중앙 은행 디지털 화폐(Central Bank Digital Currency)로 구분된다.

D2C Direct to Customer

글로벌 유통기업 아마존이 내세운 2019년 전략 방향의 핵심 키워드이다. 전통적인 유통구조인 제조-수출-도매-소매에서 벗어나 유통망 없이 제조에서 고객으로 바로 이어지는 유통구조이다.

럭키투데이

하루 한 가지 상품을 특가로 제공하는 지식쇼핑 서비스를 말한다. 네이버 메인의 럭키투데이 탭, 지식쇼핑 메인페이지 등의 노출영역을 통해 마케팅 활동이 가능하다.

레거시 미디어 Legacy media

'뉴미디어'가 생겨나자 이에 상대적인 미디어를 뜻하는 용어인 '레거시 미디어'도 나오게 되었다. 뉴미디어가 새롭게 생겨난 플랫폼 형식의 쌍방향 소통 미디어라면, 레거시 미디어는 TV·신문 등의 기성 매체를 말한다. 뉴미디어에 소비자들을 빼앗긴 레거시 미디어들이 위기를 맞자 이에 대한 활로로 다중채널 네트워크(MCN), 온라인시프트 등의 자구책을 내놓고 있다.

랜딩페이지 Landing page

인터넷 사용자가 광고를 클릭하고 광고주의 사이트에 방문했을 때 최초로 보게 되는 웹페이지를 말한다.

로그분석

웹사이트에 방문한 사용자의 행태 데이터를 수집하여 분석한 결과를 의미한다. 방문, 유입, 페이지, 사용자 환경 등의 내용이 포함된다.

ROAS Return On Ads Spending

투자한 광고비 대비 광고주가 얻은 매출을 뜻한다.

리치미디어 광고

멀티미디어 기술을 적용한 인터넷 광고를 말한다. 광고 위에 마우스 커서를 올려놓거나 클릭하면 이미지가 변하거나 동영상이 재생되는 등 소비자의 주목을 유도할 수 있다.

마이너스 잔액

충전된 비즈머니 금액 이상으로 광고비가 소진되어 잔액이 마이너스가 되는 것을 의미한다.

무효클릭

불법적인 시스템에 의한 무의미한 반복 클릭, 대량 클릭, 클릭유도 문구 등으로부터 발생한 클릭으로 광고주의 비용을 늘리거나 특정 회원의 수입을 인위적으로 증가시킬 수 있다.

문안저장소

기존에 사용했던 광고 키워드를 저장해 두었다가 광고를 등록하거나 수정할 때 저장해둔 문안을 불러와서 사용할 수 있도록 해주는 기능이다.

메타슈머 Metasumer

'변화', '~을 뛰어넘는'이라는 뜻의 '메타(Meta)'와 '소비자'를 뜻하는 '컨슈머(Consumer)'의 합성어로, 구입한 제품을 튜닝하는 등 변화시켜 새로운 가치를 만들어내는 소비자를 말한다.

모디슈머 Modisumer

'Modify(수정하다)'와 'Consumer(소비자)'의 합성어로 제조사에서 제시한 방법을 따르지 않고 창의적인 자신만의 방법으로 재화를 소비하는 소비자를 가리킨다.

모모세대

'More Mobile Generation'의 앞 음을 따서 만든 신조어이다. 모바일 기기에 익숙한 1990년 이후 세대를 가리킨다.

모바일 컨버전스 Mobile convergence

휴대전화에 통화, 문자 메시지 등의 기본적인 기능 외에 게임기, 카메라, DMB, MP3 등 다양한 기능이 통합돼 있는 것을 말한다. 사람들의 삶을 간편하고 다양하게 만든다는 점에서 긍정적이라고 볼 수 있지만, 기본적인 기능만 필요로 할 뿐 다른 기능에는 관심이 없는 사람들에게는 고가의 비용과 사용 방법이 불편함이 될 수도 있다.

모바일 광고

광고그룹 매체 설정 시 네이버 통합검색-모바일의 노출을 선택하면 모바일 네이버의 검색 결과(m.search.naver.com)에 광고가 노출된다.

모티즌 Motizen

'모바일(Mobile)'과 '네티즌(Netizen)'이 결합된 용어로, 이동하면서 휴대폰 등 각종 이동통신을 통해 인터넷을 즐기는 무선인터넷 이용자를 말한다.

미디어 렙 Media rep

매체사의 위탁을 받아 광고주에게 광고를 판매하고 집행을 관리하는 역할을 하는 회사이다. 광고 판매를 대행하고 매체사가 더 많은 광고를 수주할 수 있는 기회를 제공한다.

바이럴 광고

디지털 광고 유형 중 하나로 입소문을 통해 널리 퍼져 나간다는 의미를 갖고 있으며, 사용자들의 체험이 블로그, 카페 등을 통해 가망고객들에게 확산이 되는 형태의 광고이다.

반송률

사이트에 방문한 후 페이지 이동없이 바로 이탈한 비율을 나타내는 용어로서, 랜딩페이지가 효과적인지 판단하는 지표로 활용된다.

변환 키워드

자주 검색되는 오타 키워드를 의미한다. 변환 키워드로 지정된 오타 키워드를 검색하면 정타 키워드로 자동변환되어 검색 결과가 나타난다.

분산 클라우드 Distributed cloud

기존의 클라우드 서비스는 대규모 중앙 집중식이었지만, 분산 클라우드는 서비스 사용자와 가까운 에지 네트워크에 형성된 클라우드를 통하여 빠르게 클라우드 서비스를 제공할 수 있게 하는 모델이다.

브랜드 검색

브랜드 키워드에 대해서 통합검색 결과 페이지 최상단에 노출되는 콘텐츠 검색형 검색광고로 해당 브랜드 키워드에 상표권을 가진 광고주(본사)만이 광고를 집행할 수 있는 공동 마케팅의 한 형태이다.

브랜드 키워드

광고 대상 브랜드와 관련성이 있는 키워드로 온라인 검색 포털에서 브랜드 검색광고를 게재할 수 있는 키워드로 인정한 키워드이다.

브이로그 V-log

개인의 인터넷 채널인 Blog와 Video를 합성한 말로, 비디오로 이뤄진 게시물을 올리는 개인 인터넷 채널을 가리킨다. 대표적으로 유튜브가 있다.

블랙컨슈머 Black consumer

기업 등을 상대로 부당한 이익을 취하고자 제품을 구매한 후 고의적으로 악성 민원을 제기하는 사람을 뜻하는 말이다.

비즈머니

네이버 검색광고상품을 결제하는 데 사용할 수 있는 충전금으로 모든 네이버 검색광고상품은 비즈머니로만 구매가 가능하다.

비즈사이트

통합검색 결과 페이지에 노출되는 영역 중 하나로 파워링크 하단에 노출된다.

비즈채널

사용자에게 상품 정보를 전달하고 판매하기 위한 모든 채널을 의미한다.

사물인터넷 IoT ; Internet of Things

사물들이 서로 연결된 것 혹은 사물들로 구성된 인터넷을 말한다. 여기서의 '사물'에는 단순히 유형의 사물에만 그치지 않고 공간은 물론 상점의 결제 프로세스 등의 무형 사물까지도 포함된다고 본다. 이러한 사물들이 연결되어 개별적인 사물들이 제공하지 못했던 새로운 서비스를 제공하는 것을 의미한다.

세일슈머 Salesumer

판매 행위를 스스로 담당하는 소비자로 제품을 구매하는 데만 그치지 않고 마케팅, 판매 등에도 참여한다.

세부키워드 Tail keyword

제품의 모델명이나 특징이 수식어로 붙어 카테고리 상에서 의미가 좁혀진 하위 개념의 키워드를 말한다.

세컨슈머 Secondsumer

'세컨드(Second)'와 '소비자(Consumer)'의 합성어로, 당장의 편리함보다 지속 가능한 삶을 위한 대안을 찾아 즐기는 소비자를 말한다. 환경과 사회문제를 고려해 중고를 선호하며 로컬 소비 문화를 주도하는 MZ세대가 대표적이다.

세포마켓

SNS, 스트리밍 등 1인 미디어가 증가하면서 판매 경로가 다양해지고 이 과정에서 유통 개성화가 촉진되자 붙은 신조어이다. 판매자들은 제품의 가성비나 품질보다 재미로 자신의 특징을 '콘셉팅'하여 소비자를 끌어들인다.

설명문구

소재의 일종으로, 광고하려는 상품이나 서비스, 사이트, 거래조건 등에 관한 정보 등을 45자 이내로 설명한 것으로 제목, URL 등과 함께 광고매체에 노출되며 검색 사용자가 광고를 클릭하는데 영향을 미친다.

순위지수 RI ; Ranking Index

광고상품의 노출순위를 결정하는 지수로 최대클릭비용과 품질지수의 곱으로 산정된다.

소셜미디어 Social media

웹 2.0 기술에 기반한 관계 지향 서비스를 총칭하는 용어로 페이스북이나 트위터 같은 소셜네트워크서비스(SNS)에 가입한 이용자들이 생각·경험·의견 등을 공유하는 플랫폼을 의미한다.

소셜미디어 광고

페이스북, 유튜브 등 사회적 관계망을 이용하는 광고로 사회적 네트워크를 이용하므로 파급력이 크고 광고에 대한 반응이 실시간으로 빠르게 나타난다.

소셜커머스 Social commerce

소셜네트워크서비스(SNS)를 통해 이루어지는 전자상거래를 말한다. 소비자들이 특정 상품을 싸게 사기 위해 자발적으로 모여 SNS로 미리 공동 구매의사를 타진하며 공동 구매자가 많을수록 가격을 더 깎아주는 방식이다.

소셜 허브 Social hub

여러 소셜네트워크서비스를 한 곳에 모아 관리해주는 통합 플랫폼 서비스이다.

순 방문자수 UV ; Unique Visitors

일정 기간 동안 사이트에 같은 사람이 방문한 횟수를 제외한 방문자수이다.

스마트 오더 Smart order

스마트폰이나 기타 스마트 기기로 음식이나 음료를 주문하는 시스템으로, 소비자가 주문을 위해 길게 줄 서거나 카운터에 갈 필요가 없는 시스템이다.

스마트 플레이스

지도 검색에 업체의 이름, 전화번호, 주소, 업종 등을 등록할 수 있는 무료 서비스이다.

스트리밍 Streaming

인터넷상에서 음성·동영상 등을 실시간으로 재생하는 기법이다. 기존 방법은 파일을 하드디스크에 내려받은 후 재생하여 내려받기 완료 때까지 기다려야 하고 하드디스크의 빈 용량도 필요했다. 그러나 스트리밍은 다운로드 없이 파일 일부만 실시간으로 전송하며 받으면서 동시에 재생한다. 인터넷이 발달할수록 점점 중요한 위치를 차지하는 기술로 인터넷방송 활성화에 기여했다.

6G

6세대 이동 통신(6G)은 5세대 이동 통신 이후의 표준 무선통신 기술을 의미하는 것으로, 2020년 7월 발표된 삼성 6G 백서에 따르면 6G 최대 데이터 속도로 5G보다 50배 빠른 1Tbps(테라비피에스 ; 1초에 1조 비트를 전송하는 속도) 이상을, 사용자 체감 데이터 속도는 10배 빠른 1Gbps(기가비피에스 ; 1초에 10억 비트를 전송하는 속도) 이상을 달성해야 한다고 예측했다.

아이핀 i-PIN ; Internet Personal Identification Number

인터넷상에서 개인정보 유출이 심각한 사회적인 문제로 대두되면서 주민등록번호 대신에 본인이라는 것을 확인할 수 있도록 따로 부여받는 신원 확인 번호이다. 생년월일, 성별 등의 정보를 담고 있지 않으며, 현재는 코리아크레딧뷰로, NICE평가정보, SCI평가정보 등의 민간업체 홈페이지를 통해 신규 발급이 가능하다. 하나의 아이핀을 발급받으면 아이핀을 사용하는 사이트에서 모두 이용할 수 있으며, 언제든지 변경이 가능하다는 것도 장점이다. 13자리 난수의 형태를 취한다.

애드 네트워크 Ad network

매체사들의 다양한 광고 인벤토리를 네트워크로 취합하여 광고를 송출하는 솔루션이며 다양한 광고 인벤토리를 광고주에게 판매하는 서비스를 제공한다.

애드슈머 Adsumer

'광고(Advertising)'와 '소비자(Consumer)'를 합친 말로, 광고를 제작하는 과정에서 직접 광고에 참여하고 의견을 제시하는 소비자를 말한다.

애드서버 Ad-server

광고물을 게재하거나 삭제하며 각종 타깃팅 기법을 적용해 주고, 광고 통계 리포트를 산출해 주는 자동 시스템이다.

애드웨어 Adware

'광고(Advertisement)'와 '소프트웨어(Software)'의 합성어로, 상업용 광고를 목적으로 사용자의 동의 없이 광고를 보여주는 프로그램이다. 악성 코드 프로그램의 일종으로, 사용자 정보는 빼가지 않으나 무분별한 팝업 광고나 브라우저 시작 페이지를 고정하는 등 사용자의 컴퓨터 사용을 불편하게 만든다.

애드포스트 Adpost

블로그 운영자가 자신의 블로그에 광고를 게재하고 광고에서 발생한 수익의 일부를 배분받는 서비스이다. 광고그룹 전략 설정 페이지에서 네이버 블로그 노출을 선택하면 애드포스트에 가입된 블로그에 광고를 노출할 수 있다.

앱 이코노미 App economy

모바일 애플리케이션이 만드는 새로운 경제 구도를 말한다. 앱 스토어(App Store)를 통하여 국경의 제약 없이 세계인이 동시에 유·무료 콘텐츠를 다운받을 수 있다.

ARPU Average Revenue Per User

개별 광고주 당 평균 광고 금액을 의미한다.

SNS Social Networking Service

온라인 인맥구축 서비스로 1인 미디어, 1인 커뮤니티, 정보 공유 등을 포괄하는 개념이다.

연결 URL

광고를 클릭했을때 도달하는 페이지의 URL을 말한다. 광고 클릭 시 도달하는 페이지를 '랜딩페이지'라고 하며, 랜딩페이지의 URL을 연결 URL이라 한다.

O2O Online to Offline

온라인과 오프라인을 연결하는 IT마케팅이다. 카카오택시, 사이렌오더(스타벅스), 에어비앤비는 모두 O2O 서비스이다.

오픈마켓 Open market

다수의 판매자와 소비자가 온라인 상에서 상거래를 할 수 있도록 제공된 전자상거래 플랫폼을 말한다. 서비스 운영주체가 거래에 관여하지 않고 플랫폼을 제공하는 역할만 한다는 점이 다른 전저상거래와의 차이점이다.

온드미디어 Owned media

홈페이지를 비롯, 페이스북 페이지나 트위터 계정·유튜브 채널 등과 같이 어떤 조직이 자체적으로 보유한 미디어를 말한다. 기업은 자사의 온드미디어 이용자가 많을수록 온라인상에서 조직의 영향력을 더욱 확대해나갈 수 있다.

원격근무 Telecommuting

팩스나 개인 컴퓨터 등을 사용해 사무실에서 떨어진 집 외 휴양지 등에서도 업무를 진행할 수 있는 근무 방식을 가리키며, 이러한 방식의 업무 진행자를 '홈워커(Home Worker)'라고 부른다.

PART 5

웹 2.0 Web 2.0

누구나 손쉽게 데이터를 생산하고 인터넷에서 공유할 수 있도록 한 사용자 참여 중심의 인터넷 환경이다. 블로그, 위키피디아처럼 사용자들이 직접 만들어가는 플랫폼이 대표적이다.

유비쿼터스 Ubiquitous

라틴어로 '언제, 어디에나 있는'을 의미한다. 사용자가 시공간의 제약 없이 자유롭게 네트워크에 접속할 수 있는 환경을 말한다.

UCC User Created Contents

일반 사용자가 직접 제작한 콘텐츠, 즉 아마추어 동영상 작품을 말한다.

URL Uniform Resource Locator

우리가 찾는 정보가 들어 있는 웹페이지의 위치를 나타내는 주소를 말한다. 기본적으로 '통신 규칙://인터넷 호스트 주소/경로 이름'으로 이루어진다.

U-커머스 U-commerce

무제한(Unlimited)이고 포괄적(Umbrella)이며, 장소에 구애받지 않는(Ubiquitous) 전자상거래를 말한다. E-커머스(전자상거래), M-커머스(모바일 전자상거래), T-커머스(웹TV 전자상거래), A-커머스(자동차에서의 전자상거래)를 포괄한 개념이다.

E-커머스 E-commerce ; Electronic commerce

전자상거래라고 부르며, 최근에는 인터넷상의 거래를 의미하게 되었다. 거래되는 상품은 물질적인 상품뿐만 아니라 뉴스, 오디오, 동영상과 같은 디지털 상품도 포함된다.

N스크린 N-screen

PC, 모바일, TV 등 다양한 단말기를 통해 다중 콘텐츠를 공유하고 콘텐츠의 이어보기가 언제 어디서나 가능한 서비스이다. 대표적으로 넷플릭스가 있다.

인앱(In-app) 광고

구글이나 애플의 어플리케이션을 플랫폼으로 활용하여 이루어지는 광고를 말한다.

인터스티셜 광고

앱 사용 중 특정 페이지에서 다른 페이지로 이동할 때 나타나며 모바일 스크린 전면광고로 주목도가 높다.

인플루언서 Influencer

'타인에게 영향력을 끼치는 사람'이라는 의미로, 인스타그램·유튜브 등 소셜네트워크서비스(SNS)가 발달함에 따라 수많은 팔로워를 보유하며 트렌드를 선도하는 유명인을 가리킨다.

1인 미디어

인터넷을 활용해 사회에 영향력을 행사했던 개인이 블로그와 SNS 등을 기반으로 빠른 속도로 정보를 교류하고 여론을 형성함으로써 미디어 영역에서도 그 힘을 발휘하는 것을 뜻한다.

입찰시작가

네이버 광고의 일일 낙찰 금액 상한선을 말한다. 키워드마다 다르며 최저입찰가라고도 부른다.

입찰증거금

고의적인 유찰을 하여 낙찰가가 상승하는 것을 방지하고자 네이버 지식쇼핑 상품 입찰 시 입찰 시작가의 10%에 해당하는 금액을 징수하는 제도이다.

자동입찰

입찰한도액을 설정해 두면 한도액 예산 내에서 클릭 및 전환이 향상되는 방향으로 최적화하여 노출될 수 있도록 입찰 해주는 검색광고시스템의 기능이다. 구글에서는 스마트 자동입찰이라고도 부른다.

자동충전

잔액 소진으로 인해 네이버 광고가 중지될 경우, 사전에 등록해 놓은 신용카드에서 설정해 놓은 금액만큼 자동으로 충전하는 기능으로 갑작스런 광고노출 중단으로 인한 불편을 예방하는 기능이다.

전자서명 Digital Signature

서명하는 사람의 신원을 확인하고, 문서가 변조되지 않았는지 등에 사용하는 특수한 디지털 정보이다. 정보화 사회가 발달하면서 전자 입찰, 전자상거래, 인터넷 민원 서비스, 인터넷 쇼핑 등 다양한 서비스에서 전자서명으로 본인을 인증하는 것이 중요해졌다.

전자태그 RFID ; Radio Frequency IDentification

'스마트 태그', '전자라벨'이라고도 불린다. 생산에서 판매에 이르는 전 과정의 정보를 초소형칩(IC칩)에 내장시켜 이를 무선주파수로 추적할 수 있도록 한 기술이다. 실시간으로 사물의 정보와 유통 경로, 재고 현황까지 무선으로 파악할 수 있으며 바코드보다 저장 용량이 커 바코드를 대체할 차세대 인식 기술로 꼽힌다. 대형 할인점 계산, 도서관의 도서 출납관리 등 활용 범위가 다양하다.

전 환 Conversion

광고를 통해 유입된 사용자가 회원가입, 구매 등 광고주가 원하는 행위를 하는 것을 말한다. 광고 클릭 후 30분 이내에 전환을 일으킨 경우를 직접 전환, 광고 클릭 후 30분 이후에서부터 7~20일 사이에 전환이 발생한 경우를 간접전환이라고 한다.

전환당 비용 CPA ; Cost Per Action

온라인광고의 가격을 책정하는 방법 중 하나로 사용자가 광고를 클릭해 광고주의 사이트로 이동한 후 광고주가 원하는 특정 액션(구매, 회원가입 등)을 한 횟수에 따라 과금된다. 광고주가 원하는 액션 한 번에 대한 광고비용과 광고효과 측정의 지표로 활용된다.

Z세대

일반적으로 밀레니엄 세대의 다음 세대인 1990년대 중반에서 2000년대 중반에 태어나 2020년 즈음하여 활발하게 활동하는 세대를 가리킨다. Z세대는 각종 디지털 기기에 능숙할 뿐만 아니라 사고 회로 또한 IT적 특성을 갖고 있어 '디지털 원주민(Digital Native)'의 특성을 지녔다고 할 수 있다.

조회수

해당 키워드가 검색 사용자에 의해 조회된 횟수이다.

종량제 상품

광고를 클릭하는 경우에만 과금이 되고 클릭이 되지 않으면 광고비를 지불하지 않아도 되는 광고상품이다.

최대입찰가 BA ; Bid Amount

클릭당 지불을 하는 방식의 광고가 클릭될 때, 각 키워드에 대해 광고주가 지불할 의사가 있는 최대금액이다.

추적 URL

광고를 클릭한 사용자의 검색 정보(어떤 키워드로 검색했는지, 어떤 광고영역에서 클릭했는지 등)에 관한 정보를 알 수 있도록 URL에 덧붙이는 요소이다.

PART 5

ChatGPT

OpenAI에서 개발한 GPT를 기반으로 하는 대화형 인공지능 서비스이다. OpenAI 플랫폼 회원가입 후, 무료 혹은 유료 구독제(ChatGPT Plus)로 이용할 수 있으며, 회원가입 후 채팅을 하듯이 챗봇에 질문을 입력하는 것만으로 AI를 이용할 수 있다. 최근에는 ChatGPT뿐만 아니라 Gemini, 뤼튼 등 다양한 종류의 챗봇(AI 검색)이 등장하고 있다.

캠페인

마케팅 활동에 대한 목적을 기준으로 묶어서 관리하는 광고 전략 단위를 의미한다.

코드커터족 Cord Cutters

지상파와 케이블 등 기존 TV 방송 서비스를 해지하고 인터넷 등으로 방송을 보는 소비자군을 말한다. 코드커터족은 20~30대 젊은 층이 주류를 이룬다. 이들은 어릴 때부터 인터넷으로 동영상을 보는 데 익숙하고 방송 프로그램을 수동적으로 시청하는 것보다 능동적인 방송 선택을 선호한다. 이와 같은 이유로 코드커터족은 기존 TV 서비스를 해지하고 넷플릭스(Netflix)와 같은 인터넷 방송 서비스를 선택한다.

코즈 마케팅 Cause Marketing

사회적인 이슈를 해결함과 동시에 기업의 이익을 동시에 추구하는 마케팅을 말한다. 소비자로 하여금 착한 소비를 하게끔 유도하고 기업이 추구하는 사익과 공익을 동시에 얻는 것을 목표로 한다.

클릭당 지불 CPC ; Cost Per Click

온라인광고가격을 책정하는 방법 중 하나로 사용자가 검색 결과로 보여진 광고를 클릭해 광고주의 사이트로 이동했을 때에 광고비가 소진되는 과금 체계이다. 클릭 한 번의 비용(PPC)을 의미하며 광고효과 측정의 지표로 활용된다.

콘텐츠 매체

지식iN, 네이버 콘텐츠, 네이버 블로그, 콘텐츠파트너 등 해당 페이지 내 콘텐츠와 연관도가 높은 광고들이 노출되는 광고 영역을 의미한다.

CTS Conversion Tracking System

구매전환을 추적하는 시스템이다.

클릭률 CTR ; Click Through Rate

해당 광고가 특정 기간동안 클릭된 횟수를 노출된 횟수로 나눈 값을 백분율로 표시한 값을 의미한다.

크리슈머 Cresumer

창조를 의미하는 '크리에이티브(Creative)'와 소비자를 의미하는 '컨슈머(Consumer)'의 합성어로, 제품에 대해 적극적으로 자신의 의견을 내놓는 소비자를 말한다. 제조사가 제공한 제품을 수동적으로 소비하는 데에 그치지 않고 신제품 개발·디자인·서비스 등에 적극 개입하여 제품 피드백뿐만 아니라 제품에 대한 독창적 아이디어를 제공하기도 한다.

크라우드펀딩 Crowdfunding

대중을 뜻하는 '크라우드(Crowd)'와 자금 조달을 뜻하는 '펀딩(Funding)'의 합성어로, 자금이 필요한 창업 기업이 온라인 플랫폼에서 불특정 다수의 대중으로부터 자금을 모으는 방식이다.

클라우드 컴퓨팅 Cloud computing

사용자가 언제 어디서나 인터넷 접속을 통하여 IT 자원을 제공받는 주문형 IT 서비스로, 데이터를 인터넷과 연결된 중앙컴퓨터에 저장해서 인터넷에 접속하기만 하면 언제 어디서든 데이터를 이용할 수 있는 것을 뜻한다. 리소스의 효율성을 극대화할 수 있다는 장점이 있다.

클릭률 CTR ; Click Through Rate

클릭수를 노출수로 나눈 값이다.

클릭유도

코드나 문구를 광고 또는 미디어에 삽입해서 미디어를 이용하는 이용자의 주의를 끌어 미디어 이용자의 순수한 관심과 관계없이 광고를 클릭하도록 이용자를 유도하는 모든 행위를 지칭한다.

키워드광고

사용자가 검색사이트에서 특정 키워드를 검색했을 때 해당 키워드를 구매한 광고주의 광고를 노출하는 광고 방식을 말한다.

키워드 도구

광고주의 키워드 선택을 돕기 위해 키워드를 제안해 주는 기능이다. 추천 키워드 리스트와 평균 클릭률, 경쟁 정도, 월평균 노출 광고수 등의 정보를 제공 받을 수 있으며 추출된 키워드를 선택해 즉시 광고에 등록할 수 있다.

키워드 확장(확장검색)

해당 광고그룹에 등록한 키워드와 유사한 의미를 가진 키워드에 자동으로 광고를 노출해 주는 것으로, 더 많은 광고노출기회를 가질 수 있도록 하는 기능이다.

T&D Title & Description

검색 결과로 나타난 광고로 상품을 설명하는 제목이나 설명이다. 키워드를 설명하는 '제목(Title-15자 이내)', '설명문구(Description-45자 이내)'를 의미한다.

탭 광고

네이버 광고 형태로 VIEW, 지식iN, 동영상, 통합검색의 영역의 결과 상단에 노출되는 광고를 말한다.

테크핀 TechFin

'기술(Technology)'과 '금융(Finance)'의 합성어로, 정보기술에 금융을 접목한 것이다. 빅데이터와 인공지능 등 데이터 분석 역량 및 자체 IT기술 인프라를 보유하고 있으며 방대하고 다양한 상태의 이용자 데이터를 가지고 있어, IT 기술을 기반으로 기존 금융 기법과 차별화한 새로운 금융 서비스를 제공한다. 네이버페이나 카카오페이, 삼성페이 등이 테크핀이라고 할 수 있다. 반면 기존의 금융 서비스에 IT 기술을 접목한 것은 핀테크(FinTech)라고 한다.

트윈슈머 Twinsumer

서비스 구매 전 이를 이미 경험한 다른 사람의 소비 경험(평가나 후기 등)을 참고하여 물품을 구입하는 사람을 말한다.

T-커머스 T commerce ; Television commerce

인터넷 텔레비전을 통해 이루어지는 전자상거래 서비스로, 인터넷 TV와 리모컨만으로 상품 정보를 검색하고 구매·결제까지 할 수 있다.

파워링크

네이버 검색광고상품의 노출 영역으로, 통합검색 결과 페이지 상단에 노출되는 광고를 의미한다. 파워링크 광고노출을 선택한 광고 중 노출순위로 10개의 광고가 노출된다.

판매금지키워드

법률적 위험, 검색광고의 평판, 신뢰도를 훼손시킬 염려가 있거나, 검색광고의 품질과 효과를 저하시키는 키워드로 광고 등록이 부적합한 키워드이다.

FANG

Facebook, Amazon, Netflix, Google 등 4개 기업을 말하며, 온라인플랫폼의 성격을 보이는 대형 ICT(정보통신기술) 그룹을 가리킨다.

페이지뷰 PV ; Page View

홈페이지에 들어온 접속자가 둘러 본 페이지 수이다. 웹사이트의 특정 웹페이지에 이용자가 접속하여 페이지의 내용이 브라우저에 나타날 때, 그 1회의 접속을 1 페이지뷰라 한다. 페이지뷰는 해당 웹사이트에 얼마나 많은 이용자들이 방문하는가를 나타내는 일반적인 척도로 볼 수 있으나 그 숫자를 곧 방문자의 숫자로 볼 수는 없다. 페이지뷰는 동일인이 중복 접속하여도 그 숫자가 계속 증가하게 설정이 가능하기 때문이다.

품질지수 QI ; Quality Index

게재된 광고의 품질을 나타내는 지수로 광고노출순위에 영향을 미친다. 품질 지수는 광고효과(CTR), 키워드와 광고문안의 연관도, 키워드와 사이트의 연관도 등 광고품질을 평가할 수 있는 다양한 요소를 반영한다.

표시 URL

광고 게재를 원하는 사이트의 메인페이지의 URL로 검색광고 노출 시 보여지는 URL을 말한다.

프로슈머 Prosumer

'생산자(Producer)'와 '소비자(Consumer)'의 합성어로, 제품의 생산에 참여하거나 브랜드에 대한 다양한 의견과 정보를 제안하는 능동형 소비자를 뜻한다.

PCC Proteur-Created Contents

'Proteur'는 프로와 아마추어의 합성어이며, 'PCC'는 프로 또는 준전문가들이 제작한 콘텐츠를 말한다. UCC에서 한걸음 더 나아간 의미로, 인터넷상에서 보다 신뢰성을 갖춘 뉴미디어들이 주목받기 시작하면서 UCC보다 PCC가 더욱 각광받고 있다.

프리미엄 로그분석

사이트의 운영 및 방문자 행태에 대한 분석과 네이버 검색광고를 통해 유입된 트래픽 중 실제로 제품구매, 회원가입 등의 전환이 얼마나 발생하였는지에 대한 광고효과를 측정 및 제공해주는 웹 분석 서비스를 말한다.

플랫폼(Platform)

본래 승객들이 기차나 전철에서 승하차하는 승강장을 뜻하나, 현재는 컴퓨터 정보시스템 환경을 만들어서 다양한 정보를 누구나 쉽게 이용할 수 있게 해주는 기반 서비스를 뜻하는 말로 널리 쓰인다.

해시태그 Hash Tags

트위터, 페이스북 등 소셜네트워크서비스(SNS)에서 특정 주제어에 관련한 글을 쉽고 편리하게 검색하게 해주는 기능으로, '#단어'의 형태로 쓴다. 관심사나 주제를 한눈에 파악하는 데 도움이 된다.

핵심성과지표 KPI ; Key Perfomance Indicator

조직이나 조직이 관여하는 특정 활동의 성공을 평가하는 지표로 광고의 KPI는 ROAS, ROI, 반송률, 전환률 등 광고의 효과를 측정하는 요소를 포함하는 개념이다.

핸드페이 Hand Pay

손바닥 정맥을 이용한 생체 인증 서비스로, 손바닥 정맥 정보를 사전에 등록해놓고 결제 시에 전용 단말기에 손바닥을 올려놓기만 하면 결제가 완료되는 방식이다.

확장소재

일반 광고소재 외에 전화번호, 위치정보, 홍보문구, 추가링크 등을 말한다. 사용자의 관심을 유발하고 적합한 확장소재 제공으로 유의미한 전환에 기여할 수 있는 주요 기능이다. 업종제한 없이 운영이 가능하며 다양한 상품 정보를 사용자에게 제공할 수 있다.

획득 미디어 Earned media

제3자나 소비자가 정보를 생산·소유하여 커뮤니케이션 하는 매체로 신뢰와 평판을 획득할 수 있는 모든 종류의 퍼블리시티를 의미하며 대표적인 예로 입소문, 제품에 대한 소비자의 블로그, 뉴스 기사, SNS 포스트가 있다.

이성으로 비관해도 의지로써 낙관하라!

- 안토니오 그람시 -

할 수 있다고 믿는 사람은 그렇게 되고,

할 수 없다고 믿는 사람도 역시 그렇게 된다.

– 샤를 드골 –

비관론자는 어떤 기회가 찾아와도 어려움만을 보고,
낙관론자는 어떤 난관이 찾아와도 기회를 바라본다.

– 윈스턴 처칠 –

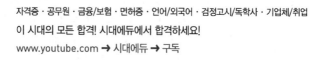

2025 검색광고마케터 1급 7일 단기완성

개정2판1쇄 발행	2025년 01월 10일 (인쇄 2024년 11월 11일)
초 판 발 행	2023년 01월 05일 (인쇄 2022년 10월 27일)
발 행 인	박영일
책 임 편 집	이해욱
저 자	시대마케팅연구소
편 집 진 행	김준일 · 이경민 · 신혜정
표지디자인	박수영
편집디자인	김기화 · 하한우
발 행 처	(주)시대고시기획
출 판 등 록	제10-1521호
주 소	서울시 마포구 큰우물로 75 [도화동 538 성지 B/D] 9F
전 화	1600-3600
팩 스	02-701-8823
홈 페 이 지	www.sdedu.co.kr

I S B N	979-11-383-8309-7 (13320)
정 가	20,000원

금융투자협회	펀드투자권유대행인 한권으로 끝내기	18,000원
	펀드투자권유대행인 핵심유형 총정리	24,000원
	펀드투자권유대행인 출제동형 100문항 + 모의고사 3회분 + 특별부록 PASSCODE	18,000원
	증권투자권유대행인 한권으로 끝내기	18,000원
	증권투자권유대행인 출제동형 100문항 + 모의고사 3회분 + 특별부록 PASSCODE	18,000원
	펀드투자권유자문인력 한권으로 끝내기	30,000원
	펀드투자권유자문인력 실제유형 모의고사 4회분 + 특별부록 PASSCODE	21,000원
	증권투자권유자문인력 한권으로 끝내기	30,000원
	증권투자권유자문인력 실제유형 모의고사 3회분 + 특별부록 PASSCODE	21,000원
	파생상품투자권유자문인력 한권으로 끝내기	30,000원
	투자자산운용사 한권으로 끝내기(전2권)	38,000원
	투자자산운용사 실제유형 모의고사 + 특별부록 PASSCODE	55,000원
금융연수원	신용분석사 1부 한권으로 끝내기 + 무료동영상	24,000원
	신용분석사 2부 한권으로 끝내기 + 무료동영상	24,000원
	은행FP 자산관리사 1부 [개념정리 + 적중문제] 한권으로 끝내기	20,000원
	은행FP 자산관리사 1부 출제동형 100문항 + 모의고사 3회분 + 특별부록 PASSCODE	17,000원
	은행FP 자산관리사 2부 [개념정리 + 적중문제] 한권으로 끝내기	20,000원
	은행FP 자산관리사 2부 출제동형 100문항 + 모의고사 3회분 + 특별부록 PASSCODE	17,000원
	은행텔러 한권으로 끝내기	23,000원
	한승연의 외환전문역 Ⅰ종 한권으로 끝내기 + 무료동영상	25,000원
	한승연의 외환전문역 Ⅰ종 실제유형 모의고사 4회분 PASSCODE	20,000원
	한승연의 외환전문역 Ⅱ종 한권으로 끝내기 + 무료동영상	25,000원
기술보증기금	기술신용평가사 3급 한권으로 끝내기	31,000원
	기술신용평가사 3급 최종모의고사 4회분	15,000원
매일경제신문사	매경TEST 단기완성 필수이론 + 출제예상문제 + 히든노트	30,000원
	매경TEST 600점 뛰어넘기	23,000원
한국경제신문사	TESAT(테셋) 한권으로 끝내기	28,000원
	TESAT(테셋) 초단기완성	23,000원
신용회복위원회	신용상담사 한권으로 끝내기	27,000원
생명보험협회	변액보험판매관리사 한권으로 끝내기	18,000원
한국정보통신진흥협회	SNS광고마케터 1급 7일 단기완성	19,000원
	검색광고마케터 1급 7일 단기완성	20,000원

※ 도서의 제목 및 가격은 변동될 수 있습니다.

시대에듀 금융자격증 시리즈

시대에듀 금융자격증 도서 시리즈는 짧은 시간 안에 넓은 시험범위를 가장 효율적으로
학습할 수 있도록 구성하여 시험장을 나올 그 순간까지 독자님들의 합격을 도와드립니다.

투자자산운용사

한권으로 끝내기 &
실제유형 모의고사 + 특별부록 PASSCODE

펀드투자권유자문인력

한권으로 끝내기 &
실제유형 모의고사 PASSCODE

매경TEST & TESAT

단기완성 & 한권으로 끝내기

매회 최신시험 출제경향을 완벽하게
반영한 종합본과 모의고사!

단기합격을 위한 이론부터 실전까지
완벽하게 끝내는 종합본과 모의고사!

단순 암기보다는 기본에 충실하자!
자기주도 학습형 종합서!